培根铸魂 启智润心

课程思政优秀教学案例集

北京物资学院　编
刘永胜　主编

首都经济贸易大学出版社
Capital University of Economics and Business Press
·北京·

图书在版编目（CIP）数据

培根铸魂 启智润心：课程思政优秀教学案例集/刘永胜主编. --北京：首都经济贸易大学出版社，2022. 10

ISBN 978 -7 -5638 -3424 -2

Ⅰ. ①培… Ⅱ. ①刘… Ⅲ. ①思想政治教育—教学设计—教案（教育）—高等学校 Ⅳ. ①G641

中国版本图书馆 CIP 数据核字（2022）第 173549 号

培根铸魂 启智润心——课程思政优秀教学案例集

PEIGEN ZHUHUN QIZHI RUNXIN：KECHENG SIZHENG YOUXIU JIAOXUE ANLIJI

刘永胜 主编

北京物资学院 编

责任编辑 杨丹璇

封面设计 **风得信·阿东** **FondesyDesign**

出版发行 首都经济贸易大学出版社

地　　址 北京市朝阳区红庙（邮编 100026）

电　　话 （010）65976483 65065761 65071505（传真）

网　　址 http://www. sjmcb. com

E- mail publish@cueb. edu. cn

经　　销 全国新华书店

照　　排 北京砚祥志远激光照排技术有限公司

印　　刷 北京建宏印刷有限公司

成品尺寸 170 毫米×240 毫米 1/16

字　　数 534 千字

印　　张 29. 75

版　　次 2022 年 10 月第 1 版 2023 年 12 月第 2 次印刷

书　　号 ISBN 978 -7 -5638 -3424 -2

定　　价 96. 00 元

序

高校立身之本在于立德树人，全面推进课程思政建设，是落实立德树人根本任务的战略举措，也是进一步推动中国特色社会主义教育理论体系不断形成新的生动实践的客观要求。习近平总书记指出：高校要切实提高政治站位和思想认识，充分发挥教师队伍“主力军”、课程建设“主战场”、课堂教学“主渠道”作用，寓价值观引导于知识传授和能力培养之中，使各类课程与思政课程同向同行，形成协同效应，构建全员全程全方位育人大格局。为深入贯彻落实习近平总书记关于教育、课程思政的重要论述和全国、北京教育大会精神，北京物资学院始终坚持把思想政治教育贯穿于人才培养体系，全面推进学校课程思政建设，发挥好每门课程的育人作用，提高人才培养质量，为学校高等教育高质量发展注入活力，为完善“三全育人”体制机制注入不竭动力。

课程思政是一个不断积累沉淀、提炼总结的过程。学校重视加强课程思政管理体制机制建设，积极出台《北京物资学院课程思政建设实施方案》，制定《北京物资学院课程思政教学研究中心管理办法》，成立校级课程思政教学研究中心，构建“校党委、职能部门、二级学院”三方联动、分层负责、注重实效的工作机制，切实提高课程思政建设和管理水平。

学校积极构筑课程思政“三级”培育体系，努力培育可持续发展机制，形成了校级、市级、国家级三级课程思政建设体系，用心打造培根铸魂、启智增慧的优秀校级课程思政示范课，形成了一批质量高、特色强的精品课程。自 2020 年起，北京物资学院共分四批开展了课程思政示范课立项建设工作，共立项 205 门课程，提前完成了学校“十四五”规划建成 100 门课程思政示范课的目标。在 2021 年教育部举办的课程思政示范项目建设工作中，首批校级课程思政示范课——仓储与库存管理荣获 2021 年度教育部“课程思政示范课程”，教学团队同时获批课程思政教学名师和团队，具有里程碑意义。2022 年，学校又有 6 门课程再获殊荣，获批北京市首批课程思政示范课，教学团队获批课程思政教学名师和团队。

为了有效发挥课程思政示范课建设“头雁”作用，形成示范效应，学校组织课程思政示范专业与院部建设点评选工作及课程思政建设经验交流活动。为了总结学校课程思政建设经验，固化建设成果，助推课程思政高质量发展，学校在全校范围内征集课程思政优秀教学案例，形成了《培根铸魂 启智润心——课程思政优秀案例集》。这些优秀案例深入挖掘了不同类型课程蕴含的思想政治教育元素，具有较强的针对性、时效性、创新性、示范性和可推广性，促进了课程思政建设经验、做法的推广和共享。

一直以来，学校始终坚持“扎根中国大地办教育”这一教育基本规律，结合我校“十四五”发展规划，构建目标明确、程序正当、方法可行的物流流通领域应用型人才培养体系。今后，我们将继续锚定高校立德树人的任务，以“艰苦奋斗，自强不息，敢为人先，追求卓越”的物院精神开创北京物资学院课程思政建设新征程，进一步挖掘课程蕴含的思政元素，激发师生认知、情感和行为的认同，实现知识传授与价值引领相统一、显性教育与隐性教育相统一，推动课程教学达到培根铸魂、启智润心的育人效果。

北京物资学院党委书记 教授

王文举

目　　录

经济学院篇

经济学：中国经济率先走出疫情阴影，彰显政治优势和制度优势 ………… 3
政治经济学：诚信与商品经济 ………………………………………………… 7
产业经济学：产业结构合理化——改革开放以来中国的政策实践 ………… 11
金融学：数字人民币 ……………………………………………………………… 15
国际金融：亚洲金融危机与外汇管理体制 …………………………………… 19
公司信贷：绿色信贷 ……………………………………………………………… 23
金融市场学：执政高效为民，坚定“四个自信”——政府叫停蚂蚁集团
　股票上市过程 …………………………………………………………………… 27
金融市场热点问题分析（双语）：2022 年我国主要经济任务 ……………… 32
期货投资分析：基本面分析对技术面分析大讨论 …………………………… 37
公司理财：社会主义市场经济微观主体企业的获利与获利手段的
　辩证统一 ………………………………………………………………………… 41
国际经济合作：国际直接投资及相关理论 …………………………………… 48
国际贸易实务：中欧班列彰显中国实力 ……………………………………… 53

物流学院篇

仓储与库存管理：北京冬奥会物流中心选址研究 ……………………………… 59
现代流通学：“精准扶贫”政策背景下农产品流通建设 ……………………… 66
供应链管理：为何美国能禁华为，而中国不能禁苹果？ …………………… 70
国际物流（双语）：中欧班列——疫情下的中国担当 ……………………… 73
现代物流技术：北京烟草物流中心一体化现代分拣技术示范 ……………… 78
现代物流信息管理与技术：“中国北斗”与科技兴国 ……………………… 82

物流系统规划与设计：宜春丰城国家级物流产业园规划 …………………… 85
供应商管理：多种思维模式共用的课堂 ………………………………………… 90
招投标管理：公共资源交易中心主任“温水煮青蛙”式腐败 ……………… 94
物流工程专业创新创业课程：保护自己的成果，也应尊重别人的成果 …… 97
体系认证：质量与“中国制造”“中国智造” ………………………………… 101
自然科学实验与创新：发现微生物之“美” ………………………………… 104
标准化管理：5G 技术发展中的标准国际化 …………………………………… 108
计量学基础：计时仪器发展史及惰性气体氩的发现 ………………………… 111
质量成本管理：质量成本管理的发展——被重拳打击的假冒伪劣商品 … 115

信息学院篇

高等数学：伯努利方程 ……………………………………………………… 121
线性代数进阶：可逆矩阵 …………………………………………………… 129
概率论：条件概率与《狼来了》 …………………………………………… 134
概率论与数理统计：精益求精的工匠精神 ………………………………… 138
线性代数：共同营造良好成长环境的意义 ………………………………… 145
物联网概论：5G 技术 ………………………………………………………… 150
RFID 与 EPC 技术：王小云 3 年连破美国两大顶级密码 …………………… 155
信息安全技术：网络安全现状——信息泄露和黑客攻击 ………………… 160
大学计算机基础：Excel 公式输入 …………………………………………… 164
物流信息技术：大国重器——北斗卫星定位导航系统 …………………… 172
智能物流系统：智能物流系统综合实践 …………………………………… 176
统计学：北京市碳排放时间演变趋势及影响因素分析 …………………… 179
物流统计学：我国物流业发展与经济增长之间的关系研究 ……………… 185
运筹学：国家利益与个人利益的关系 ……………………………………… 189
商务智能：大数据技术与新冠肺炎疫情防控 ……………………………… 193
计算机网络技术：计算机网络体系结构 …………………………………… 199
Python 程序设计：政府工作报告词云制作 ………………………………… 203
电子商务安全：网络隔离技术 ……………………………………………… 209

商学院篇

管理学：突如其来的新冠肺炎疫情下不同国家的呼吸机危机 …………… 215
政府采购的理论与实务：急民之所急，想民之所想 ……………………… 218
运营管理：选址霍尔果斯市 ……………………………………………… 220
管理沟通：2019 年华为危机公关——民族自信 ………………………… 224
客户关系管理："出租车皇帝"周春明提升和维护客户关系的诀窍 ……… 228
市场营销学：褚橙的成功之道 …………………………………………… 232
人力资源管理：中国人安全感全球排名第三和隐姓埋名的科学家……… 237
组织行为学（双语）：诸葛亮挥泪斩马谡 ……………………………… 241
职业发展与就业指导：学习大国工匠精神 ……………………………… 244
社会保障概论：以人民为中心的保障制度 ……………………………… 247
劳动经济学：新冠肺炎疫情期间教育部下发扩招研究生政策 …………… 251

法学院篇

行政法与行政诉讼法：贯彻依法行政原则，推进法治政府建设 ………… 263
竞争法："政府与市场的关系"的时事讲解……………………………… 268
商法总论：培养保护商业名称权的法律意识 …………………………… 272
劳动与社会保障法：就业问题、就业与社会稳定和社会发展 …………… 276
民法总论：老人 300 万元房产赠水果摊主案 …………………………… 280
知识产权法：商标禁用条款的理解与适用 ……………………………… 284
经济法：商业诚信观教育 ………………………………………………… 289
债权法：友善、诚信、公平的社会主义核心价值观 ……………………… 294
经济法：改革开放与工业产权法律 ……………………………………… 297
国际经济法：美国制裁华为事件研讨 …………………………………… 300
国际私法：条约信守原则 ………………………………………………… 304
中国法律史：唐朝法制 …………………………………………………… 307
法理学：法律方法中的辩证推理 ………………………………………… 310
宪法学：社会主义核心价值观 …………………………………………… 314
中国法律史：以文化人，以文育人 ……………………………………… 316

经典电影中的法律知识：禁止法律规避制度 …… 320

外国语言与文化学院篇

综合商务英语：提升媒体素养，发出中国声音 …… 325
商务英语笔译：金融市场 …… 331
英语国家文化：国旗背后的故事 …… 337
综合商务英语：贸易战中的“中国智慧” …… 341
国际商业文化（英）：彰显中华文化之美 …… 346
非洲社会与文化：坦赞铁路 …… 353
英语财经新闻编译：破局者 …… 360
大学英语：我们身边的英雄 …… 367
大学英语：探索不同阶段的人生意义 …… 373
大学英语：中西自然观比较 …… 377
学术英语：巾帼不让须眉 …… 383
影视文化传播：《摩登时代》中的工业化 …… 388

会计学院篇

政府及非营利组织会计：中国抗击新冠肺炎疫情案例 …… 393
会计学：獐子岛扇贝“跑路”案例 …… 397
中级财务会计：某女星偷逃税案例 …… 403
审计学：风华高科财务造假案例 …… 407
财务管理：中国铁路总公司资金筹集案例 …… 411

体育部篇

瑜伽：和谐、爱与温暖 …… 417
健美操：“知识、能力、人格”并重发展 …… 420
高尔夫：高尔夫中的团队合作与精益求精 …… 422
有氧健身操：所有的努力都不会白费 …… 426
女子排球：在自我挑战中体验“创新，仁爱，和合” …… 428

网球：探究互助式学习，培养团队合作精神 …… 431
网球：以教带赛，培养学生体育精神 …… 433
羽毛球：使命在肩、奋斗有我，做新时代的羽球人 …… 435
田径：跨栏中的民族自信与自强不息 …… 438
武术：抱拳礼的育人价值 …… 442
男子足球：以赛带教，培养竞技精神 …… 445
女子足球：顽强拼搏、团结协作、勇争第一 …… 448
女子轮滑：直道滑行的决心、信心与耐心 …… 451
羽毛球：合作、竞争、拼搏 …… 454
乒乓球：国球精神永存 …… 457
团体操：北京冬奥会开幕式中的中国文化 …… 460
女子篮球：团结互助，密切合作，共筑集体 …… 463

经济学院篇

经济学院的前身可以追溯到1983年8月成立的物资经济管理系，后历经物资经济管理系、物资经济系、贸易系、经济系，2006年成立经济学院。经济学院现有经济学、国际经济与贸易、金融学三个本科专业和金融学证券期货专业方向，拥有应用经济学、理论经济学两个一级学科硕士点，金融专硕、国际商务专硕两个专业硕士学位授权点。其中，经济学专业是北京市一流专业建设点，国家级、北京市特色专业建设点和北京市品牌建设专业；金融学专业、国际经济与贸易专业是国家级一流本科专业建设点。

学院在教学上全面落实“以本为本、四个回归”，坚持以习近平新时代中国特色社会主义思想为指导，全面贯彻党的十九大和十九届二中、三中、四中、五中全会精神，全面落实立德树人的根本任务，并进行全过程的课程思政引领，在传授学生相关理论知识和培养学生创新素养的过程中始终以马克思主义的立场、观点和方法为指导，并有针对性地结合中国改革开放实践讲好中国故事，让学生立志为中华民族的伟大复兴奋斗不息，真正养成受益终生的经世济民、爱国奉献、服务于新时代改革开放和民族复兴的能力与品质。未来，经济学院将进一步深入探索专业课程的思政教育模式，提升本课程思政的学理性、系统性，将课程建设作为传播正确的哲学社会科学价值和理念、培养社会主义建设者和接班人的重要阵地。

经济学：中国经济率先走出疫情阴影，彰显政治优势和制度优势

经济学院　车卉淳

一、课程简介

经济学是研究稀缺性资源在各种可供选择的用途之间进行有效、合理配置的科学。经济学分为微观经济学和宏观经济学两个部分，微观经济学以个体经济为研究对象，宏观经济学以总体经济为研究对象，说明市场经济条件下的经济运行以及改善这种运行的途径。

经济学旨在让学生了解和掌握经济学的基本概念和基本原理，认识经济学的基本框架和研究逻辑，理解市场经济的运行机制，培养学生的经济学思维，使学生能够运用经济学原理分析和解释现实经济问题。我国已构建中国特色社会主义市场经济体系，取得了举世瞩目的发展成就，为了加强学生对习近平新时代中国特色社会主义思想经济部分的深入学习和全面理解，设置经济学课程是必不可少的。经济学也是经济管理类专业重要的学科基础课，为经济学和管理学的其他课程提供理论支持与方法保证。

二、案例主题

中国经济率先走出疫情阴影，彰显政治优势和制度优势。

三、对应章节及知识点

本案例对应第十五章宏观经济政策的内容，通过分析疫情期间的宏观经济政策，凸显中国特有的政治优势和制度优势。

四、案例意义

宏观经济政策是经济学的重要内容，具有较强的现实性，在讲授基本概

念和基本原理的基础上，需要结合经济现实进行分析。中国经济之所以能够在疫情后率先呈现稳健复苏态势，是因为政策的有效搭配。通过学习这一案例，学生应认识到，制度优势是最大的优势，中国之所以能在较短时间内实现疫情防控和经济社会发展的统筹推进，主要得益于积极的疫情防控措施和精准的政策，得益于中国特色社会主义制度的优势，从而坚定学生的制度自信。

由于政策的抽象性，学生难以在其实际生活中直接“触摸”到宏观经济政策的实施和效果。通过本案例的示范和具体分析，学生能够更好地理解宏观经济政策工具的含义以及如何具体运用，从而提升将经济理论与实际经济运行相联系的能力。

五、案例描述

（一）教学内容

2020 年，新冠肺炎疫情席卷全球，对各国经济造成了严重冲击，根据经济合作与发展组织（OECD）的统计数据，2020 年全球经济萎缩 4.1%。其中，欧盟经济萎缩 7.5%，美国经济萎缩 3.5%，中国经济增长 2.3%，成为全球唯一实现正增长的主要经济体；2021 年中国经济继续呈现复苏势头，增长率为 6.3%。在疫情防控取得重大战略成果的同时，脱贫攻坚战取得全面胜利，全面建成小康社会取得决定性成就，交出了一份人民满意、世界瞩目、可以载入史册的答卷。

通过梳理世界各国应对疫情的财政政策和货币政策，可以得出结论，中国成功的政策配合体现出独特的政治优势和制度优势。

从宏观经济政策实行的顺序来看，西方国家采取的政策是货币政策先行，包括无限制的量化宽松、零利率甚至负利率的政策，是“大水漫灌”式的政策。2020 年 3 月，美联储将基准利率降至 0% 至 0.25% 的历史最低水平，但效果微乎其微。美股一个月内四次熔断，全球股市大幅下挫，并引起了全球金融市场的动荡。欧洲央行也实行了一系列宽松的货币政策，但仍然无法避免经济的大幅度萎缩，同时导致通货膨胀率的上升。

与西方国家“大水漫灌”式的货币政策不同，我国的货币政策更注重“灵活适度”和“精准滴灌”。2020 年疫情发生后，中国人民银行于 2020 年 4 月 15 日和 5 月 15 日两次对中小银行定向降准，每次降 0.5 个百分点，共释放资金约 4 000 亿元。我国的货币政策注重金融机构与贷款企业的共生共荣，强化对稳企业的金融支持，使货币政策的效果直达实体经济。

我国采取的是财政政策先行，侧重政府的公共工程支出即“新基建”，包括5G基站建设、城际高铁、人工智能、工业互联网以及新能源汽车充电桩等，在新基建“稳增长”的同时强调自主创新。后疫情时代，单边主义和保护主义导致全球供应链出现局部断裂和运转停滞，我国总体的对外贸易政策是“稳中提质”，重视产业链的发展，从数量扩张向质量提升转变，从产业链低端向产业链中高端攀登，在出口、进口、产业链发展、经营主体结构等方面助力外贸企业的内生增长。

从宏观经济政策实施的重点来看，我国能够将政策重点放在财政政策方面，得益于我们独特的政治优势和制度优势。国外的财政政策需要国会的批准，涉及众多党派和利益关系的协调，尤其是欧盟涉及不同国家，实施起来很困难。我国财政政策“积极有为”的背后是“负重前行”。积极财政政策带来的后果是赤字攀升，在西方国家实施起来很困难。而在我国，由于公众对政府的信任，对非常时期的超常规政策具有较高的包容度，这些政治优势和制度优势是西方国家没有的。

（二）教学过程

1. 课前准备

课前给学生布置讨论题目“世界各国应对疫情的宏观经济政策比较”，学生通过查找资料，了解和梳理世界各国应对疫情的财政政策和货币政策。

2. 课堂教学

课程采用启发式教学方法，教师启发学生从政策实施的顺序、重点等方面，对世界各国应对疫情的宏观经济政策进行比较。

3. 课后讨论

结合应对疫情的宏观经济政策，课后分组进行线上、线下交互讨论。微信学习群推送学习强国、经济学专业网站等公众号，学生根据讨论结果在“学习通”平台上进行生生互评，调动学生学习的积极性。

（三）教学资源

第一，有效利用多媒体资源，使课程思政和专业知识相结合。利用音频、视频等多种教学资源，凸显教学内容的时代感，提高教学内容的生动性，激发学生的学习热情。充分利用“学习通”平台，提高学生课堂参与度和思维活跃度，培养学生分析问题、解决问题的能力。

第二，案例供给注重时代感和时效性，与社会经济热点问题同向并行。本案例分析世纪疫情、贸易壁垒、技术封锁等国际热点问题，教师引导学生探究事件背后的制度原因和经济原因，运用经济理论进行解读和分析，使学生加强对党和国家政策方针的理解，以及对社会主义经济制度的认同。

第三，经济学“思政小课堂”同“社会大课堂”有机结合，灵活运用时事热点讲好中国故事。通过比较各国疫情期间的经济政策和措施，突出中国战疫成功背后独特的政治优势和制度优势，使学生真正体会到经济学“厚生惠民”的人文主义思想，坚定学生对中国特色社会主义的制度自信和文化自信。

六、案例反思

本案例的成功之处在于思政元素融入专业知识，学生易于接受，达到了“润物细无声”的效果。首先，专业知识与思政元素实现了有机融合，既保证了基础理论的学习和教学进度，又起到了价值引领的作用。其次，教学环节安排合理。通过预习和讨论，由教师提炼出思政元素，起到了“画龙点睛”的作用。最后，能够结合学生关心的内容进行讲授，如讲述求职性失业使学生认识到工作的连续性对个人职业生涯的重要性，从而引导学生形成认真的工作态度和敬业精神。

不足之处在于，部分学生在课前准备和课后讨论环节存在懈怠情绪，参与度不足。针对这一问题，考核方式将有所改革，平时成绩中将加入学生在课程思政教学实践中的参与程度和临场表现，以强化课程思政的过程考核。

七、育人效果与反馈

通过本内容的教学，学生熟练掌握了宏观经济政策的基本知识点，并能够结合疫情期间宏观经济政策进行分析，体会到经济学“经世济民”的思想内涵和“厚生惠民”的人文主义思想，激发以国家富强和人民幸福为己任，用个人的知识和能力奉献社会、报效祖国的责任感。可以说，本案例较为成功地挖掘了宏观经济政策这一知识点的思政内涵，实现了知识传授和价值引领的有机统一。

政治经济学：诚信与商品经济

经济学院　黄雨婷

一、课程简介

政治经济学是一门结构严谨、体系完整、内容丰富的科学，是经济管理专业的基础课程和必修课程，也是针对经济学院全院本科生开设的课程。

设置本课程的目的在于，使学生全面系统地掌握马克思主义政治经济学基本理论、基本知识、基本方法，认识社会经济关系及其发展的基本规律，更好地理解中国特色社会主义发展的规律性和科学性，学会用马克思主义的立场、观点和方法分析和解决现实经济问题。同时，本门课也强调以习近平新时代中国特色社会主义思想为指导，与时俱进，努力实现马克思主义政治经济学与中国特色社会主义政治经济学相结合。最后，本课程也为学生学习其他经济、管理类课程奠定了理论基础。

在立德树人方面，旨在通过本课程的学习，全面培养学生的世界观、人生观、价值观，使学生树立共产主义远大理想，确立马克思主义坚定信念，成为中国特色社会主义事业的坚定信仰者和实践者。

二、案例主题

诚信与商品经济。

三、对应章节及知识点

本案例对应第一章“商品和货币”第一节内容，具体的知识点为商品经济的产生和发展。

四、案例意义

古代的米商做生意，除了要将斗装满之外，还要多舀一些，让斗里的米冒尖儿，因此有了“无尖不商”的说法，其本意是为了反映商人童叟无欺、让利于民。后来随着时代发展，逐渐演变成了“无奸不商”，意思也发生了翻天覆地的变化：不奸诈就不能做商人。这一成语由褒义词到贬义词的演变反映了商品经济发展过程中诚信的缺失。在课堂知识讲授中我们强调，商品经济产生的必要条件是社会分工，为了满足不同的需求，才需要进行交换，所以商品经济发展的根本动力是满足交换双方的需求。但诚信的缺失使得商品交换丢掉了其最初的目的，假冒伪劣、粗制滥造的商品无法从根本上满足消费者需求，大大阻碍了交易的正常进行，势必会阻碍商品经济的进一步发展。诚实守信是中华民族的传统美德：于社会，它是一个社会赖以生存和发展的基石；于企业，它是企业保持竞争优势、实现基业长青的决定因素；于个人，它是安身立命之本。因此，社会、企业、个人的发展都要求诚实守信。

五、案例描述

（一）教学内容

生产的单一性和需求的多样性之间存在矛盾，要解决这一矛盾，只能通过交换。商品经济是指商品生产和商品交换的总和，可见商品经济产生的直接目的就是满足人的需求。原始社会存在一种最原始的简单的物物交换形式——“沉默的交易”，每个人把想交换的东西放到前面，自己躲到树后面，路过的人拿着自己的东西直接交换所需要的商品。这种“沉默的交易”反映了商品经济产生之初就有重要的基石——诚信。那么在商品经济发展的过程中，社会“诚信”又是如何发展的呢？我们先看两个成语：“无奸不商”与“无尖不商”。

“无尖不商”，出典为旧时买米以升斗作量器，卖家在量米时会以一把红木戒尺之类削平升斗内隆起的米，以保证分量准足。银货两讫成交之后，商家会另外在米筐里余点米加在米斗上，如是已抹平的米表面便会鼓成一撮“尖头”，尽量让利。后来随着时代发展，“无尖不商”逐渐演变成了“无奸不商”，意思也发生了翻天覆地的变化：不奸诈就不能做商人。而在当前经济社会发展实践中，也经常上演着“无奸不商”的故事，严重影响了社会经济的健康发展，损害了消费者利益，比较典型的是三聚氰胺事件。

2007 年底，三鹿集团接到农村偏远地区反映：婴儿食用三鹿婴幼儿奶粉后，尿液中有颗粒。2008 年 8 月 4 日至 9 日，三鹿对送达的 200 份原料乳样品进行了检测，确认“人为向原料乳中掺入三聚氰胺”。2008 年 9 月 13 日，该事件启动国家安全事故Ⅰ级响应机制（Ⅰ级为最高级，指特别重大食品安全事故）。患病婴幼儿得到免费救治，所需费用由财政承担。

三聚氰胺事件产生了十分恶劣的影响，其直接影响是三鹿集团倒闭。假如三聚氰胺没有出现，三鹿依旧是中国航天员中心“航天乳饮料及乳粉”的唯一合作伙伴，是全国唯一“航天乳饮料”专业生产企业。三聚氰胺事件对行业的影响十分恶劣——几乎所有超市的奶制品都被强制下架，90% 的小企业都没扛住这一波而纷纷倒闭，洋奶粉占据市场，国产奶粉在国内奶粉市场中艰难生存。食用三鹿奶粉的婴儿纷纷变成“大头娃娃”，这一事件毁掉了一个个家庭。

（二）教学方法

结合案例材料，请学生讨论分析以下问题：

第一，请同学谈谈有没有买过假货或者在交易中遇到过欺诈行为，谈谈学生的感受以及处理的方法。

第二，结合材料内容，分析由“无尖不商”到“无奸不商”对于经济社会发展产生的影响。

第三，应该从哪些方面努力构建社会诚信体系？

六、案例反思

以成语语义的演变作为案例，引入诚信的概念，结合实际经济活动中涉及诚信的相关案例，可以很好地引发同学们的思考。该课程思政案例的难点在于如何将课程思政点很好地和基础知识结合起来。从由分工导致的生产的单一性和需求的多样性之间的矛盾切入，引出交换的概念。再由交换的基础——诚信切入，进行思政教育，最后由思政内容讨论回到课程知识点，让学生理解诚信对于商业社会发展的必要性和重要性。

该思政案例在实际课堂实施的过程中比较有效，学生课堂参与度很高，讨论也比较积极；不足之处在于这一内容本身比较抽象，难以让学生真正理解诚信在商业经济发展中的重要性。这要求老师在讲解和组织讨论的时候声情并茂，要深入挖掘诚信对于经济社会发展以及个人发展的影响，引发学生的共情和讨论。

七、育人效果与反馈

通过本堂课的讨论和学习，学生更深刻地意识到诚信在商品经济发展中的重要性。同学们也意识到，社会诚信的构建需要以个人诚信为基础，每个人的诚信都是黑暗中的一道微光，无数微光最终会汇聚为明灯，带领商品经济驶向更加广袤的大海。

产业经济学：产业结构合理化
——改革开放以来中国的政策实践

经济学院　杨　静

一、课程简介

产业经济学是一门融合经济学与管理学基本理论、集多种研究方法和多种理论体系于一体的综合性应用经济学，从产业出发来揭示产业的发展和变化、产业内部企业之间的相互作用和产业间的相互联系等产业本身所特有的经济活动和规律，包括产业内部各企业之间相互作用关系的规律、产业本身的发展规律、产业与产业之间互动联系的规律以及产业在空间区域中的分布规律。

产业经济学课程教学中强调完整而又可以理解的课程知识体系的建立；强调应用性与现实性结合；强调将最新的前沿研究成果引入课程之中。通过课程学习，学生能够掌握观察分析产业经济运行现实问题的初步能力。

二、案例主题

产业结构合理化——改革开放以来中国的政策实践。

三、对应章节及知识点

本案例对应第六章“产业结构合理化”，主要解决供需匹配、三次产业及产业内部协调发展、产业结构与资源结构相协调三重问题。

四、案例意义

本案例在回顾我国改革开放以来的国家战略的基础上，重点结合党的十九大报告提出的深化供给侧结构性改革的战略思想，联系我国改革开放以来的产业结构（合理化）调整过程及在不同阶段出现的相关问题，引导学生理解我国推进供给侧结构性改革的现实意义，有助于提升学生的制度自信与文化自信。

五、案例描述

改革开放的推进使中国经济取得了举世瞩目的成就。在改革开放启动之后，中国先后成为世界第一大外国直接投资（FDI）接受国、外汇储备国、出口大国以及世界第二大经济体。国内需求与国外需求一直是驱动国民经济增长的两个重要轮子。总需求为国内需求与国外需求的总和，国内投资需求与消费需求构成内需，外需表现为出口。随着对外开放的不断推进，中国出口规模不断扩大，内外需结构发生了巨大变化：内需占比由1978年的95.57%下降至2012年的79.91%，外需占比于2007年达到27.79%。这表明出口在中国经济增长中起到了巨大的拉动作用，并在一定程度上凸显出内需增长动力的不足。对中国内需的供给情况进行考察发现：中国国内需求规模逐年增长的同时，进口规模不断增大，内需对进口的依赖性不断提升，国内自给水平呈逐年下降趋势，到2007年中国内需自给率达到改革开放以来的最低水平，仅为69.89%。近年来，内需自给率虽有调整，但远低于改革开放初期的95%以上的自给水平。外需的不断扩大与内需自给水平的不断降低使得中国经济呈现"两头在外"的外向型经济增长态势，对外依赖程度不断上升，外向型经济增长方式成为中国经济增长的主要方式。

外向型经济增长方式虽然能够使中国经济增长搭上国际市场的快车，但国外市场的萎缩必然会对国内经济产生极为不利的影响：1997年下半年，亚洲金融危机的爆发使得中国出口增幅下降、外资引入难度加大，国内市场需求不足和通货膨胀相互叠加，导致国内供求矛盾恶化；2008年，发端于美国的次贷危机爆发，最终酿成一场世界范围的经济危机，受经济危机波及，中国出口急剧下滑，对外贸易依存度较高的国内企业为应对危机，压缩生产、裁减工人，国内经济遭受重创。为应对亚洲金融危机，1998年下半年开始，中央启用以扩大内需为主的积极财政政策，进行宏观调控。这项政策使得中国经济很快走出低谷，并出现了连续多年平稳较快增长的良好发展势头；2008年，为应对经济危机，中国对稳健的财政政策与从紧的货币政策进行了调整，采用以扩大内需为目的的适度宽松的货币政策和财政政策，促使中国较快地从经济危机中走了出来。虽然这一系列财政政策、货币政策在当时迅速起效，但并未产生长期效果。

经济危机的波及与影响使中国开始反思经济增长方式，并逐步探索从外向型经济增长方式向扩大内需的内向型经济增长方式转变。党的十七大指出，要“坚持扩大国内需求特别是消费需求的方针，促进经济增长由主要依靠投资、出口拉动向依靠消费、投资、出口协调拉动转变”；党的十七届三中全会指出，要“着力扩大国内需求特别是消费需求，保持经济稳定、金融稳定、资本市场稳定，保持社会大局稳定，做好保障和改善民生工作，继续推动经济社会又好又快发展”；2008 年中央经济工作会议指出，要“把扩大内需作为保增长的根本途径”，国务院提出了扩大内需、促进经济平稳较快增长的十项措施；2009 年政府工作报告指出，要“积极扩大国内需求特别是消费需求”，同时在全国范围内实施“家电下乡”工程；2010 年，中共中央和国务院提出，要“把扩大农村需求作为拉动内需的关键举措”，开拓农村市场，促进农村居民消费。然而，各项政策、工程的推进虽在当期取得了一定的成效，但并未形成扩大内需的动力机制。2010 年，中共十七届五中全会通过的“十二五”规划明确提出要构建扩大内需长效机制。

然而，在 2008 年，发端于美国次贷危机的经济危机出现，政府新增了 4 万亿元投资，使得中国很快从经济危机的泥沼中走了出来。但是，多国受此危机波及，需求下降，在一定程度上使得中国的出口受到较大影响。与此同时，4 万亿元投资在发挥乘数效应的同时，也导致国内产能的结构性过剩与供需错配的问题。胡芳肖、王育宝（2000）认为有效供给不足、无效供给过剩是制约消费增长的关键①；袁志刚、何樟勇（2003）研究表明，中国经济在 20 世纪 90 年代之后一直处于投资与消费的动态无效率之中②；龚福麒、彭云艳（2005）研究表明，中国投资乘数较小并处于不断降低之中，这主要是中国消费倾向低、资金沉淀及投资消费周转壁垒过多等造成的③；张旭东（2010）提出投资需求的增长最终将通过消费需求的增长实现，投资需求的增长受到消费需求增长的制约，只有在消费需求所限定的空间范围内才能实现投资需求的增长④；张蓓芳（2010）指出凯恩斯理论并不符合中国的经济现实，以政府投资拉动需求扩张是在以新的产能消化旧的产能，在没有消费保

① 胡芳肖，王育宝．有效供给不足、无效供给过剩的原因及对策，宁夏党校学报［J］．2000（11）．

② 袁志刚，何樟勇．20 世纪 90 年代以来中国经济的动态效率［J］．经济研究，2003（7）．

③ 龚福麒，彭云艳．我国投资乘数效应变动的趋势及原因［J］．科技管理，2005（1）．

④ 张旭东．投资与消费比例关系的实证分析：以连云港市为例［J］．经济研究导刊，2010（28）．

证的畸形循环下，政府投资难以带动私人投资①。

于是，2015 年，中央财经领导小组第十一次会议提出要着力加强供给侧结构性改革，坚持去产能、去库存、去杠杆、降成本、补短板，优化存量资源配置，扩大优质增量供给，实现供需动态平衡。实践也证明，当期的投资需求会成为远期的产品供给，投资需要与远期需求相适应。党的十九大报告提出，要“完善促进消费的体制机制，增强消费对经济发展的基础性作用”，“发挥投资对优化供给结构的关键性作用”。

结合上述案例和资料，引导学生进行课堂讨论：产业结构合理化重点要解决什么问题？中国在西方经济学需求学派理论的基础上，积极发展供给学派的应用实践，具有哪些方面的科学性？

六、案例反思

上述案例的优点在于：一方面，通过这一案例系统呈现中国宏观经济政策发展的脉络；另一方面，大多数学生对于凯恩斯需求学派的理论有一定的认识，对乘数效应、财政政策等有一定的了解，本案例既能够有效衔接起基础理论课程与专业课程间的知识体系，同时也能够让学生更好地运用所学理论分析理解现实问题，从而认识到我国制度安排的科学性与前瞻性。但是本案例的不足在于铺陈相关背景需要较多时间。为此，在实际授课过程中，需要提前以课下任务的形式要求学生进行相应资料信息的收集与整理，从而课上、课下相联系，保证授课效果。

七、育人效果与反馈

产业结构合理化首先需要解决供给结构与需求结构的矛盾与冲突问题。基于此，本案例联系我国供需矛盾的现状及供给侧结构性改革这一国家发展战略思想的确立，启发学生理解我国国家战略调整的科学性与前瞻性，进而形成对我国制度体系的理解与自豪，提升学生的制度自信与文化自信。

① 张蓓芳．现实经济中的总需求不足的分析：基于凯恩斯消费理论的探讨［J］．生产力研究，2010（4）．

金融学：数字人民币

经济学院　孟繁军

一、课程简介

金融学是经济类各专业本科生的一门必修课程，是金融学专业的基础课。本课程旨在培养学生了解和掌握货币、信用和银行的基本理论，货币和金融体系的运行机制以及金融运行与经济运行的关系，为以后将要学习的金融类专业课程打下良好基础；指导学生运用基本理论正确分析当前国际和国内金融领域出现的新问题、新政策和发展动向，使学生逐渐关注现实的金融热点问题，为以后将要学习的专业课奠定基础；引导学生建立社会主义核心价值观，在专业教学过程中逐渐培养和树立学生的社会主义道德观、价值观和人生观，使学生具备高度的社会责任感与良好的职业素养，从而成为合格的金融专业人才。

二、案例主题

数字人民币。

三、对应章节及知识点

本案例涉及第一章“货币与货币制度”中电子货币这一形态的概念及发展。

四、案例意义

第一，中国的数字人民币研发技术在全球处于领先地位，试点工作开展顺利。通过对试点落地情况的介绍，学生能够感受中国经济发展的实力，增强民族自信心。

第二，通过比特币和数字人民币的对比，体现数字人民币的安全性，提醒学生炒币有风险，增强学生的风险防范意识。

第三，数字人民币具有反洗钱、反逃税的作用，本案例能够警示学生不逃税、不参与洗钱，树立正确的世界观和价值观。

第四，使学生认识到数字货币是确保国内金融安全的国家战略。我国推出数字人民币不仅顺应趋势，也能够降低对以美元为主导的国际支付清算系统的依赖，避免美国凭借美元霸权对我国的主权安全造成不利影响，确保国内金融安全。

五、案例描述

2021 年 10 月 18 日下午，中共中央政治局就推动我国数字经济健康发展进行第三十四次集体学习。中共中央总书记习近平在主持学习时强调，近年来，互联网、大数据、云计算、人工智能、区块链等技术加速创新，日益融入经济社会发展各领域全过程，数字经济发展速度之快、辐射范围之广、影响程度之深前所未有，正在成为重组全球要素资源、重塑全球经济结构、改变全球竞争格局的关键力量①。数字人民币的诞生是顺应技术进步和时代潮流的重要举措，有助于打造我国数字经济新优势。我国应在越来越多的国家竞相着手推出数字货币的大趋势中掌握先机②。

我国对数字人民币的探索走在了世界前列，初步积累了一些经验。截至 2021 年 6 月 30 日，数字人民币试点场景已超过 132 万个，覆盖生活缴费、餐饮服务、交通出行、购物消费、政务服务等领域；开立个人钱包 2 087 万余个、对公钱包 351 万余个，累计交易 7 075 万余笔，金额约为 345 亿元。在地方政府的积极参与与支持下，一些地区开展了数字人民币红包活动，实现了不同场景的真实用户试点测试和分批次大规模集中测试，验证了数字人民币业务技术设计及系统稳定性、产品易用性和场景适用性，增进了社会公众对数字人民币设计理念的理解③。

2021 年 2 月，为实施科技冬奥行动计划，加强冬奥支付服务环境建设，北京市围绕冬奥消费全场景，启动“数字王府井 冰雪购物节”数字人民币试

---

① 把握数字经济发展趋势和规律，推动我国数字经济健康发展［EB/OL］．［2022－08－05］．https：//baijiahao. baidu. com/s? id = 1714065055048956033&wfr = spider&for = pc.

② 张德勇．数字人民币未来发展前景可期［EB/OL］．［2022－08－05］．https：//m. gmw. cn/baijia/2021－09/16/35168169. html.

③ 中国数字人民币试点落地情况一览［EB/OL］．［2022－08－05］．https：//new. qq. com/rain/a/20211012A08OWZ00.

点活动。此活动面向在京个人消费者发放5万个数字人民币红包。红包采取抽签形式发放，每个数字人民币红包金额为200元，中签红包可在线上、线下指定商户无差别使用[①]。此外，深圳保险业将“数字人民币保单”的试点应用延伸至线上保费结算场景。在苏州高铁新城，首单搭乘无人小巴的数字人民币测试扣款成功在轻舟智航的“龙舟ONE”的无人小巴上完成。中国农业银行河北雄安分行完成首款数字人民币“硬件钱包”的研发投产。中国工商银行成都分行联合锦江区政府推出全国首发场景类数字人民币硬件钱包，该硬件钱包支持“碰一碰支付”，还具备余额查询、消费次数显示等功能。

数字人民币也有不少特色且具有创新性的落地场景。国家电网已在试点地区实现数字人民币电费交纳应用落地，其推出的“电e宝”正式登陆中国人民银行官方数字人民币APP，完成与央行子钱包推送功能的打通。子钱包推送功能上线后，用户在APP内线上交电费时无须跳转至银行钱包界面，可直接在原界面完成数字人民币电费支付。在日常出行方面，不仅乘坐公交地铁能使用数字人民币，美团还宣布在全国多地同步启动数字人民币低碳出行试点活动。西安市出租汽车行业联合西安银行启动了数字人民币收款试点工作，实现全国同行业内首个出租车使用数字人民币收款的场景。上海市数字人民币首批试点单位之一——春秋航空则成功在数字人民币APP内上线“子钱包”，成为航旅出行行业接入数字人民币APP手机钱包的先锋。全国首笔从税款缴纳到国库入库对账全流程数字人民币缴税业务在大连实现，数字人民币在税费领域的应用解决了网上无法支付大额税款时需要到税务机关打印银行端查询缴费凭证、再去银行缴税的问题，以及个体工商户用现金缴纳税款时需要找零的问题。而北京大家保险养老社区成为数字人民币落地的首个养老服务场景。在2021年中国国际服务贸易交易会上，大家保险养老社区展位在北京首钢园区“数字金融示范区”亮相。其展出的智能胸卡是由中国银行数字人民币和中国联通智能胸卡联合开展的新型养老业务，集合了数字人民币小额支付、紧急呼叫、电子围栏、轨迹查询等多种服务功能。

本案例从大家熟知的数字红包引入数字货币，增加学生对本课教学内容的亲切感；然后通过视频、启发式提问、多媒体等多种教学方法介绍数字人民币的知识。具体教学内容如下：

第一，从数字红包引入数字人民币，并通过材料“中国数字人民币试点

① “数字王府井 冰雪购物节”北京数字人民币试点活动正式启动［EB/OL］．［2022-08-05］．https：//baijiahao. baidu. com/s？ id = 1690949108601188127&wfr = spider&for = pc.

落地情况一览”，使学生了解我国数字人民币落地情况，让学生认识到我国对数字人民币的探索走在世界前列，从而增强民族自信。

第二，通过提问启发思考，激发学生深入学习数字人民币的欲望。问题包括：数字货币和比特币是一回事吗？数字人民币是不是和支付宝、微信一样，是一种新型的支付工具？数字人民币安全吗？为什么要发行数字人民币？

第三，播放数字人民币与生活相关的视频——“数字人民币来了，你必须知道的 3 个知识点”。通过这种直观又易于被学生接受的方式，使学生初步了解数字人民币。

第四，根据材料“中国数字人民币试点落地情况一览”和视频“数字人民币来了，你必须知道的 3 个知识点”的内容，针对前述问题，让学生思考并尝试给出答案，然后由教师进行总结。

第五，通过课前布置的材料“关于数字人民币的几个核心问题”，由学生根据材料做课堂展示，使学生增强学习主动性。

整个教学过程使学生掌握了数字人民币的相关知识，又达到了思政育人的效果。

六、案例反思

教学过程中采用启发式提问，结合视频、新闻材料，提升了教学的效果，强化了思政育人的目的。

数字人民币对学生来说是新事物，学生天然就具有学习的兴趣，但教学中有些思考问题对学生来说有难度，可以提前提供新闻材料供学生预习，这样教师在课堂上就不必详细地分析材料内容，学生对我国经济发展实力的感受也会更强。

七、育人效果与反馈

教学过程中，学生能够紧跟教师思考问题，听课认真，态度端正，学习效果很好。学生既掌握了相应的知识，也树立了民族自信和正确的价值观、人生观。

国际金融：亚洲金融危机与外汇管理体制

经济学院　杨　玲

一、课程简介

国际金融是国家教育部指定的财经类专业必修课之一，是培养具有专业金融知识和较高综合素质的人才的重要必修课。其内容分五大模块：第一，基础知识，包括国际收支、国际储备、外汇、汇率、国际金融市场等基本概念和基本内容；第二，理论，包括国际收支的调节理论、汇率决定理论、开放经济的均衡和调控理论等；第三，制度与政策，包括外汇管制和货币自由兑换、汇率制度的选择、国际货币体系等；第四，市场，包括外汇市场、欧洲货币市场等；第五，实务部分，包括外汇交易、外汇风险管理、对外贸易融资等。任课教师的教学内容涵盖以上五个模块的内容，但可以根据不同专业和不同教学对象的特点，对以上内容有所侧重。重点为基础知识、理论和市场模块。

二、案例主题

亚洲金融危机与外汇管理体制。

三、对应章节及知识点

本案例对应第四章“外汇管制与中国的外汇管理”，涉及的知识点为外汇管制概述。

四、案例意义

亚洲金融危机中我国成功地抵御了国际冲击，这得益于我国的外汇管理体制。不顾自身竞争实力和风险防范能力而盲目开放金融市场是很多东南亚国家在此次危机中失利的原因。我国对自身经济情况和风险管理能力有着清晰的认识，坚持自身经济发展的特色和阶段，制订适合自身的政策，坚持自己的发展节奏，不盲目追求高速发展，始终牢牢守住风险底线是我国经济发展的一贯理念，显示了我国制度的优越性，能够增强学生的道路自信。

学生们搜集数据、资料并进行国家之间的横向对比，从而体会我国的制度优势，提升责任感和自豪感。案例关注国内外的变化，培养学生的世界观和爱国情怀，培养学生坚定的社会主义信念和使命感，从而为中华民族的伟大复兴贡献力量。

五、案例描述

1997 年亚洲金融危机（1997 Asian financial crises）指发生于 1997 年的一次世界性金融风波。1997 年 7 月 2 日，亚洲金融风暴席卷泰国。不久，这场风暴波及马来西亚、新加坡、日本、韩国、中国等地。泰国、印度尼西亚（以下简称“印尼”）、韩国等国的货币大幅贬值，同时造成亚洲大部分地区股市的大幅下跌；冲击亚洲各国外贸企业，造成亚洲许多大型企业的倒闭，工人失业，社会经济萧条。亚洲一些经济大国的经济开始萧条，一些国家的政局也开始混乱。泰国、印尼和韩国是受此金融风暴波及最严重的国家。新加坡、马来西亚、菲律宾和中国香港地区也被波及，中国大陆和中国台湾地区则几乎不受影响。

（一）第一阶段

1997 年 7 月 2 日，泰国宣布放弃固定汇率制，实行浮动汇率制，引发一场遍及东南亚的金融风暴。

当天，泰铢兑换美元的汇率下降了 17%，外汇及其他金融市场一片混乱。在泰铢波动的影响下，菲律宾比索、印尼盾、马来西亚林吉特相继成为国际炒家的攻击对象。

1997 年 8 月，马来西亚放弃保卫林吉特的努力。一向坚挺的新加坡元也受到冲击。印尼虽是受“传染”最晚的国家，但受到的冲击最为严重。

1997 年 10 月下旬，国际炒家移师国际金融中心香港，矛头直指香港联系汇率制。台湾当局突然弃守新台币汇率，台币一天贬值 3.46%，加大了港币和香港股市的压力。

1997 年 10 月 23 日，香港恒生指数大跌 1 211.47 点；28 日，下跌

1 621.80 点，跌破 9 000 点大关。面对国际金融炒家的猛烈进攻，香港特区政府重申不会改变现行汇率制度，恒生指数上扬，再上万点大关。

1997 年 11 月中旬，韩国也爆发金融风暴，17 日，韩元对美元的汇率跌至创纪录的 1 008:1。21 日，韩国政府不得不向国际货币基金组织求援，暂时控制了危机。但到了 12 月 13 日，韩元对美元的汇率又降至 1 737.60:1。韩元危机也冲击了在韩国有大量投资的日本金融业。

1997 年下半年，日本一系列银行和证券公司相继破产。东南亚金融风暴演变为亚洲金融危机。

（二）第二阶段

1998 年初，印尼金融风暴再起，面对有史以来最严重的经济衰退，国际货币基金组织为印尼制定的对策未能取得预期效果。

1998 年 2 月 11 日，印尼政府宣布将实行印尼盾与美元保持固定汇率的联系汇率制，以稳定印尼盾。此举遭到国际货币基金组织及美国、欧盟的一致反对。国际货币基金组织扬言将撤回对印尼的援助。印尼陷入政治经济大危机。

1998 年 2 月 16 日，印尼盾同美元比价跌破 10 000:1。受其影响，东南亚汇市再起波澜，新加坡元、马来西亚林吉特、泰铢、菲律宾比索等纷纷下跌。直到 4 月 8 日印尼同国际货币基金组织就一份新的经济改革方案达成协议，东南亚汇市才暂告平静。

1997 年爆发的东南亚金融危机使得与之关系密切的日本经济陷入困境。日元汇率从 1997 年 6 月底的 115 日元兑 1 美元跌至 1998 年 4 月初的 133 日元兑 1 美元；1998 年 5—6 月，日元汇率一路下跌，一度接近 150 日元兑 1 美元的关口。随着日元的大幅贬值，国际金融形势更加不明朗，亚洲金融危机继续深化。

（三）第三阶段

趁美国股市动荡、日元汇率持续下跌之际，国际炒家对香港发动新一轮进攻，恒生指数跌至 6 600 多点。香港特区政府予以回击，金融管理局动用外汇基金进入股市和期货市场，吸纳国际炒家抛售的港币，将汇市稳定在 7.75 港元兑换 1 美元的水平上。一个月后，国际炒家损失惨重，无法再次实现把香港作为“超级提款机”的企图。国际炒家在香港失利的同时，在俄罗斯更遭惨败。俄罗斯中央银行于 1998 年 8 月 17 日宣布年内将卢布兑换美元汇率的浮动幅度扩大到6.0~9.5:1，并推迟偿还外债及暂停国债交易。

1998年9月2日，卢布贬值70%，这使得俄罗斯股市、汇市急剧下跌，引发金融危机乃至经济危机、政治危机。俄罗斯政策的突变使在俄罗斯股市投下巨额资金的国际炒家大伤元气，并带动了美国及欧盟国家股市、汇市的全面剧烈波动。到1998年底，俄罗斯经济仍没有摆脱困境。1999年，亚洲金融危机结束。

本案例的分析框架如下：

第一，分析相关国家当时的对外开放政策与对外经济竞争实力和风险防范能力的匹配度，找出造成危机中损失的主要原因（注意重要经济数据的收集及对比）。

第二，分析我国香港和内地的外汇储备、外汇管理制度、风险防范能力和对外竞争实力，得出结论。

第三，总结影响一国外汇市场稳定的要素，以及我国的经验和吸取的教训。

六、案例反思

案例比较精彩，学生参与度很高，记忆深刻。该案例能通过具体的事例和证据来体现我国当时政策的正确性和风险防范的意识。

分析案例中各国导致最后结果的原因，需要结合宏观经济学、国际金融、货币银行学等课程的内容，有较高难度，应在分析前给予学生更多分析框架的引导。可以将案例拆成几个部分，在不同的章节分次逐渐渗透，待所有内容结束后再对案例重新进行分析。这既是对过去分析的总结，更是更高层次的提升和总结。

七、育人效果与反馈

学生从具体的事例中体会到了我国当时坚持对外开放步伐与自身竞争实力和风险防范能力相适应的正确决策，不盲目追求表面发展速度，坚守风险防范底线，体现了中国特色社会主义市场经济体制的优越性，激发了同学们的道路自信。

公司信贷：绿色信贷

经济学院　赵成珍

一、课程简介

公司信贷是一门应用学科，研究的主要对象是银行的存贷款业务的具体操作和管理方法。它来源于实践，又运用于实践。通过本课程的学习，学生应掌握银行信贷管理的理论基础知识，并能够进行从业技能的培养。

学生必须掌握的内容为：银行信贷资金循环周转；交易成本与信贷管理的关系；银行信贷管理规则和存款管理规则；企业资金需求原因和性质；不同类型企业的经营和资金周转特点；贷款定价、贷款审批、贷款合同、贷款的发放、贷款收回五个阶段；短期贷款、中长期贷款适用范围以及具体操作办法、主要特点及管理中需要注意的问题；公司客户贷款风险分析的总体风险的成因和类型；银行贷款风险管理体系和贷款风险的控制方法。

二、案例主题

绿色信贷。

三、对应章节及知识点

本案例对应第一章“公司信贷管理”，对应的知识点为绿色信贷。

四、案例意义

习近平总书记一直强调“绿水青山就是金山银山”，就是要尽最大可能维持经济发展与生态环境之间的平衡关系，走生态优先、绿色发展的路。在完整的绿色经济体系中要贯彻落实绿色信贷政策，绿色信贷政策要求银行限制授信于“高耗能高污染”行业，促使污染企业主动提高环保意识，同时要求银行大力支持环境保护和节能减排项目。本案例通过具体事例帮助学生理解、掌握开展绿色信贷的基本方法和要求，以及公司信贷营销的具体内容，从而使学生深刻理解以环境为代价换取 GDP 增长的路线是错误的，要贯彻落实在习近平新时代中国特色社会主义思想指引下坚持绿色发展、建设美丽中国的理念，深刻体会我国不断推进绿色信贷、利用信贷手段促进节能减排的制度安排及实践的意义，深刻认识生态文明建设是关系中华民族永续发展的根本大计。

五、案例描述

绿色金融理念的提出和实践是 21 世纪金融创新、金融业发展和金融业竞争的制高点。国外绿色金融实践出现较早，1974 年，联邦德国就设立了世界上第一家环境银行。20 世纪 80 年代初，美国出台了“超级基金法案”，要求企业必须为其引起的环境污染负责，从而使得信贷银行高度关注和防范潜在环境污染所造成的信贷风险。欧盟于 2004 年颁布并实施了《欧盟环境责任指令》，英国政府成立了政策性银行——英国绿色投资银行。虽然国际上的绿色金融发展历史较为悠久，但是追溯我国的绿色金融发展可以发现，我国绿色金融在近几年蓬勃发展，不论政策环境、规模体量还是市场建设等，成绩都十分优异。

首先，我国绿色金融政策体系逐步建立。1995 年，中国人民银行颁布《关于贯彻信贷政策与加强环境保护工作有关问题的通知》，国家环境保护总局颁布了《关于运用信贷政策促进环境保护工作的通知》，这标志着绿色金融正式在中国诞生。随后相关部门先后出台了绿色金融相关制度文件，绿色金融制度进一步完善。2016 年，中国人民银行、财政部等七部委发布了《关于构建绿色金融体系的指导意见》，对绿色金融体系进行了顶层设计，标志着绿色金融已上升为国家战略。其次，我国金融机构积极实践绿色金融。各银行机构纷纷开展绿色金融业务，2008 年 10 月，兴业银行成为中国首个加入“赤道原则”的银行；2012 年，浦发银行推出“绿色金融综合服务方案 2.0”。各保险公司则设立了环境责任险。最后，绿色金融产品日益丰富。在政策支持下，绿色信贷、绿色保险、绿色证券、绿色基金等绿色金融产品创新有序推进。截至 2020 年末，国内 21 家主要银行绿色信贷余额超过 11 万亿元，绿色信贷资产质量整体良好，不良率远低于同期各项贷款整体不良水平。绿色信贷环境效益逐步显现，按照信贷资金占绿色项目总投资的比例计算，21 家主要银行绿色信贷每年可支持节约标准煤超过 3 亿吨，减排二氧化碳当量超过 6 亿吨。

为贯彻落实绿色金融发展理念，我国不断完善绿色金融发展体系，在国家提出碳达峰、碳中和目标的背景下，绿色信贷已经成为商业银行服务实体经济、助力供给侧结构性改革、全面推进绿色发展的“源头活水”。

在绿色信贷的应用中，十堰市农村商业银行在助力区域经济实现绿色生态发展方面提供了对策与建议。近年来，十堰市农村商业银行统筹谋划绿色信贷工作，创新推出绿色信贷产品，组建绿色信贷专项领导小组，制定绿色信贷业务战略目标和发展规划，为绿色信贷业务发展提供制度保障。此外，开辟绿色审批通道，将绿色信贷理念植入授信管理制度和操作流程，创立绿色信贷动态跟踪监测机制，防范绿色信贷潜在环保风险。截至 2021 年 6 月末，全行绿色信贷余额达 13.74 亿元，同比增长 13%，绿色贷款不良率为 0。除此之外，积极搭建银政合作平台、银担合作平台，主动出击绿色项目。但是，配套机制依旧存在问题，例如缺少绿色信贷激励机制、绿色信息共享不畅、绿色信贷专业人才稀缺、绿色信贷配套平台和服务体系不够完善、信贷风险难以把握等。

本案例以大背景引入，举绿色信贷典型事例，引导学生深入了解绿色信贷。以十堰市农村商业银行为例，引导学生分析绿色信贷对企业的影响、企业如何申请绿色信贷及现阶段绿色信贷的不足之处。通过以小组为单位进行授课，鼓励学生在进行小组讨论的时候积极发言，多思考、多提问、多沟通，意在加深学生对绿色信贷的认识和理解，明确“绿水青山就是金山银山”是我国推动现代化建设的重大原则；认识到绿色信贷是实现经济社会可持续发展，建设资源节约型、环境友好型社会的必然要求；理解践行绿色信贷既是国家宏观调控政策的要求，也是提高经济发展质量、提升人民生活品质的需求，更是金融机构科学发展的要求和方向。

六、案例反思

此案例结合具体信贷项目，能使学生更加直观地学习到绿色信贷的基本方法和要求，在掌握必要知识的前提下，能更深刻地体会到我国绿色信贷的发展理念，更好地践行我国社会主义核心价值观；通过小组竞争相互评选的形式调动学生学习的积极性，一改老师讲、学生被动学习的常态化教学方式，提高学生的主动学习能力，能更好地促进知识的吸收。

但是，以小组的方式进行学习，无法避免一些学生搭便车的情况出现，存在某些小组一直由一个人进行学习展示的问题。后期需要完善小组学习方式，使更多的学生参与。

七、育人效果与反馈

学生表示真正理解了绿色经济发展体系的意义，更加深刻地认识到习近平总书记提出的绿色理念的重要性，提高了对绿色经济发展体系的认可。教学过程中学习效果较好，学生知识掌握程度较高；且结束后表示此次课程有用且有趣，不仅能学到基础知识，还能很好地提升对我国社会主义核心价值观的认识。

金融市场学：执政高效为民，坚定“四个自信”——政府叫停蚂蚁集团股票上市过程

经济学院　单　磊

一、课程简介

金融市场学是一门针对金融学专业本科学生开设的金融专业必修课程，着重帮助学生学习并掌握金融市场中股票、债券、基金等金融工具的特征，各金融子市场的运行机制以及各主体参与者行为规律，使学生打下扎实的金融理论基础的同时，具有运用理论知识解决实际问题的能力，为学生以后学习证券期货投资分析类课程、证券期货交易类课程做好准备；同时，通过课程思政，使学生牢记金融的初心，深刻理解有中国特色的社会主义金融市场体系，理解并坚决贯彻执行党和国家的重大方针政策，理解当前我国正在进行的金融市场的深化改革和对外开放，坚定“四个自信”，增强专业使命感，努力学习，立志做品德高尚、诚实守信、遵纪守法的金融从业者，为建设有中国特色的社会主义金融市场而努力奋斗。

二、案例主题

执政高效为民，坚定“四个自信”——政府叫停蚂蚁集团股票上市过程。

三、对应章节及知识点

对应章节及知识点见表1。

表 1

对应章节	知识点	思政映射与融入点
第一章“金融市场概论”第五节“金融市场监管”	监管的必要性；监管的主要内容	监管为民；金融从业者应遵纪守法
第四章“股票市场”第二节“股票发行与上市”	注册制度、股票发行上市流程	中国政府是高效、有能力、负责任、依法行政的政府，坚定“四个自信”

四、案例意义

第一，案例可以充分体现习近平新时代中国特色社会主义思想，对学生价值观引领具有重要意义。

从蚂蚁集团“光速”般的发行速度和政府监管部门紧急叫停其上市的过程可以看出，中国政府为了保护广大投资者和花呗、借呗用户的利益，工作上争分夺秒，赶在蚂蚁集团上市前出台了《网络小额贷款业务管理暂行办法（征求意见稿）》，并依照法律法规紧急叫停了蚂蚁集团的上市，保护了广大人民的利益，这种工作效率是西方国家无法做到的，由此可见，中国共产党和中国政府一直秉持着执政为民的理念，中国政府是高效、有能力、负责任、依法行政的政府，真正体现了社会主义制度的优越性，使学生坚定了道理自信、理论自信、制度自信和文化自信。

第二，案例对提高学生运用专业知识分析和解决金融市场实践问题的能力具有重要意义。

从马云在上海外滩金融峰会上发言提出金融监管问题，到蚂蚁集团股票公开发行后被紧急叫停上市这一事件，对我国金融市场影响重大，引起了专家们的广泛讨论，社会反响强烈。引导学生运用课程中学习的金融监管和股票发行与上市专业理论知识对这一案例进行讨论，不仅可以让学生进一步掌握股票发行与上市专业知识，还能提高学生的实践能力。

五、案例描述

（一）教学内容

1. 蚂蚁集团股票发行上市的重要时间节点

2020 年 9 月 18 日，上海证券交易所科创板上市委员会同意蚂蚁集团股票发行上市，蚂蚁集团于2020年10月下旬启动在A股（科创板）+H股同步首次公开募股（IPO），2020年10月23日进行初步询价。10月24日，马云在上海举办的外滩金融峰会上发表演讲时说：“巴塞尔协议比较像一个老年人俱乐部，它要解决的是运转了几十年的金融体系老化的问题，欧洲那些老化的体制、系统极其复杂。但是中国的问题正好相反，不是系统性金融风险，因为中国金融基本上没有系统，中国实际上是‘缺乏金融系统’的风险。”2020年10月26日确定发行价格，2020年10月29日进行申购（股票代码为688688，发行价格为68.8元），2020年10月30日进行抽签摇号，2020年11月2日公布中签结果并进行了股款交收，并公布预计于11月5日在上海证券交易所科创板上市（新股中签结果公布后一般在14个交易日左右上市交易，蚂蚁集团将这一时间压缩到了3天，由此可见蚂蚁集团上市的迫切性和具有的巨大能量），蚂蚁集团A股+H股共募集2 300亿元，成为全球最大的IPO。2020年11月2日，中国人民银行、中国银保监会、中国证监会、国家外汇管理局对蚂蚁集团实际控制人马云、董事长井贤栋、总裁胡晓明进行了监管约谈，中国人民银行于同日公布了《网络小额贷款业务管理暂行办法（征求意见稿）》。2020年11月3日晚上，上海证券交易所和香港联合交易所紧急发布公告，暂缓蚂蚁集团上市，此后更彻底叫停了其上市。

2. 案例讨论的问题

第一，马云在外滩金融峰会上提出“中国金融基本上没有系统，中国实际上是‘缺乏金融系统’的风险”，对于这一观点你怎么看？

第二，政府为什么要出台《网络小额贷款业务管理暂行办法（征求意见稿）》？

第三，政府为什么要赶在蚂蚁集团股票上市前出台《网络小额贷款业务管理暂行办法（征求意见稿）》？

第四，蚂蚁集团IPO过程体现了注册制的什么特点？

第五，为什么要叫停蚂蚁集团上市？

第六，叫停蚂蚁集团上市对市场的影响有哪些？不叫停蚂蚁集团上市会产生什么后果？

第七，你怎么评价中国政府在蚂蚁集团发行上市过程中的表现？

（二）教学方法

1. “讲+查+做+演+论”多元化教学

本案例的讲解流程为：课堂讲授事件—学生课下查阅资料—学生做调研

和课件—学生演讲—讨论。

2. 问题式和引导式教学

针对案例提出的问题进行引导。改革开放以来，中国金融市场经过40余年的快速发展，取得了显著的成绩，特别是党的十八大以来，在以习近平同志为核心的党中央的领导下，逐步建立起了较为完善的金融市场体系和金融监管体系。中国政府非常重视和鼓励金融创新，同时也非常重视防范金融系统性风险，鼓励金融创新和防范金融系统性风险并不矛盾。

在《网络小额贷款业务管理暂行办法（征求意见稿）》出台前，蚂蚁集团具有极高的杠杆率，它的贷款不需要任何财产的抵押担保，主要依靠信用，在这样的情况下，蚂蚁集团存在着巨额坏账的潜在风险。当然，这不是主要原因，毕竟这个风险的主要承担者是蚂蚁集团自己。更加关键的是，蚂蚁集团借出去的钱不是自己的自有资金，而是通过高杠杆从银行获得的。这样，蚂蚁集团一旦出现问题，就会把风险传递给银行。可以说这才是关键，要是蚂蚁集团自己有钱，他们只要不违反法律规定，想怎么放贷都没有问题。但是，蚂蚁集团不仅自己没有钱，还把通过高杠杆获得的资金投资到风险巨大的贷款项目上。这样的情况下，蚂蚁集团不出问题还好，一旦出现问题将会产生巨大的社会不良影响。因此出台《网络小额贷款业务管理暂行办法（征求意见稿）》势在必行。对于蚂蚁集团来说，它急于在《网络小额贷款业务管理暂行办法（征求意见稿）》出台前上市，一方面可以通过上市融资解决自有资本金的问题，另一方面蚂蚁集团可以按科技股进行估值，因此发行市盈率为96.48倍，发行价格是68.8元，预计上市后市值可能达到3万亿元。对于政府监管部门来说，如果在蚂蚁集团上市后出台《网络小额贷款业务管理暂行办法（征求意见稿）》，该文件将会使蚂蚁集团从科技股的估值水平下降到商业银行股的估值水平，这有可能使蚂蚁集团的市值从3万亿元暴跌到3 000亿元，成为股市巨大的“绞肉机”，给投资者带来巨大损失，同时会拖累我国股市，因此监管部门必须与时间赛跑，赶在蚂蚁集团上市前出台《网络小额贷款业务管理暂行办法（征求意见稿）》，同时也可以使交易所根据该文件叫停蚂蚁集团的上市，避免我国股市和金融市场的一场动荡。

3. 进行案例总结

每组同学提交1份案例分析报告，特别要对第七个问题深切谈感受，对有疑惑的同学再专门进行辅导，让每一个同学在学习专业知识理论与实践的同时深切体会到社会主义制度的优越性，更加坚定“四个自信”。

六、案例反思

（一）案例优点

1. 理论与实践结合紧密

该案例能够紧密结合多个教学知识点，案例分析中提出的七个问题，理论与实践结合紧密，能够提高学生利用金融理论知识解决实际问题的能力。通过案例教学，同学们一方面理解了金融监管、系统风险和股票发行上市流程等专业理论知识在我国金融市场的实践应用，另一方面也通过实践应用强化了对这些理论知识的理解和掌握。

2. 思政融入自然贴切

通过对案例中的七个问题进行讨论，同学们亲眼看到了我国政府在人民利益面前争分夺秒地与时间赛跑，非常高效又合法合规地解决了问题，这就使同学们深切体会到社会主义制度的优越性，从而更加坚定“四个自信”，自觉地成为新时代中国金融市场的合格接班人。同学们的体会都是有感而发的，没有任何的牵强和粉饰，使思政教育效果自然而然地融入学生的心灵。

（二）不足之处

该案例因为结合多个教学知识点，讨论的问题比较多，占用时间比较长，目前采用的是分组讨论，还不能做到让每位同学都充分参与讨论。

七、育人效果与反馈

在案例讨论过程中，一开始同学们对马云的发言中提到的我国金融系统的问题以及叫停蚂蚁集团上市存在不同的认知，大家争论激烈，有些同学比较认同马云的发言，不理解为什么要突然叫停蚂蚁集团上市。老师针对同学们的疑惑，运用专业知识进行剖析和引导，在该案例教学结束后，同学们不但提高了用专业知识分析和解决实际问题的能力，还理解了防范金融系统性风险的重要性，认识到叫停蚂蚁集团上市的重要意义和紧迫性，从而深切体会到社会主义制度的优越性，更加坚定了“四个自信”。因此，该案例教学无论在知识的传授还是在学生们正确价值观的树立上都取得了非常好的效果。

金融市场热点问题分析（双语）：2022 年我国主要经济任务

经济学院　刘　荔

一、课程简介

近几年金融衍生品市场发展迅速，对全球金融经济产生了越来越大的影响。对这个市场相关历史、现状的理解对于金融（期证方向）专业的学生来讲是非常重要的。

本课程教学目的：一是使学生全面了解国际金融市场发展历史；二是使学生了解当前国际国内金融热点问题及意义，具有明辨是非的能力；三是使学生掌握金融衍生相关英文术语，为今后查阅相关文献、了解国际市场行情、读懂并撰写英文市场分析报告打下基础。在此基础上体现课程思政的要求，宣传中国改革开放成果，讲好中国故事，使学生理解国家大政方针，理解作为金融专业学生在当今社会应该承担的历史使命。

课程主要内容：金融市场相关实时新闻报道、评论文章、市场报告、影像资料，以及国外交易所网站相关内容。

二、案例主题

2022 年我国主要经济任务。

三、对应章节及知识点

本案例对应本课程的第一章，对应的知识点为 2022 年我国主要经济任务。

四、案例意义

结合本课程的主题，从 2021 年中央经济工作会议的主要精神中找到未来政策主线，了解国家主要经济发展目标；从政策中寻找未来投资热点和关注点；了解国家对资本两面性的定义；学习政策相关热点词汇，讲好中国故事。对于其中几点要特别关注，比如：2022 年要将稳定作为主要目标，要加强对资本的监管，要设置“红绿灯”以及“房住不炒”等。尤其要结合本课程的名称“金融市场热点问题分析”以及教学对象为金融学（证券期货方向）专业学生的特点，通过近期金融市场发生的一些资本滥用其对市场的控制力导致金融市场乃至文化意识领域出现乱象等案例，进一步说明国家加强对资本监管的重要性。此外，当前国际政治形势错综复杂，地缘政治已经成为影响各国经济社会发展和稳定的一个重要因素，而资本在这个过程中也发挥着极为重要的作用。地缘政治所带来的冲突已经不是传统意义上战场的冲突，金融市场已经成为一个不见硝烟的战场。作为金融专业的学生，只有现在掌握更多金融知识，未来才能够在这个战场上完成自己保家卫国的使命。

本案例选取了 *China Daily* 中刊发的文章“Key Tasks Set Out for Economy in 2022”。本案例不仅能够使学生理解上面所述各方面的内容，实现课程思政的教学目标，还可以使学生了解一些中国特色词汇的准确官方翻译，为讲好中国故事奠定语言基础。

五、案例描述

（一）教学具体内容

1. 英文原文（略）

2. 中央经济工作会议

中央经济工作会议是中共中央政治局召开的规格最高的经济会议；每年召开一次，基本在每年的 12 月份召开；主要内容包括两个方面，一是总结当年的经济工作所取得的成绩，二是部署第二年的经济工作；参加中央经济工作会议的人员包括党中央、国务院的领导同志，全国人大、政协的党员领导同志，以及各地方、机关、团体、军队、企业的负责同志等。

3. 主要教学重点

• 以习近平新时代中国特色社会主义思想为指导，全面贯彻落实党的十九大和十九届历次全会精神，弘扬伟大建党精神；坚持稳中求进工作总基调，加快构建新发展格局，全面深化改革开放，坚持创新驱动发展，推动高质量发展；坚持以供给侧结构性改革为主线，统筹疫情防控和经济社会发展，统筹发展和安全；继续做好“六稳”“六保”工作，持续改善民生，着力稳定宏观经济大盘，保持经济运行在合理区间；保持社会大局稳定，迎接党的二十大胜利召开。

- 2022 年经济工作稳字当头、稳中求进。
- 强调 2022 年的七项重点任务：

一是宏观政策要稳健有效。要继续实施积极的财政政策和稳健的货币政策。积极的财政政策要提升效能，更加注重精准、可持续。要保证财政支出强度，加快支出进度。实施新的减税降费政策，强化对中小微企业、个体工商户、制造业等的支持力度，适度超前开展基础设施投资。党政机关要坚持过紧日子。严肃财经纪律。坚决遏制新增地方政府隐性债务。稳健的货币政策要灵活适度，保持流动性合理充裕。引导金融机构加大对实体经济特别是小微企业、科技创新、绿色发展的支持。财政政策和货币政策要协调联动，跨周期和逆周期宏观调控政策要有机结合。实施好扩大内需战略，增强发展内生动力。

二是微观政策要持续激发市场主体活力。要提振市场主体信心，深入推进公平竞争政策实施，加强反垄断和反不正当竞争，以公正监管保障公平竞争。强化知识产权保护，营造各类所有制企业竞相发展的良好环境。强化契约精神，有效治理恶意拖欠账款和逃废债行为。

三是结构政策要着力畅通国民经济循环。要深化供给侧结构性改革，重在畅通国内大循环，重在突破供给约束堵点，重在打通生产、分配、流通、消费各环节。要提升制造业核心竞争力，启动一批产业基础再造工程项目，激发涌现一大批“专精特新”企业。加快形成内外联通、安全高效的物流网络。加快数字化改造，促进传统产业升级。要坚持房子“是用来住的、不是用来炒的”的定位，加强预期引导，探索新的发展模式，坚持租购并举，加快发展长租房市场，推进保障性住房建设，支持商品房市场更好满足购房者的合理住房需求，因城施策促进房地产业良性循环和健康发展。

四是科技政策要扎实落地。要实施科技体制改革三年行动方案，制定实施基础研究十年规划。强化国家战略科技力量，发挥好国家实验室作用，重组全国重点实验室，推进科研院所改革。强化企业创新主体地位，深化产学研结合。完善优化科技创新生态，形成扎实的科研作风。继续开展国际科技合作。

五是改革开放政策要激活发展动力。要抓好要素市场化配置综合改革试点，全面实行股票发行注册制，完成国企改革三年行动任务，稳步推进电网、铁路等自然垄断行业改革。调动地方改革积极性，鼓励各地因地制宜、主动改革。扩大高水平对外开放，推动制度型开放，落实好外资企业国民待遇，吸引更多跨国公司投资，推动重大外资项目加快落地。推动共建“一带一路”高质量发展。

六是区域政策要增强发展的平衡性协调性。要深入实施区域重大战略和区域协调发展战略，促进东、中、西和东北地区协调发展。全面推进乡村振兴，提升新型城镇化建设质量。

七是社会政策要兜住、兜牢民生底线。要统筹推进经济发展和民生保障，健全常住地提供基本公共服务制度。解决好高校毕业生等青年就业问题，健全灵活就业劳动用工和社会保障政策。推进基本养老保险全国统筹。推动新的生育政策落地见效，积极应对人口老龄化。

（二）教学方法

1. 总体思路

在通篇分析和讲解中央经济工作会议主要精神的同时，教学重点有两个，一是政策相关要点，二是需要关注的语言点，让学生既能了解大政方针，又能增加词汇量；另外，在教师讲授的基础上可以视情况增加讨论环节。

2. 具体实施方法

课前预习环节：提前将英文原文提供给学生进行课前预习，并引导学生通过网络等渠道了解中央经济工作会议的主要内容以及我国当前的经济形势，有助于对当年经济工作重点的理解。

课堂讲解环节：主要采取教师讲解与学生提问讨论相结合的方法，对相关重点术语进行延伸讲解和分析，有助于学生了解更多有关中国经济的问题。

课后延伸阅读环节：引导学生阅读更多相关中英文资料，引发更多思考。

六、案例反思

此案例的优点在于，可以帮助学生了解最新的国家政策以及未来经济发展的目标和政策目标中“稳”字的重要性，并结合其他课程所学知识增强对相关投资领域的实际分析能力。本案例的另一个优点在于具有很强的时效性，中央经济工作会议每年都会在相对固定的时间召开，所以案例具有很好的延续性。在讲解当年情况的同时，还可以与之前的内容进行对比，从而加深对当年政策出台背景和政策内容的理解。在本案例的教学过程中，可以看出学生对这部分的内容还是比较感兴趣的。但是，从教学方法的角度来看，未来还可以考虑提高学生在教学中的参与度，比如可以建议学生课下阅读更多相关资料，如书籍、影视资料以及网络资料等，拓展相关领域的阅读，能够在此案例的基础上阅读和查找更多相关案例，以加深自己的理解；在课时量充足的情况下，也可以考虑引导学生进行进一步的讨论。

七、育人效果与反馈

本案例引导学生了解国家未来一年或多年的发展方向，了解国家为了应对当前危机所做的各种举措，了解国家“兜住兜牢民生底线”的责任担当；增强了学生对国家政策的了解，尤其是一些特殊监管政策，如对资本这把双刃剑，既要发挥其作用，又要对其设置“红绿灯”等。作为金融专业的课程，学生和教师都会更加关注与金融市场紧密相关的内容，比如前面提到过的对资本加强监管的问题，与学生以前所学的知识相关性较强，而且也是金融领域的热点问题。因此，此案例对学生有较强的影响力。

期货投资分析：基本面分析对技术面分析大讨论

经济学院　刘　晨

一、课程简介

期货投资分析为金融学专业学生所修期货专业课程，一般讲授金融投资导论和国内期货市场运行特点、功能、交易机制、定价、价格影响因素等内容，在此基础上，重点探讨和分析期货投资与交易策略。本课程注重理论与实践相结合，其中部分实践课程由产业界人士补充讲授。

课程主要内容包括金融投资一般原理、期货市场交易与定价、宏观经济分析、基本面分析、技术分析、商品期货品种分析、金融期货品种分析、期货投资与交易策略，以及期货市场上有影响的事件评述、制度创新解读等。

通过本课程学习，学生应掌握期货投资分析方法、交易策略等内容，能够撰写投资分析报告和研究交易策略，为未来从事投资咨询和交易打好基础。

二、案例主题

基本面分析对技术面分析大讨论。

三、对应章节及知识点

本案例对应第四章和第五章，对应的知识点为基本面分析方法和技术分析方法。

四、案例意义

本案例通过辩证地分析基本面分析与技术面分析哪个更优，结合课堂讨论培养学生辩证思维方式，使学生能够客观分析事物的发展过程，从研究对象的内在矛盾的运动变化和各个方面的联系中进行分析，能够从本质上、整体上完整地认识基本面分析与技术分析的优缺点，并最终得出将两者结合分析可能是最优的方案这一结论。

在课堂中采取分组讨论的模式，同学们通过激烈地辩论基本面分析和技术分析哪一个更优，不仅能够发挥主观能动性，积极参与课堂教学，同时也形成了理性的思维和冷静的头脑，养成多方面思考和多角度看问题的习惯。理性认识基本面分析和技术分析，应当在实践的基础上发展认识，使得认识不断深化、不断发展、不断向前推移。最终将两种分析方法相结合便是不断深化知识、拓展知识、把知识向前推移的过程。

五、案例描述

（一）教学案例描述

基本面分析使用经济数据（如生产、消费和可支配收入）预测价格，而技术面分析主要研究价格数据本来的形态。哪种方法更好呢？围绕这个问题的争论一直不休。

吉姆·罗杰斯是一个极端观点的代表。20 世纪 70 年代，吉姆·罗杰斯和乔治·索罗斯是量子基金的两大领袖，而量子基金是那个时代华尔街最成功的基金。1980 年，罗杰斯为了避开管理职责离开了量子基金，把自己全部的时间用于管理自己的投资。多年以来，罗杰斯一直维持着市场预测高度准确性的记录。例如，1988 年对罗杰斯进行采访时，他准确地预测了日本大崩盘和黄金持续多年的下行趋势，他的观点是："我还没有遇到过有钱的技术面分析师，当然不包括靠出售自己的服务而赚了很多钱的技术面分析师。"这个讽刺的答案言简意赅地概括了罗杰斯关于技术面分析的观点。

马丁·施瓦茨则是一个持有另一种极端观点的交易员。从 1981 年开始到 1992 年急流勇退，他靠交易每年赚得的钱从未少于 7 位数。当问到施瓦茨是否曾从基本面转型到技术面分析时（施瓦茨入行时曾是股票分析师），他的回答听起来是对罗杰斯的直接抨击："当然！我总是嘲笑那些说'我从未遇到过有钱的技术面分析师'的人，我喜欢这样！因为我使用基本面分析 9 年，但是成为技术面分析师后才变得富有。"

这就是两个功成名就的市场参与者关于基本面和技术面分析有效性的完全对立的观点，要相信谁呢？事实上，罗杰斯和施瓦茨的观点都有其真实性。无论纯粹的基本面分析者、技术面分析者还是二者结合的分析者，都可以成为一名成功的交易员，两种方法肯定不是互相排斥的。实际上，世界上很多成功的交易员使用基本面分析确定市场交易的方向，使用技术面分析确定交易进场和离场的时机。环境的变化会影响基本面分析和技术面分析的选择。在20世纪70年代通胀时期发展起来的巨大价格趋势与很多技术面分析师所广泛推崇的遵循趋势的技术完美契合，甚至简单的追踪趋势策略都表现优异，而复杂的基本面方法时常被证明是有误导性的。因此，截至20世纪80年代末期，期货行业绝大多数的货币经理人在进行交易决策的时候完全或高度依赖技术面分析。因此，关于基本面分析和技术面分析的争论没有正确答案。

（二）课堂讨论

展示两个教学案例后，进入学生分组讨论环节，讨论的主题是：两个功成名就的市场参与者关于基本面和技术面分析有效性的观点完全对立，应该相信谁呢？

在课堂上让学生针对上述两个案例展开激烈的讨论，最终的目标是引导学生分析出现两种极端分歧意见的原因。讨论后分别请每组的学生代表来发表小组观点，并说明得出这个观点的原因。

（三）案例分析与总结

在倾听学生们观点的同时，循序渐进地引导学生去发现，原来成功的交易员所具备的一个普遍的特质是：他们多倾向于使用一种符合他们性格的方法。一些交易员偏向于长期交易，而一些交易员偏向于日间交易；一些交易员只有在遵循自动系统发出的信号时才感到放心，而一些交易员却对这样的机械方法感到厌恶；一些交易员本能倾向于技术分析，而一些交易员发现基本面分析是自然方法。所以，从本质上来说没有普适的答案，技术面分析和基本面分析哪一个更好取决于个人情况，由自己来确定合适的方法。此外，建议学生们灵活区分和使用两种方法，基本面分析注重长线分析，而技术面分析注重短线择时。

最后结合案例对学生们进行思想政治教育。任何技术分析都建立在概率的基础之上，是对过去产生的数据进行处理后产生的，是基于历史的数据推论未来可能产生的结果，是一个客观的认识。交易中有多维综合的数据，量、价、时、空等都在不断变化，技术分析时要考虑多种因素，位置比形态重要是所有投资者进行技术分析前必须理性认识到的，技术分析有很多固定的形态法则，但是这些形态要结合市场环境分析才有意义，不然只能成为空中楼阁。

此外，引导学生遵循事物的发展规律，从本质上、整体上完整地认识基本面分析与技术面分析的优缺点。进而在实践的基础上发展认识，使得对基本面分析和技术面分析的认识不断深化、不断发展、不断向前推移。最终要求学生以课后作业的形式对该案例进行反思。

六、案例反思

该案例紧密结合教学内容，把期货投资分析中非常重要的两个知识点进行了对比。引用两个名人对基本面分析和技术面分析的优势的肯定，启发学生思考两种方法哪个更胜一筹。学生经过对案例的思考及讨论，得到一致认知：应将两种方法结合起来，各取所长，使用基本面分析确定市场交易方向，使用技术面分析来确定交易进场和离场的时机。该案例能够在学生激烈的讨论中自然引入思政教育内容，启发学生树立正确的三观，遵循事物的客观发展规律，理性认识基本面分析和技术面分析，做一名理性的投资人。

七、育人效果与反馈

经过本次案例分析，学生扎实地掌握了基础知识，真正做到了学有所感、学有所用。教学过程中将基本面分析与技术面分析方法综合对比讨论，能够提高学生们的辩证思维能力，培养学生具体问题具体分析、选择分析方法时扬长避短的能力，从而不断推进学生对事物的本质挖掘与动态认识。

公司理财：社会主义市场经济微观主体企业的获利与获利手段的辩证统一

经济学院　朱才斌

一、课程简介

公司理财（公司金融）是一门以资金运动为研究对象，利用资金成本、收入等价值形式组织公司生产经营的价值形成、实现和分配，并处理在这种价值运动中的经济关系的综合性管理活动的课程。其任务是通过系统阐述公司金融的基本理论、基本方法和基本技能，使学生建立现代理财观念，熟悉公司日常金融活动的基本环节，掌握公司金融的方法和技能，培养学生专业实践能力，为学生今后走向社会、从事公司金融工作打下坚实的基础。在教学过程中将注重各类公司的财务工作实际，引入案例教学，引导学生对所学内容进行深入思考和讨论，加深学生对公司金融理论与实践的感性认识。

二、案例主题

社会主义市场经济微观主体企业的获利与获利手段的辩证统一。

三、对应章节及知识点

本案例对应《公司理财》（斯蒂芬·A. 罗斯第 12 版）第一章的财务管理目标部分，第五章、第六章、第七章的投资决策部分，第十四章的融资决策部分。

四、案例意义

党的十九大报告指出，我国经济必须坚持质量第一、效益优先，以供给侧结构性改革为主线，推动经济发展质量变革、效率变革、动力变革，提高全要素生产率，着力加快建设实体经济、科技创新、现代金融、人力资源协同发展的产业体系，着力构建市场机制有效、微观主体有活力、宏观调控有度的经济体制，不断增强我国经济创新力和竞争力。

引用企业污染项目的投资决策案例和康美药业的做假账融资案例，能够说明社会主义生产目的和达到目的的手段是统一的。有什么样的生产目的，就必然会有与实现这一目的相适应的手段。发展社会主义生产，增加社会产品总量，一般有两条途径；一是增加劳动量，二是提高劳动生产率，而后者是实现社会主义生产目的的根本手段。

五、案例描述

（一）中国环境保护与影响投资决策案例

1. 中国环境保护政策历程

（1）改革开放之前

改革开放前，国家的主要任务是尽快建立独立的工业体系和国民经济体系。当时人口相对较少，生产规模不大，环境容量较大，整体上经济建设与环境保护之间的矛盾尚不突出，所产生的环境问题大多是个别的生态破坏和环境污染，尚属局部性的可控问题，未引起重视，没有形成对环境问题的理性认识，也没有提出环境战略和政策目标。尽管政府提出了厉行节约、反对浪费、勤俭建国的方针，倡导“爱国卫生”和“除四害”等运动，但主要是针对当时物质匮乏、环境污染威胁到人的生存时的本能反应，并不是有目的地解决环境污染问题。该阶段只是在保持水土、保护森林和野生生物等一些相关法规中提出了有关环境保护的职责和内容，包含一些原始性的环境保护要求。“文化大革命”期间，环境保护工作没有及时跟上经济发展形势，对乡镇企业的环境污染监管处于失控状态，所造成的环境问题十分严重。1973 年第一次全国环境保护会议召开，拉开了环境保护工作的序幕。

（2）改革开放之后

1979 年 9 月，我国第一部环境法律——《中华人民共和国环境保护法（试行）》颁布，标志着我国环境保护开始步入依法管理的轨道，其中明确规定了环境影响评价、“三同时”① 和排污收费等基本法律制度。1989 年颁布《中华人民共和国环境保护法》，为实现环境和经济社会协调发展提供了法律

① “三同时”制度指建设项目中的环境保护设施必须与主体工程同时设计、同时施工、同时投产使用的制度。

保障。1989 年 4 月底召开的第三次全国环境保护会议系统地确定了环境保护三大政策和八项管理制度，即：预防为主、谁污染谁治理和强化环境管理的三大政策；“三同时”制度、环境影响评价制度、排污收费制度、城市环境综合整治定量考核制度、环境目标责任制度、排污申报登记和排污许可证制度、限期治理制度以及污染集中控制制度。这些政策和制度先以国务院政令颁发，后进入各项污染防治的法律法规，在全国实施，构成了一个较为完整的三大政策和八项管理制度体系，有效遏制了环境状况日趋恶化的形势，一些政策直到今日仍在发挥作用。

党的十六大以来，中共中央、国务院提出树立和落实科学发展观、构建社会主义和谐社会、建设资源节约型和环境友好型社会等新思想、新战略、新举措。2005 年中央提出要建设资源节约型、环境友好型社会。自 2013 年党的十八届三中全会召开以来，中共中央把生态文明建设摆在治国理政的突出位置。党的十八大通过的《中国共产党章程（修正案）》新增“中国共产党领导人民建设社会主义生态文明”的内容，把生态环境保护放在政治文明、经济文明、社会文明、文化文明、生态文明“五位一体”的总体布局中统筹考虑，生态环境保护工作成为生态文明建设的主阵地和主战场，环境质量改善逐渐成为环境保护的核心目标和主线任务，环境战略政策改革进入加速期。2015 年 9 月，中共中央、国务院印发《生态文明体制改革总体方案》，提出到 2020 年构建系统完整的生态文明制度体系。

2. 环保政策影响投资决策案例

2017 年包括造纸项目在内的黄冈晨鸣林浆纤纱一体化项目是湖北省的重点工程，总投资 281 亿元。湖北省黄冈市地处国家集中连片特困地区，招来这样的大企业、大项目不容易。前期已投入真金白银，难道还能“半途而废”？令人唏嘘的是，项目真的被叫停了。原因是，黄冈市南湖工业园毗邻长江，而湖北省明确规定，长江沿岸实行“一迁两禁一停”政策。

假如该项目总投资 1 000 万元，建设期为 1 年，经营期为 5 年，其税后净现金流量分别为 150 万元、300 万元、400 万元、400 万元、200 万元。假如这个项目是一个环境污染项目，每年将会被政府环保部门罚款 100 万元，这个项目还能投资吗（基准收益率按 8% 计算）？

没有被罚款时：

$$NPV = -1000 + \frac{150}{(1+8\%)^2} + \frac{300}{(1+8\%)^3} + \frac{400}{(1+8\%)^4} + \frac{400}{(1+8\%)^5} + \frac{200}{(1+8\%)^6}$$

$$\approx 59.02(\text{万元})$$

被罚款时：

$$NPV=-1000+\frac{150-100}{(1+8\%)^2}+\frac{300-100}{(1+8\%)^3}+\frac{400-100}{(1+8\%)^4}+\frac{400-100}{(1+8\%)^5}+\frac{200-100}{(1+8\%)^6}$$

$$\approx -310.66(\text{万元})$$

本案例告诉我们，加大对损人利己的投资方的处罚力度是可以改变投资决策结果的。国家完全站在全体人民的利益一边，通过法律法规的执行改变企业的投资决策结果。

3. 案例讨论

第一，结合党的十九大关于“社会主义生产关系”的论述，如何把所学的投资决策知识用于引导政府和部门政策？

第二，结合所学投资决策方法，如何理解经济学上的“帕累托改进”和“帕累托最优”？

（二）投资者保护政策与影响融资决策案例

1. 投资者保护政策

中小投资者是我国证券市场的重要参与者，中小投资者利益直接影响到整个证券市场的发展。事实上，各国的证券市场法规和监管体制都是以保护投资者利益为核心的。我国 1999 年起实施的《中华人民共和国证券法》（以下简称《证券法》），其主要目的就是从法律上对证券市场加以规范，以减少对投资者利益的损害，建立中小投资者的投资信心，促进证券市场有序健康地发展。

党的十八大以来，证监会陆续出台了多个层级的投资者保护专门制度。2013 年国务院办公厅发布《关于进一步加强资本市场中小投资者合法权益保护工作的意见》，首次在国务院层面系统构建了保障投资者知权、行权、维权的投保制度体系，是指导我国资本市场投保工作的纲领性文件。2016 年中国证券监督管理委员会发布《证券期货投资者适当性管理办法》，构建全市场统一的适当性管理体系，要求市场经营机构将适当的产品销售给适合的投资者。2016 年中国证券监督管理委员会与最高人民法院联合发布《关于在全国部分地区开展证券期货纠纷多元化解机制试点工作的通知》，建立健全有机衔接、协调联动、高效便民的多元化纠纷解决机制；在各市场、各产品、各业务的制度中，全面嵌入中小投资者保护的具体要求，为依法保护投资者权益打下良好基础。特别是 2020 年 3 月 1 日经修订后实施的新《证券法》，大幅提高了对证券违法行为的处罚力度，完善了证券违法民事赔偿责任，明确了发行人的控股股东、实际控制人在欺诈发行、信息披露违法中承担过错推定责任等；完善投资者保护制度是新《证券法》新增专章，规定了投资者保护制度，体现了很多符合中国国情的投资者保护亮点；新《证券法》还新增了信息披露专章，系统完善了信息披露制度等。

2. 投资者保护政策影响融资决策案例

康美药业股份有限公司（以下简称“康美药业”）曾经被誉为我国医药健康行业的一面引领旗帜，是医药界市值超过千亿元的“白马股”。2019 年 5 月 17 日，证监会通报康美药业披露的 2016 年至 2018 年财务报告存在重大虚报，累计虚增货币资金 886.8 亿元，一夜之间，公司市值从 1 300 亿元跌至 103 亿元，并主动“戴帽”ST，康美药业及其主要负责人、其审计单位广州正中珠江会计师事务所都受到法律严惩。

（1）康美药业虚增利润与资产营造虚假繁荣

康美药业通过伪造相关业务凭证形成虚假收入，虚增固定资产、在建工程、投资性房地产等资产。几年来的造假如表 1 所示。

表 1

年份	虚增营业收入（亿元）	多计利息收入（亿元）	虚增营业利润（亿元）	虚增营业利润占合并报表当期披露利润总额的比例
2016	89.99	1.51	6.56	16.44%
2017	100.32	2.28	12.51	25.91%
2018	84.84	1.31	20.29	65.52%

资料来源：中国证监会《行政处罚及市场禁入事先告知书》（处罚字〔2019〕119 号）。

（2）做假账之后进行融资

将账面做得漂亮之后，康美药业加快了融资步伐。2016 年 6 月实施定向增发，募资 81 亿元；2017 年发行了 3 只短期融资券和 3 张中期票据；2018 年更发行了 6 只短期融资券和 4 张中期票据，并发行两次公司债。康美药业在 2016—2018 年共募资 448 亿元，是其之前 14 年融资额的两倍。

（3）投资者面临巨额亏损

康美药业用财务造假的手段美化财务报表，其目的除了保持上市公司的头衔外，另一主要目的是吸引更多的投资者，融得更多的资金。当财务造假行为被发现时，公司的股价大幅度下跌，总市值猛跌，导致投资者的资产贬值，收益变成亏损。

（4）处罚力度

根据新《证券法》第一百九十七条的规定，信息披露义务人报送的报告或者所披露的信息有虚假记载、误导性陈述或者重大遗漏的，责令改正，给予警告，并处以一百万元以上一千万元以下的罚款。

新《证券法》的出台给了众多投资者一条维权的生路。2021 年 4 月 8 日，中证中小投资者服务中心接受部分证券投资者的特别授权，向广州中级人民法院申请作为代表人参加诉讼。

2021 年 11 月 17 日，刑事判决结果出炉。康美药业董事长马兴田犯操纵证券市场罪、不披露重要信息罪等罪，数罪并罚，被判处有期徒刑 12 年，并处罚金 120 万元；其他责任人员 11 人，被分别判处有期徒刑并处罚金。康美药业应对投资者损失共计 24.59 亿元承担赔偿责任；公司涉事 11 人在康美药业赔偿责任 20% 范围内承担连带赔偿责任；3 人在 10% 范围内承担连带赔偿责任；2 人在 5% 范围内承担连带赔偿责任。会计师事务所正中珠江罚款 1 300 多万元，签字会计师个人首次需承担 100% 连带责任。

此案对整个上市公司的管理层，尤其是独董行业产生巨大地震式效应，因为哪怕比例只有 5%，以 24.59 亿元为基数，赔偿数额也十分巨大。

新《证券法》的出台，力求使涉事各方融资决策的净现值（NPV）均小于 0，杜绝今后公司为融资而造假的动机。

3. 案例讨论

第一，结合党的十九大关于社会主义生产关系和生产目的的论述分析，融资决策能采用不正当手段吗？

第二，结合《公司理财》知识分析，财务经理采取不违法的融资决策，能创造净现值大于 0 的机会吗？

六、案例反思

党的十九大报告指出，建设生态文明是中华民族永续发展的千年大计，必须树立和践行绿水青山就是金山银山的理念；坚定走生产发展、生活富裕、生态良好的文明发展道路，建设美丽中国，为人民创造良好生产生活环境，为全球生态安全做出贡献。

案例 1 说明中央政府既鼓励企业创业，提高微观活力，又保护全体人民的利益；既要全体人民实现共同富裕，又要绿水青山，使全体人民享受美好生活。案例 2 说明中央政府鼓励企业正常经营、正常融资发展，反对通过虚假信息欺骗投资者，损害投资者利益。

最为经济的微观主体实现创造财富的根本途径就是创新，这与党的十九大报告完全一致，即坚持手段和目的的一致性。

七、育人效果与反馈

通过系统学习公司金融的基本理论、基本方法和基本技能，学生能够建立现代公司金融观念，掌握一定的公司金融方法和技能，熟悉公司日常金融活动的基本环节，对公司价值、资本结构、股利政策、投融资等理论与实务有一定的了解。案例学习帮助学生了解到社会主义的生产目的决定公司投资决策、融资决策和其他日常资金管理不能损害他人利益和集体利益，进一步提升学生的思想政治水平和爱国情怀。

案例引导学生认识到公司经营自律准则、职业道德与行为规范，了解企业信义义务，树立诚信、敬业的职业精神，培养学生实践与创新意识；特别是强化风险自律意识，将个人职业发展融入“建立现代公司风险管理体系”的国家现代金融战略目标之中。

最明显的教学效果是，学生的学习热情和学习成绩显著提高，以后在社会上的专业使命和工作目的更加明确，那就是为全体人民的利益服务。

国际经济合作：国际直接投资及相关理论

经济学院　程长林

一、课程简介

随着全球经济一体化的发展，我国经济越来越深入地融入世界经济，各种形式的国际经济合作活动越来越多。国际经济合作是国际经济与贸易专业的一门重要专业课，在人才培养方案中具有重要地位，对完善学生专业知识和技能结构具有重要作用。随着我国进入资本输出阶段，国际投资、跨国公司、国际工程承包、国际技术贸易、国际租赁等业务活动越来越重要，需要学生深入掌握国际经济合作的相关理论和实务。授课对象主要为经济管理类专业本科大三学生，教材为《国际经济合作教程》（第四版）（卢进勇、杜奇华、李锋编著，首都经济贸易大学出版社 2016 年 2 月出版）。教学参考书包括《国际经济合作》（卢进勇、杜奇华、杨立强著，北京大学出版社 2016 年 1 月出版）、《国际经济合作实务》（储祥银编著，对外经济贸易大学出版社 2015 年 1 月出版）、《国际经济合作教程》（陈建编著，中国人民大学出版社 2012 年 2 月出版）。考核方式及成绩评定则采取期末笔试（开卷）的形式；对于业务流程与实务操作部分，采取课堂模拟演示、角色扮演等形式强化练习；对于课程重点、难点和热点，采取分组调研并汇报、案例讨论等形式考核；此外，还通过课堂回答问题及考勤形式考核学生的课堂表现。课程考核分为平时考核和期末考核两部分，平时成绩占总成绩的 40%，包括考勤、课堂讨论或回答问题、作业或课堂小组展示等，期末考试为开卷笔试，占总成绩的 60%。

在课程思政建设中，同时还将针对增强“四个自信”、围绕立德树人，有机地结合课程内容开展教学。国际经济合作是一门理论和实务相结合的涉外经济课程，介绍除了国际贸易之外的所有国际经济协作活动，课程主要内容包括国际经济合作总论、国际直接投资、跨国公司、国际间接投资、国际技术贸易、国际工程承包与劳务合作、国际租赁、国际发展援助、区域经济一体化、国际税收以及可行性研究与资信调查等。通过该课程的学习，学生应熟悉生产要素跨国流动和重新组合配置的相关理论，了解我国目前在主要国际经济合作活动中的发展现状和相关政策法规，掌握主要国际经济合作活动的业务流程，能够开展国际直接投资环境评估、可行性研究与资信调查活动，为今后工作中解决理论和实践问题打好基础。

二、案例主题

国际直接投资及相关理论。

三、对应章节及知识点

对应第二章国际直接投资的内容，主要知识点涵盖：①国际直接投资的概念与形式；②国际直接投资的动机与理论；③跨国并购（跨国并购的概念、类型、特点，国际直接投资企业两种建立方式的比较）；④国际直接投资环境与环境评估方法（国际直接投资环境概念、分类；国际直接投资环境的主要内容；国际直接投资环境的评估方法）；⑤世界贸易组织与多边投资协定（TRIMs[①] 的主要内容；TRIMs 对国际直接投资的影响；多边投资协定的含义及谈判进展）。主要重难点为国际直接投资和跨国并购的概念、国际直接投资的形式及其特点、国际直接投资的动机和理论、国际直接投资环境评估的方法、国际直接投资企业两种建立方式及其优缺点。

四、案例意义

通过讲授专业课程知识，学生对于当今国际直接投资与跨国公司的发展及应用有了一定的了解。为了提高学生的课程参与度以及独立思考能力，通过布置课程演示文稿分享的形式，启发学生查阅相关资料，了解近年来我国国际直接投资、营商环境等方面的飞速发展。此外，学生可以更深入地领悟到中国特色社会主义发展所带来的国际竞争力的提升、国际营商环境的巨大改善以及国际直接投资模式的巨大进步，从而推动同学们对课程相关的思政内容有更深刻、全面的认识。

---

① 与经贸有关的投资措施协议。

以营商环境改善与“一带一路”沿线国家对外直接投资为导入重点，分享国际直接投资的动机中投资环境的影响评估有哪些具体体现，如何以企业视角理解营商环境对投资的需求。通过对广东省对外开放以及招商引资的创新举措，与课程中提到的投资动机进行结合，提炼与验证投资环境评估因素。

五、案例描述

通过前一章节中对外直接投资环境评估的理论溯源、理论解释，明确对外直接投资评估的重要性。通过模拟外商直接投资及跨国企业的常规情景，让学生参与外商直接投资的活动。本案例结合项目调研中中国（广东）自由贸易试验区的相关内容挖掘，开展课堂教学。2014 年 12 月，国务院决定设立中国（广东）自由贸易试验区；2015 年 3 月 24 日，中共中央政治局审议通过中国（广东）自由贸易试验区总体方案；2015 年 4 月 21 日，中国（广东）自由贸易试验区在广州南沙区举行挂牌仪式。中国（广东）自由贸易试验区涵盖三个片区：广州南沙新区片区（广州南沙自贸区）、深圳前海蛇口片区（深圳蛇口自贸区）、珠海横琴新区片区（珠海横琴自贸区），总面积为 116.2 平方公里，立足面向港澳台深度融合，将建立粤港澳金融合作创新体制，实现粤港澳服务贸易自由化，以及通过制度创新推动粤港澳交易规则的对接。同时，依托港澳、服务内地、面向世界，以制度创新为核心，促进内地与港澳经济深度融合，深入推进粤港澳服务贸易自由化，强化粤港澳国际贸易功能集成，探索构建粤港澳金融合作新体制，创新监管服务模式，建设与国际投资和贸易规则体系相适应的行政管理体系，培育法治化国际化营商环境，为全国全面深化改革和扩大开放探索新途径、积累新经验。该自贸区实行外商投资准入前国民待遇加负面清单管理模式。负面清单之外的领域，按照内外资一致的原则，外商投资项目实行备案制，国务院规定对国内投资项目保留核准的除外；外商投资企业设立、变更和终止实行备案管理。负面清单之内的领域，外商投资项目实行核准制，国务院规定对外商投资项目实行备案的除外；外商投资企业设立、变更和终止实行审批管理。推行“先照后证”，区内企业取得营业执照后，即可从事一般生产经营活动；从事需经审批方可开展的生产经营活动，可以在取得营业执照后，向有关部门申请并取得批准文件、证件后，开展相关生产经营活动。

根据自贸区的实际情况与课程安排，具体安排如下：

第一，根据课前学生预习及完成有关本章内容的案例准备情况，学生在上课前首先分享国际直接投资的相关案例，分享时间不超过 15 分钟，分享结束后，展开课堂讨论，形式以提问和头脑风暴为主。

第二，在讲述课程主要内容之前，老师分享2020年前往广东省深圳市和珠海市的调研经历和趣闻，讲解重点调研和座谈过的企业，尤其以港商或澳商为例，讲解各自合作对象的特点、模式以及对外资利用的效率等，最后引入课程中有关国际直接投资的动因和理论，如：出于市场导向型动机，突破贸易保护主义的限制、提供周到及时的服务、接近目标市场、寻求新的市场；出于降低成本导向型动机，考虑获取自然资源和原材料、利用国外便宜的劳动力和土地、规避汇率风险、利用各国关税税率的高低来降低生产成本、利用闲置的设备、利用专利与专有技术等。

第三，教学互动。分析自贸区相关的对外开放政策与相关措施对国际经济合作的利弊关系，在找出利好的前提下，讨论如何合理把握政策的适配性；分析自贸区在承接对内对外经济合作中如何起到双循环的支点作用，案例中有哪些体现；总结影响自贸区系统运行的要素有哪些，未来的制度性创新应该从哪个方面入手。

六、案例反思

基于本案例以课程分享形式使同学们对专业知识以及国家发展产生思考，总结的优缺点如下：

此案例的优点在于能够生动地向学生展示国际直接投资的发生、演变的全过程，还能够从企业、政府、市场等不同主体的视角进行思考，辨析国际直接投资的理论基础与多元化动机。

此案例的缺点在于授课对象尚未形成针对国际直接投资的直观认知，容易产生眼高手低又触不可及的两难境地，这也是国际经济与贸易专业本科学生近年来面临的挑战之一。此外，在授课方式上，期待引入场外连线的方式，将之前积累的企业资源、社会调查案例进行现场直播，增加学生的代入感。

七、育人效果与反馈

从同学们的课下准备情况及课堂表现来看，学生对国际直接投资的话题有了新的认识，对专业领域了解较多，对于未来国际经济合作中投资的载体、方式、机制的思考比较深刻，总结同学们的思考内容如下：

在授课结束后，学生普遍反映对国际直接投资有了更直观的认识，也产生了浓厚的兴趣，在网络上看到商业环境与对外开放的相关报道后进行了分享，找到了其中的缘由所在，增加了对制度改进、制度自信的理解。在课程改进方面，未来课程设计还要更加活灵活现，生动地展示国际直接投资的内涵与动因。课程结束后，针对课程教学内容深入思考，该门课程教学存在的问题及改进措施如下：①授课师生交流不够流畅。大部分课程只靠老师讲授，无法观察到学生上课的状态，教学效果受到一定影响，未来在线下授课可能会使教学效果有进一步提高。②由于课程课时限制，未安排对学生提交的演示文稿进行点评的环节，导致教师与学生在最后报告环节互动不足，需要在未来课程中进一步改进。③课程采取了理论讲授、实践操作、视频播放以及学生自主思考的教学方式，但是教学形式仍然有些单一。如何发展多样教学方式，挖掘各类教学方法并融入教学各环节，仍是未来需要研究的重点。

国际贸易实务：中欧班列彰显中国实力

经济学院　张　琦

一、课程简介

国际贸易实务是普通高等财经院校国际贸易专业的专业基础课和必修课，具有很强的实践性与综合性。通过本课程的教学，学生能够较全面地掌握国际货物买卖的基本理论、基本方法和基本技能，日后能够较自如地从事具体的国际贸易业务，从法律与实践的角度分析研究业务活动中出现的有关问题，不断提高业务能力；同时也为学生学习国际贸易专业的后续课程打好基础。

二、案例主题

中欧班列彰显中国实力。

三、对应章节及知识点

本案例对应第六章，对应的知识点为国际货物运输。

四、案例意义

随着“一带一路”倡议的推进，中欧班列运输发展突飞猛进，已成为世界运输体系的重要组成部分，不断传递出各国团结合作和中国扩大对外开放的有力信号，为提振经济起到了良好的示范作用。

新冠肺炎疫情发生以来，中欧班列持续为沿线各国送去必需的物资和设备，在欧洲沿线国家和地区面临物资短缺之际发挥了雪中送炭的关键作用，有力地支援了沿线国家的抗疫之战。在中国抗疫形势持续向好的形势下，中欧班列逆“疫”开行，展现了“相知无远近，万里尚为邻”的中国情谊，向世界表明中国有能力战胜疫情，更有信心与世界各国一道在互惠互利中实现共赢。中欧班列不仅是联通欧亚大陆的贸易枢纽，更是各国间友谊的桥梁，为中国追求和平发展开辟友好道路。

五、案例描述

首先，在讲授国际货物运输相关内容过程中，重点引导学生了解中欧班列运行的历史、现状及意义。在课堂思政教学中，以问题为导向，采用比较式教学法，通过纵向、横向的对比，引导学生在了解国际货物运输整体内容的基础上，思考中欧班列运行以来数据变化产生的意义和影响。

在课堂设计中可以先向同学们提出问题，比如：大家知道今年中欧班列运行的具体情况吗？疫情暴发以来，在各行各业产能普遍下降的背景下，中欧班列的运行是否也面临着巨大的压力？然后将问题作为课后作业，让学生课下查资料、思考，作为下次课堂讨论的铺垫。在此基础上，通过课堂提问方式，让学生畅所欲言，然后总结归纳，同时鼓励并引导学生学习和关注有关“一带一路”倡议提出的目的及意义，激发学生的民族自豪感。

学生通过以上讨论会深切感受到，随着中国影响力的提升，国际间的合作日益密切，中欧班列沿途国家经贸交往日益活跃，国家间铁路、口岸、海关等部门的合作日趋密切，这些有利条件对于“一带一路”倡议中将丝绸之路从原先的“商贸路”变成产业和人口集聚的“经济带”起到重要作用。

这样的案例学习有助于带领学生发现众多数字背后有趣的变化以及目前我国新时代、新经济的发展现状及思路。

通过对案例的分析和讲解，把创新、协调、绿色、开放、共享的新发展理念，以及培育和践行社会主义核心价值观等思政元素融入课堂教学中。案例教学不仅可以使课堂教学变得更为生动，还可以让学生更为深入和全面地了解我国运输业的发展变化情况和“一带一路”倡议提出的意义，最终提高教学的有效性。

六、案例反思

改革开放以来，中国的经济发展取得了辉煌的成就，人民生活水平显著提高，综合国力不断增强。结合中国经济的发展历程，尤其是对外贸易的发展变化，学生对本专业内涵的理解更加全面。

2020 年新冠肺炎疫情对全球经济发展造成了巨大的影响，世界各国都在努力战“疫”和推动经济复苏，中国坚定不移地推动中欧班列走出国门，为世界经济复苏和增长注入更强的动力。铁路部门通过为企业提供“量身定制”的服务，实现公路、铁路无缝联运，助力更多“中国制造”走出国门，致力打造跨境运输的“中国名片”。中欧班列不仅开辟出一条“黄金道路”，有力促进了中欧之间的经贸往来，也为畅通国际供应链提供了强有力的运力支持，为中外数万家企业带来了商机。中欧班列必定能够为全球的经济发展带来更多的机遇，让“中国制造”在全球贸易的过程中誉满全球。只有国家强盛，才能充满信心地对外开放，祖国永远是我们最大的靠山。

七、育人效果与反馈

本案例通过回顾中欧班列运行以来的变化情况，生动形象地展示了中国外贸的发展历程和在经济建设中取得的巨大成就。一方面，可以增强学生对国内外经济发展现状和趋势的分析、判断、决策能力，以及在新时期对新知识、新技能的应变能力和创新能力；另一方面，可以将道路自信、理论自信、制度自信和文化自信贯穿于教学的全过程，培育学生的民族自信心和自豪感。通过案例教学，学生不断深化对社会主义核心价值观中的“富强”“文明”“和谐”等核心元素的认知，理解高质量增长的内涵，认识到在经济建设过程中坚持和贯彻习近平新时代中国特色社会主义思想的重要性，从而形成正确的人生观、价值观和世界观。

物流学院篇

物流学院成立于2006年，是学校为进一步突出物流与流通办学特色、强化物流人才培养和学科建设、服务地方物流业发展和国际化发展而设立的特色学院。学院拥有物流管理、物流工程、采购管理三个国家级一流本科专业建设点，质量管理工程北京市级一流本科专业建设点，管理科学与工程北京市“高精尖”建设学科，形成了以物流管理、供应链管理专业为主干，物流工程、采购管理、质量管理工程专业为支撑的全系统、全链条的现代物流教育完整体系，为物流与供应链行业输送了一批批优秀的领航者与管理人。

课程是人才培养的核心要素，而高质量人才的培养离不开全面覆盖、类型丰富、层次递进、相互支撑的课程思政体系。物流学院深入学习贯彻习近平总书记关于教育的重要论述和全国教育大会精神，始终把推进课程思政建设作为落实立德树人根本任务的重要抓手，统筹谋划、多措并举，推进课程思政教学体系不断优化。通过多年来的持续建设，学院现有教育部课程思政示范课1门（《仓储与库存管理》），北京高校研究生课程思政示范课1门（《物流系统论》），校级课程思政示范课16门。

仓储与库存管理：北京冬奥会物流中心选址研究

物流学院　张旭凤

一、课程简介

仓储与库存管理课程是首批国家级一流本科课程，首批教育部课程思政示范课程，物流管理、物流工程、采购管理、供应链管理等专业的核心课程，作为物流系统的关键环节，在专业人才培养计划中具有核心地位，在培养物流领域一流本科应用型人才方面发挥重要作用。

本课程采用线上线下结合的授课方式，通过学习本课程，学生可以掌握仓储与库存管理规划理论、优化方法等知识，具备进行仓储运作和库存控制的管理应用能力，能够针对仓库布局规划、储位优化等复杂问题进行较为全面的识别和分析，并提出解决方案。案例和现场实践有机融入教学活动，激发了学生的家国情怀，培养学生责任感和职业使命感。

二、案例主题

北京冬奥会物流中心选址研究。

三、对应章节及知识点

本案例对应课程第四章“仓库设施选址规划”，知识点包括设施选址概述、重心法、P 中值法、鲍摩瓦尔夫选址模型和算法。

四、案例意义

北京冬奥会赛区分为北京赛区、延庆赛区和张家口赛区。根据满足赛事举办、节俭办奥和可持续的原则，突出科技、智慧、绿色、节俭特色，基于仓储资源可得性、交通可达性、报关检疫配套等因素综合评估北京冬奥会物流中心选址方案。

本案例以深度融入节俭办奥、助力北京“四个中心”建设等课程思政元素为导向，及时将北京冬奥会物流中心选址等重大时政项目作为题材，注重培养学生的爱国主义情怀，使学生树立正确价值观，增强民族自豪感，正确认识时代责任和历史使命，锤炼敢为人先的创新精神，以卓越的物流专业知识和能力报效祖国。

五、案例描述

（一）案例教学内容

1. 冬奥物流中心选址的重要性

从百年前的“奥运三问”到今天的“双奥之城”，本案例结合中华民族伟大复兴的历史故事，介绍研究背景，突出北京冬奥会举办的重要意义。

本案例重点讲授北京冬奥会“突出科技、智慧、绿色、节俭特色”的理念，在物流中心选址案例情景创设的过程中，重视提升课程的知识性、人文性、引领性、时代性和开放性，增强学生的“四个自信”。

2. 国内外先进的选址理论

本案例将选址模型作为理论教学重点内容，致力于破解物流领域难题，将整合设计、可持续发展观、节能增效、创新设计等冬奥物流中心选址影响因素与思政元素有机融合，培养学生的科学精神。

3. 冬奥物流中心选址要素

在教学过程中，教师带领学生到在冬奥物流设施现场进行调研，重点启发学生根据赛区功能定位、区域布局特征确定选址要素，在实践中培养学生爱岗敬业、开拓创新等职业素养和行为习惯。

4. 案例选址方案比选与评价

教师结合学生小组学习研究成果，重点点评和总结课程内容，并鼓励学生继续积极参与服务社会的课程实践，增强学生专业的荣誉感。

教学过程见表1。

表 1

教学过程	教学内容	教师活动	学生活动	教学手段	时间
提出问题：创设问题情景引入课题	仓储设施选址的重要性	组织研讨：结合北京冬奥会物流中心选址，分析合理选址的重要性和现实意义	学生分小组讨论	学生讨论，教师参与，总结并分享节俭办奥的理念以及物流网络构架设计	4 分钟
	仓储设施的运作特点	结合案例，提出问题：北京冬奥会物流运作的特点是什么？	学生回答：时效性、空间集中性、需求不确定性等	师生问答互动，激发学习兴趣	4 分钟
	识别仓储设施选址的问题，确定设施功能定位	展示北京冬奥会各赛区的物流需求、区域布局等资料，启发学生分析物流中心的功能定位	学生回答：包括物资存储、物资安检、货运车辆调度、物资追踪和资产管理、物资通关和检疫、物资集货等	案例分析，学生探索式学习	4 分钟
分析问题：围绕问题展开探索研究	分析选址规划的影响因素	教师提问：物流仓储设施选址规划都需要考虑哪些因素？	学生小组讨论选址规划的影响因素，例如交通可达性、仓储资源可得性等	启发式教学，头脑风暴讨论	4 分钟

续表

教学过程	教学内容	教师活动	学生活动	教学手段	时间
分析问题：围绕问题展开探索研究	确定选址规划的原则	分析北京冬奥会物流选址案例，根据北京冬奥会各赛区的功能定位、区域布局特点，讲授赛事特点需求的原则、节俭办奥原则和可持续的原则	学生听讲	案例教学	4 分钟
	单中心选址方法	讲解精确重心法理论模型	学生听讲	教师讲授	4 分钟
	多中心选址方法	理论教学多中心选址模型： ①P 中值法 ②鲍摩瓦尔夫法	学生听讲	教师讲授	4 分钟
解决问题：形成新方案	如何比选与确定合适的模型	提出问题： ①多中心选址是离散问题还是连续问题？ ②选址问题的网络结构特征是什么？ ③系统的总费用构成有哪些？	学生研讨与总结：选址问题的复杂性，应综合考虑这些设施数量、位置和规模达到优化	启发式教学	4 分钟
	北京冬奥会物流中心选址方案分析	科研项目案例分析，教师布置任务：发现与归纳案例中的选址问题	学生小组讨论，向教师提问互动	研究型学习 师生互动 过程辅导	5 分钟

续表

教学过程	教学内容	教师活动	学生活动	教学手段	时间
小结与评价	研究项目成果汇报与评价	教师点评与总结： ①识别问题 ②分析问题的方法（精确重心法、P 中值法、鲍摩瓦尔夫法选址模型） ③解决多中心选址规划问题能力要求	学生汇报 学生互评	翻转课堂 教师总结板书	8 分钟

（二）教学方法

采用3S 教学法，从自主学习、探讨式学习和研究型教学三个层次开展教学。3S 教学法详见图 1。

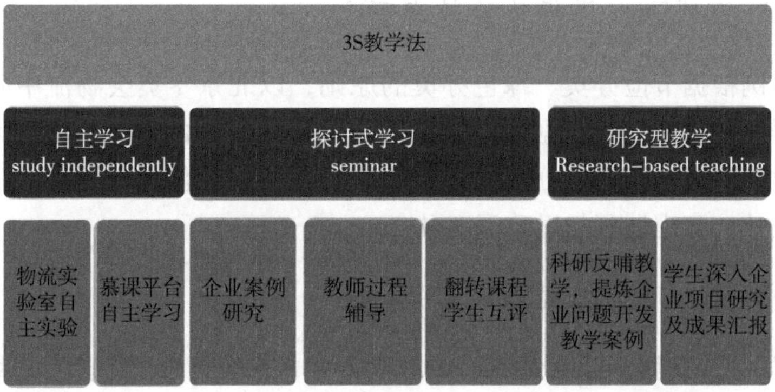

图 1

1. 自主学习

第一，课前利用中国大学慕课（MOOC）平台预习理论知识点，掌握国内外典型的选址模型。

第二，利用物流实验室条件，认识和操作选址规划工具，熟悉各类选址模型求解算法。

2. 探讨式学习

第一，案例研讨及分析。教师带领学生前往冬奥赛区、机场周边开展物流设施实地调研，启发学生对北京冬奥会物流运作特点进行分析，结合冬奥会物流服务的重点和难点，融入思政育人元素。

第二，教师过程辅导。鼓励学生小组头脑风暴，并与教师形成互动，提高思辨能力。

第三，翻转课堂、学生互评。引导学生从往届冬奥会以及 2008 年北京奥运会物流中心选址等历史案例素材中分析选址的影响因素，结合实地调研设计北京冬奥会物流中心选址方案，以翻转课堂形式进行成果汇报和互评。

3. 研究型教学

课程案例来源于北京冬奥会物流中心选址研究中的实际案例，课程组提炼选址规划问题的理论和解决方案，将科研成果用于教学之中。通过案例研究，紧扣选址原则和多中心选址问题的主要知识点，实现了问题研究递进式、能力训练高阶性的研究型教学。

六、案例反思

（一）有机融入思想政治教育理念

本案例根据节俭办奥、绿色办奥的原则，以北京冬奥会物流中心选址案例为课程思政载体，有机融入节能减排、可持续发展的理念，以重大物流项目为题材，以识别问题、分析问题和解决问题为路径优化课程思政映射体系的顶层设计，实现课程与思政深度融合。

（二）深入现场，实践出真知

本案例采用理论与实践相结合的教学方式，在案例教学中注重思维训练和价值研判，培养学生的家国情怀，引导学生学以致用，培养服务于我国物流业发展需要的专门管理人才；带领学生前往位于首都国际机场的冬奥会主物流中心进行调研，分析冬奥物流运行特征，锻炼学生脚踏实地、勇于实践、不畏困难的品德。

七、育人效果与反馈

（一）将课程思政效果纳入考评机制

本课程贯彻教育部课程思政要求，把“立德树人”放在课程目标的首位，将价值塑造有机融入课程教学，有效达成育人目标。

（二）学生和督导评价均居全校前列

学生反馈课程参与度高，自主思考和操作能力得到提升，提高了专业使命感。学校督导对课程先锋模范作用给予高度评价。

（三）毕业生和用人单位的评价良好

毕业生反馈，在校打下的仓储与库存管理理论与实践基础帮助他们更快、更好地适应了工作，毕业生在职业忠诚和专业热爱方面的突出表现得到用人单位的高度肯定。

现代流通学："精准扶贫"政策背景下农产品流通建设

物流学院　米　娜

一、课程简介

（一）课程的设置背景

流通是社会产品从生产领域进入消费领域所经过的全部过程。由不断进行着的交换所构成的流通，是社会化大生产的一个客观经济过程。有社会分工就有交换，有社会化大生产，就有流通过程。

在"互联网+""零售4.0"等大量新的经济现象涌现的背景下，本课程引导学生学习、研究流通问题，培养物流管理专业应用型人才。

（二）课程涵盖的研究方法

现代流通学课程对流通问题的研究方法如下：

机构分析法：对流通活动的主体，比如生产制造、批发、零售、消费等有关流通机构的形态、结构、特征、功能等进行分析研究。

商品分析法：以流通的商品为中心，通过"三分类"方法，对商品特性与商业业态、商品特性与物流方式、商品特性与商圈等问题进行研究。

功能分析法：对商流功能、物流功能、辅助功能进行研究，进而对"流通功能"进行分析研究。

系统分析法：通过建立流通结构、行为、绩效的分析模型，对不同国家、不同经济发展阶段的流通结构进行分析。

二、案例主题

"精准扶贫"政策背景下农产品流通建设。

三、对应章节及知识点

本案例对应第四章"流通渠道"。

本案例对应知识点包括：①流通渠道结构；②影响因素与渠道系统；③流通渠道行为；④流通渠道结构的变迁。

本案例具体的教学目的如下：

第一，使学生了解流通渠道的含义与构成，全面掌握流通渠道的结构类型及其影响因素、流通渠道系统的构成与组织机制。

第二，使学生了解渠道成员之间的相互依赖关系以及渠道权力、冲突问题，把握流通渠道结构变迁的原因以及我国流通渠道的变迁过程。

四、案例意义

2021 年 2 月，习近平总书记在全国脱贫攻坚总结表彰大会上提出坚持精准扶贫方略，用发展的办法消除贫困根源。促进农产品流通，拓展零售渠道，发挥物流的协同作用，是践行精准扶贫的重要措施。

通过案例学习，学生能够形成具有正面导向的世界观、人生观、价值观及对国家、民族的高度认同感与自豪感。学生以流通与物流的协同关系视角审视国家政策，更能够理解国家政策的内涵，有助于提升学生的专业素养。

五、案例描述

（一）总体目标

以课堂头脑风暴的形式集体讨论具体概念与术语，将学生从群体惯性与思维定式的环境中解放出来，鼓励学生在一个自由开放的环境中积极互动，调动学生的发散性思维，挖掘他们的创新潜能，充分体现发散性思维的灵活性与流畅性，发展学生的多元智能。

此外，案例分析教学法有助于在提高学生语言综合运用能力的基础上培养学生自主学习与合作学习的能力，这对学生未来职业生涯发展也大有裨益。

（二）具体实施：教学章节知识点育人元素挖掘实施情况

1. 教学内容

教学目的和要求：理解流通渠道的重要作用以及物流的关键协同作用。

教学重点和难点：流通渠道的构成。

2. 教学载体

案例分析、情景模拟、网络教学。

3. 教学价值

大学生三观的塑造是需要正确引导的，学生在与教师通过微信平台互动、教学评价留言及日常交流中所展现出的积极的、正面的、阳光的面貌，对党、国家、民族、人民的高度认同，对身为物流人的使命光荣、责任重大的积极反馈，均体现了课程育人的积极效果。

（三）课程教学实施情况

1. 引导学生自主学习，拓展学生学习空间

本课程培养学生对于流通与物流问题的分析能力和专业素质。学生在学习本课程的基础上，能够构建起包括现代流通理论等内容的知识体系，具有进行流通的基本运作管理能力和物流专业素质。

本课程充分利用各大优质在线课程资源，拓展教学内容，拓宽学生的知识面；通过实战情境模拟，鼓励学生进行案例设计比较、运用、实战检验，熟悉流通与物流的协同框架体系。

2. 培养学生解决流通与物流问题的能力和热爱专业的荣誉感

通过学习，学生能够针对流通渠道、批发以及零售等问题进行较为全面的识别和分析，并提出解决方案，进而提升对专业的热爱。

3. 培养学生创新思维和实践能力及服务专业的使命感

教学过程理论与实践相结合，培养学生进行战略决策的综合能力。此外，本课程通过“翻转课堂”和研究型教学等教学方法的改革，锻炼学生的实践能力和创新思维，培养学生服务专业的使命感。

4. 课堂即时互动评价，调动学生学习热情

除了采用传统的小组合作、结对思维共享（Think - Pair - Share）等学生参与型教学方法之外，课程还利用“学习通”“微信课程群”等授课工具，通过随堂问答和案例分析等方式帮助学生深入理解课程内容，提高学生的学习积极性。

六、案例反思

反思一：课程应设计多样的教学方式和方法来激发学生的学习动力，包括视频、分组案例讨论等，用同学们能够理解的语言和身边的事例来分析和讲解流通渠道的内容及其与思政的联系。

反思二：避免使用空洞的抽象话语宣讲思政内容，而是要结合具体的案例，将其渗透到课程的知识体系中，尤其是将章节主要内容揭示出来。

反思三：要实事求是地展开分析，避免过于主观化的评论，增强学生对中国特色社会主义的道路自信、理论自信、制度自信和文化自信。

七、育人效果与反馈

在教学设计和教学过程中，始终按照"专业知识→思政素材→思政元素"的逻辑思路，将思政元素与现代流通学专业知识相结合，潜移默化地影响学生。

教学效果与反馈良好：

第一，主线清晰，形成纲举目张的整体设计。

第二，特色鲜明，立足专业建设要求和人才培养目标。

第三，保质保量，将课程思政教育由一堂课拓展到一门课。

第四，基础扎实，将知识、情感、能力目标落实在教案当中。

第五，成效显著，通过学生评教体现实际成效。

供应链管理：为何美国能禁华为，而中国不能禁苹果？

物流学院　杜志平

一、课程简介

供应链管理通过系统阐述供应链管理基本理论知识、供应链的设计与优化、供应链合作伙伴关系、供应链运作管理（供应链采购管理、生产计划与控制机制、库存管理、准时制生产及快速响应等）、供应链的绩效评价与激励机制等方面的内容，为专业学生提供供应链管理的基础知识，并通过对沃尔玛的供应商管理库存（VMI）、惠普的延迟制造、本田的供应商管理、利丰的供应链资源整合等的详细分析，说明供应链管理在目前社会经济系统中的广泛应用，实现理论与实践的有效结合。

二、案例主题

为何美国能禁华为，而中国不能禁苹果？

三、对应章节及知识点

本案例对应第一章“供应链管理概述”，对应的知识点为供应链国家战略的意义；第七章“供应链风险管理”，对应的知识点为供应链风险管理的重要性。

四、案例意义

本案例结合中美对待苹果和华为的态度，分析研究两家公司在供应链体系上的差异化程度，并结合中美市场现状，对造成巨大反差的结果进行科学理性分析，找到我国在供应链高端环节与美国的差距，使学生认清中美竞争的现实状况，从而理解“中国制造2025”国家战略决策的依据和重要意义。通过案例的分析，结合国家对宏观经济调控的政策措施，学生能够明确企业行为与国家命运休戚相关，树立学习的远大目标和方向，将专业课程学习过程与践行社会使命相融合，激发学习专业知识的积极性和热情。

五、案例描述

（一）案例概述

为什么美国可以禁售华为，而中国不能禁售苹果？每次看到美国禁用华为等消息的时候，我们都会非常愤慨地想到这个问题，但是中国始终没有禁售苹果，这是为什么呢？

（二）教学内容

分别从供应链和市场两个角度分析苹果和华为的产品存在的差异性。

1. 供应链视角

通过对2012—2017年苹果公司供应商数据的分析可知：高价值环节的供应商主要来自美国、日本、韩国，而中低价值环节的供应商则主要来自中国大陆、中国台湾、日本，且中国大陆与中国台湾在这一环节占据重要地位。处于价值链高端的供应商数量在中国大陆和美国缩减明显，日本、韩国较为稳定，中国台湾增加明显。在价值链的中低端环节，供应商向中国大陆集中。印度、巴西以及越南等地成为新的中低端价值环节转移承接地。近年来，中国大陆在苹果手机价值链的高端环节得到了提升，但这仍不足以实现对苹果供应链的掌控和制约。

而华为的供应链分布状况基本与苹果趋同，因此高端产业链环节基本都在美国的掌控之中，美国政府可以实现对华为手机关键零部件的断供，从而彻底遏制华为发展；而中国的干预可能会导致国内手机产业链低端环节的大量从业者受到巨大冲击，最终对苹果的影响可能是东南亚等国家替代我国进入产业链。

2. 市场视角

中美市场在手机终端销售方面存在很大的差异。美国以合约机销售为主，美国禁止华为手机进入运营商市场就等于实现了美国市场的基本禁售。而中国市场以裸机销售为主，运营商无法控制终端手机的销售，因此手机市场难以采用类似美国的策略。

3. 结论

当前我国在市场环节尚无法对美国实现对等制约。能够采用的有效策略就是从长计议，改变我国产业链现状，从供应链管理上改变我国在关键领域被“卡脖子”的状况，提升我国整体的产业竞争力。

（三）教学方法

采用比较分析法，结合分析对象的异同点进行分析。

六、案例反思

通过此案例分析，学生能够正确认识到，在国家之间的博弈过程中不是简单的你来我往的盲目相互打击报复，要认清在相关斗争中我们实力不足的现实状况，从而激发爱国主义情怀，积极投身于专业学习。

本案例教学的不足之处在于，受时间的限制，不能够完全给学生展示整个案例背后的产业现状，揭示经济发展的运行规律，因此难以在更深层次上让学生认识到国家在经济发展过程中制定重大决策的难度。

七、育人效果与反馈

通过此案例的分析，学生普遍理解了中美贸易战中我国一直表现得非常克制、理性的原因，更加理解我国在党中央的领导下战胜艰难险阻、不断前进的不易，从而树立扎实学习、奋发图强的坚定决心。

国际物流（双语）：中欧班列——疫情下的中国担当

物流学院　汪芸芳

一、课程简介

国际物流课程介绍了如何在不同运输方式的条件下，最大限度地利用各国物流的节点设施，打破国家行业界限，设计最佳国际物流运作方案，以节约国际物流过程中的各种消耗，降低物流费用。国际物流的实质是按国际分工协作的原则，利用国际物流网络、物流设施和物流技术，实现货物在国际间的有效合理的流动与交换，以促进经济全球化、区域经济一体化的发展和世界资源优化配置。本课程包括国际物流管理、国际物流网络优化等基本知识，是培养物流专业人才必不可少的一门专业课程。

思政育人目标为使学生具有善于运用马克思主义的理论方法解决问题的能力，树立社会主义核心价值观，形成强化人类命运共同体的意识。课程培养学生的社会责任感和使命感，培养学生结合实际问题勤于思考的能力，培养学生的职业素养，使学生增强对中国特色社会主义的理解。

二、案例主题

中欧班列——疫情下的中国担当。

三、对应章节及知识点

本案例对应章节及知识点见表1。

表 1

章节（名称）		教学内容（知识点）	总学时	学时分配		教学重点	教学难点
				授课	实践		
Chapter 4	International economy and logistics	1. Content of international logistics strategic planning (knowledge point 1: Belt and Road; knowledge point 2: supply side and demand side reform) 2. International logistics strategy planning methods and strategies (Knowledge 1: Central European train; Knowledge Point 2: Maritime Silk Road; Knowledge Point 3: Inventory strategy)	6	6	0	The influence of international economic organizations on international logistics planning	Supply side and demand side reform; Global warehousing layout
Chapter 7	International aviation logistics	1. International air cargo transportation (Knowledge point 1: The status and role of international aviation in global logistics; Knowledge point 2: Air transport freight documents; Knowledge point 3: Air freight rates and freight rates) 2. Well – known international aviation companies (Knowledge 1: Air transportation operations)	6	4	2	The status and role of international aviation in global logistics, and the mode of operation of international air transport	Design of aviation logistics scheme based on IATA relevant rules
Chapter 8	International land logistics	1. International Railway Freight Transport (Knowledge 1: International Railway and Continental Bridge Transportation; Knowledge Point 2: Continental Bridge Transportation) 2. Well – known international railway companies (Knowledge 1: International Railway Transportation) 3. International Road Freight Transportation (Knowledge Point 1: Continental Bridge Transportation) 4. International Pipeline Transportation (Knowledge Point 1: International Pipeline Transportation Network)	6	6	0	International road, railway transportation, land bridge transportation, international pipeline transportation network	Transportation analysis based on "One Belt One Road"

四、案例意义

中欧班列是共建“一带一路”的重要载体，开辟了欧亚大陆“一带一路”沿线国家新的陆路运输和国际贸易通道。疫情下，“钢铁驼队”同时肩负起“生命通道”的神圣使命，向世界展示着中国担当。“一带一路”倡议对国际物流人才的培养提出了更高的要求，大部分学校主动行动起来，积极进行人才培养模式改革：纵向角度，以古鉴今，从民航业、航空物流、航空信息化的发展历程到当前的中美贸易争端，让学生深入了解我国航空事业曲折艰难的探索之路，从而更加珍惜今日改革开放的成果；横向角度，通过国内外民航业、航空物流、航空信息化、航空制造业对比，以及“一带一路”对于我国航空物流的意义，让学生在增强民族自豪感和政治认同感的同时也认识到我们存在的差距，从而增强历史使命感和时代紧迫感。

五、案例描述

（一）课程案例一

在抗击疫情过程中，中欧班列发挥了不可替代的重要作用。为满足国际防疫物资的运输需求，中欧班列发挥国际铁路联运优势，对防疫物资实行快装快运、应运尽运。常态化开行的中欧班列已经成为各国疫情防控的“补给线”，有助于货物和服务的跨境流动和企业复工复产，降低疫情对中欧产业链、供应链合作带来的冲击和影响，国际运输新动脉的作用更加凸显。通过该案例，学生感受到了中国精神、大国担当、家国天下的情怀以及对全社会的责任感。

结合新时代青年学子的特点，先通过讲解让学生对“一带一路”、中欧班列等内容进行初步了解，再邀请同学们共同参与话题讨论以及小组汇报，进一步了解我国的国家战略。中国是负责任的大国，更是普惠包容的大国。物流通则商流畅，商流畅则经济兴，中欧班列的常态化开行向全球展示了中国执行力。

（二）课程案例二

“一带一路”不能只停留在口号上，也不只是简单的国内、国外的合作，其目的在于充分利用新丝绸之路的建设，让亚欧经济发展秩序可以重新得到保障。简单来说，是以新丝绸之路建设为基础，不断持续稳固亚欧经济发展，中国作为经济生态圈的中心国家，让之前未有合作的国家有效连接，多方开展合作，实现亚欧大陆贸易经济区的建设。在这一过程中，首先应做好交通的建设，然后进行周边基础建设，加强中心城市发展，对于周边城市资源开展合理、科学的配置，实现经济效益的最大化。

本课程教学模块与“一带一路”密切相关，该课程思政教育旨在使学生怀忠诚、讲信义，使学生符合时代之需和人民之企盼，这是当前和谐社会建设不可缺少的重要内容。同时，该课程思政教育还将引导学生公忠为国、爱民爱国，强调个人要秉公去私、以公克私、崇德重义、修身为本，进一步达到家国的和谐统一。引领学生用国际视野思考问题、分析问题，也是课程的重大使命。在当今中国物流行业的国际化趋势下，该课程思政对于学生树立正确的人生观和价值观有重要的启迪意义。

（三）课程案例三

从国家间比较的角度和行业或企业的角度分别开发多个包含航空思政元素的“典型思政案例项目”，包括但不限于：通过展示我国航空物流行业发展历史数据及其在国际中的地位变化，增进学生对于我国航空物流业和民航业发展的自信心；通过航空物流企业组织结构与责权利分析案例，强化学生遵守行业职业道德规范的自觉性；通过高铁业、航空制造业发展历程和“一带一路”的案例，增强学生的民族自豪感、政治认同感和时代紧迫感；通过航空信息化和物联网发展案例，加深学生对未来我国航空物流技术的认识及对航空装备制造业发展战略的理解和认同；通过介绍航空燃油的历史及其节能技术的发展，提升学生的环境保护意识和节能意识。

思政课程建设如下：

第一，聘请中国国际航空公司货运工作人员讲解国际货运所需具备的政治素养和专业技能，要求学生完成学习视频的观看。

第二，参观国际物流示范中心，使学生亲身感受国际物流货运的重要性，培养服务于物流行业的高级管理人才。

第三，师生之间进行讨论，协同工作，提高教师自身的思政水平和课程思政教学能力。

第四，通过双语教学的方式，培养国际化专业人才。

第五，通过贸易战、“一带一路”案例研究，逐步拓展课程思政元素的覆盖面，提升课程思政的合理性。

六、案例反思

想要在专业课中突出思政教学，需要与专业课教师的思想道德素质等结合。所以，课程团队未来的工作重点之一在于提高教师的思政教育能力。思政教育需要长时间的坚持，因此课程团队需要把思政教育元素融入每一门课，探究思政教育教学方法，根据不同专业人才培养特点、专业能力素养要求，科学、合理地设计教育内容，在教学中创新，让思政教育与专业课程结合，发挥出课堂教学的优势。

通过本案例的教学，学生从被动“听思政”到主动“讲思政”，再从主动“讲思政”到积极“论思政”，从认识历史到思考当下，从掌握理论的概念与方法到知识的灵活应用，从认识思政的重要性到从思政的角度为我国航空物流和民航业的发展出谋划策，在潜移默化的思政熏陶中自觉地树立起为党、为国、为人民的情怀和远大理想。

七、育人效果与反馈

育人效果如下：

第一，有效激发学生针对知识点主动探究和查找资料的热情；

第二，案例教学与分析促使学生深入思考现象背后的本质，锻炼了学生分析问题的能力；

第三，培养了学生正确的价值观和对事物正确的认知方向。

在教学过程中，学生踊跃发言，积极探索，主动思考，对于“一带一路”、中欧班列的理解进入一个新的层次。不仅如此，疫情之下的中欧班列让同学们进一步感知到了物流人“使命必达”的担当和作为中国公民的荣誉感、自豪感，激发了同学们未来为祖国建设服务的热忱。多样化案例项目精选、开发使学生独立思考，带着问题自主学习，通过课堂讨论等形式获得个人满足感，减少了当前思政学习中普遍存在的不主动、不积极的“随大流”心态和抵触心理，这样“教”“学”并举，全面提高了学生自身实践能力、创新能力和职业道德素养。

现代物流技术：北京烟草物流中心一体化现代分拣技术示范

物流学院　孙卫华

一、课程简介

考虑到授课对象的专业特点，现代物流技术课程侧重于分析物流技术应用的背景，特别是具有中国特色的物流产业特征对物流技术应用的影响。在此基础上介绍现代物流技术发展的最新情况，特别是以现代仓储技术、现代分拣与拣选技术、现代配送技术等为代表的新兴技术种类，为学生掌握最新前沿的技术提供基础。为便于学生理解，以柔性配送中心为例，介绍现代物流技术的最新应用。在讲授过程中将以案例分析为主，特别是具有代表性的小型案例较多，便于课堂组织讨论。同时，课程中安排了实践教学和专家讲座等内容，形成比较系统完整的课程教学体系。课程讲授中注重融入思政元素，加强学生的科学素养和价值观塑造，培养学生热爱物流、献身物流的精神，使学生成为物流行业的实践者、先行者和领导者。

二、案例主题

北京烟草物流中心一体化现代分拣技术示范。

三、对应章节及知识点

本案例对应现代分拣技术的理论。

四、案例意义

本节内容是实践环节，同学乘车去通州区九棵树西路的北京烟草物流中心参观。北京烟草物流中心的分拣效率、自动化程度，特别是对异型烟的分拣效果，在国内乃至国际上都是领先的。学生通过理论学习，对分拣技术的流程、特点等现代分拣技术有了比较初步的了解，通过参观，进一步了解到我国现代分拣技术在烟草、快递行业的应用已经达到了世界领先水平。本案例增强了学生的责任感和使命感，增强了学生的爱国热情和制度自信，培养了学生热爱物流、愿意将自己毕生精力投入物流行业的精神。此次参观也是理论和实践的有机结合，学生对所学理论有了更加深入的理解。通过参观讲解，学生能够了解原先存在的问题和行业专家进行技术改进的措施，了解中国物流人在此领域的技术创新，明确技术创新克服了一个又一个难题，通过微创新达到技术巨大提升的目的，我国在分拣技术方面已经走在了世界的前列，作为高级技术人才，我们要勇于发现问题、解决问题和勇于创新。

五、案例描述

2020 年 11 月 25 日下午，2020 级研究生乘坐大巴去通州区九棵树西路参观北京烟草物流中心，由于疫情的影响，同学们都很珍惜这次来之不易的参观机会。北京烟草物流中心隶属于北京市烟草专卖局（公司），负责全市卷烟仓储配送工作。北京烟草物流中心占地面积为 78 亩，总建筑面积为 31 000 平方米。近年来，北京市场卷烟销量保持稳定，但异型烟销量增长迅速。尤其是在元旦、春节期间的销售高峰期，异型烟销量占比接近 20%，其中细支烟销量占比近 70%。细支烟分拣已成为物流效率和服务水平提升的瓶颈。烟草行业通常采用异型烟分拣线进行非标准包装的条烟分拣，但其作业效率无法与增量匹配。因此，北京烟草物流中心决定建设细标一体全自动分拣线，在行业内首次彻底实现了标准烟和细支烟共线全自动高速分拣。一条分拣线涉及备货、补货、分拣、包装等多个环节，虽改造难度大，但带来的产能提升效果十分显著，单线实际分拣效率可达 30 000 条/小时以上。

工作人员向同学们详细介绍了技术的难点：①采用激光划箱装置，最大限度地避免损坏箱皮和条烟，有利于烟箱的重复利用。②采用柔性包装系统，根据系统事先的优化结果，灵活地对细支烟和标准烟进行自动分包或混包包装。③小规格分拣线末端采用蜘蛛手和叠烟机码垛，即使上线分拣的条烟包装尺寸差距大、无规律可循，也可经过数据分析、机器建模等过程，形成形态较好的烟包，分拣效率可达 4 000 条/小时。④一笼到底，高效配送。笼车是承载烟包的重要工具。北京烟草基于射频识别（RFID）技术应用，进行笼车全过程状态信息跟踪，全程自动完成 RFID 信息绑定、空位分配、信息指引。分拣人员按照提示推送笼车入位后，配送员按照提示寻找笼车，使出库配送作业更流畅、更准确。北京烟草还首创了“一笼到底”的配送方式。根据配送车辆空间，合理设计笼车尺寸以提高装载率，并拆除了笼车两侧栅网，在站台安装移动搭板，在配送车上安装限位装置。笼车改造后，装车时只需将笼车推上配送车并加以固定，配送过程烟包无须二次装卸，大幅缩短了直配装车时间与接力单车卸货时间。

作为老师，在此次参观过程中，不要让同学们走马观花，要利用这次现场参观的机会引导学生积极思考，让同学思考分拣的柔性体现在什么方面。同学们可能直观地认为一条分拣线能分拣标准烟和非标准烟就是柔性，但这只是其中一个方面，柔性还包括分拣不同的包装形式，如纸质的、塑料的、硬的、软的。分拣线是一条自动线，不可避免地会出现故障，柔性还体现在运行中一个子系统出问题不能影响其他子系统正常工作，子系统的一部分出问题不影响其他部分正常工作。

对于分拣来说，分拣效率和准确率是两个重要因素。香烟的特殊性在于它的客户不是一条烟，而是多条烟，而且这多条烟不是同一种类，要在分拣的过程中将同一客户的香烟一起传输，不同客户的香烟不能混在一块传输，那么在前端的合流中需要有非常好的调度，保证每一个合流道口在非常准确的时间打开或关闭。为每一客户形成烟包这一过程的技术难度很大，因为烟包的条数不确定，每条烟的大小不一定相同，所以在这个过程中建模是非常重要的，就好比货车的装载或集装箱的装载，要有较好的满载率和一些合理的装载规则，所以这个课题与货物装载和集装箱装载问题较为相似。

本案例通过实际参观企业带领大家了解了现代的条烟分拣技术，同学们对其先进技术叹为观止，为我们国家近年来物流技术的迅猛发展感到惊叹。物流行业只是我国众多行业的一个缩影，改革开放以来，我们国家的综合国力显著提高，在一些行业和领域走在了世界前列。作为新一代的物流人，我们应该勇挑重担，了解技术发展的前沿和趋势，不畏险阻，克服行业中的难题，为物流业的快速发展做出自己的贡献。

六、案例反思

由于不能进入作业现场，所以有些技术只能通过讲解和视频来了解，不过大家都能近距离地观察混包线的分拣、传输和包装。后面的技术我们没有展开讨论，比如柔性包装的优化分包技术、混包技术，笼车的全过程状态信息跟踪技术，车辆的配送和满载技术等，这些都是研究生可以研究的课题。分拣前从仓库存取货物和分拣后的配送全过程的自动化和优化也是可以拓展的部分，这样可能让同学们更进一步感受我国物流业的发展。如果对这些内容进一步展开，同学们收获的内容会更多。

七、育人效果与反馈

学生在教学过程中能不断跟着工作人员的讲解进行认真参观。从育人效果来说，大家进一步知道了物流技术的巨大作用，了解了我们国家物流业发展迅速的原因，增强了大家学习的信心和将来进入这个行业工作的信心。科技创新不是一句空话，企业的实践参观让学生了解到创新无处不在，科学研究要来自实践，还要用于实践。总的来说，大家进一步明确了自己努力的方向，增加了前进的动力。

现代物流信息管理与技术：“中国北斗”与科技兴国

物流学院　王晓平

一、课程简介

现代物流信息管理与技术是全校各专业的素质拓展课，通过这门课程的学习，学生们能够对物流管理过程中出现的主要信息技术有所了解，学习对物流信息的管理和对物流过程的控制。

这门课最终要使学生了解现代物流信息的特点，以及为了加强对物流过程的管理所采用的物流信息技术；理解各类物流信息技术的特点以及在物流管理中的作用；掌握几种重要的物流信息技术；理解信息技术在物流管理中的应用和地位。

二、案例主题

“中国北斗”与科技兴国。

三、对应章节及知识点

本案例对应第八章全球定位系统（GPS），主要向学生介绍中国北斗卫星导航系统。

四、案例意义

全球定位系统是一种非常重要的空间信息技术，它与地理信息系统（GIS）的完美结合能够实现真正的有意义的全球定位。本章通过理论介绍与案例分析的方式，让学生不仅了解什么是GPS，更对它的战略地位有深刻的理解。本章通过向学生介绍中国北斗卫星导航系统，让他们了解祖国的科技进步，从而引发自豪感。

案例所反映的思政映射与融入点：

1994 年中国开始启动建设中国北斗卫星导航系统。2020 年 7 月 31 日，北斗三号全球卫星导航系统正式开通，中国北斗卫星导航系统全面部署完成，并向社会各界提供卫星定位与导航的服务。

可以引用习近平总书记的话来说明案例选用的意义："科技是国之利器，国家赖之以强，企业赖之以赢，人民生活赖之以好。"

五、案例描述

（一）案例概述

在对全球定位系统进行讲解的过程中，会讲到目前世界上存在的四个定位导航系统：美国的 GPS 系统、俄罗斯的格洛纳斯卫星导航系统、欧洲的伽利略卫星导航系统，以及中国的北斗卫星导航系统。

2020 年 7 月 31 日，中国北斗三号全球卫星导航系统正式开通，标志着中国的北斗卫星导航系统全线建设完成并投入使用。课程结合北斗卫星导航系统的建设情况开展思政教学，一方面介绍定位导航系统的工作原理，另一方面引发学生关于科教兴国战略的思考，让学生在学习先进知识的同时了解到现在的中国国力强盛，在很多领域已经处于世界领先水平，可以很好地引发学生们的民族自豪感和社会责任心，把实现中华民族伟大复兴的理想和责任融入课程学习，激发学生自觉把个人的理想追求融入国家和民族的事业。

（二）教学具体内容：

中国北斗卫星导航系统"三步走"的建设策略如下：

第一步，1994 年启动，建设北斗一号系统工程，为中国用户提供定位、授时、广域差分和短报文通信服务。

第二步，2004 年启动，建设北斗二号系统工程，为亚太地区用户提供定位、测速、授时和短报文通信服务。

第三步，2009 年启动建设北斗三号系统工程，向全球提供服务。

2020 年 7 月 31 日，北斗三号全球卫星导航系统正式开通。

（三）教学方法设计

教师进行案例内容讲解，并且结合案例对学生进行思政教育：中国自行研制的北斗卫星导航系统成为全球四大卫星导航系统之一，为全球各个合作国家全天候、全天时提供服务；同时向学生们说明，科技是国家强盛的关键，要大力实施科教兴国战略，依靠科技和教育推动经济发展。

用以下议题来引发学生思考和讨论：

第一，一路走来，科技发展带给我们的得与失有哪些？我们应当从中吸取什么经验和教训？

第二，进入新时代，科教兴国战略为什么越发重要？

第三，作为大学生，我们应该如何理解科教兴国？

第四，作为大学生，我们应该怎样理解各自所学专业在祖国经济社会发展中的作用？如何在未来的学习和工作中为国家的科技创新贡献力量？

六、案例反思

学生通过查找资料，了解物流信息技术的发展现状，通过课堂展示，对技术的发展有了比较具体的了解，同时也通过发言表达了物流人的心声，明确了自己的发展方向和肩上的责任。物流业的发展离不开每个物流人的努力，同学们的责任感和使命感得到了提升。

课程结合中国北斗卫星导航系统部署完成这样的重大事件以及导航定位技术在物流领域的应用开展思政教学，时机比较恰当，能很好地提高学生们学习的积极性和主动性。问题的提出是科研过程非常重要的一步，怎样在本门课中加以训练是需要后续进行的过程。

七、育人效果与反馈

学生自主收集资料进行总结提升，这是一个主动思考的过程，情感上也会加深对物流业的认同，明确自己将来的责任。热门话题的选取让信息技术不再抽象和枯燥，很大程度上提升了学生的学习兴趣。

物流系统规划与设计：宜春丰城国家级物流产业园规划

物流学院　周三元

一、课程简介

物流系统规划与设计是物流工程专业学生选修的主要专业课程之一。本课程使学生能正确理解和掌握有关物流系统规划与设计的主要内容，对物流系统规划与设计的基本原理与基础知识有较全面的认识和理解；能熟知我国各种物流系统的发展现状、问题及趋势；能简明阐述物流与社会经济发展的相互促进关系；能分析我国的物流需求变化趋势；能对物流服务水平进行测算；能清晰说明各类运输工具、仓储设施的特点；能了解港口、码头、机场的主要组成和功能，增强学生独立思考分析的能力，使学生树立改革创新的自觉意识，积极投身物流强国的创新实践。

二、案例主题

宜春丰城国家级物流产业园规划。

三、对应章节及知识点

本案例对应物流园区规划设计——案例分析。

四、案例意义

本案例能够使学生掌握物流园区的概念及规划设计原则，引导学生明确“在普通岗位上胸怀大我、奋勇争先，彰显当代中国的时代精神”，增强独立思考分析能力、发扬艰苦奋斗精神；引导学生明确“创新是推动人类社会发展的第一动力”，树立改革创新的自觉意识，积极投身创新实践；为学生今后具体从事物流工作奠定基础。

案例在丰富教学资源的同时提升学生学习的体验感，通过开展“导—看—讲—思—评”课堂五步教学及主题学习，给予学生思考和展示的平台，切实体现学生的主体地位。

案例在 MSFLB 园区规划方法教学的基础上，通过展示物流园区规划设计的五个阶段，深入对比在两种根本性质不同的社会制度下的物流业发展，使学生更深刻地认识到在中国共产党领导下我国社会主义制度的优越性，增强学生对中国特色社会主义的道路自信和制度自信；引入“一带一路”、“振兴革命老区”、“长江经济带”和“发展赣江西区”主题，在展现老区建设的艰辛过程和伟大成果的同时，弘扬红色老区顽强拼搏、无私奉献的精神，引导学生塑造职业意识和职业自信；在使学生了解赣江西部开发对于江西乃至全国的政治、经济、文化等方面深远影响的同时，进一步强化学生的社会责任感；通过融入时事热点“粤赣运河”和“鄱赣新区”，进一步培养学生客观分析问题的能力，引导学生关注国家发展，增强民族主义精神。

案例启发学生用“红色老区人”的思维开展独立思考，科学全面地分析问题，引导学生关注国家物流枢纽工程建设，以及正确认识国家物流枢纽建设给社会发展带来的深远影响，培养学生将个人成长与祖国命运紧密联系、顽强拼搏和攻坚克难的精神。

五、案例描述

（一）案例概述

宜春丰城国家级物流产业园位于高新大道与高新九路之间，东临龙山公园，西接科邦医用乳胶，是丰城智慧物流产业的重要载体和平台，占地面积约为 626 亩，主要为高新区高端制造、新能源、新材料、富硒食品、精品陶瓷基地、生命健康产业以及城乡居民生活提供综合物流服务。园区设计年货运吞吐量为 500 万吨，总建筑面积为 44 万平方米。

园区立足丰城、服务赣中、联通全国、连接国际，将面向民生物资、智能制造、高端商贸、保税、跨境电商商户，以改进和提升物流效率为目标，以物流产业高端化、创新化为发展方向，依托数字化管理工具，打造集物流集约功能和产业链服务功能于一体的现代智慧物流产业园，为区域经济发展提供新引擎、新动力、新亮点。

园区规划建设智能分拨中心、零担专线区、城市冷链配送区、快递分拣中心、物流信息中心、保税物流中心、进出口商品展示交易中心、供应链金融中心等，配套大型物件装卸、大型车辆停车服务区，停车300辆。

案例教学从实际出发，对丰城物流市场环境进行分析，测算丰城货运量及货物品种，在此基础上测算物流功能面积与规划物流板块并完成园区布局，最后进行运营设计。

教学具体内容：宜春丰城国家级物流产业园规划——城市冷链配送区规划。

思政教育目标：以冷库实践教学为例增强学生的爱国主义和社会责任感，具体如下：

第一，通过冷链食品变质机理的分析与讲授，强调发展冷链物流的迫切性，提升本课程的重要性，强化学生冷链物流意识。

第二，通过信息技术与大数据的实践与应用，提高学生冷链物流的监控与追溯能力，提升学生的社会责任感。

第三，结合冷链前沿与社会背景分析，通过案例讨论、专业实验等综合性教学方法与手段，强调冷链物流监督与监控的迫切性，让学生从身边的冷链食品问题出发，进行积极的监督与反馈、宣传与建议。通过这种方式，让学生成为有社会责任感的、有国民担当的大学生，以此来体现课程的思政效果。

（二）教学方法设计

通过两个环节逐步向学生渗透思政内容：①冷链理论——强化冷链意识；②案例分析——树立社会责任感，为全民冷链做出自己的贡献。

1. 冷链理论环节

理论环节主要分为冷链概述、制冷理论、果蔬冷链、肉类冷链、乳制品冷链、医药冷链、冷链仓储、冷链运输等八项内容。通过理论环节的讲授，学生应全面掌握冷链的主要环节，以及不同专业冷链的业务流程、工艺特点等基本知识。

通过该部分的学习，学生应全面了解我国冷链的现状，在掌握冷链工艺、业务流程的同时，能够找到我国冷链物流发展的瓶颈，明确努力的方向，并给出相应的对策，从而强化社会责任意识，树立正确的冷链发展观。

2. 案例分析环节

在讲授过程中引入大量的丰城当地真实的案例，通过不同层面、不同领域的冷链的现状，全面展示冷链物流发展的趋势以及存在的问题。尤其是部分视频案例的展示引发学生们的深度思考，并激发学生们继续探索冷链的热情。

学生们提出了很多独到的想法和建设性的建议：有的同学计划从冷链技术入手，完善追溯机制；有的同学认为应该在今后的工作中规范冷链业务操作流程，提高冷链食品的质量，减少冷链能耗，确保食品安全；有的同学认为要建立一套完整的冷链物流制度。这一切都体现了当代大学生的主人翁意识与社会责任感，也充分体现了本课程的思政效果。

六、案例反思

物流系统规划与设计实践案例加深了学生对以国内物流园区发展为核心的物流强国战略的认知，案例以“一带一路”、“振兴革命老区”、“长江经济带”和“发展赣江西区”为课堂主线，在夯实立德树人根本任务的同时，着重发挥学生的主体地位，通过挖掘理论知识、思政理念、职业素养，潜移默化地将思政育人内涵、社会主义核心价值观、职业自觉与自信融入专业课程教学中，进一步深入贯彻思政与教学有机融合的发展理念。

（一）融入要适度

第一，融入点数目应适度：过犹不及。

第二，融入内容体量应适度：以2～3分钟为宜，建议不超过5分钟。

（二）结合问题融入

第一，要结合学生身边学习、工作相关的实际问题。

第二，要结合学生未来很可能涉及的物流业问题：物流园区规划设计、物流新模式新技术的开发与利用、物流设施设备、物流交通融合发展等。

（三）注意“留白”

第一，要给学生独立思考和判断分析的机会（留白）。

第二，要引导学生静下心来思考方法、领悟道理。

案例学习提升了学生课堂学习的参与度和积极性，进一步塑造了学生“物流人”的职业意识和职业自信，培养了学生开展独立思考和科学分析事物的能力，在引导学生关注国家物流发展建设的同时，使学生正确认识国家物流园区建设给社会发展带来的深远影响，培养学生将个人成长与祖国命运紧密联系、顽强拼搏和攻坚克难的精神。

七、育人效果与反馈

物流系统规划与设计课程采用“以问题为中心”的教学思想，培养学生自主学习和探究学习的能力；通过思政与专业内容相结合的案例，培养学生分析问题、解决问题的能力；通过班级分组，培养团队合作的能力；注重学生创业创新能力的培养。

育人效果如下：

（一）课堂直接成效

第一，到课率、抬头率显著提高。

第二，专业兴趣更加浓厚。

第三，课间交流明显增多。

（二）课后间接成效

第一，学生开始有意识地思考和规划自己的未来。

第二，学生开始用更加宽阔的视野思考和分析专业问题。

本课程通过思政内容的融入，使原本枯燥的理论更加鲜活，使规划设计的基本知识更加深入人心，为学生进一步学好专业课程奠定了基础。在学习过程中，学生们有了立足之根本，那就是为了物流强国而学，为了高效绿色安全物流而学，为了国民经济的发展而学。学生能够把国家、社会、自身的价值要求融为一体，潜移默化中提升了职业道德与修养，增强了社会责任感，树立了正确的人生观与价值观，从而实现了教育的真正目的。

供应商管理：多种思维模式共用的课堂

物流学院　宋玉卿

一、课程简介

供应商管理课程将帮助学生系统学习卓越采购管理系统的整体理念，掌握对供应商进行资格评估的方法，管理好交易过程中的供应商关系，以及对供应商的绩效进行考评，从而提高组织的采购竞争力。本课程培养学生成为符合道德行为规范的职业采购经理人，培养学生客观评估供应商合作伙伴的能力，培养学生使用符合道德行为规范的买卖双方交易方式，最终提升学生的综合能力。

课程设计反映了课程思政的本质，符合社会主义核心价值观的内涵，并与供应商管理全过程相映射，设计出科学的以思考教育为基调的供应商管理教学体系与模式，丰富课堂教学互动模式，以加强师生、生生之间思想交流与碰撞，培养学生的供应商管理能力。

二、案例主题

多种思维模式共用的课堂。

三、对应章节及知识点

本方法应用较为广泛，对于大多数章节的知识点，均可以辅助教学。

四、案例意义

本案例丰富了学生的视野，提高了学生们的主动学习能力，使学生深入理解了采购使命，锻炼了学生们的能力，形成了正确的道德价值观，改善了师生关系，形成了良性学习循环。

第一，丰富了学生的视野：不再局限于课程和课本知识，建立广义学习观念，社会万事万物皆有可学，皆有可用。

第二，提高了学生们的主动学习能力：通过分享以及口试测试方式，学生们改变了过去被动应试的学习习惯，化被动学习为主动学习；培养了学生们良好的分享习惯，促进了生生和师生间的沟通。

第三，深入理解了采购使命：专业使命融入课堂学习的方方面面，一切的学习都可以帮助提升采购竞争力，学生对专业使命的理解持续加深。

第四，锻炼了学生们的能力：通过贯彻学习宗旨和方针，学生们掌握了知识并能够熟练应用知识进行各种思考，提升了专业能力。

第五，形成了正确的道德价值观：通过分享、讨论与交流，学生们明辨是非，树立正确的人生观和价值观，能够正确处理供应商与企业的关系，将来用好采购权力。

第六，改善了师生关系：各环节的切磋与互动增进了师生的互信，改善了师生关系，形成了良性学习循环。

五、案例描述

课程实施基于持续教考一体的教学方式，增加师生沟通，明晰正确的价值观，提升学生思辨能力。

第一，在教学准备过程中设计合理的课程思政教学内容与教学方法，将社会主义核心价值观有机融入供应商管理课程教育当中。

第二，在上课之前留出适当时间引入当前时事并组织学生讨论交流，主题与供应商管理相关。

第三，在教学过程中，贯彻“熟能生巧”的学习指导思想，培养学生“4 +2”种思维模式，并加大平时考核的力度，提高学习参与度与积极性，把课程思政融入课堂全过程当中。“4 +2”种思维模式具体包括：

①非结构化思维：对陌生领域宽泛的思考。

②结构化思维：用成熟的知识、工具和方法解决问题。

③广义思维：任何知识、工具和方法都存在解决任何问题的可能性。

④辩证思维：任何知识、工具和方法都存在得失。

⑤批判性思维与认同式思维：既然任何知识、工具和方法都存在得失，即可以采取批判性的视角予以改进，或者采取认同式的视角予以支持。

第四，在考核环节中，引入持续口试的测试方式，提高学生平时学习的积极性，增加师生互动，由单向传导转向双向交流，改善师生关系。

第五，在过程记录中，利用新的学生考核记录表，全过程记录学生表现，更加深入地了解学生的学习规律和特征。

第六，设计了符合课程思政的供应商管理教学内容与教学方法，融会了“教即是考，考也是教”的教学理念，贯彻了“求索价值、采购竞力”的采购使命。

六、案例反思

通过课前讨论活动，学生了解了当前社会的政治、经济、文化、技术、环保、法律等趋势变化，并自觉地与采购管理专业知识以及供应商管理知识相结合。

采购管理专业使命教育让学生理解了“求索价值、交换竞力、守正创新、止于至善”的采购管理专业使命，并融入供应商管理领域。

本案例培养了学生的非结构化思维能力、结构化思维能力、广义思维能力及辩证思维能力，提高了对社会的认识。

通过道德业务模式素质教育，学生正确认识了企业与供应商的关系，在未来工作中能够规范使用采购及供应商管理权力。

七、育人效果与反馈

学生反馈如图 1 至图 4 所示。

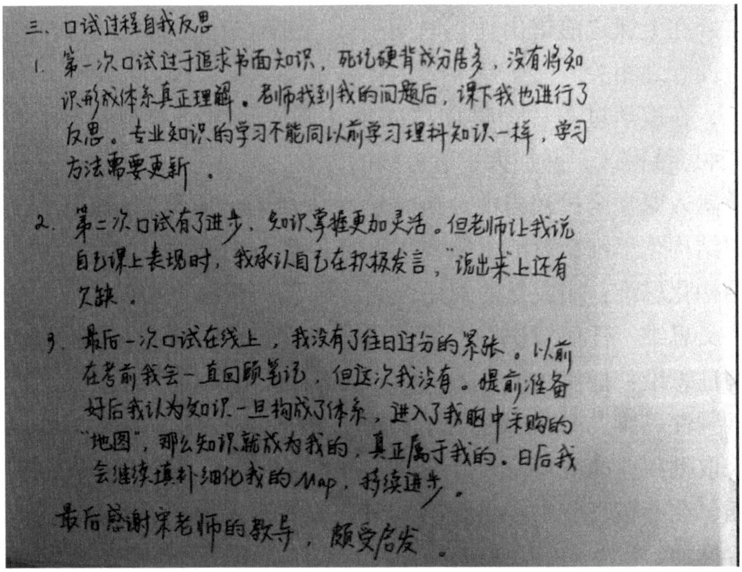
三、口试过程自我反思

1. 第一次口试过于追求书面知识，死记硬背成分居多，没有将知识形成体系真正理解。老师找到我的问题后，课下我也进行了反思。专业知识的学习不能同以前学习理科知识一样，学习方法需要更新。

2. 第二次口试有了进步，知识掌握更加灵活。但老师让我说自己课上表现时，我承认自己在积极发言，说出来上还有欠缺。

3. 最后一次口试在线上，我没有了往日过分的紧张。以前在考前我会一直回顾笔记，但这次我没有。提前准备好后我认为知识一旦构成了体系，进入了我脑中采购的“地图”，那么知识就成为我的，真正属于我的。日后我会继续填补细化我的Map，持续进步。

最后感谢宋老师的教导，颇受启发。

图 1

其中我印象最深刻的就是学习的宗旨和 15 字方针。学习宗旨就是熟能生巧，15 字方针就是说出来，反复说，赶紧用，多总结，善分享。反复是达于熟练的捷径，清代思想家颜元说过："学一次有一次见解，习一次有一次情趣，愈久愈入，愈入愈熟。"颜元的这个思想非常准确地道出了反复在达于熟练上的重要性。

图 2

我觉得上宋老师的课我不仅仅是学到了如何作为一个优秀的采购管理者，最重要的是学到了其他的部分。我觉得对我的思维上产生了挺大的变化，高中以来都是跟着书本学习，以一个结构化思维去对待每一个学科，并不知道我不这样想是一个什么思维，现在很多时候我会有很多自己的想法，以一些不成熟的想法去对待生活意外发现了一些有趣的事，我学会了多方位思考，懂得了广义思维和辩证性思维的重要性，我们要习惯用广义思维看待事物，没有那么多绝对的正确和错误。此外也敢于挑战自己了，以前我几乎不会在课堂上举手发言，因为容易紧张，现在也是为了自己有一个好成绩，也受到了老师的鼓励，我尝试了上课发言，虽然也紧张得忘记了知识点，但我觉得这对于我自己来说也算一个进步，我觉得老师讲的学习的 15 字方针宗旨是我到很多年以后也不会忘记的一句话，虽然不是知识点，但我觉得受益匪浅。还有课前的 good and news，我觉得很有意思，不仅仅是去了解一些新发生的事情的一种途径，更是激发自己思考的一个方法。最重要的对于老师多次提到的迟到和早点起床问题我觉得深有同感，我在家的时候爸爸也希望我早点起床，妈妈就想让我多睡一会，我以后也会更加督促自己，别睡懒觉！这些虽然不是知识点，但我觉得是给我的人生上了很重要的一课，我觉得这是我在学习采购知识之外学到的新知识和重要的知识。

图 3

（一）对于课前 good and new 的思考

课前 good and new 环节是采购供应管理课程的特点之一。在这个环节中，我能从同学们的分享中了解到最近发生的各种新闻时事，让我产生了去了解时事的兴趣和积极性。在此之前，我比较专注于自己的日常学习和生活，对于每天发生的热点新闻并没有特别大的兴趣，但经过这一段时间的感受和体会，我意识到自己缺少对外面世界的了解，而经常关注热点时事新闻，不仅能够让我第一时间了解正在不断发展变化的世界，还能够增长知识和开阔眼界，培养正确的世界观和人生观，提升自身政治素养，总的来说，good and new 这一环节让我受益匪浅。

图 4

招投标管理：公共资源交易中心主任“温水煮青蛙”式腐败

物流学院　王燕妮

一、课程简介

招投标管理课程是采购管理专业必修课，是一门专业技能课，对学生掌握我国工程领域招投标相关法律法规以及实践操作具有积极作用。本课程主要介绍招标投标的基本概念、起源、功能及发展趋势；工程招投标的方式和范围；工程招投标程序、招投标文件编制、评标方法；招投标的监督投诉、违法责任与处理；国际工程招投标案例。通过该课程学习，学生能够了解我国招投标发展历程以及招投标管理的必要性和重要性，基于我国目前的招投标的相关法律法规，能够掌握招投标的流程以及具体实操，同时能够认识到国际招投标的现状和未来趋势。该门课可以提升学生的专业素质能力，使其更具有职业道德和社会责任感。

二、案例主题

公共资源交易中心主任“温水煮青蛙”式腐败。

三、对应章节及知识点

本案例对应第九章“招投标的监督投诉、违法责任与处理”，对应的知识点为违法的法律责任与处理。

四、案例意义

该案例反映了招投标是把控政府投资有效性的一个重要工具。虽然国家在招投标领域已经出台了多个相关的法律法规文件，但目前依然存在诸多腐败现象。因此，政府对该领域的监管会越来越严格，力度也会越来越大。采购管理专业的学生将来极可能从事的工作就是招投标，面对诱惑，一定要守住初心，要有职业道德，任何时候都不要存在侥幸心理。

五、案例描述

2012 年，50 岁的司春生被提升为伊春市公共资源交易中心党组成员、副主任，招投标管理分中心主任，这个岗位掌管着全市的招投标项目。刚刚升职，便有人时不时地给司春生送些礼金，逢年过节送点烟酒、年货，发个红包……

黑龙江省天利建筑工程管理咨询有限公司项目负责人赵吉隆，代理了两个工程项目，在评标结束后为了感谢司春生在招投标项目上给予的关照，以专家评审费的名义送给司春生两次现金，每次 500 元，共计现金 1 000 元。

司春生内心有些忐忑，推托了一下。然而紧接着，国信招标集团股份有限公司黑龙江工程咨询分公司项目经理戴培仁为了和司春生处好关系，方便自己公司开展业务，在其代理的项目开标结束后以专家评审费的名义送给司春生四次现金，每次 1 000 元，共计现金 4 000 元。

驿煊广通招标有限公司项目负责人孟凡影在某项目开标结束后，为了让司春生在项目方面给予顺利审批，以劳务费的名义送给司春生用信封装好的现金 3 000 元。

岗位的变化、身边人的奉承迎合，让司春生犹如躺在温水当中的青蛙，越来越不愿意离开，习惯了这种养尊处优的生活。

为了使伊春市建设工程招投标代理有限责任公司在项目受理、发布公告以及招标文件审查上享受便利条件，该公司前后两任法人代表分别于 2013 年至 2016 年春节、2015 年送给司春生现金共计 9. 5 万元。

在服务对象的眼中，司春生是一个脸黑并且脾气暴躁的人，不仅脸黑，心也黑，送多少都敢要，不送就拖着不给“开标”。而在东北，因冬天天气寒冷，施工工期只有短短的几个月，误了“开标期”也就误了施工工期，因此，各个公司都怕司主任那张“黑脸”。

齐齐哈尔建平建设工程招投标代理有限责任公司委托社会人员毛艳丽，分别于 2014 年至 2016 年每年春节、端午节、中秋节及 2017 年春节、端午节用信封装好 1 万元现金并送给司春生，共计 11 万元。

2017 年 5 月，司春生早已习惯的“温水”生活“开锅”了，根据群众举报，伊春市纪委对司春生立案审查。2017 年 11 月 9 日，伊春市南岔区人民法院依法判处司春生有期徒刑三年，并处罚金人民币20万元。

请回答：

第一，公共资源交易中心的功能是什么？

第二，公共资源交易中心相关领导的腐败可能带来哪些后果？

第三，该案例给你的启示有哪些？

六、案例反思

该案例通过学生先阅读再小组讨论的形式进行，学生们通过讨论问题指出，招投标管理人员一定要禁得住诱惑，否则会一步错、步步错，没有回头之路。还有小组指出，招投标管理相对于其他工作岗位，诱惑会更大，所以更要具有职业道德，更要有这方面的思想准备，在关键时刻要不断提醒自己违法违纪的后果。也有小组指出，招投标管理人员责任重大，因为这些工程关乎国家利益、人民利益，不能为了自己的一点贪念和小利益而损害国家的利益和人民的利益。

本案例让学生们意识到招投标在国家公共资源配置中的重要作用，让学生们认识到他们未来将从事的岗位虽然诱惑较大，但是一定要守得住初心。

案例设计缺点：由于时间关系，案例探讨的深度有限，不能让每位同学发表自己的观点。同时，应该多设计几个相似案例，多个案例一起分析，可能会更有说服力，让学生们认识到招投标管理由于腐败失去公平和公正，将会给国家利益和人民利益带来重大损失，从而提升学生的职业操守。这也是下一步案例设计需完善的。

七、育人效果与反馈

课堂上，同学们讨论得较为热烈，在老师的引导下分析得也较为透彻，达到了教学目的和效果。学生们意识到招投标管理在国家发展中发挥着非常重要的作用，但是该岗位的利益诱惑较多，一定要守得住初心，要有职业道德，这样于己于国都是有益的。

学生们认识到涉及国家投资的采购一定要是阳光下的采购，要公开、公平、公正，这是原则和准绳。在招投标岗位上要公私分明，不能存在“搭便车”现象。课下同学们也和老师进行了沟通，表示这门课让他们知道了一定要守得住底线。

物流工程专业创新创业课程：保护自己的成果，也应尊重别人的成果

物流学院　李晓丽

一、课程简介

教育部在《关于大力推进高等学校创新创业教育和大学生自主创业工作的意见》中指出：“在高等学校开展创新创业教育，积极鼓励高校学生自主创业，是教育系统深入学习实践科学发展观，服务于创新型国家建设的重大战略举措；是深化高等教育教学改革，培养学生创新精神和实践能力的重要途径；是落实以创业带动就业，促进高校毕业生充分就业的重要措施。”创新创业教育课程是以培养具有创业基本素质和开创型个性的人才为目标，培育在校学生的创业意识、创新精神、创新创业能力，分阶段、分层次地进行创新思维培养和创业能力锻炼的教育。本课程针对物流工程专业学生开设，对学生进行更加细化的专业领域创业意识和能力的培养，使得创新创业培养更有针对性。

本课程以物流工程专业为背景，以创新型人才培养为主线，以提高学生的创业能力为目标，以创新教育与创业教育相融合的角度，科学地构建了开启创新之路、组建创业团队、发掘创业机会、分析创业市场、整合创业资源、推演创业项目等内容。内容选取以实用为原则，力求知识新颖、案例丰富鲜活，综合性、应用性以及实战性都很强，同时涉及会计、财务、市场营销、管理学等多个学科的基本知识。结合物流工程的专业特点，课程还介绍了一个模拟物流的工具。本课程要求学生了解一个企业从筹建到创办再到运营的基本流程以及一个创业者应具备的知识和素质，能利用专业知识分析企业环境，发掘创业机会；要求能独立撰写企业或项目策划书。

二、案例主题

保护自己的成果，也应尊重别人的成果。

三、对应章节及知识点

本案例对应第二章“开启创新之路”第五节“转化创新成果”。

本案例知识点包括：①理解创新的本质，提取创新成果并保护；②以身作则，规范引用创新成果。

四、案例意义

2020 年 11 月 30 日，中共中央政治局就加强我国知识产权保护工作举行第二十五次集体学习。习近平总书记在主持学习时强调，创新是引领发展的第一动力，保护知识产权就是保护创新。

正如专家易继明所说，“知识产权问题从来就不是一个单纯的知识产权问题，它总是体现为一国经济、贸易、文化等方面的公共政策工具”。加强知识产权保护工作，将为贯彻新发展理念、构建新发展格局、推动高质量发展提供有力保障。

大学生思想活跃，鼓励他们创新的同时也要教会他们保护成果，而且成果不能束之高阁，应该造福人类。

此外，根植尊重创新成果的理论，有利于打击假冒伪劣产品，促进人们从事科技研究和文艺创作。

五、案例描述

（一）教学内容

1. 国防生姜植元与他的“无人侦察机”

姜植元是中南大学信息科学与工程学院 2012 级的一名国防生。大三时，他与团队研发的无人侦察机项目在长沙大学生科技创新创业大赛上得到了 1.2 亿元风投的青睐。

创新成果不仅指技术发明创造，还具有实用价值和经济价值。国防生姜植元有着一个将军梦，他认识到无人侦察机能保卫祖国领土安全，但续航巡逻不现实，便将自己的梦想与国家安危和发展相结合；又看到了无人机送快递的商业价值，开始研究如何将成果实用化。在这过程中，他不仅付出心血和努力，还注意知识产权的保护，申请了三项发明专利和三项实用新型专利。创新成果的取得和保护的最终目的是让创造出来的智力成果转化为经济效益和市场效益。姜植元并没有将自己的创新成果束之高阁，而是在得到风投后积极谈合作，将自己的创新成果真正地用于实际，造福人类。

所谓创新成果，是指人们通过复杂的智力劳动，遵循事物发展的规律，对事物的整体或其中的某些部分进行变革并首次得到具有某种被公认的学术或经济价值的新理论、新技术、新工艺、新制度、新文化等。

创新成果具有新颖性、价值取向性、知识密集性、风险性等特征。

创新成果的类型包括知识创新成果、技术创新成果、制度创新成果。

创新成果转化，是指创新成果知识产权人，通过自己使用、许可使用、转让、特许经营等方式行使创新成果知识产权的财产权利，实现创新成果知识产权的经济价值。

2. 刘庆峰与科大讯飞

在国际专利申请领域，中国企业华为的突出态势十分明显。华为2020年研发投入高达1 418亿元，相当于国内企业第二到第五名的总和，这是华为能够在全球强势崛起的真正原因。而在全球，根据欧盟公布的《2020年全球工业研发投资排名报告》，华为研发投入超过了苹果、三星，仅次于谷歌和微软，位居第三。2020年华为从事研发人员达到10.5万名，占公司总人数的53.4%。截至2020年底，华为全球共持有有效授权专利超10万件，超90%的专利为发明专利。

（二）教学方法

PPT展示+教师提问+启发提问。

（三）讨论问题

①哪些创新成果需要保护？

②如何保护创新成果？

六、案例反思

由于教学对象是物流工程专业的高年级学生，且他们生于信息时代，对很多知识已经有了一定的基础，因此在设计学习活动的时候，将知识的学习融入学习活动中，注重学生解决问题能力的培养。整个教学过程包括案例分析、小组讨论和自主实践等活动，活动之间环环相扣，如通过案例的分析进一步了解知识产权，通过自主实践学会保护知识产权、尊重知识产权，引导现代大学生价值观与社会主义核心价值观相统一。

在学习活动中，采用小组合作的形式展开教学。在小组合作中，学生感受同伴互相激励的快乐，有助于培养他们的沟通、交流、协作能力，激发他们的上进精神和集体荣誉感。

本节课虽然顺利完成，但是还存在不足。项目活动的实施路径如果更加多样化，会更吸引学生。在知识技能方面，不仅要让学生了解知识产权，学会在信息科技课堂上保护自己作品的产权，更重要的是要让学生将所学知识应用到生活实际中，让课题得到升华。

七、育人效果与反馈

在认知方面，学生掌握了知识产权的相关知识，掌握了保护自己劳动成果的方法和技能，同时也深刻体会到只有尊重知识产权创新，国家才能发展；作为新时代大学生，“从我做起”不是一句口号，而是应该落实到行动上，保护自己的劳动成果，也尊重别人的劳动成果。

在价值方面，新时代大学生的人生观、价值观呈现多样性，有些学生对社会的责任感较为淡薄，自我意识比较强，这次案例教学能够引导他们肩负起对于社会发展的责任，用法律法规保护自己，同时也履行相关义务。

体系认证：质量与“中国制造”“中国智造”

物流学院 芮嘉明

一、课程简介

体系认证课程为物流学院质量管理工程专业的核心课程，面向该专业大三年级学生开设。课程在全面论述质量体系及认证概念的基础上，结合国内外体系与认证的最新研究成果，以质量管理体系为主线，系统介绍组织各类管理体系认证中的基本理论和方法。通过本课程的学习，学生应掌握质量、环境、食品安全管理体系的基本知识，具备进行管理体系策划、实施、保持、改进的基本技能，具有分析和解决组织管理问题的初步能力；通过管理体系标准和审核方面理论与案例的教学，学生应准确理解和正确运用标准，掌握有效和适宜的审核能力技巧，提高审核组织管理能力。

二、案例主题

质量与“中国制造”“中国智造”。

三、对应章节及知识点

本案例对应第二章“质量管理体系标准及认证”，对应的知识点为 ISO9001：2015 标准的理解和应用。

四、案例意义

制造业是国民经济的主体，世界强国的兴衰史和中华民族的奋斗史一再证明，没有强大的制造业，就没有国家和民族的强盛。打造具有国际竞争力的制造业，是我国提升综合国力、保障国家安全、建设世界强国的必由之路。

我国制造业持续快速发展，建成了门类齐全、独立完整的产业体系，有力推动了工业化和现代化进程，显著增强了综合国力，但是我国制造业仍然大而不强。建设制造强国，是结构性改革尤其是供给侧结构性改革的重要内容。随着发达国家纷纷出台重振制造业的强力政策，部分制造业企业开始从我国迁出，也有部分跨国企业将目光转向人力成本低廉的东南亚地区。另一方面，传统制造业能源消耗大、污染严重，从“工业大国”升级为“工业强国”，我国亟待找到一条制造业转型之路。我国制造业在转型过程中参与全球化的方式与产业发展战略需要如何进行调整？这需要把握制造业领先国家的战略，并结合中国产业特征，走出一条“中国制造”升级成为“中国智造”之路。

五、案例描述

（一）教学具体内容

改革开放以来中国经济发展取得了巨大成就，但在发展过程中，特别是产品质量问题上仍存在各种问题。从产品质量来说，“山寨”现象、“马桶盖”现象和“哄抢”现象说明，在从规模发展到质量和效率优先发展的过程中，中国经济要想实现长期的中高速增长，产品质量改善的空间仍然很大。纵观当今世界大国的发展道路，我们可以发现，20 世纪 60 年代的日本质量救国战略、20 世纪 80 年代的美国制造业促进法案、德国的品牌与标准化战略，在不同历史时期，质量发展对于提升各自国家的国际地位、增强国际竞争优势，都发挥了不可替代的作用。

制造业是实体经济的支柱，也是国民经济的支柱，产品质量是制造业的生命和企业核心竞争力的重要体现。习近平总书记针对质量问题做出了全面的概述，提出了“三个转变”。质量发展是强国之基、立业之本和转型之要，我国正处于制造业转型升级的关键时期，把提升质量作为供给侧结构性改革乃至整个社会经济结构优化和升级的重要突破口，具有深远的影响。从本质上看，企业的发展在很大程度上取决于质量的提升，所以还要大力支持企业创建一整套完善、先进的生产质量管理体系，全面弘扬工匠精神，以便更好地提升民族品牌的综合竞争力。

质量问题是经济和社会发展的战略问题，质量不仅是技术创新、资源配置、劳动力素质等因素综合作用的结果，也是法治环境、文化教育和诚信建设的综合体现。提高制造质量是一项系统工程，其中工匠精神是提高产品质量和制造水平的关键因素，这种精神本身具有深刻的文化、伦理和制度内涵。

培养和弘扬工匠精神，不仅有利于形成对劳动的尊重，也有利于克服当前社会各地的浮躁风气，这对促进我国目前倡导的制造业转型升级起着重要作用。

（二）教学方法

案例教学法：以质量事件为案例，引出中国制造业发展的艰辛历程，引发学生的思考。

讨论教学法：通过对“中国制造”和“中国智造”两个概念的分析，组织课堂讨论，重点讨论高质量发展、工匠精神等。

视频教学法：观看《中国智造：改变你我生活》等系列纪录片，学习质量对于中国制造业转型的重要作用。

六、案例反思

（一）案例优点

第一，所选章节相对独立，便于安排课程思政教学内容。

第二，和现实生活的联系比较紧密，教学内容比较生动。

第三，涉及质量基础知识，学习难度较小。

（二）存在不足

第一，课程思政元素与教学内容的衔接需要进一步优化。

第二，在增强学生学习兴趣方面仍需要改进。

七、育人效果与反馈

学习结束后，设置了思考问题作为本次专题的作业，问题设置既考虑了学生质量观的培养，还根据课程对象专业的不同设置了不同角度的问题，引导学生继续深入思考未来职业发展中的核心品德要求，增强学生的专业使命感。

自然科学实验与创新：发现微生物之“美”

物流学院　杨　雪

一、课程简介

自然科学实验与创新是全校本科生公共选修实验课，共计32学时、2学分，是校级课程思政示范课程之一。课程教学实验内容围绕具有科学性与趣味性的实验项目，如食用菌培养、Kefir粒制酸奶、细菌画的制作、蔬菜中农药残留的快速检测、再生纸的制造等项目开设。在课程的课堂教学中，将“传授科学知识”和“引领核心价值”两者有机结合，学生通过本课程的学习，不仅能够了解自然科学实验的相关概念、实验原理、实验操作方法以及实验数据分析方法，运用实验原理解释实验现象，提高动手能力以及发现问题、分析问题和解决问题的能力，同时还能增强对马克思主义实事求是的观点的认识，会用辩证唯物主义思想分析问题，树立正确的世界观、人生观和价值观，培养创新意识、工匠精神，增强民族自豪感、责任感和使命感。

二、案例主题

发现微生物之“美”。

三、对应章节及知识点

本案例对应细菌画制作实验中的细菌画创作内容。

四、案例意义

细菌画的制作实验，具体操作步骤包括菌种的分离和纯化、平板的制备、细菌画的创作。实验操作难度虽然不高，但对实验操作的细节要求严格，进行操作时需注意无菌操作，同时微生物实验普遍时间较长，实验过程中学生可能会感到枯燥乏味，缺乏兴趣。基于此，在本次实验课上，引入细菌培养皿比赛。教师授课前，首先让学生欣赏微生物培养皿艺术作品，激发学生对实验的兴趣，在讲授制作方法后，分小组进行实验。细菌画的内容不是学生随意创作的，而是通过价值观引导，将红色故事、校园文化等元素与细菌的培养结合起来，提高作品的寓意。学生通过细菌培养皿比赛，增加了对细菌画制作实验的兴趣，每位同学都行动起来了，课堂氛围十分活跃。学生在轻松的氛围中掌握了无菌操作技能，提高了动手能力。以组为单位进行实验，提升了学生的团队合作意识；对于作品内容的构思培养了学生的家国情怀。

五、案例描述

本次实验整体的教学内容设计如下：

首先让学生欣赏微生物培养皿艺术作品（见图 1）。

图 1

在写书法时会用到笔、墨、纸、砚，在画画时会用到画笔、颜料、画纸，而这些微生物培养皿作品则以微生物为“墨”，用平板作“画布”，接种工具作“笔”。在创作过程中，一定要注意无菌操作。接种工具可以是棉签、接种针、接种环等，但一定要是无菌的。培养基和培养皿也需要是无菌的，同时培养基倒入培养皿的操作也是无菌操作。本次实验用的微生物是之前的课程中从土壤中分离纯化得到的枯草芽孢杆菌。

具体实验操作时以 3 人为一组进行实验，全班 25 名同学共分为 8 组。每组同学依次在超净工作台中进行平板的制备，每组制备 1 个平板。在绘制细菌画前，需要提前构思好作品内容，要求立意新颖、寓意深刻，同时艺术感强、有欣赏价值，建议用作品描述红色故事、校园文化等来表达作为一名当代青年对党、对祖国、对学校的情怀。初次进行实验时，作品内容设计不宜过于复杂，因为微生物培养皿作品其实是微生物的菌落，随着培养时间的增加，菌落会不断“长大”，如果作品内容设计过于复杂，会导致相邻两条线长出的菌落重合在一起，这样作品效果会大打折扣。整个实验操作过程中，教师会进行无菌操作重点介绍和作品内容价值观引导。

实验操作结束后，每组将自己的作品翻转，使皿底朝上，置于37℃培养箱中，随时观察培养情况。如作品符合预期效果，为作品拍照。每组同学对自己组的作品进行介绍，之后其他组同学对该作品打分并给出评语。评分标准包括作品立意新颖、寓意深刻（50%），作品艺术感强、有欣赏价值（50%）。整个过程课堂氛围活跃，同学们不仅增加了对细菌画制作实验的兴趣，在轻松的氛围中掌握了无菌操作技能，提高了动手能力，同时还提升了团队合作意识，增强了勇于探索的创新精神，培养了家国情怀。

本次实验的教学方法设计：采用案例式教学、讨论式教学相结合的方式。

第一步：案例分析。教师介绍微生物培养皿艺术作品，引发学生兴趣，启发学生对作品使用的“墨”“画布”“笔”进行思考。

第二步：讨论并评价作品。实验结束后，各组同学对其他组的作品进行讨论，给出得分和评语。这步操作既对比赛进行了总结，也使整个过程得到了升华。

六、案例反思

课程思政元素与实验内容有机融合，增加了学生对实验的兴趣，提高了学生的抬头率，但也存在一些不足。具体分析如下：

（一）优点

从学生课堂表现看，课程思政教学案例的加入促进了学生对实验相关知识的学习，增加了学生对实验的兴趣。将“显性思政”和“隐性思政”有机结合，避免思政元素篇幅过大，造成学生的反感。

（二）缺点

因本实验项目安排学时是2学时，案例的引入占据了一定的教学时间，时间分配上存在一些问题。之后可以将实验开始时的微生物培养皿艺术作品欣赏放到课前，利用学习通等平台让学生在线上欣赏，增加学生对该实验的兴趣。

七、育人效果与反馈

细菌培养皿比赛在整个实验教学过程中和结束后对于学生的知识认知、价值观等方面的提升都有积极的效果，课程教学效果良好。部分同学表示，之后的创业项目想以此为方向。后续，需要对教学内容和过程进行进一步的梳理和反思，不断改进教学方法。

标准化管理：5G 技术发展中的标准国际化

物流学院　于晓辉

一、课程简介

标准化管理是物流学院质量管理工程（商品质量检验与管理）专业的必修课程，也是一门面向学院其他专业及全校学生开设的特色选修课程。课程的主体目标是培养学生运用所学的标准化知识，解决标准化管理中的实际问题。本课程能够强化学生的标准与质量意识，使学生掌握标准化理论和方法，提高学生的实践能力，支撑专业的办学定位与特色。

二、案例主题

5G 技术发展中的标准国际化。

三、对应章节及知识点

本案例对应第六章“标准的实施和监督”第二节“标准实施的监督”。

本案例对应知识点：标准化。

四、案例意义

国际通信行业标准化组织 3GPP（第三代合作伙伴计划）是目前正在开发 5G 通信标准技术的组织，3GPP 有超过 550 家公司作为会员公司参与。3GPP 的话语权是根据企业历史对组织的贡献确定的。5G 标准的较量在于信道编码之争，此前有 Turbo 码、LDPC 码和 Polar 码三种编码方案纳入讨论，其中美国运营商和企业主推的 LDPC 码战胜了另外两个方案，被采纳为 5GeMBB 场景的数据信道编码。随后华为等中国通信企业主推的 Polar 码在 5G 核心标准上扳回一局，成为 5GeMBB 场景的控制信道编码方案，这一决议在 2016 年 11 月份的 3GPP 会议上通过，推动了我国的制造业与 5G 技术、大数据、人工智能等融合，使我国的现代制造迈上新台阶，提升了我国制造业在国际市场上的竞争力，对中国的发展具有重要的推动作用。

5G 技术的发展对我国标准化工作具有重要作用。本案例通过梳理 5G 技术的发展历史增强了学生对中国标准化的信心，坚定了学生将来投入标准化工作的决心。

五、案例描述

（一）教学具体内容

2021 年各国可使用 5G 网络的城市数量排名中，中国以 341 个城市的数量高居第一；美国以 279 个城市的数量位居第二；第三是韩国，共计 85 个城市；第四是英国，共计 54 个城市。这样的成绩源于我们国家 5G 技术的领先。推动 5G 的尽快运用，既可以提升我国产业的生产效率，也可以便捷化民众的生活，甚至可以催生更多的新产业。我们国家的标准化工作需要 5G 技术的指引。

（二）教学方法

案例教学法：通过讲解 5G 技术的典型国际标准化案例，引发学生对国际标准化工作的思考。

讨论教学法：通过讨论如何实现国际标准化，引导学生形成对国际标准化的认识。

视频教学法：观看《5G 到底是什么?》视频（见图 1），提高学生对国际标准化重要性的认识；让学生了解我国为国际标准化所做的努力，增强学生提高标准化水平的观念。

六、案例反思

（一）案例优点

第一，所选章节相对独立，便于安排课程思政教学内容。

第二，教学中注重与现实生活常见的产品认证标识相联系，容易引起学生共鸣。

图 1

第三，与专业方向和学生就业方向契合度较高。

（二）存在不足

第一，难以有效地与学生进行讨论互动，大多数时间采用教师提问、学生回答的被动形式。

第二，课程思政元素与教学内容的衔接需要进一步优化。

第三，在增强学生专业使命感方面仍需要改进。

七、育人效果与反馈

本案例增强了本专业学生作为一名“质量人”的专业认同感和自豪感，增强了学生的责任担当，加强了学生的大局意识、核心意识，培养了学生的敬业精神与诚信品格，促进学生养成认真负责的工作态度，遵循一丝不苟的工匠精神和求真务实的科学精神。

计量学基础：计时仪器发展史及惰性气体氩的发现

物流学院　杨　雪

一、课程简介

计量学基础是物流学院质量管理工程专业学科基础课，同时也是跨学科平台课，共计 32 学时、2 学分，是校级课程思政示范课程之一。课程教学内容主要包括计量基本概念和作用、量和单位制、计量器具、测量误差和测量不确定度、量值传递与溯源、计量管理和生活中的计量。在课程的课堂教学中，将“传授科学知识”和“引领核心价值”两者有机结合，通过本课程的学习，学生不仅掌握了计量、检定、校准、测量误差、测量不确定度等基本概念，熟悉了我国法定计量单位的构成、我国量值传递与溯源系统、我国计量的法制管理，会运用测量误差和测量不确定度理论对测量结果进行合理表达，会利用计量检定规程和计量校准规范对计量器具进行检定和校准，还树立了正确的世界观、人生观和价值观，形成了一丝不苟、求真务实、精益求精的品质。

二、案例主题

计时仪器发展史及惰性气体氩的发现。

三、对应章节及知识点

本案例对应第四章“测量误差和测量不确定度”，对应的知识点为测量误差。

四、案例意义

第四章测量误差和测量不确定度中第二节测量误差部分，主要介绍了误差的定义、误差的分类、系统误差、随机误差、粗大误差及误差的来源。测量误差是永远存在的，测量的真值无法得到，即使使用精准的测量装置、完善测量方法、增加测量次数、减少测量人员和环境对测量结果的影响，测量结果还是无法达到真值，只是无限接近真值，测量结果与真值之差就是测量误差。既然误差一直存在，那就需要了解它，尽量减小它。计时仪器发展史上，从日晷、滴漏、机械钟、电子钟到原子钟，测量的误差越来越小，测量精度越来越高。惰性气体氩的发现，是从小数点后第三位数字的差异引起的，许多科学技术的发明创造都是从这种微小的差别开始的。通过引入计时仪器发展史及惰性气体氩的发现案例，学生更深入地明白为什么要学习误差分析，以及人类对追求测量精度的脚步是永不停止的。本案例培养了学生自强不息的奋斗精神，同时告诉学生对待日常生活中任何一个细枝末节，都要善于观察、善于思考，从而培养学生一丝不苟、精益求精的品质。

五、案例描述

在讲授第四章测量误差和测量不确定度中第二节测量误差部分之前，先对本案例进行具体描述，可增加学生学习兴趣。具体案例描述如下：

（一）计时仪器发展史

早在人类文明诞生之初，人类便开始通过对时间的计量来描述世间万物的变化，并由此诞生了一系列计时仪器。回顾人类科学发展史，计时仪器的发展史是与整个人类文明同步的。公元前 1500 年出现的日晷是人类最古老的计时工具。日晷是以太阳投向刻度盘的阴影为基础的，通常由铜制的指针和石制的圆盘组成。在公元前 1400 年，滴漏出现，根据容器中液体流出的数量来计量时间。在很长的时间里，人们用一些简单的工具来把握时间，如水钟、沙漏、点燃的香。这一时期的计时仪器被称为古代计时仪器，它们的误差达到每天数分钟，这当然满足不了人们的要求。人类追求测量精度的脚步是永不停止的。之后出现了机械钟，这是人类智慧的结晶，它的原理是伽利略发明的重力摆，摆动的周期是确定的，在这基础上进行计数从而测量时间。但由于阻力的存在，它的摆动会逐渐减小。机械钟的误差为每天数秒钟。随着电子技术的发展和晶体振荡器的普遍应用，走时准确的电子钟逐渐取代了机械钟。电子钟的原理是利用晶体的震荡周期来进行计数。石英晶体受到电池电力影响时，会产生规律振动，人们设计简易的电路来计算石英晶体振动的次数，当振动次数达到 32 768 次时，电路会传出信息，让秒针往前走 1 秒。

电子钟的误差为三百年只差一秒。现在又出现了精度更高的计时仪器——原子钟。它的原理是利用原子跃迁的频率作为基准来进行计数，误差为百亿年只差一秒。计时仪器的不断发展体现出人类对于时间测量精度的追求是永不停止的。

（二）惰性气体氩的发现

1892 年英国科学家瑞利测定各种气体的密度，尤其是空气中氮气的密度。他取来一瓶空气，先除去氧气，再除去二氧化碳和水，留下的应该是氮气了，测定的结果是氮气与空气的相对密度为 1. 257 2。接着他又测定了从一氧化氮、氨、尿素中得到的纯氮气，测得的相对密度为 1. 250 5。两者密度在第三位小数上存在差异，相差 0. 006 7。瑞利没有忽略这一差异，更不认为这是实验本身的“误差”。他把实验结果与研究的论文一起公开发表，这引起了他的朋友拉姆塞的注意，并开始研究这个问题。这就是惰性气体最初被发现的过程。

同学们在进行数据测量时，总会对测量结果进行误差分析。例如测一根粉笔的直径，需要连续测量十次，然后求平均值。有的同学就会质疑，测量工具、环境、人员都不变，为什么还要重复劳动，测量十次，是不是很浪费？通过上面案例的介绍，同学会明白其中的道理。

本次课程的教学采用案例式教学、讨论式教学相结合的方式。

第一步：案例分析。教师介绍计时仪器发展史及惰性气体氩的发现，引起学生兴趣，启发学生对误差分析的思考。

第二步：讨论。同学对案例进行讨论，得出人类对追求测量精度的脚步是永不停止的；同时懂得对待日常生活中任何一个细微末节的小事，要善于观察、善于思考，养成一丝不苟、精益求精的品质。

六、案例反思

课程思政元素与知识点有机融合，加深了学生对知识点的理解，提高了学生的抬头率，但也存在一些不足。具体分析如下。

（一）优点

从学生课堂表现看，课程思政教学案例的加入促进了学生对相关知识的学习，增加了学生的学习兴趣。将“显性思政”和“隐性思政”有机结合，避免思政元素篇幅过大，造成学生的反感。

（二）缺点

学生前期较少或没有进行测量方面的实验，没有进行过数据分析，使得这部分知识学习起来有些难度，后面教学时会增加简单测量实验操作。同时，案例的引入占据了一定的教学时间，时间分配上存在一些问题。以后可以将基本概念的学习放到课前，利用学习通等平台让学生线上预习。

七、育人效果与反馈

案例的引入在整个教学过程中和结束后对于提升学生的认知、价值观等方面都有积极的效果，课程教学效果良好。课后与部分同学交谈，学生对这种奋斗精神和一丝不苟、精益求精的品质是有感触的。学生对课程的评教显示，讲课思路清晰、有条理，并且能够调动学生的积极性，课上气氛活跃，讲课内容轻松有趣，很有效果。课程结束后，学生对本次课程比较认可。

质量成本管理：质量成本管理的发展——被重拳打击的假冒伪劣商品

物流学院　邵舒羽

一、课程简介

2021 年 9 月，习近平总书记在向中国质量（杭州）大会致贺信中指出，质量是人类生产生活的重要保障。人类社会发展历程中，每一次质量领域的变革创新都促进了生产技术进步，提高了人民生活品质。

《质量发展纲要》指出：“质量发展是兴国之道、强国之策。质量反映一个国家的综合实力，是企业和产业核心竞争力的体现，也是国家文明程度的体现。”任何一个质量系统的两个主要目标都是提升顾客满意度和减少失误造成的成本损失。质量成本管理是对质量成本进行管理的一种应用管理技术，包括质量成本科目的设置，质量成本的统计、核算、分析、考核及计划与控制等。通过开展质量成本管理活动，在保持原来产品质量水平的情况下，产品总成本降低，从而为企业获得了更大效益。

企业为了保证和提高产品质量而支付的一切费用以及因没有达到质量标准而产生的一切损失都是质量成本。质量成本管理是全面质量管理的重要内容，是企业内部成本管理的重要方面，是产品成本的构成部分。质量成本管理是一种现代化的企业管理模式。

质量成本管理课程通过改革本科实践教学环节和模式，有效激发了学生参与创新活动的积极性，提升了学生的主动学习能力、实践能力和创新能力；将学生线上自主学习与课堂面授教学有机结合，加强课程面授环节的学生参与，促进了学生为提高质量标准、加强全面质量管理贡献力量。

二、案例主题

质量成本管理的发展——被重拳打击的假冒伪劣商品。

三、对应章节及知识点

本案例对应第二章，对应的知识点为质量成本管理综述。

四、案例意义

市场上的假冒伪劣商品横行现象由来已久，比如“国际品牌围巾案件，一次查获24 000多条假冒LV等国际品牌围巾”“国际品牌运动鞋案，一次查获17 000多双国际品牌鞋，其中有假冒匡威、花花公子等9个品牌，案值2亿多元”。从假冒伪劣烟酒、食品、服装、日用品，到假冒伪劣家用电器、农用物资、医药等，假冒伪劣商品对消费者身心健康、生命安全的损害日益严重。假冒伪劣商品严重破坏了市场经济秩序，造成严重的市场失灵，同时严重损害了国家形象。

随着一系列立法行动的开展，国家在注重产品质量、维护国家形象方面出重拳，近几年收到了成效。

五、案例描述

（一）教学具体内容

改革开放后的中国给世界的印象是人口众多、制造业产品质量较低、廉价劳动力较多。但是经过几代人的不断努力，中国在“中国制造—中国智造—中国创造”的过程中一步步体现了国家“质量强国”的决心。2001年，格力向日本企业购买技术，经多番努力仍遭拒绝，这让董明珠下决心自主研发出包括电机和压缩机在内的多项核心技术。2010年，格力喊出了“掌握核心科技”的宣传语，并持续加大研发投入至今。“让世界爱上中国造”，格力的努力是中国制造业技术创新的缩影。从追求数量到注重品质，中国制造紧紧抓住质量这条生命线，将“品质革命”进行到底，使得质量损失显著降低。

（二）教学方法

采用课堂点名机制，随机让学生回答问题：

第一，你对iPhone12的召回问题怎么看，你是否购买了此款手机？你觉得此时存在的质量问题会引发哪个深层次的问题？苹果公司怎样做才能降损？

第二，特斯拉汽车可能存在哪些安全隐患？面对汽车出现召回问题，你是否还选择相信该企业的产品质量可靠？

第三，对于中国航天追求卓越品质、自主创新、严把质量关而取得的一系列的成就，你会感到自豪吗？你愿意为中国的创新腾飞贡献力量吗？

在激动的氛围下，学生回答问题情绪高昂。本案例的学习使学生正确认识了世界和中国的发展大势，激发了学生的爱国主义情感，也让学生理解了建设质量强国是保障和改善民生的迫切需要，是实现科学发展和全面建设小康社会的战略选择。

六、案例反思

（一）案例优点

本案例通过将相关国内外的问题在课堂上进行充分的互动、讨论、总结，拓展了学生国际化视野和思考问题的思路。

相关案例及课程思政进行了很紧密的结合，优化创新了课程思政教学模式。学生在传承质量优秀文化的同时，也点燃了勇担责任、甘于奉献的热情，增强了民族自豪感。

（二）存在不足

本次课程引入的案例多属于航空航天领域，较少涉及物流领域，所以在下一步的案例设计中应适当增加物流领域的案例，这样学生能够学以致用。同时，也需要更多地从质量的角度引导学生思考质量的重要性以及如何合理地降低质量损失。

七、育人效果与反馈

学生们对课程内容、教师授课方式等均予以高度评价，学生们正确认识了世界和中国的发展大势，进一步理解了质量损失带来的严重性。案例引导学生把个人理想追求融入国家民族事业，增强社会责任感和历史使命感，课程思政教学改革成效显著。同时，本课程也吸引了十多位教师参与听课，得到了同行的一致好评，该课程的授课形式形成了良好的示范辐射效应。

信息学院篇

信息学院成立于2006年7月，目前开办8个本科专业：计算机科学与技术、物联网工程、人工智能、应用统计学、数据科学与大数据技术、大数据管理与应用、信息管理与信息系统和电子商务。其中，信息管理与信息系统、物联网工程、电子商务专业为国家级一流专业，应用统计学、计算机科学与技术专业为北京市级一流专业。

信息学院现有教职工115人，专任教师102人，其中教授15人，副教授41人，具有博士学位的教师90人；享受政府特殊津贴专家2人，北京市教学名师5人，北京市高创名师2人，北京市青年拔尖人才2人，北京市长城学者2人；北京市优秀教学团队2个，学术创新团队3个；拥有两个北京市级教学基地：“北京市高等学校示范性校内创新实践基地”“北京市高校校外人才培养基地”，三个北京市级科研平台：“北京市高校物流技术工程研究中心”“智能物流系统北京市重点实验室”“智能物流系统北京市协同创新中心”。

信息学院积极探索课程思政建设，取得了一定的成果。信息学院正在建设课程思政示范院部，物联网工程专业正在建设课程思政示范专业。统计学和概率论与数理统计及主讲教师和教学团队被评为北京市课程思政示范课、教学名师、教学团队。高等数学等18门课程已经建设成为校级课程思政示范课，41门课程正在建设中。

高等数学：伯努利方程

信息学院　鞠红梅

一、课程简介

高等数学课程是高等学校各专业学生的一门重要的数学基础必修课。设置本课程的目的是：①使学生掌握一元微积分学、多元微积分学、空间解析几何与向量代数、无穷级数及常微分方程等方面的基本概念和基本理论，为学习后继课程奠定必要的数学基础；②培养学生抽象思维与逻辑推理能力、基本运算能力、应用数学知识解决实际问题的能力和创新能力；③培养学生辩证唯物主义世界观、良好的学习习惯、坚强的意志品格、严谨求实的作风和勇于探索的精神。其主要内容包括：函数、极限与连续、导数、微分、微分中值定理及导数的应用、不定积分及其应用、定积分及其应用、微分方程、空间解析几何与向量代数、多元函数的微分法及应用、二重积分、无穷级数等。

二、案例主题

伯努利方程。

三、对应章节及知识点

本案例对应第五章“微分方程与差分方程初步”，对应的知识点为一阶微分方程。

四、案例意义

本节课讲授的内容是一阶微分方程的第四种模型——伯努利方程，学生在此之前已经学完可分离变量微分方程、齐次方程和一阶线性微分方程的内容。在本节课中，一阶线性微分方程的内容是伯努利方程的重要基础。通过本节课的学习，学生应会判断伯努利方程的类型，会区别它与一阶线性微分方程，会求解伯努利方程，并能够利用它建模解决实际问题。

本教学案例中蕴含两个主要思政映射点：

第一，开课前讲解 2022 年政府工作报告中总理对民生问题的关注以及对癌症等疾病的防治服务水平的关注，引入肿瘤增长模型案例，开展进一步教学。总理对民生问题的关注、对健康中国行动的推进，体现政府工作温暖人心；在求出肿瘤增长模型的解之后，通过对解的分析，引导学生努力学习，掌握人类疾病的密码，减少和控制疾病的发生，助力健康中国行动。

第二，对伯努利及其家族进行介绍，让同学们感受数学家获得的成就，从而对数学产生浓厚兴趣并愿意为之付诸努力，引导学生勇于探索、执着追求，将来为社会发展贡献自己的一分力量。

五、案例描述

（一）案例概述与授课流程

课前利用超星平台里的线上考勤功能，辅助完成课堂考核。课上首先讲解两会报告中总理对民生问题的关注以及对癌症等疾病的防治服务水平的关注，融入思政元素，体现政府工作温暖人心，之后引入肿瘤增长模型案例和数学建模思想，进一步引入伯努利方程；通过和一阶线性微分方程对比，寻找求解伯努利方程的方法，激活旧知，解决新知，帮助学生由内向外构建知识，发挥正迁移作用；在介绍伯努利家族时，融入思政元素，激发学生学习兴趣，培养学生勇于探索的精神，体现立德树人思想；在讲解伯努利方程时，利用启发式教学，培养学生逻辑推理能力；在伯努利方程的练习中设置实际案例，增加课程的挑战度，提升教学的深度和广度，培养学生解决实际问题的能力；而后总结复习四种一阶微分方程和相应的实际应用，帮助学生梳理知识脉络，利用混合式教学和过程性考核，通过超星平台里的线上随堂测试，及时完成学生的测评。最后留作业：观看超星平台中 5.3 节的慕课视频，利用优质的线上资源帮助学生预习新知。

（二）案例设计与教学手段

案例设计与教学手段见表 1。

表 1

教学内容	设计方案及意图	教学手段
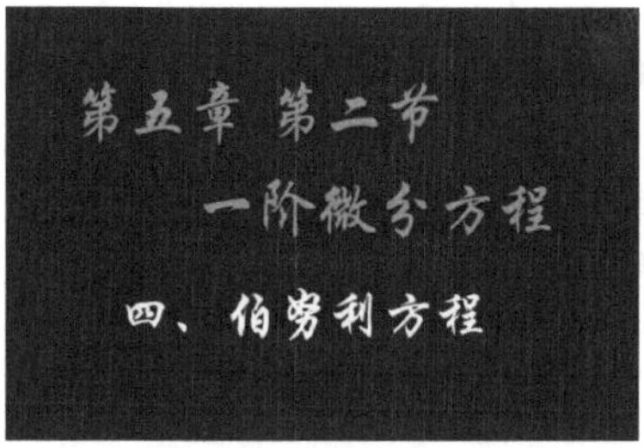	回忆旧知一阶线性微分方程，引入新知伯努利方程	讲授式 PPT 完成
	讲解两会报告关注的热点问题，引入总理对民生问题的关注以及对癌症等疾病的防治服务水平的关注，体现政府工作温暖人心，为引入肿瘤增长模型做铺垫	讲授式 PPT 完成
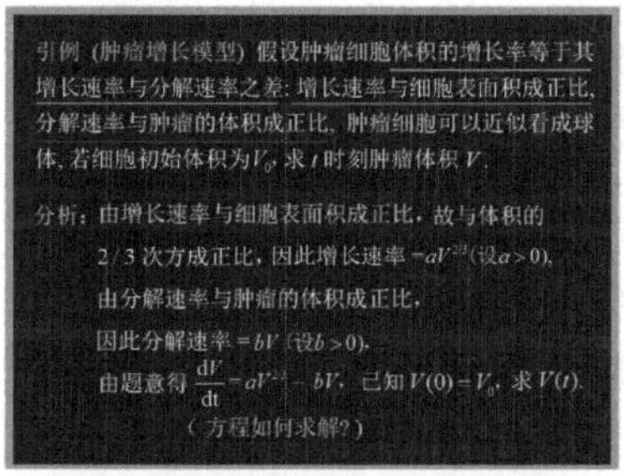	引入肿瘤增长模型案例和数学建模思想，准备引入伯努利方程	案例驱动式 问答式 启发式 PPT 完成
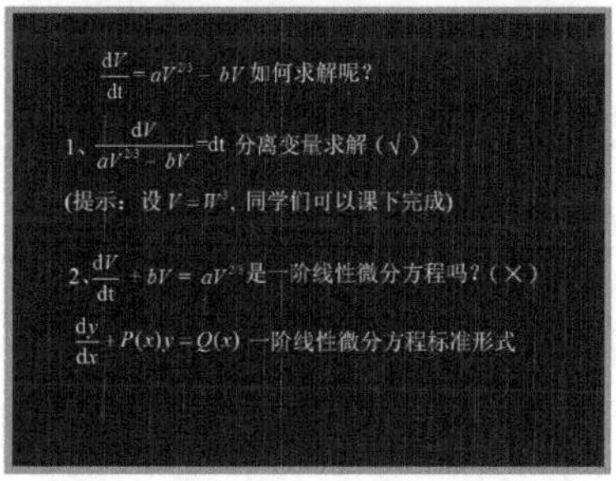	复习可分离变量微分方程和一阶线性微分方程，通过激活旧知引入新知，帮助学生由内向外构建知识，发挥正迁移作用	问答式 启发式 PPT 完成

续表

<table>
<tr><th>教学内容</th><th>设计方案及意图</th><th>教学手段</th></tr>
<tr><td>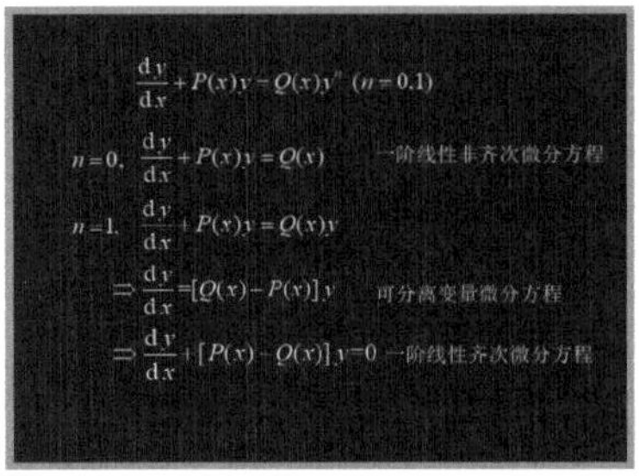
</td><td>复习和总结学生课前的预习情况，使学生进一步理解伯努利方程与一阶线性微分方程的联系与区别，以便学生正确识别伯努利方程的标准形式</td><td>问答式
启发式
PPT 完成</td></tr>
<tr><td>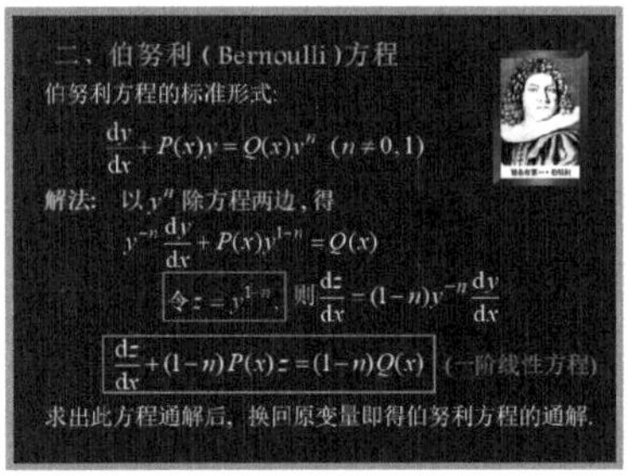
</td><td>引导学生利用变量代换法，将伯努利方程转化为一阶线性微分方程求解，培养学生逻辑推理能力，这是本节课的重难点</td><td>问答式
启发式
板书完成
PPT 展示</td></tr>
<tr><td>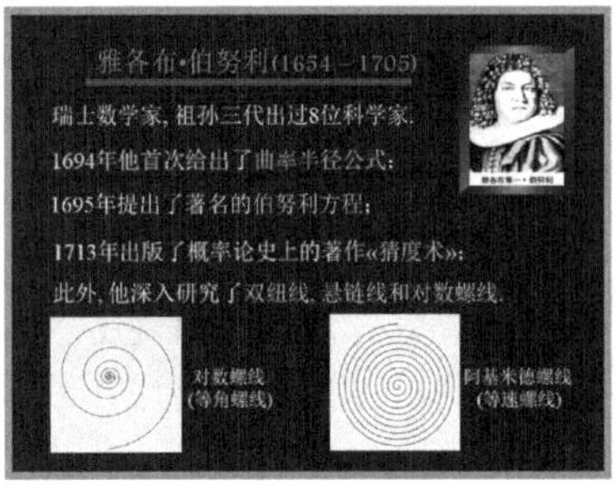
</td><td>将以前所学、目前在学和将来要学的内容通过伯努利的简介串联起来，同时融入思政元素，激发学生学习兴趣，培养学生勇于探索、执着追求的精神，体现立德树人思想</td><td>讲授式
PPT 完成</td></tr>
<tr><td>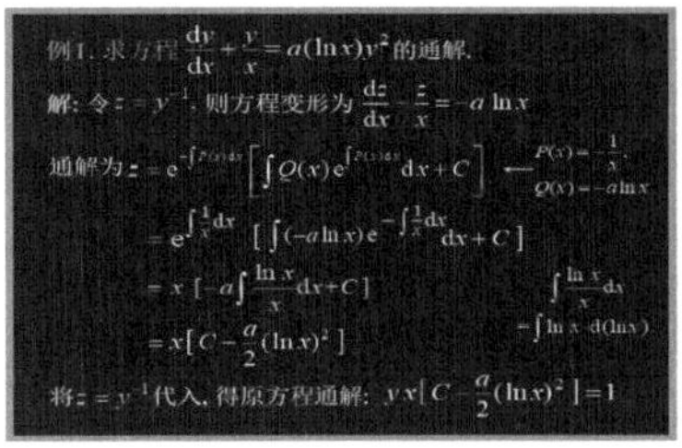
</td><td>带领学生练习基础类型的伯努利方程问题，让学生巩固新知，培养学生的逻辑推理能力和运算能力</td><td>学生练习
教师总结
板书完成
PPT 展示</td></tr>
</table>

续表

教学内容	设计方案及意图	教学手段
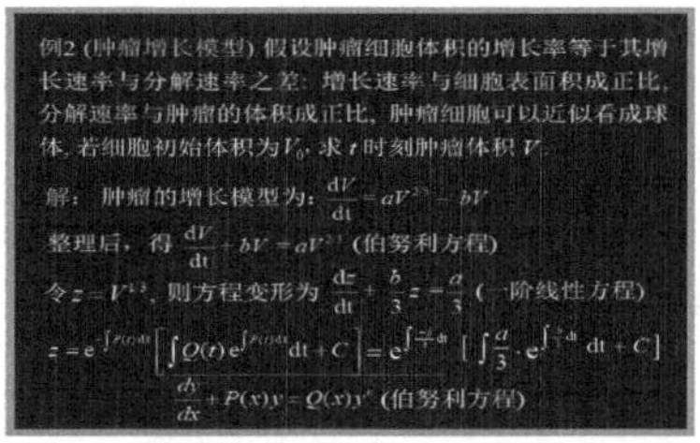	带领学生通过伯努利方程来求解实际问题，让学生明白数学建模和伯努利方程的重要性，激发学生学习兴趣	问答式 启发式 PPT 完成
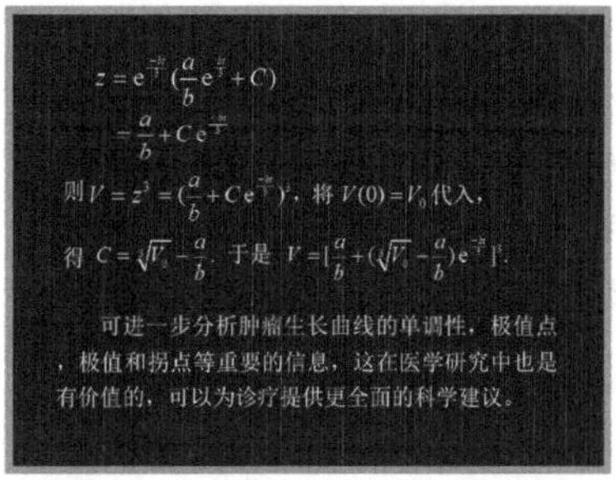	通过分析问题的解，让学生明白数学建模和伯努利方程的重要性，引导学生努力学习，掌握本领，减少和控制疾病的发生，助力健康中国行动	问答式 启发式 PPT 完成
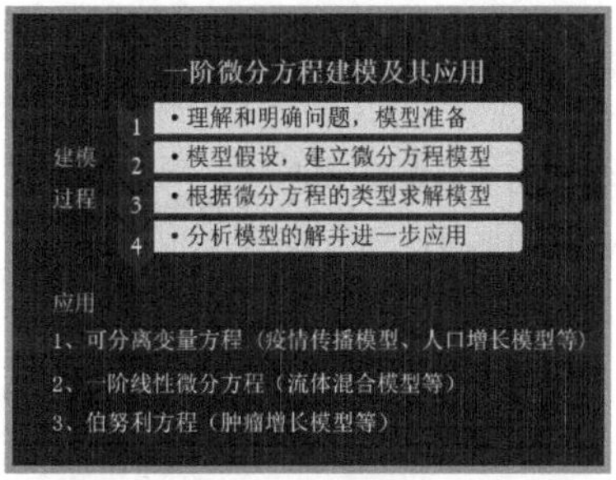	帮助学生梳理一阶微分方程建模及其应用，培养学生利用一阶微分方程求解实际问题的能力	问答式 启发式 PPT 完成
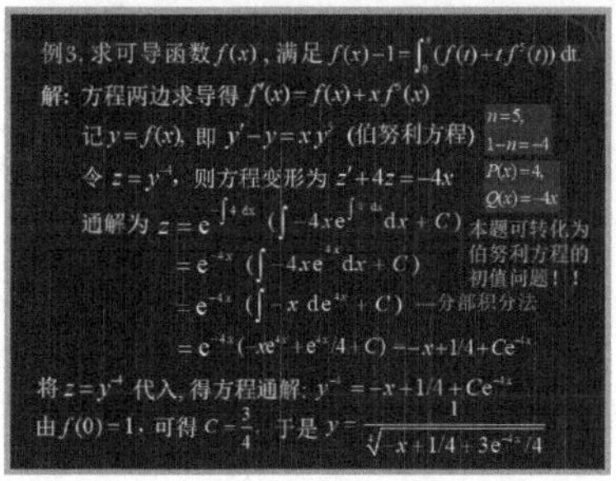	带领学生解决高阶难度的伯努利方程问题，培养学生高阶思维能力和运算能力	学生练习 教师总结 PPT 完成

续表

教学内容	设计方案及意图	教学手段
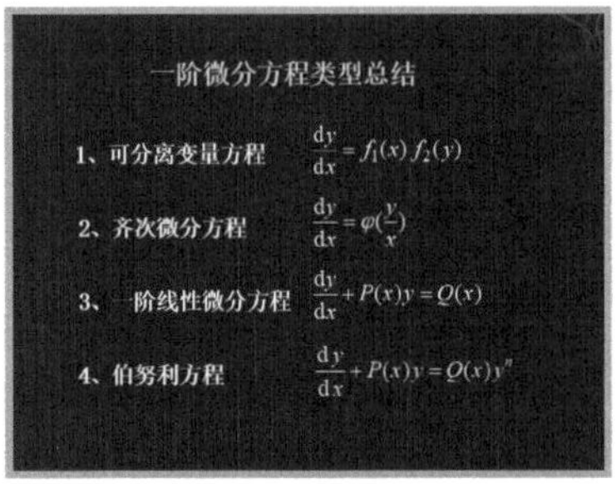	帮助学生梳理一阶微分方程知识，培养学生处理一阶微分方程问题的能力	问答式 启发式 PPT 完成
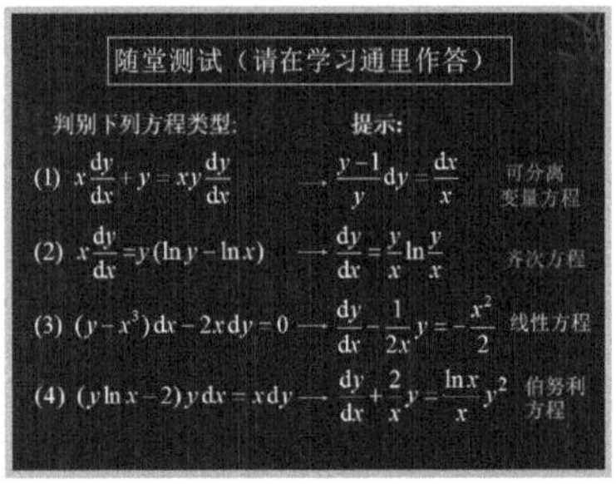	超星平台里的随堂测试中布置了判断一阶微分方程类型的题目，让学生自主完成，及时完成过程性考核（测试部分）	线上作答 教师讲解 PPT 演示
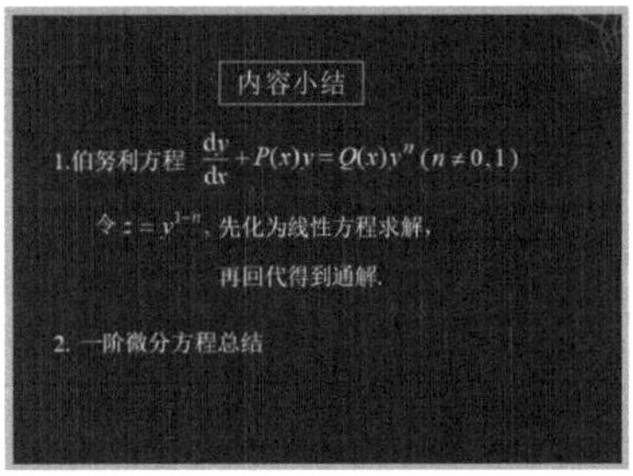	带领学生对所学内容做小结，强化本节课的重点	PPT 完成
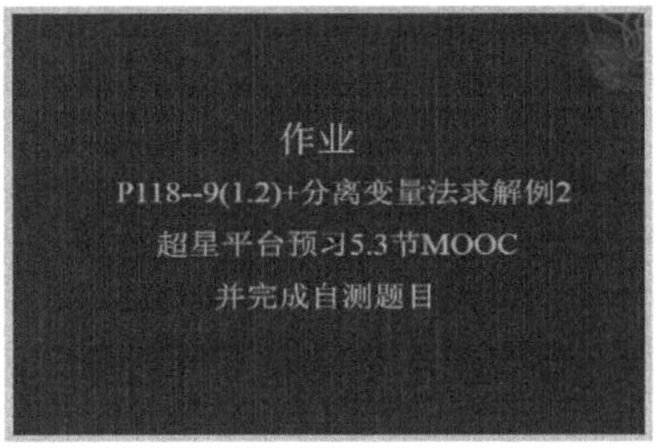	布置课后作业，利用网上优质教学资源，引导学生自主预习	PPT 完成

六、案例反思

本节课的第一个思政映射点分两个部分完成：一是在引入肿瘤增长模型时，提及2022年政府工作报告中总理对民生问题的关注以及对癌症等疾病的防治服务水平的关注，体现政府工作温暖人心；二是在分析肿瘤增长模型的解时，引导学生努力学习，掌握本领，减少和控制疾病的发生，助力健康中国。在授课过程中，这两个部分的讲解比较顺畅，没有出现任何问题。

第二个思政映射点是在介绍伯努利及其家族时，引导同学们像数学家一样对事物怀有兴趣、勇于探索、执着追求。在授课过程中，伯努利的介绍尤其是他墓碑上的一段趣事让同学们很感兴趣。同学们充分感受到数学家们对数学的热爱，对数学家的工作肃然起敬，引发了大家对学习和人生的积极思考。

不足之处是教师在授课过程中看到学生们对伯努利很感兴趣，也难得数学家有这么有趣的故事，所以在第二个思政映射点多讲了1~2分钟的时间，导致最后总结时比较仓促。数学课的每一分钟都很宝贵，以后可以将部分内容放在课前预习环节进行，课堂讲解时语言还要高度凝练，以保证课堂的完整性和有效性。

七、育人效果与反馈

本节课的目的是：使学生掌握伯努利方程的求解方法，培养学生逻辑推理能力；使学生掌握用伯努利方程建模的方法，培养学生解决实际问题的能力；使学生了解伯努利及其家族的历史贡献，培养学生热爱科学、勇于探索的精神。

通过课堂教学，学生们能够掌握伯努利方程的求解方法，并解决实际问题。育人效果凸显，学生对国家关注民生问题有高度的认同，对数学家的刻苦钻研有敬佩之情，对自己的人生有积极的思考，对本节课除知识以外的能力和素质培养有积极反馈。图1和图2展示了伯努利方程课后关于课程思政的一份问卷调查情况。

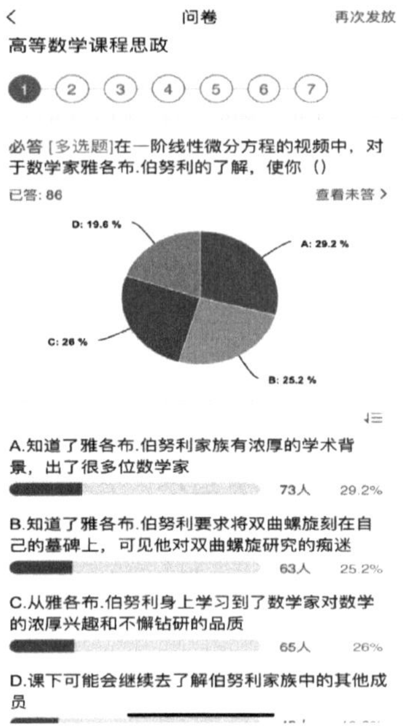
问卷
再次发放
高等数学课程思政
1 2 3 4 5 6 7
必答 [多选题]在一阶线性微分方程的视频中，对于数学家雅各布.伯努利的了解，使你（）
已答: 86
查看未答 >
D: 19.6 %
A: 29.2 %
C: 26 %
B: 25.2 %
A.知道了雅各布.伯努利家族有浓厚的学术背景，出了很多位数学家
73人 29.2%
B.知道了雅各布.伯努利要求将双曲螺旋刻在自己的墓碑上，可见他对双曲螺旋研究的痴迷
63人 25.2%
C.从雅各布.伯努利身上学习到了数学家对数学的浓厚兴趣和不懈钻研的品质
65人 26%
D.课下可能会继续去了解伯努利家族中的其他成员

图 1

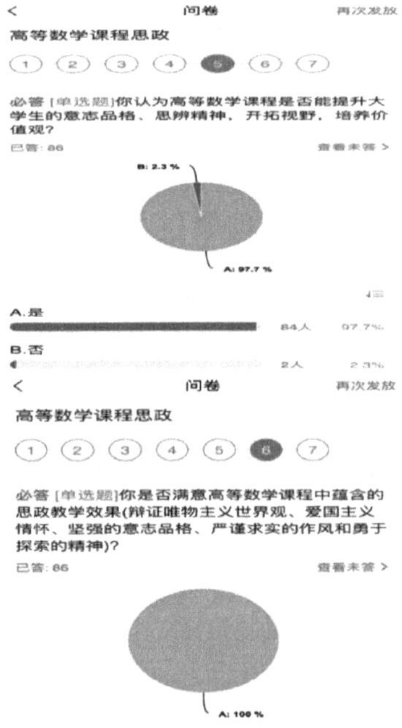
问卷
再次发放
高等数学课程思政
1 2 3 4 5 6 7
必答 [单选题]你认为高等数学课程是否能提升大学生的意志品格、思辨精神，开拓视野，培养价值观？
已答: 86
查看未答 >
B: 2.3 %
A: 97.7 %
A.是
84人 97.7%
B.否
2人 2.3%
问卷
再次发放
高等数学课程思政
1 2 3 4 5 6 7
必答 [单选题]你是否满意高等数学课程中蕴含的思政教学效果(辩证唯物主义世界观、爱国主义情怀、坚强的意志品格、严谨求实的作风和勇于探索的精神)？
已答: 86
查看未答 >
A: 100 %

图 2

线性代数进阶：可逆矩阵

信息学院　王凤英

一、课程简介

线性代数是研究变量间线性关系的一门学科，也是考研数学的重要组成部分。课程的主要内容有行列式、矩阵、向量及向量空间、线性方程组、矩阵的特征值与特征向量、二次型等。

线性代数进阶课程以线性代数知识的进阶与综合提高为核心，使学生熟练掌握线性代数基本概念、理论和方法，在此基础上进行强化练习，将所学知识进行总结与提高，熟练掌握基本计算方法，达到融会贯通、举一反三的目的；同时，注重培养学生分析问题、解决问题的能力，以及抽象思维、逻辑思维能力，树立辩证唯物主义世界观，为进一步学习其他专业类课程以及数学考研奠定必要的数学基础。

二、案例主题

可逆矩阵。

三、对应章节及知识点

本案例对应第二章，对应的知识点为可逆矩阵。

四、案例意义

可逆矩阵在线性代数中是一个非常重要的概念，同时它本身就是一个计算工具，在其他领域也有重要的应用。通过本部分内容的学习，学生应完成可逆矩阵的概念、性质、判别、求法及应用的巩固与提高。在讲授可逆矩阵的相关知识理论之后，介绍可逆矩阵的一类应用——希尔（Hill）密码模拟破译实例，来完成课程思政环节。本案例的教学目的有三点：第一，以案例为依托，突出数学知识的应用性。在案例讲解过程中，既引导学生主动思考，分析问题并解决问题，也让学生通过实际问题的解决去体会可逆矩阵的优势。第二，增长学生的见识，提升学生综合素质。第三，通过数学在科技领域的广泛应用，引导学生认识到在青年时期要认真学习，努力钻研，打好基础，同时也要养成严谨认真、精益求精的学习态度。

五、案例描述

（一）讲授可逆矩阵的相关理论知识

①可逆矩阵的概念（注意和数的运算做类比）。

②可逆矩阵的性质。

③可逆矩阵的常用判别条件。

④可逆矩阵的求法（定义法、伴随矩阵法、初等变换法）。

⑤可逆矩阵的应用（解矩阵方程、解方程组、矩阵的对角化、化二次型为标准形等）。

教学方法：大多数学生在之前的线性代数课程中学过本部分内容的知识点，缺少的是将知识点综合提高及应用。所以，本环节的教学内容以学生为主体进行，教师通过提问、类比等方式帮助学生建立可逆矩阵的知识结构。在寻求可逆矩阵的判别条件的过程中，学生需要回忆之前学过的线性代数知识，并将各章知识点普遍联系起来。所以，要想学好线性代数进阶课程，就要进行课前预习和课后巩固。最后，由教师和学生共同总结出可逆矩阵的知识结构网络和要注意的问题。

（二）典型例题分析与课堂练习

教学方法：典型例题分析以教师讲授为主，学生思考为辅。本部分内容主要讲授在考研中可能出现的关于可逆矩阵的题型及解题方法。课堂练习以学生练习为主，教师讲解为辅。教师可结合学生们的练习情况，有针对性地讲解本部分内容，以帮助学生巩固和提高，同时注意锻炼学生主动思考和解决问题的能力。

（三）引入可逆矩阵的应用案例——信息的加密与解密

背景：1943 年 4 月 18 日，山本五十六在一次秘密视察部队中被美军设伏击毙。如此秘密的行动，美军是如何知晓的呢？原来是美军截获了日军的密文，通过解密得知了明文，从而准确地将山本五十六击毙。

在当时使用较多的是希尔（Hill）加密解密方法。

希尔加密解密方法的基本思想是，将 n 个明文字母通过线性变换转换为 n 个密文字母。解密只要做一次逆变换就可以了，密钥就是变换矩阵本身。

模拟破译实例：若要发出信息“ACTION”，利用矩阵乘法和逆矩阵给出加密方法和加密后得到的密文，并给出相应的解密方法。

假定 26 个英文字母和空格等符号与数字之间建立一一对应关系，如表 1 所示。

表 1

A	B	C	D	E	F	G	H	I	J	K	L	M	N	O
1	2	3	4	5	6	7	8	9	10	11	12	13	14	15
P	Q	R	S	T	U	V	W	X	Y	Z	?	!	空格	
16	17	18	19	20	21	22	23	24	25	26	27	28	29	

将单词“ACTION”按从左到右的顺序，每三个字母分为一组，并将对应的三个整数排成三维的列向量，加密后仍为三维的列向量。可把信息“ACTION”编码转码成数字，写成两个信息矩阵：$\boldsymbol{B}_1=\begin{pmatrix}1\\3\\20\end{pmatrix}$，$\boldsymbol{B}_2=\begin{pmatrix}9\\15\\14\end{pmatrix}$。

根据默认约定，选择能够加密的可逆矩阵 $\boldsymbol{M}$，如 $\boldsymbol{M}=\begin{pmatrix}1&2&3\\1&1&2\\0&1&2\end{pmatrix}$，对信息进行加密，于是可将要传出的信息矩阵经左乘矩阵 $\boldsymbol{M}$ 编成密码后发出。

$$\boldsymbol{MB}_1=\begin{pmatrix}1&2&3\\1&1&2\\0&1&2\end{pmatrix}\begin{pmatrix}1\\3\\20\end{pmatrix}=\begin{pmatrix}67\\44\\43\end{pmatrix}=\boldsymbol{C}_1,\quad \boldsymbol{MB}_2=\begin{pmatrix}1&2&3\\1&1&2\\0&1&2\end{pmatrix}\begin{pmatrix}9\\15\\14\end{pmatrix}=\begin{pmatrix}81\\52\\43\end{pmatrix}=\boldsymbol{C}_2。$$

注意，一般地，要求可逆矩阵 $\boldsymbol{M}$ 的元素为整数，且 $|\boldsymbol{M}|=1$ 或 -1。

对方收到信息 67、44、43、81、52、43 后，予以解码（可逆矩阵 $\boldsymbol{M}$ 称为“密钥”）。即用 $\boldsymbol{M}$ 的逆矩阵恢复明码，可求得 $\boldsymbol{M}^{-1}=\begin{pmatrix}0&1&-1\\2&-2&-1\\-1&1&1\end{pmatrix}$，用 $\boldsymbol{M}^{-1}$ 左乘 $\boldsymbol{C}_1,\boldsymbol{C}_2$ 即可得：

$$\boldsymbol{M}^{-1}\begin{pmatrix}67\\44\\43\end{pmatrix}=\begin{pmatrix}0&1&-1\\2&-2&-1\\-1&1&1\end{pmatrix}\begin{pmatrix}67\\44\\43\end{pmatrix}=\begin{pmatrix}1\\3\\20\end{pmatrix},\quad \boldsymbol{M}^{-1}\begin{pmatrix}81\\52\\43\end{pmatrix}=\begin{pmatrix}9\\15\\14\end{pmatrix}。$$

将得到的数字 1、3、20、9、15、14 通过反查表，就得到信息“ACTION”。

教学方法：采用启发式教学方法，启发学生思考如何应用逆矩阵对信息进行加密和解密，激发学生学习兴趣，调动课堂气氛，锻炼学生自主解决问题的能力。

（四）开展课程思政

上述信息的加密与解密问题向同学们展示了数学知识在密码学上的应用。随着科学技术的不断发展，加密的方法越来越多，难度越来越大，破密的手段越来越高明，这使得许多数学领域如数论、信息论、概率统计、群论、域论、组合数学、代数几何等都在密码学中有了用武之地。学生通过实际问题的解决去体会可逆矩阵的优势以及它的广泛应用性，同时增长了见识，提升了综合素质。教师还应借此案例提问：你还能想到多少有关数学学科的应用领域？进一步引导学生思考：学好数学的重要性是什么？在学习数学过程中要注意的问题是什么？最后，教师可强调数学在科技领域（如我国航空航天事业）的广泛应用，引导学生认识到只有认真学好专业知识，才能为实现科技强国之梦添砖加瓦。

教学采用提问式、启发式教学方法，启发学生思考教师提出的问题，先由学生回答，最后由教师总结：我们不仅了解了数学的广泛应用，还明白了在数学学习过程中要严谨认真、精益求精，犯一点儿小错都可能造成严重的后果；在青年时期同学们应该认真学习，努力钻研，打好基础，这对未来个人发展（考研、就业）等都是非常重要的。

六、案例反思

案例优点：在介绍可逆矩阵的相关理论知识时，选择信息的加密与解密的实际案例进行讨论，并以此为切入点提出一系列问题，引导学生思考，自然流畅地展开课程思政。

案例缺点：仅针对一个实际案例展开讨论，素材较为单一，学生比较容易理解的同时也缺少新鲜感，应适当丰富与该主题相关的教学内容，进一步深化思政教育。

七、育人效果与反馈

在本案例教学过程中，学生在学习可逆矩阵的理论知识后，对信号的加密与解密问题有很大的兴趣，大部分学生做到了认真聆听，对于后续的提问也能够认真思考并及时反馈，分析问题、解决问题的实践能力都得到了锻炼。通过教师的引导和启发，学生充分认识到数学学科的广泛应用，以及学好基础学科的重要意义。大学生在青年时期应该认真学习专业知识，严谨认真，勇于探索，才能在将来个人成才的同时更好地报效祖国。

概率论：条件概率与《狼来了》

信息学院　姜　涛

一、课程简介

概率论是应用统计学和数据科学与大数据技术专业的一门学科基础课，是专门研究和探索世界中各类随机现象及其内在规律的一门学科。这门课程的主要内容包括随机事件及其概率，随机变量及其分布，随机变量的数字特征，大数定律与中心极限定理等知识。概率论给学生提供了一种有别于确定性方法的新思想、新方法。

二、案例主题

条件概率与狼来了。

三、对应章节及知识点

本案例对应第一章“随机事件及其概率”第四节“条件概率”；对应知识点为：条件概率的定义、计算，全概率公式和贝叶斯公式。

四、案例意义

条件概率这一节，知识点众多，知识点之间的关联紧密，是学习的重点和难点，是概率论的重要内容，其中包括条件概率的概念、概率计算的三大公式（乘法公式、全概率公式和贝叶斯公式）。本节着重培养同学们的学习态度、学习思想和学习观。

（一）科学、严谨的学习态度

条件概率是概率论的重要内容。在课堂引入环节，提示同学们预习的重要性，“凡事预则立，不预则废”。预习是同学们对将要学习的知识的了解，有助于对知识的理解和知识网络的构造，也培养了学生的逻辑思维能力。

同时，要以严谨的态度区分条件概率和概率的关系，不能臆想 $P(A)$ 和 $P(A|B)$ 的大小或相等关系。

（二）类比、对比的学习思想

在乘法公式的学习环节，强调学生对积事件概率计算的分解方法。积事件对应集合的并运算，表示“并且”“同时发生”，$P(AB)$ 的计算公式，表示可以在事件 A 中考虑事件 B 发生的概率，也可以在事件 B 中考虑事件 A 发生的概率，即可以根据事件逻辑关系确定公式的选择。这种思想可以推广到多个事件的积事件概率计算，避免了公式的死记硬背，增强了学生的逻辑理解能力。

在全概率公式和贝叶斯公式的教学中，一方面提示同学们对两个公式的对比理解，全概率公式是“由因寻果”，贝叶斯公式是“由果找因”，两者形成鲜明对比。然而所谓的“因”“果”，既要结合实际问题情境，又要考虑到时间逻辑关系，确定公式的选择。另一方面，从公式的表现形式上也可以区分两者应用的不同之处，全概率公式的计算结果为无条件概率，贝叶斯公式的计算结果为条件概率，两者也有明显的不同。

（三）终身学习观

贝叶斯公式的结果在实际检验中又称作“后验概率”，表示在新情况下某种因素出现的可能性，从而确定了某种看起来不太可能发生的事件发生的概率。这要求我们不断学习，更新已有认识，才能跟上发展的步伐。

在课程思政环节，结合寓言故事《狼来了》，运用全概率公式和贝叶斯公式，向同学们介绍诚信对于个人生活、工作的重要性，建设诚信社会对于个人、国家都有极为重要的意义。

五、案例描述

（一）教学内容

1. 理论

学习条件概率的概念，进而推导出可以求解积事件的概率的乘法公式，由此得到一个事件由多个原因引起的全概率公式和在已知结果发生、利用条件概率得到事件的后验概率公式（贝叶斯公式）。

教学设计：以教师讲述为主；在介绍本节课新知识点时，启发学生联想学过的知识，进行类推，对未知结论进行预测；启发学生通过条件概率和全概率公式得到贝叶斯公式；介绍全概率公式和贝叶斯公式时，列举该知识点在考研和学校期末考试中出现的频率和比重，以引起学生足够的重视。

2. 例题与练习题

教学设计：在练习环节，前半节课的练习以教师演示为主，学生练习为辅；在后半节课综合练习中，以学生练习为主，教师演示为辅。同时，教师要深入同学们中间，了解同学们的练习情况和对知识点的掌握情况，以便进行有针对性的讲解和演示。

（二）课程思政环节

教学设计：运用全概率公式解释《狼来了》中村民对小孩的信任度是如何下降的，告诫同学们要做一个诚信的人。

思考：《狼来了》讲的是一个小孩每天到山上放羊，山里有狼出没。第一天，他在山上喊："狼来了！狼来了！"山下的村民闻声便去打狼，可到山上，发现狼没有来。第二天仍是如此。第三天，狼真的来了，可无论小孩怎么喊叫，也没有人来救他，因为前两次他说了谎，人们不再相信他了。

我们如何用概率论的知识来解释这种现象呢？

不妨假设事件 $A=\{小孩说谎\}$，$B=\{小孩可信\}$，$P(B)=0.8, P(\bar{B})=0.2$。

小孩第一次说谎后，村民对他的信任度为 $P(B\mid A)$。

可信（B）的孩子说谎（A）的可能性 $P(A\mid B)=0.1$。

不可信（$\bar{B}$）的孩子说谎（A）的可能性 $P(A\mid \bar{B})=0.5$。则：

$$P(B\mid A)=\frac{P(AB)}{P(A)}=\frac{P(B)P(A\mid B)}{P(B)P(A\mid B)+P(\bar{B})P(A\mid \bar{B})}$$

$$=\frac{0.8\times 0.1}{0.8\times 0.1+0.2\times 0.5}=0.444$$

村民第一次上当后，对这个小孩的信任度由 0.8 降为 0.444；即小孩第一次说谎后 $P(B)=0.444, P(\bar{B})=0.556$。小孩第二次说谎后村民对他的信任度为：

$$P(B\mid A)=\frac{P(AB)}{P(A)}=\frac{P(B)P(A\mid B)}{P(B)P(A\mid B)+P(\bar{B})P(A\mid \bar{B})}$$

$$= \frac{0.444 \times 0.1}{0.444 \times 0.1 + 0.556 \times 0.5} = 0.138$$

村民第二次上当后，对这个小孩的信任度降低到0.138。

思政点：《狼来了》这则寓言故事告诉同学们，无论何时都要讲诚信，骗人一次可能得逞，但不可能次次得逞。

六、案例反思

（一）案例优点

本案例运用教学设计，层次递进推导，先介绍条件概率的定义，然后介绍乘法公式，进而介绍全概率公式，最后介绍贝叶斯公式。可以推导多种因素综合作用于同一结果的概率，反之也可以根据结果推导哪种原因引起的可能性更大。同时，结合往届学生易犯的错误，向同学们讲述不进行普遍联系、孤立地看待知识点、简单记忆数学公式带来错误的案例，明确精益求精的重要意义。本案例在精巧设计的基础上融入思政元素，同时结合实际案例进行说明，润物无声，潜移默化。

（二）案例缺点

本案例知识点众多，具有一定的理论难度，教师需要引导学生做好预习，并且在课堂上进行复习后再讲解新知识点。

七、育人效果与反馈

学生的反响较好，通过这部分知识的学习，大多数学生表示，在今后的工作生活中一定要做一个诚信的人，不能因为一件小事就放松对诚信的要求。

概率论与数理统计：精益求精的工匠精神

信息学院　谭加博

一、课程简介

（一）历史沿革

北京物资学院概率论与数理统计课程是首批北京市优质本科课程、首批北京市课程思政示范课和首批校级课程思政示范课。目前课程组由 8 位教师组成，其中北京市青年名师 1 人，市级教学比赛获奖 4 人，校级师德先进个人 1 人，自编教材《概率论与数理统计》和教辅《概率论与数理统计典型问题分析》，录制慕课于 2018 年上线使用。课程面向工程、管理、经济专业开设，每年选修人数在 1 300 人左右。

（二）课程内容

概率论与数理统计是一门专门研究和探索客观世界中随机现象的科学，以随机现象为研究对象，可分为两部分：第一部分是概率论，主要内容为随机事件及其概率、随机变量及其分布、随机变量的数字特征等；第二部分是数理统计，主要内容为参数估计与假设检验。课程引领学生从确定性思维模式进入随机性思维模式，培养和提高学生的科学计算、分析问题和解决问题的能力，使学生能够掌握概率统计基础知识，解决简单随机问题。课程注重以专业知识为载体，将思想政治教育贯穿于授课全过程，实现知识传授和价值引领相统一、教书和育人相统一，充分发挥课堂育人的作用。

二、案例主题

精益求精的工匠精神。

三、对应章节及知识点

本案例对应第三章“二维随机变量及其分布”第三节“边缘分布”。

本案例对应知识点为：边缘分布列、边缘分布函数、边缘密度函数的求法，以及判断随机变量独立性的方法。

四、案例意义

通过本次课程学习，学生掌握了求边缘分布列、边缘分布函数、边缘密度函数的方法，掌握了判断随机变量独立性的五类方法；并利用所学知识，求解载人航天应用案例，进行复杂例题计算。

本应用案例拓宽了学生视野，培养了学生解决实际问题的能力和精益求精的工匠精神，实现了知识传授和价值引领相统一，激发了学生民族自豪感。

本次课程中，知识脉络图的采用能够使同学们充分理解各个知识点之间的关系，提高同学们系统研究问题、分析问题的能力，锻炼类推和联想能力；相关例题的讲解和练习，能够提高学生的科学计算能力；应用案例的求解，可以提升学生解决实际问题的能力；课程同时具备价值引领的作用。本次课程，有助于全面提高学生的计算、分析、联想和解决实际问题的能力，同时实现立德树人目标（见图1）。

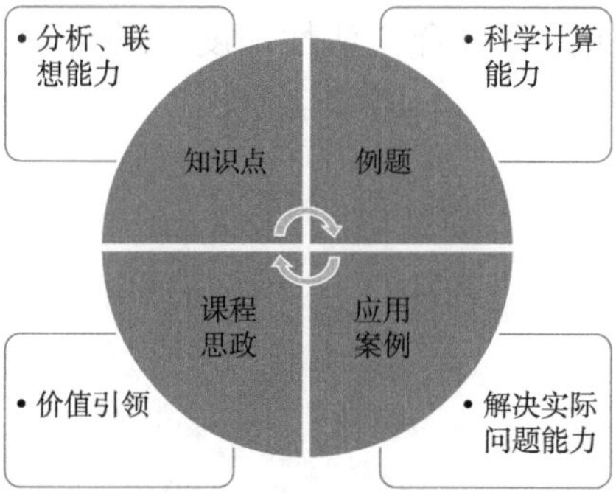

图1

五、案例描述

（一）知识点分析

本节课主要包括八个知识点：边缘分布列求法、边缘分布函数求法、边缘密度函数求法以及五类判断随机变量独立性的方法。

重点：边缘密度函数求法、利用边缘分布判断独立性。

难点：边缘密度函数求法、直观分析判别独立性。

（二）课程特点

本节课内容具有“两性一度”的特点。

1. 创新性

①将载人航天案例引入课程内容，锻炼学生解决实际问题的能力，实现价值引领。

②将知识点归纳为脉络图。

③用诗歌总结课程内容。

2. 高阶性

①打破章节壁垒，将判断独立性的五种方法汇总讲解，使学生能够全面掌握判断独立性的方法，处理综合问题。

②调研报告作业锻炼学生的科学研究能力。

3. 挑战度

①边缘密度函数求法公式推导（数学理论）。

②直观分析判别独立性（考研题目练习）。

综合来看，本节课内容符合“两性一度”的金课标准。知识点结构见图2。

（三）教学安排

教学安排见表1。

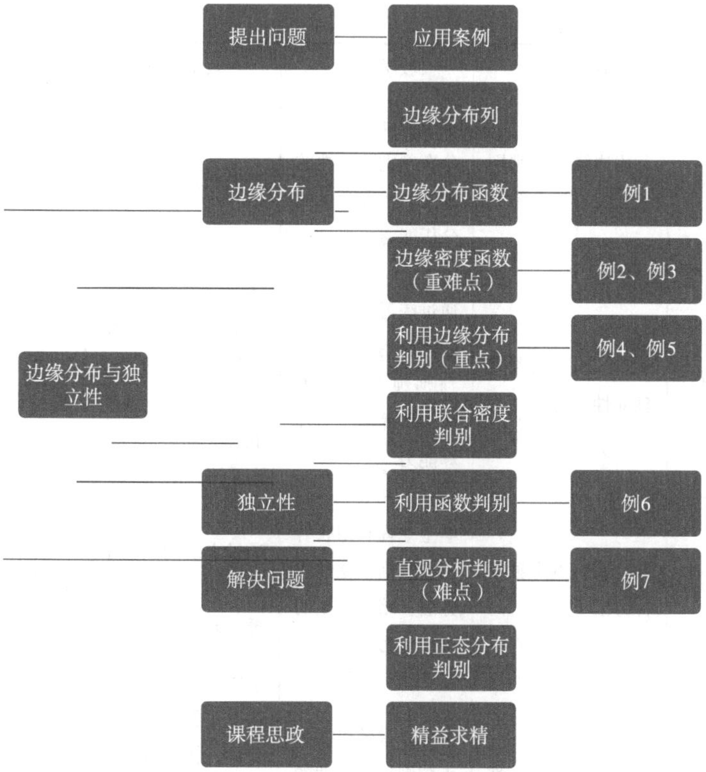

图 2

表 1

时长	教学内容	教学目标	教学设计	教学方法与手段
3 分 20 秒	引入	激发学生学习兴趣和民族自豪感	运用载人航天实际案例	PPT、讲述
2 分 20 秒	复习联合分布	为本节课学习提供知识储备	知识点脉络图	讲述、板书
14 分 20 秒	边缘分布列、边缘分布函数、边缘密度函数定义与求法	学生明确边缘分布的意义和求法，培养学生的分析能力以及联想类推能力	知识点脉络图 将重难点内容编写为例题以便学生掌握	讲述、板书 启发学生根据 x 的边缘分布联想类推出 y 的边缘分布
4 分钟	边缘密度函数求法练习	练习重难点，巩固学生学习效果，培养学生的计算能力	教师完成部分内容，学生类推完成剩余内容	板书、提问

续表

时长	教学内容	教学目标	教学设计	教学方法与手段
3 分 30 秒	利用边缘分布判别独立性方法介绍	学生明确利用边缘分布判别独立性的方法，培养学生的分析能力	知识点脉络图	讲述、板书
5 分 40 秒	利用边缘分布判别独立性练习	通过练习，使学生熟悉利用边缘分布判别独立性的方法，培养学生的计算能力	教师讲解和学生练习相结合，学习通互动实践线上线下混合式教学	讲述、板书、学习通互动
2 分 30 秒	联合密度判别独立性方法	学生掌握利用联合密度判别独立性的方法，培养学生的分析能力	通过之前的例题结论，启发学生思考，总结出本方法	板书、提问
2 分 30 秒	函数判别独立性方法	学生掌握随机变量函数判别独立性的方法，培养学生的分析能力	与上一类方法联合使用，快速求解问题，使学生体会到这一类方法的优越性	讲述、板书、提问
2 分钟	直观判别独立性方法	学生掌握直观判别独立性的方法，培养学生的分析能力	引入具有实际背景的考研原题，通过快速求解，学生收获成就感	讲述、板书、提问
40 秒	正态分布判别独立性方法	学生了解正态分布判别独立性的方法，开阔学生视野	相关内容自学	讲述、板书
2 分 20 秒	求解应用案例	锻炼学生解决实际问题的能力	结合知识点脉络图迅速求解	讲述、PPT
30 秒	课程思政	培养学生精益求精的工匠精神，实现价值引领	结合实际案例进行课程思政，做到流畅自然	讲述、PPT

续表

时长	教学内容	教学目标	教学设计	教学方法与手段
20 秒	布置作业	培养学生的计算能力和科研能力	学习通在线布置作业，线上线下混合式教学；调研报告作业，增加课程的高阶性	板书、PPT、学习通
40 秒	总结	回顾知识点	运用诗歌	讲述

知识脉络图见图 3。

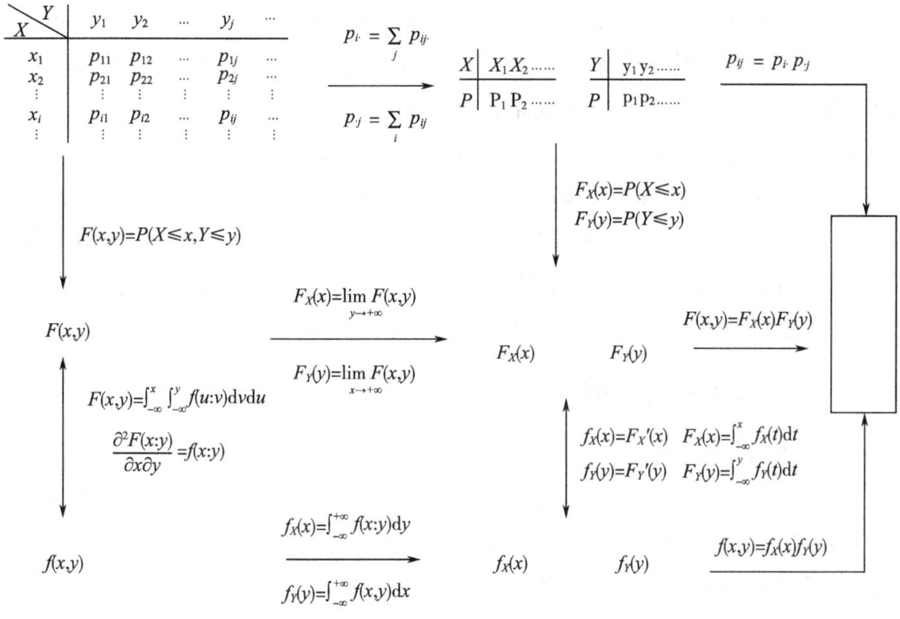

图 3

本节课内容可以用一首诗歌来总结：

二维随机众法则，掌握边缘与联合。
边缘列表需加和，边缘分布极限得。
积分求边缘密度，变元选取有难度。
判断独立三条路，采用何种看题目。

课后作业见表 2。

表 2

作业内容	完成形式	能力培养目标
课后习题	线上（学习通）	科学计算能力、分析能力
应用调研报告	调研报告	科学研究能力、文献检索能力

六、案例反思

案例关注热点问题，以我国载人航天事业取得的巨大成就引入，开阔学生视野，吸引学生注意力。学生通过课程知识的学习，最终回答了应用问题，提升了解决问题的能力，明确了精益求精的重要意义，增强了民族自豪感。思政元素融入自然流畅，做到了润物无声。

课程内容借助知识脉络图展开，运用诗歌总结主要内容，具有原创性，有助于培养学生系统研究问题、分析问题的能力。课程习题引用了考研题目，具有挑战度，有利于培养学生复杂计算能力。

在今后的课程思政实施过程中，应该注意思政素材的更新，保持时效性和新鲜感；同时丰富课程思政实施方式，由教师讲述和引导为主转变为讲（教师讲授）、查（学生查阅资料）、写（学生写报告、写论文、制作 PPT）、论（学生讨论、辩论）、思（学生反思）多措并举，让学生在探索的过程中逐步领悟思政内涵，实现潜移默化育人。

七、育人效果与反馈

听课同学的反馈如下：

"觉得挺成功的，挺好的。对我们的思想觉悟、做事态度都有一定的启发。"

"我挺喜欢这个课的，教学效果很好。提升了大学生思想道德规范、文化素养，开阔了视野，培养了价值观。"

"融入得挺顺畅的，没有突兀的感觉，应该算成功吧。"

"能够锻炼学生思考问题本质的能力。"

"综合来看，挺好的，方便理解，同时体现了哲学本质。"

综合来看，本课程思政案例取得了较好的育人效果。

线性代数：共同营造良好成长环境的意义

信息学院　谭加博

一、课程简介

（一）历史沿革

北京物资学院线性代数课程是北京市优质本科课程、首批校级一流课程和首批校级课程思政示范课。目前课程组由 7 位教师组成，其中北京市青年教学名师 1 人，市级教学比赛获奖 3 人，校级师德先进个人 1 人，自编教材《线性代数》和教辅《线性代数解题方法》，录制慕课于2021 年上线使用。课程面向工程、管理、经济专业开设，每年选修人数在 1 300 人左右。

（二）课程内容

本课程主要教授行列式、矩阵、向量及线性方程组、矩阵的特征值与特征向量、二次型、线性空间等线性代数基本理论和方法，特别是矩阵乘法和矩阵的初等变换以及用矩阵方法求解线性方程组、判断向量的线性相关性、求矩阵的特征值与特征向量及化二次型为标准形的方法等。作为研究生入学考试数学考试内容，北京物资学院的线性代数课程注重提升课程内容的挑战度，以满足升学同学的需要。课程还从数学史等方面出发，深入挖掘课程思政元素，融入课程案例，达成育人目标。

二、案例主题

共同营造良好成长环境的意义。

三、对应章节及知识点

本案例对应第二章“矩阵及其计算”第四节“克拉默法则”。

本案例对应知识点为克拉默法则。

四、案例意义

在讲解克拉默法则的过程中，引出克拉默本人的学习经历和他的师承关系——伯努利学派，让学生了解克拉默和他身边的大数学家：伯努利、欧拉、洛必达、哥德巴赫、拉格朗日、泊松等。这些数学家在研究过程中互相学习、共同进步，都做出了对高等数学发展具有里程碑意义的重要贡献。同时，引导学生思考一个人的成功和他所处环境的关系，以及团队合作的意义。此外，向学生明确当代大学生的职业素养和社会责任：我们每个人都应该在学习和生活中从小事做起，努力营造一个积极向上的环境，以便于团队的每一个人充分全面的发展；我们每一个人的努力都在为团队整体的提升做贡献，每个人的努力都和社会的进步、祖国的繁荣昌盛息息相关。

五、案例描述

案例按照“引入知识点—证明知识点—说明知识点意义—引入思政元素—展开课程思政—总结课程思政”六个环节进行。

（一）引入知识点

教学内容：在讲解齐次线性方程组和非齐次线性方程组、行列式等相关知识点的基础上，介绍克拉默法则的内容。

教学方法：启发式教学。帮助学生回顾二阶线性方程组和三阶线性方程组解的相关结论，启发学生思考 n 阶线性方程组解的结构和解存在的条件，培养学生联想和推理能力。

教学设计：重组 PPT 顺序，重新播放之前课程的结论，帮助学生思考本节课将要得到的结论。

教学手段：PPT 展示，教师讲述结合学生回答。

教学反思：启发学生思考本节课结论时，应该做充分的铺垫工作。

（二）证明知识点

教学内容：完成克拉默法则的证明。

教学方法：演绎式教学。教师从条件出发，逐步完成结论证明，学生随着教师的演绎理解证明过程，锻炼逻辑思维能力。

教学设计：需要在证明开始前铺垫好相关知识点和符号系统，避免复杂的符号和前序知识点对学生的理解造成干扰。

教学手段：板书结合 PPT，以教师演绎为主。

教学反思：证明过程比较复杂，具有一定的挑战度，演绎速度要慢，同时一定要铺垫好需要用到的知识点和符号，让学生充分掌握定理内容，这样后续思政元素的融入才会扎实有效。

（三）说明知识点意义

教学内容：克拉默法则在求解线性方程组和判别方程组有解两个方面的作用。

教学方法：反转教学法。由于克拉默法则形式的特点，学生往往第一时间关注运用克拉默法则求解线性方程组解的结构，忽略了克拉默法则在判别方程组有解中的作用。通过例题的练习，学生开始重视克拉默法则的第二种作用。

教学设计：科学设计例题，让学生在解决例题的过程中体会到思维的“大反转”，从而重视克拉默法则的第二种作用。特别要注意让学生在求解例题中主动体会结论，而不是教师讲述结论。

教学手段：PPT 演示，学生练习后教师总结。

教学反思：一定要发挥学生的主动性，学生能够体会到的，教师就不必先讲出来。

（四）引入思政元素

教学内容：介绍伯努利学派典故。将克拉默所处的学派——伯努利学派的尼古拉斯·伯努利、雅各布·伯努利、约翰·伯努利、欧拉、克拉默、洛必达、拉格朗日、哥德巴赫、泊松等数学家的成就和他们相互之间的学缘关系一一介绍给学生，激发学生的好奇心和求知欲，增加学生见识，拓宽学生视野。

教学方法：启发式教学和设问式教学。启发学生思考，克拉默法则由人名命名，这个数学家背后有什么故事。列举出众多数学家，通过设问让学生猜测他们的学缘关系，激发学生的学习兴趣。

教学设计：运用人物关系图，帮助学生了解数学家之间的学缘关系，激发学生的学习兴趣。

教学手段：PPT 演示，教师讲述。

教学反思：本环节数学家较多，他们的典故和成果也众多，注意不要超时。

（五）展开课程思政

教学内容：启发学生思考，为什么数学家会出现“聚堆”的情况；一个人的成功与成就和他所处环境之间的关系；团队合作的必要性。

教学方法：启发式教学和设问式教学。通过设问，启发学生思考伯努利学派数学家都能够取得巨大成就的原因是什么，同学们该如何营造一个良好的学习环境。

教学设计：由数学家典故到个人与集体再到同学们自身，逐步设问，层层递进，做到思政融入自然流畅。

教学手段：PPT 演示，教师设问，学生思考和回答。

教学反思：设问问题要注意层层递进，自然流畅。

（六）总结课程思政

教学内容：向学生明确当代大学生的职业素养和社会责任。我们每个人都应该在学习和生活中努力营造一个积极向上的环境，以便于团队的每一个人充分全面的发展；我们每一个人的努力，都在为团队整体的提升做贡献，每个人的努力都和社会的进步、祖国的繁荣昌盛息息相关。

教学方法：归纳总结法。在学生充分思考和回答的基础上，教师凝练结论，提升主题，总结思政内容。

教学设计：教师的总结要在学生反思和回答的基础上凝练升华，做到思政元素有根有源。

教学手段：PPT 演示，教师讲述。

教学反思：总结思政环节，教师应该在学生回答的基础上进行，避免课程思政过大过空。

六、案例反思

案例优点：本案例依据数学史，在伯努利学派的数学家故事的基础上，启发学生思考团队和个人、个人成就和环境的关系，引领学生明确当代大学生的社会责任和职业担当与素养的重要性。著名数学家的故事容易激发学生兴趣，提高学生听课效率，达成思政目标，同时也开拓了学生的视野，增长了学生的见识。

案例缺点：在介绍各位数学家时，因为数学家人数众多、成果丰硕，介绍容易超时，需要教师灵活安排内容，控制好时间。同时要注意在联系学生个人发展和祖国繁荣昌盛的过程中，尽量润物无声，融入自然，避免发力过猛，过大过空。

七、育人效果与反馈

在教学过程中，当谈到同学们熟悉的数学家时，同学们表现出了极大的兴趣，听课注意力格外集中。

从学习通回收的 168 份问卷调查来看：89.3% 的同学意识到了团队合作的重要性；98.2% 的同学认为每个人的成功离不开他所处的环境，当代大学生应该努力学习和工作，为营造一个积极向上的环境而努力；86.9% 的同学体会到了每个人的努力与整个社会的进步、国家的繁荣息息相关；97.6% 的同学认为线性代数课程思政提升了大学生思想道德规范、文化素养，开阔了视野，培养了正确的价值观；99.4% 的同学满意线性代数课程思政教学效果。综合来讲，本案例学生反馈良好，充分达到了育人效果。

物联网概论：5G 技术

信息学院　杨　玺

一、课程简介

物联网概论是为计算机科学与技术专业开设的一门重要的专业基础课。物联网技术涉及计算机技术、传感器技术、通信技术、自动化技术等诸多学科领域，应用范围和前景十分广阔。本课程主要讲授物联网基本概念与产业发展、网络与通信、无线传感器网络、射频识别（RFID）与 EPC、M2M 技术、云计算、物联网业务平台、基于物联网的物流信息管理等内容。针对当前物联网的发展，本课程全面、系统地描述了物联网概念和技术，重点介绍 RFID、无线传感网（WSN）、云计算等关键以及应用架构和业务模式等内容。课程以专业知识为载体，将思想政治教育贯穿于教育教学全过程，实现知识传授和价值引领相统一、教书和育人相统一，让学生在掌握专业知识的同时树立正确的世界观、人生观、价值观。

二、案例主题

5G 技术。

三、对应章节及知识点

本案例对应第二章“网络与通信”第三节“移动通信技术”。

本案例对应知识点为 5G 网络的基本概念和应用。

四、案例意义

本案例将课程思政与专业教学融为一体。在课程思政教学中，坚持实事求是，接地气，不标新立异，不刻意拔高；课程思政坚持启发式教学，不居高临下、空喊口号，而是“如盐化水，润物无声”。

首先，本案例通过回顾我国移动通信产业走过的“1G 空白、2G 跟随、3G 突破、4G 并跑、5G 引领”的发展历程和取得的辉煌成就，激发学生民族自豪感和历史使命感，增强“四个自信”，鼓励学生秉承光荣传统，积极投身于物联网产业，立志科技报国，为实现中华民族伟大复兴的中国梦而不懈奋斗，在伟大梦想中成就个人理想。

其次，在回顾 1G 到 5G 发展的基础上，本案例引出 5G 的基本概念和特点，并围绕我国 5G 的发展现状和华为企业进行详细的介绍与说明。华为是 5G 时代的引领者，同时又是一家中国民族企业，其 5G 技术已经走在了世界前列。本案例通过华为 5G 的宣传片，让学生挖掘 5G 的特点，同时了解 5G 的应用场景。本案例通过介绍 5G 的发展和应用，培养学生的家国情怀，增强学生的科技自信、民族自信，并通过美国制裁华为的事件体现“预则立，不预则废”的哲学思想。

最后，从华为提出的 5.5G 引申到 6G。

五、案例描述

物联网概论课程组的 3 名任课教师通过课程组内部研讨，明确教学大纲须确立价值塑造、能力培养、知识传授“三位一体”的课程目标，并结合课程教学内容实际明确了本次案例的思想政治教育的融入点、教学方法和载体途径，实现了思政教育与专业教育的有机衔接和融合。

（一）构建本案例的课程思政“要素库”和“方法库”

课程组梳理本案例中的思政教育与专业教育的融合点，结合新工科下物联网工程人才培养的需求挖掘思政元素，根据该案例特点和不同教学内容，采用讲授法、讨论法、案例分析法、启发式导入等多种方法隐性渗透、自然融入思政要素，在潜移默化和润物无声中实现育人功效，让学生逐步了解 5G 技术，掌握 5G 的特点和应用场景，并结合时事引出华为被美国制裁的事件，最后展望 6G 的发展。

本案例教学内容为第 5 代移动通信技术——5G，涵盖的专业知识点和思政育人融合点如表 1 所示。

表 1

序号	专业知识点	思政育人融合点
1	5G 的发展	民族自豪感和历史使命感，增强“四个自信”

续表

序号	专业知识点	思政育人融合点
2	5G 的特点	勇于创新；严谨求实的科学作风
3	5G 的应用场景：三大应用场景	家国情怀、科技自信、民族自信；“预则立，不预则废”
4	5G 后面是什么：5.5G、6G	勇于创新

（二）创新“互联网 +”课程思政的线上线下混合教学方法

“互联网 +”为课程思政教学活动的高效实施提供了技术手段。本案例采用超星慕课平台辅助支撑课程思政教学设计与效果评价，实现课堂课外、线上线下、过程结果统筹兼顾，提高教学效率和育人效果。

1. 课前，学生利用平台课程思政资源进行自主学习

教师在上一节课后提前给学生布置本次教学的相关内容，可通过超星慕课平台下发任务：让学生调研中国 5G 的相关企业，激发学生的民族自信。

2. 课中，采用线上/线下相结合融合多种教学方式开展专业/思政教学

教师充分利用线上线下多样的教学手段，启用学习通和腾讯会议（疫情期间线上教学使用）等进行课堂考勤和课堂互动（抢答、提问、随堂练习），采用案例教学、启发式导入、讨论法教学等开展专业/思政教学。

首先，教师通过提问“有没有同学使用 5G 手机?”导入 5G 概念，可采用互动（现场提问或通过学习通下发问卷）的形式开展。

其次，教师采用讲授法、案例法讲解 5G 的发展历程，通过翔实的数据（中国 5G 基站、5G 专利世界领先）有理有据地让学生切实感受中国的“5G 引领”，增强民族自豪感和历史使命感，增强“四个自信”。案例不仅立意高，而且用数据说话，有理有据，客观公正。例如，20 世纪 80 年代，我国 1G 技术几乎一片空白，截至 1987 年底，全国 1G 用户仅有 3 200 个，核心技术和产业完全受制于人；而截至 2021 年底，我国 5G 基站达到 142.5 万个，占全球 5G 基站总数的 60%，5G 用户达到 1.88 亿个，网络规模稳居世界第一。

在讲解 5G 的特点时，注意与前面的移动通信技术进行对比，和学生一起讨论分析，总结归纳出 5G 的特点，让学生明白科技强国的重要性，激发学生的创新意识。在课程思政教学中实事求是，强调培养学生掌握辩证唯物主义的核心要义和理论精髓，塑造学生实事求是、严谨求实的科学作风，培养创新思维能力。既介绍当前 5G 取得的辉煌成就，也客观分析 5G 通信面临的挑战和存在的问题，引导学生理解矛盾运动规律。矛盾是事物发展的根本动力，正是在解决矛盾过程中移动通信技术得到飞速发展。

再次，通过播放华为的5G宣传片，总结出5G的应用场景，同时让学生介绍课前所了解的5G民族企业，重点结合美国制裁华为的事件，培养学生的家国情怀，增强学生的科技自信、民族自信，并培养“预则立，不预则废”的哲学思想。

最后，本案例采用提问导入的方式引导学生思考5G后面的发展，引入华为所提的5.5G和后续发展的6G的介绍，培养学生的创新意识，鼓励学生勇于实践和创新，并关注科技前沿。例如，引导学生查阅资料，了解当前移动通信产业的能耗，鼓励学生思考无线通信能耗来源和可行的技术方案，培养学生“绿水青山就是金山银山”的理念。

3. 课后，学生可利用平台进一步学习专业知识、提升思政素养

本案例充分利用中国大学慕课平台、学习强国、哔哩哔哩等网络资源进行课后知识拓展，利用学习通、微信群等进行课后讨论答疑；引导学生观看超星慕课平台的视频资料，让学生再次感受中国走在移动通信技术的前沿。

（三）多维度思政育人效果评价

本课程将思政育人效果评价贯穿于教学全过程，通过学生思政素养评价和课程思政教学效果评价进行多维度思政育人效果的评价。本案例中，学生思政素养评价主要通过课前线上布置的预习作业、学生上课时表现（课堂回答问题情况、行为规范、言行举止以及线上学习情况等）以及课后作业等多样的方式进行，实现课内与课外、线上与线下、过程与结果统筹兼顾。

六、案例反思

本案例紧跟移动通信的发展前沿，从多维度选取专业教育和思政教育的融合点，并通过多样的教学方式开展教学。课程组教师课后不断总结，持续改进教学内容和教学设计。

第一，今后将进一步发挥团队优势，开展课程思政集体备课活动。以课程团队为单位全面开展思政课程和课程思政集体备课活动，着重围绕“备内容、备学生、备教法”，团队合力，凝聚智慧，提升课程思政教学效果。

第二，积极开展课程思政教案设计交流会，与时俱进地调整教学内容。比如5G的发展数据在不断更新，中国在5G的引领方面也不断涌现出新的案例，教师团队需在备课环节做好课程思政准备。

第三，聚焦课堂实效，在课程组教师间开展听评课活动。团队成员在互相听课过程中对课程思政教学情况进行评价，不断总结经验，从而持续改进。

七、育人效果与反馈

在本案例教学过程中，由于华为作为知名的民族企业，不仅拥有5G技术，还是国内的智能手机提供商，学生容易产生共鸣，讲解过程中听得特别认真，并能够及时反馈和总结，对5G技术有了更加直观的认识。

通过对本案例的教学，大家体会到了民族企业发展的不易，尤其在美国制裁的情况下，发展之路尤为艰辛。本案例培养了学生的家国情怀，增强了学生的科技自信、民族自信，并通过美国制裁华为的事件体现了“预则立，不预则废”的哲学思想。

RFID 与 EPC 技术：王小云 3 年连破美国两大顶级密码

信息学院　靳　军

一、课程简介

RFID 与 EPC 技术是物联网工程专业的一门重要的专业必修课，RFID 与 EPC 技术等物流信息技术是现代信息技术在物流各个作业环节中的综合应用，是现代物流区别于传统物流的根本标志，是物流现代化的重要标志，也是物流技术中发展最快的领域。物流信息是贯穿物流各环节的纽带，信息技术是实现物流信息系统化的前提。

由于物流信息技术涵盖的内容广泛，本课程着重讲授 RFID 与 EPC 技术，既有基础性知识和理论，也结合了相关领域的实践经验及研究成果，具有一定的前瞻性；力求做到理论与实践相结合、信息技术与物流应用相结合，便于学生有更直观的认识和体会。

二、案例主题

王小云连破美国两大顶级密码。

三、对应章节及知识点

本案例对应第八章“RFID 信息安全”，对应知识点为密码学中的 MD5/SHA－1 算法。

四、案例意义

隐私安全是 RFID 安全中主要关注的问题，Hash－Lock 系列协议不直接使用真正的节点 ID，而是使用 Hash 函数计算标签的密钥 key 来获得 metaID。

2017 年王小云教授在破解 MD5 算法后，又破解了 SHA－1 算法，它们是世界上公认的最广泛、最先进、最安全的算法。为了保证金融行业各基础信息系统安全，加固网络强国的基石，构建安全可控的密码体系，目前一些算法已研制了系列芯片、智能 IC 卡等，广泛应用于电子政务、电子商务及国民经济的各个应用领域，例如高速公路 ETC 标签的认证算法升级，将原有的 3DES 算法替换为国密算法 SM2/SM4。

本案例能够培养学生民族自豪感、责任感，塑造学生克服困难、永攀高峰的无畏精神，倡导学生以各领域专家为榜样，树立正确的价值观，努力学习，成为对祖国有用的人才。

五、案例描述

（一）案例概述

密码学在国防安全中尤为重要，在和平时期密码保护了国家核心军事技术的安全。21 世纪初期，美国一直拥有密码领域的绝对领先优势，当时的 MD5 算法更是美国人最引以为傲的一套加密算法，美国人自诩地认为，这样的密码，中国人就算用世界上最先进的计算机破解，也需要计算一百万年。

2004 年 8 月，王小云远赴美国，参加了在美国加州举办的圣芭芭拉国际密码大会。当时名不见经传的王小云并没有发言的机会，但是当王小云找到会议主办方并展示了自己的研究成果后，国际密码大会的会议负责人立即做出决定，临时给她安排一个演讲。王小云自信满满在台上侃侃而谈，当她在全世界顶级密码专家面前用自己的算法成功破译了 MD5 密码后，台下先是一阵惊讶，紧随而来的是雷鸣般的掌声！

中国科学家王小云带领她的团队，用 400 页纸、几百个方程和三个多月的时间，完成了对于 MD5 算法的破译，创造了密码学历史的神话。随后，破解更高难度的 SHA－1 算法激发了她挑战巅峰的决心，经过四个月夜以继日的演算和钻研，王小云成功破译 SHA－1 算法。这位神奇的中国密码天才又一次轰动全世界！

王小云早在少年时期就已经表现出了过人的数学天赋。1966 年王小云出生于山东诸城的一个中等收入家庭，她在数学领域很有天赋，父亲也注重培养她对数理化的兴趣。1980 年，她以优异的成绩考入诸城一中，在高考中，王小云考出了数学满分的好成绩。1983 年，王小云考入山东大学数学系，从 1983 年到 1993 年一直就读于山东大学数学系。在研究生毕业前夕，她在导师潘承洞院士、于秀源教授的指点下，开始攻读在当时尚属于新兴学科的“密码学”。在接触了密码学之后，她发现这才是自己的天地，她深深爱上了密码学。

1993 年，王小云获得山东大学数学系博士学位后选择留校任教，并在此期间组建家庭。怀孕之后，王小云休假在家，每天只做一些简单家务，这样就有了大量的空闲时间。一次偶然的机会让王小云开始研究 MD5 算法，并从此开始辛勤地耕耘，终于在 2004 年迎来了丰收的喜讯——成功破解 MD5 算法。这一消息震惊世界。来自中国的这位温文尔雅的科学家在大会上宣读了她和自己的研究小组苦心多年的研究成果：对 MD5、HAVAL－128、MD4 和 RIPEMD4 个著名密码算法的破译结果。

罗纳德·李维斯特（Ronald Rivest）是麻省理工学院教授、图灵奖的获得者，也是 MD5 算法的设计者。在听完王小云精彩的演讲后，他情不自禁地说："我不愿意看到 MD5 倒下，但是人们必须推崇真理。"然而更加令全世界密码专家都没有想到的是，之后王小云又成功破译了更厉害的被称为"白宫密码"的 SHA－1 算法。这个所谓的"白宫密码"在美国影响非常大，它被运用在美国的军事、国防、安保系统以及电子商务等各个领域，可以说是当时美国密码界的"命门"。

从 1993 年取得博士学位，到 2004 年一鸣惊人，这漫长的十年蛰伏，我们难以想象王小云经历了多少艰辛，蛰伏十年的酸甜苦辣也只有王小云自己知道。对于她曾经在家里边带孩子边做科研的经历，她也毫不讳言："我的科研就是抱孩子抱出来、做家务做出来、养花养出来的，我从不避讳这一点。"

（二）教学内容

讲解 RFID 认证过程中用于隐私保护的基于 Hash 函数的 Hash－Lock 协议和 Hash 链协议等多种 RFID 安全协议，MD5 算法、SHA－1 算法就是最常用的 Hash 函数。

多年来，基于哈希函数的 MD5 算法和 SHA－1 算法是国际上公认最先进、应用范围最广的两大重要算法，后者更被视为计算安全系统的基石，有着"白宫密码"之称。因此，在这两大算法均被破解后，美国密码学界一度陷入沉默，业界的人都戏称王小云是"值得美国千万年薪聘请的人"。在声名鹊起之后，王小云拒绝了不少国家和组织、公司抛来的橄榄枝，依然选择在国内专心做研究，继续教书育人。值得一提的是，王小云还设计出了一套"中国哈希函数标准 SM3"，这套算法在中国金融、电网、交通等领域都发挥着重要作用。

（三）教学方法

课堂上，教师播放王小云院士的采访视频，并让学生搜集国密算法资料，参与问题讨论，完成课后作业（见图1）。

图1

具体教学方法如下：

①节目视频：《朗读者》节目对王小云教授的采访。

②问题讨论：国密算法已经或将在哪些应用中发挥作用？

③课后作业：国密算法的实际应用。

六、案例反思

（一）优点

案例与教学内容贴合紧密。这两种加密算法在平时生活应用中较为常见，案例中的主要人物朴实、坚持、专研、爱国的精神，不仅能够潜移默化地增强学生们的民族自豪感，还能激励学生在学习和未来的工作中不忘初心、坚持不懈。

（二）缺点

相较于线下的课堂，在线教学的互动性和学生参与度不太高。

七、育人效果与反馈

学生积极观看视频、调研资料、参与问题讨论、完成作业，对密码技术和国密算法的认知更加深入，同时提升了民族自信心与自豪感。本案例对学生未来的学习工作起到了很好的指引作用。

信息安全技术：网络安全现状
——信息泄露和黑客攻击

信息学院　贺泽芳

一、课程简介

信息安全技术目前为计算机科学与技术专业的专业选修课，2021版培养方案中，本课程修订为计算机和物联网工程专业的专业必修课。本课程的教学目标是使学生掌握信息安全理论基础，灵活运用信息安全知识与技能，树立信息安全防范意识；掌握和理解各种加密算法及安全应用技术和工具，学会使用安全技术产品实现实际应用的安全保护，并在实际应用环境下运用所学知识解决所遇到的信息安全问题。本课程主要内容包括信息安全概述、密码学基础及应用、网络安全与安全防范、网络安全技术、信息系统安全和云计算与云安全。具体的技术包括对称密码体制、公钥密码体制和密钥分配技术，入侵检测与防火墙技术，互联网安全协议，无线局域网安全等。

二、案例主题

网络安全现状——信息泄露和黑客攻击。

三、对应章节及知识点

本案例对应第一章，对应的知识点为信息安全重要性。

四、案例意义

学生观看信息泄露的国家安全（信息安全）新闻联播视频和电影《虎胆龙威4》预告片，教师总结其中讲到的网络安全要点，使学生增强法律意识，懂得要将专业学习中学到的大数据挖掘技术、网络安全技术、黑客技术用到正道。此案例能够培养学生的法制意识，引导学生形成正向的价值观、人生观，增强学生的社会责任感，激发学生努力学习专业知识的激情，为国家安全奉献力量。

五、案例描述

网络安全现状中的信息泄露知识点通过信息泄露的国家安全（信息安全）新闻联播视频（视频案例，见图 1）展开，同时教师在视频播放中，根据视频所讲述的知识点暂停视频播放，讲述前面所播视频要点。具体地，该视频主要讲述了随着互联网经济、云计算及大数据技术的发展，越来越多的个人信息留在一些网络平台之中。一些平台对数据监管不力或系统安全性差，使个人信息频繁被泄露，如黑客攻击快递公司信息泄露案。近年来，直接针对国家重点机密数据的黑客攻击不断发生，主要针对政府部门、航空、军事及相关科研机构，例如安天实验室命名的“绿斑”行动就是此类黑客组织进行的黑客攻击。从国家安全（信息安全）的新闻联播视频中可以看出，公民逐渐有了网络安全意识；国家正在立法，如个人信息安全法、数据安全法等。网络安全有四个层面：国家安全、社会安全、机构安全、个人安全。少于 50 人的信息泄露属于个人安全范畴，多于 50 人的个人信息泄露就属于更高层次的网络安全，会涉及国家安全、社会安全和机构安全。

图 1

网络安全现状中的黑客攻击知识点，通过《虎胆龙威4》预告片（视频案例，见图2）展开，最后教师总结知识点。该教学方法设计能使学生很好地掌握网络安全现状中的黑客攻击这个知识点。《虎胆龙威4》于2006年拍摄，2007年上映，尽管这个影片上映时间较早，但其反映出来的网络安全现状与如今我们面临的网络安全现状相同，因此该片对计算机科学与技术专业的学生具有很好的教育意义。影片主要讲述了极端恐怖分子计划利用黑客技术，让全美国的计算机系统集体瘫痪，老警官约翰·麦克莱恩因此决定阻止这场阴谋的故事。某年7月4日，周末，正在休假的约翰·麦克莱恩（布鲁斯·威利斯饰）接到一个新任务：逮捕黑客马特·法莱尔（贾斯汀·朗饰），然后送到FBI（美国联邦调查局）那里接受审讯。其实，事情并没有看上去那么简单：极端恐怖分子经过周密策划之后，准备利用黑客技术，让全美国的计算机系统集体瘫痪，从而达到控制全球的阴谋。而且，幕后黑手托马斯·加布里埃尔（提摩西·欧里芬特饰）为了阻止麦克莱恩插手这件事情，为他准备了一大堆机关障碍，其中包括绑架他的女儿露西。老英雄遇上了新问题，在马特·法莱尔的帮助下，麦克莱恩成功解决了这一危机。

图2 《虎胆龙威4》预告片宣传海报

在该案例中，教师引申讲解了“黑客”、“红客”和“骇客”之间的区别。“黑客”最早源自英文“hacker”，指热心于计算机技术、水平高超的电脑专家，尤其是程序设计人员。“红客”是中国“黑客”起的名字，源于英文“honker”，是一群热爱祖国、坚持正义、开拓进取、为捍卫中国的主权而战的“黑客”。“黑客”一词早期在美国的电脑界是带有褒义的，但是现在泛指那些专门利用电脑搞破坏或恶作剧的家伙。对这些人的正确英文叫法是“cracker“，翻译成“骇客”。“黑客”和“骇客”的根本区别是：“黑客”建设，而“骇客”破坏。

六、案例反思

该案例对我国目前存在的网络安全中信息泄露问题进行了深刻分析，从个人信息泄露问题到国家机密泄露问题，指出公民法律意识正在增强，国家网络安全立法正在进行。该案例通过视频的方式，使学生直观地感受到网络安全的重要性。同时，该案例通过影片和课堂上的扩展，鼓励学生努力学习计算机和网络安全知识，毕业之后成为“红客”。

七、育人效果与反馈

在课堂上，学生通过讲述个人或身边发生的信息泄露问题，融入信息泄露这样一个情景中，增强了法制意识。学生通过感同身受，对不法组织深恶痛绝，立志要将自己学到的高科技知识用于正道，形成正向的价值观、人生观，增强社会责任感和爱国主义精神。

大学计算机基础：Excel 公式输入

信息学院　宋燕星

一、课程简介

大学计算机基础课程是根据教育部高等学校教学指导委员会要求开设的第一门计算机基础课程，是大学各专业学生必修的公共基础课程，是学习其他计算机相关技术课程的基础课。本课程要求学生了解计算机文化以及计算机的基本原理、技术和方法，掌握网络、多媒体、信息安全等技术的基本知识和应用，掌握计算机的基本使用技能，最终引导学生认识以计算机为核心的信息技术在现代社会中的地位和作用，为学习后续计算机相关课程夯实基础，培养学生计算思维意识和工匠精神；同时，将社会主义核心价值观等思政元素融入教学内容，引导学生形成正向的价值观和人生观。

授课以基本知识点为主，配合上机实践，使学生具有利用计算机从事专业工作的能力。同时，可以根据专业的特点增加拓展相关内容，注重引入新知识、新动态，提高授课质量。

二、案例主题

Excel 公式输入。

三、对应章节及知识点

（一）对应章节

本案例对应第六章，对应的知识点为 Excel 2010 高级应用——公式的输入。

（二）教学重点、难点

①教学重点：Excel 公式计算。

②教学难点：公式运算符的使用。

（三）教学目标

1. 知识目标

①掌握 Excel 公式输入方法。

②掌握单元格引用方法。

2. 思政目标

通过计算城市每日人均生活垃圾产量以及在垃圾分类情况下每年可以减少的垃圾产量，让学生体会垃圾分类的重要性，引导学生形成环境保护的意识，进而促进学生形成正确的人生观和价值观。

四、案例意义

本案例以城市生活垃圾产量为例，通过 Excel 公式计算垃圾分类下可减少的生活垃圾量。学生通过观察比较计算结果，直观地认识到垃圾分类的效果，从而加强环境保护意识，形成正确的人生观和价值观。

五、案例描述

（一）教学内容

本案例教学内容为 Excel 公式输入，要求学生掌握基本的公式运算符、公式输入规则，掌握数据绝对引用和相对引用的方法。案例以部分城市 2019 年生活垃圾产量为素材，提供城市当年未分类的垃圾量、生活垃圾占比、常住人口数量、生活垃圾的平均回收率等基本数据。学生通过公式输入，计算每人日均生活垃圾产量、年生活垃圾产量及进行垃圾分类后每年减少的垃圾量。

（二）教学方法

多媒体课件、实例操作演示、任务驱动。

（三）教学设计

1. 课程导入

展示 2019 年生活垃圾产量原始数据（见表 1），引出问题：如何根据当前数据计算出各城市生活垃圾占比、每个城市每人日均生活垃圾产量、垃圾分类下年生活垃圾产量及每年减少的垃圾量？Excel 有更好的计算工具吗？

表 1

城市名称	未垃圾分类（单位：万吨）	生活垃圾占比（%）	常住人口（单位：万人）	每人日均生活垃圾产量（单位：千克）	垃圾分类下，年生活垃圾产量（单位：万吨）	每年减少量（单位：万吨）
上海市	920.0		2 418			
北京市	960.0		2 153			
深圳市	630.9		1 253			
重庆市	735.4		3 562			
成都市	651.4		1 872			
广州市	876.0		1 865			
杭州市	459.4		1 204			
西安市	411.4		1 031			
武汉市	438.9		1 140			
其他城市	27 916.6					
全国生活垃圾产量	34 000.0					

引出本堂课内容：运用 Excel 中的公式可以非常方便地进行计算，本节课学习 Excel 中公式的计算。

2. 具体介绍

分内容介绍 Excel 公式计算，包括常用运算符、引用运算符、公式输入。

（1）讲授：Excel 常用运算符

公式必须以“=”开头，可由常数、单元格引用、运算符、函数、括号等组成。

公式中的运算符：

算术运算符：+、-、*、/、∧、% 等。

关系运算符：=、>、<、>=、<=、<>。

文本运算符：& 可以将一个或多个文本连接为一个组合文本值。例如：=“Micro” &“soft” 将产生“Microsoft”。

（2）讲授+演示：引用运算符

首先讲解引用运算符包括三类，即冒号、逗号和空格。

冒号（区域运算符）：对两个引用之间，包括两个引用在内的所有单元格进行引用，如“A3：A7”。

逗号（联合引用运算符）：将多个引用合并为一个引用，如“SUM（B5：

B10，D5：D10)”。

空格（交叉运算符）：产生对同时隶属于两个引用的单元格区域的引用。如“SUM（B5：B15　A7：D7)”，即对 B7 进行引用。

讲解结束后，通过“2019 年生活垃圾产量”原始数据演示不同引用符号的应用效果。

冒号（区域运算符）：“C3：C7”（见图 1）。

图 1

逗号（联合引用运算符）：“B5：B10，D5：D10”（见图 2）。

图 2

空格（交叉运算符）：“C5：C10　A7：D7”（见图3）。

	A	B	C	D
1				2019年生活垃圾
2	序号	城市名称	未垃圾分类（单位：万吨）	生活垃圾占比（%）
3	1	上海市	920.0	2.71%
4	2	北京市	960.0	2.82%
5	3	深圳市	630.9	1.86%
6	4	重庆市	735.4	2.16%
7	5	成都市	651.4	1.92%
8	6	广州市	876.0	2.58%
9	7	杭州市	459.4	1.35%
10	8	西安市	411.4	1.21%
11	9	武汉市	438.9	1.29%
12	10	其他城市	27916.6	82.11%

图3

3. 案例实操

结合生活垃圾产量数据，分任务进行公式计算。

①根据每个城市年生活垃圾产量和全国总的生活垃圾产量，计算每个城市产生生活垃圾所占百分比。公式：C3/C13 * 100%，注意单元格相对引用和绝对引用（见图4）。

②根据表格提供的数据，计算每个城市每人日均生活垃圾产量。公式：（C3/E3/365） * 1000（见图5）。

其间引导学生注意每个人日均生活垃圾产量，让学生意识到自己本身对于环境的影响。

③可回收垃圾包括纸类、金属、塑料、玻璃等，通过综合处理、回收利用，可以减少污染，节约资源。假设每日生活垃圾中有21%为可回收垃圾，回收率为0.75，如果每人可以严格按照标准进行垃圾分类，计算每年可减少的生活垃圾量。公式：垃圾分类下，年生活垃圾产量（单位：万吨）为（C3 - C3 * 0.21 * 0.75）（见图6），每年减少量（单位：万吨）为（C3 - G3）（见图7）。

	A	B	C	D
1				2019年生活垃圾
2	序号	城市名称	未垃圾分类（单位：万吨）	生活垃圾占比（%）
3	1	上海市	920.0	2.71%
4	2	北京市	960.0	2.82%
5	3	深圳市	630.9	1.86%
6	4	重庆市	735.4	2.16%
7	5	成都市	651.4	1.92%
8	6	广州市	876.0	2.58%
9	7	杭州市	459.4	1.35%
10	8	西安市	411.4	1.21%
11	9	武汉市	438.9	1.29%
12	10	其他城市	27916.6	82.11%
13		全国生活垃圾产量	34000.0	

图 4

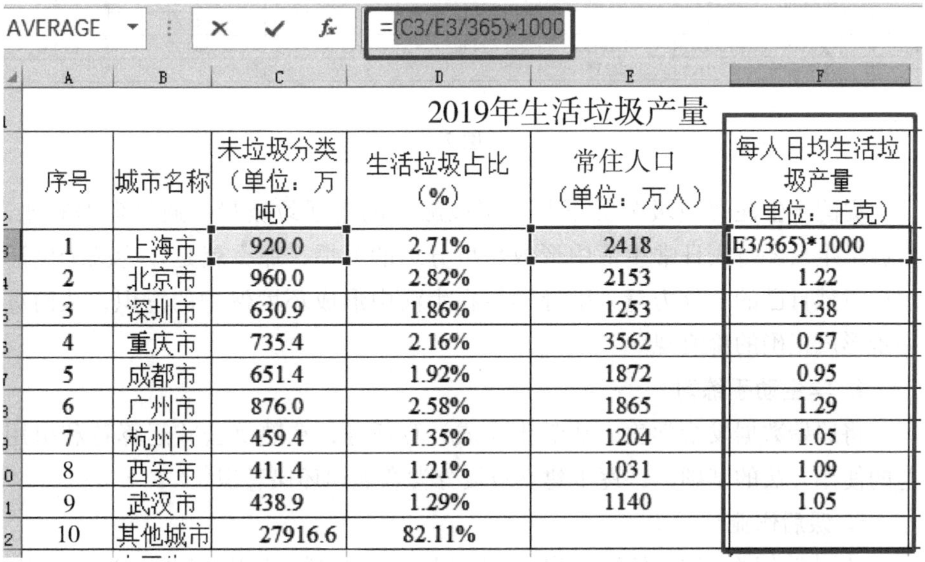

A	B	C	D	E	F
			2019年生活垃圾产量		
序号	城市名称	未垃圾分类（单位：万吨）	生活垃圾占比（%）	常住人口（单位：万人）	每人日均生活垃圾产量（单位：千克）
1	上海市	920.0	2.71%	2418	E3/365)*1000
2	北京市	960.0	2.82%	2153	1.22
3	深圳市	630.9	1.86%	1253	1.38
4	重庆市	735.4	2.16%	3562	0.57
5	成都市	651.4	1.92%	1872	0.95
6	广州市	876.0	2.58%	1865	1.29
7	杭州市	459.4	1.35%	1204	1.05
8	西安市	411.4	1.21%	1031	1.09
9	武汉市	438.9	1.29%	1140	1.05
10	其他城市	27916.6	82.11%		

图 5

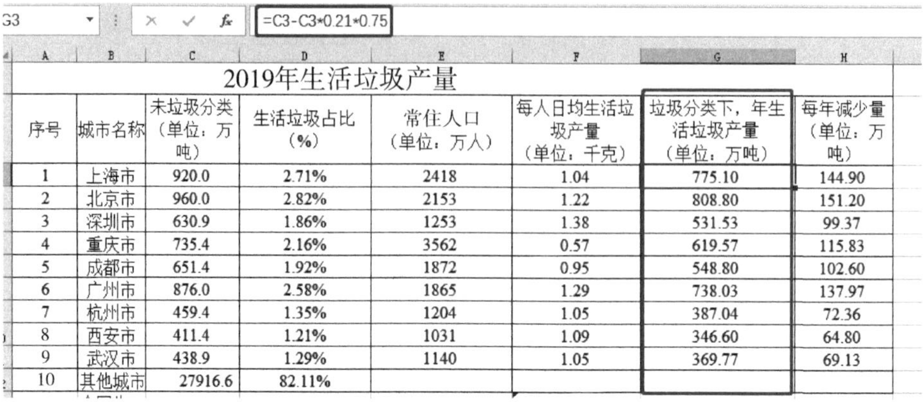

G3 =C3-C3*0.21*0.75

2019年生活垃圾产量							
序号	城市名称	未垃圾分类（单位：万吨）	生活垃圾占比（%）	常住人口（单位：万人）	每人日均生活垃圾产量（单位：千克）	垃圾分类下，年生活垃圾产量（单位：万吨）	每年减少量（单位：万吨）
1	上海市	920.0	2.71%	2418	1.04	775.10	144.90
2	北京市	960.0	2.82%	2153	1.22	808.80	151.20
3	深圳市	630.9	1.86%	1253	1.38	531.53	99.37
4	重庆市	735.4	2.16%	3562	0.57	619.57	115.83
5	成都市	651.4	1.92%	1872	0.95	548.80	102.60
6	广州市	876.0	2.58%	1865	1.29	738.03	137.97
7	杭州市	459.4	1.35%	1204	1.05	387.04	72.36
8	西安市	411.4	1.21%	1031	1.09	346.60	64.80
9	武汉市	438.9	1.29%	1140	1.05	369.77	69.13
10	其他城市	27916.6	82.11%				

图 6

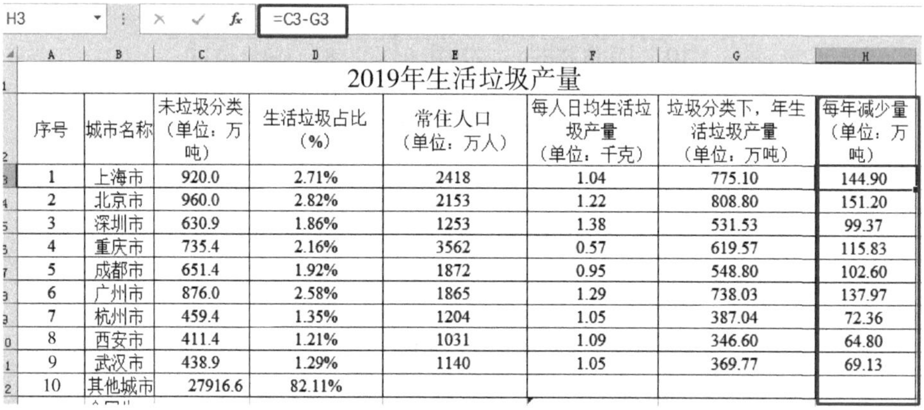

H3 =C3-G3

2019年生活垃圾产量							
序号	城市名称	未垃圾分类（单位：万吨）	生活垃圾占比（%）	常住人口（单位：万人）	每人日均生活垃圾产量（单位：千克）	垃圾分类下，年生活垃圾产量（单位：万吨）	每年减少量（单位：万吨）
1	上海市	920.0	2.71%	2418	1.04	775.10	144.90
2	北京市	960.0	2.82%	2153	1.22	808.80	151.20
3	深圳市	630.9	1.86%	1253	1.38	531.53	99.37
4	重庆市	735.4	2.16%	3562	0.57	619.57	115.83
5	成都市	651.4	1.92%	1872	0.95	548.80	102.60
6	广州市	876.0	2.58%	1865	1.29	738.03	137.97
7	杭州市	459.4	1.35%	1204	1.05	387.04	72.36
8	西安市	411.4	1.21%	1031	1.09	346.60	64.80
9	武汉市	438.9	1.29%	1140	1.05	369.77	69.13
10	其他城市	27916.6	82.11%				

图 7

提醒学生注意垃圾分类下每年可以减少的生活垃圾量。通过数据对比，告诉学生只要每人日常生活中形成垃圾分类的习惯，那么就是在为减少生活垃圾贡献自己的一分力量，引导学生在生活中形成环境保护的意识，从而进一步形成正确的价值观。

4. 学生动手练习

将原始数据发给学生，让学生完成计算任务，在熟练公式运算符和引用符的使用方法的基础上，逐步建立垃圾分类意识和环保意识。

5. 课后作业

请同学们登录生态环境部网站（http：//106. 37. 208. 243：8068/GJZ/Business/Publish/Main. html）获取国家地表水水质自动监测数据实时数据。

①按照自己所住省份或城市，查找相应的流域的水质类别、水温、pH 值、溶解氧，将网页列出的数据导入 Excel 中。

②计算 pH 值与 7 的差值。

③如水质类别较差，分析水质存在污染的原因。

六、案例反思

该案例以操作实例的形式，以部分城市 2019 年生活垃圾产量为素材，让学生按照指定要求完成相应的数据计算。学生在学习 Excel 公式计算练习的同时，了解到自己每日小小的回收行为就可以大大降低整个城市的生活垃圾产量。

七、育人效果与反馈

通过该案例，学生反复练习操作公式输入符号，最终达到数据计算要求。在此过程中，学生体会到所有的事情都需要有耐心和扎实的知识基础，从而践行工匠精神。同时，通过案例素材，学生了解到我国生活垃圾产量的情况，发现自己每日小小的回收行为就会大大减少整个城市的生活垃圾产量，从而形成正确的人生观和价值观。

物流信息技术：大国重器
——北斗卫星定位导航系统

信息学院　郗松楠

一、课程简介

物流信息技术是计算机科学与技术专业的一门专业选修课。物流信息技术是现代信息技术在物流各个作业环节中的综合应用，是现代物流区别于传统物流的根本标志，是物流现代化的重要标志，也是物流技术中发展最快的领域。本课程的教学目的是通过物流信息技术理论的学习并配合相应的实践环节，使学生了解现代物流信息技术的概念和相关理论知识，掌握物流信息技术在物流系统中的应用方法，进而面对物流信息的应用场景可以分析问题，设计并实现相应的系统，为今后从事现代物流信息和物联网领域的工作及研究开发打下良好基础。

本课程主要内容包括：物流信息技术的相关概念；常用的物流信息技术，如条码和 RFID 识别技术；空间信息技术；电子数据交换（EDI）技术；物流系统自动化技术；物流信息系统和物流信息技术应用实践。

二、案例主题

大国重器——北斗卫星定位导航系统。

三、对应章节及知识点

本案例对应第五章“卫星定位导航系统”：现有的四个卫星定位导航系统，重点讲解中国具有完全自主知识产权的北斗系统。

四、案例意义

本案例中，课程思政的融入依托于中国具有完全自主知识产权的北斗卫星定位导航系统（以下简称“北斗系统”）的讲解和分析。北斗系统是我们国家的大国重器，不仅弥补了技术空白，更让我们摆脱了对他人技术的依赖，增强了科技实力，提升了我们的国际地位。在讲解技术的同时，教师会趁势强调这些深层意义，在教学中潜移默化地提升同学们的民族自豪感，进一步增强科技强国的理念，让同学们对实现中华民族伟大复兴有信心、有决心，更有这份理想。

在过去相当长一段时间里，我国没有自己的导航系统，要依赖美国的GPS系统。如今我们有了自己的北斗系统，从无到有，从受制于人到追赶超越，这些是一代又一代中国科技工作者辛勤努力、不断积累的结果。当代大学生作为国家建设的接班人，也要以前辈们为榜样，通过坚持不懈的学习和钻研，提高自身知识技能水平，为实现中华民族伟大复兴贡献自己的一分力量。

五、案例描述

（一）教学具体内容

第五章主要讲授以卫星定位导航系统为主的物流动态跟踪技术。当前世界上有四大卫星定位导航系统，分别是美国的全球定位系统（GPS系统）、欧洲的伽利略系统、俄罗斯的格洛纳斯系统和中国的北斗系统。在讲解其他国家或地区的系统之后，重点讲解中国具有完全自主知识产权的北斗系统。关于北斗系统的具体内容包括：北斗系统的空间星座布局、分三步走的实施方案、北斗系统的技术特色和优势、北斗系统应用案例。通过这些知识和技术的讲解，逐步渗透和推进相应的思政内容。

（二）课程思政设计理念

结合本案例的课程思政意义和课程思政“润物细无声”的实施理念，要实现本案例的思政最终目标，就要在讲解专业知识和技术的过程中结合相应的专业内容，在多处进行思政元素的渗透和铺垫，以这些为基础，在最后总结本章知识内容时顺势进行思政内容的总结和升华。

（三）教学方法和设计方案

在本章开始，教师会梳理定位导航的发展历史，从人类历史上最早的导航技术——中国的司南，到航海表、地基系统，进而发展出可以对三维空间进行定位导航的空基系统，即卫星定位导航技术。在这个环节，会以提问的方式指出我国古代的司南堪称世界最早的导航技术，并进一步介绍在此后近两个世纪的时间里，人们就是通过综合使用指南针和航海表进行定位和导航的。通过提问，既提高学生们的参与度，也借此更好地强调我国四大发明之一的司南是最早的导航技术，为后续的相关思政教育埋下伏笔。

然后，课程会从大家都熟知的 GPS 系统入手开始讲解北斗系统之外的三大卫星定位导航系统。从 GPS 入手讲解，一方面因为客观上同学们对这个系统比较熟悉，从这个系统入手更容易通过联系同学们的自身使用体验来激发学习兴趣；另一方面为后续讲解我国的北斗系统进行准备。在讲解 GPS 的标准定位服务（SPS）和精确定位服务（PPS）时提出问题：美国会不会向其他国家开放 PPS？我们可以“免费”使用 GPS 服务，这对我们而言是不是百利无害的事情？这些问题结合在一起，实际上是要让同学们意识到，其他国家让我们免费享用技术，不是完全出于大方，这其实是在抑制我们自己技术的发展，是在帮助他们自己进行技术的垄断。意识到这些，不仅可以加强同学们自力更生、科技强国的理念，也帮助同学们更好地理解我国北斗系统诞生的意义。

在讲解完其他三个系统后，用若干网友的评论引出作为我们大国重器的北斗系统，激发学生们的民族自豪感。之后通过一段“北斗之父”孙家栋院士的视频，向学生们介绍三步走的实施策略和北斗系统的特色及优势。视频结束时介绍孙院士，同时从孙院士在视频中表现出的那份满足和骄傲的情怀入手，讲述老一辈科学家为了民族振兴、国家强大而不懈努力的精神，再结合出卖北斗系统机密的清华女学生的反例，强调我们要立场坚定，是非分明，提升格局，以崇高理想为引领。在讲解北斗系统在国家重大自然灾害中发挥的巨大作用时，用实例展示我们的技术优势。

讲完本章全部内容，在从知识角度进行总结时，也对思政内容进行总结和升华。

（四）思政教育总结和升华

本案例通过历史回顾、网友评论、性能对比、实际应用、视频展示等多种手段，激发学生的民族自豪感、实现中华民族伟大复兴的责任感。

在技术发展历史回顾中强调，其实该项技术最早的开拓者就是中国，从而激发同学们的民族自豪感。在讲解完美国、俄罗斯、欧洲的系统后，用若干网友评论引入我们国家强大的北斗系统。采用网友评论，比直接引用教材内容或官方资料更容易让学生产生亲近感，因此也更有说服力。北斗系统是中国拥有完全自主知识产权的卫星定位导航系统。通过讲解北斗系统的空间星座布局、分三步走的实施方案等，同学们增强了科技强国理念，坚定了为中华民族伟大复兴贡献自己力量的信心和决心。加入“北斗之父”孙家栋院士的一段视频，可以让同学们直观感受到中国科技前辈的那份自豪和满足，并以他们为榜样，努力学习，提高自身科技知识水平。相比之下，作为反例的那个通过破解北斗系统技术讨好美国的清华女学生，她最终只会被自己的国家唾弃，有着这种卑劣行径的人也不会被他国真正地重视。因此，大学生们在提高专业技术的同时更要明辨是非，树立崇高理想。

六、案例反思

案例的整体设计前后呼应、多处铺垫，于显性的知识技术讲解中融入隐性的课程思政，结合具体技术、具体人物、具体历史来渗透科技强国、民族复兴等理念，比空泛的教育要更有效果。采用视频、网评等更亲民、更直观的方式，也更利于学生们理解和接受。

七、育人效果与反馈

从课堂教学和考核结果来看，那些一直注重自身专业技能提升的同学有了更强的动力学习专业知识，并且清楚地意识到，这不仅是为了提升自身能力，更是为国家、民族的未来贡献力量；一部分刚开始仅仅是为了按要求修满学分的同学，对当下一些时事有了更深刻的体会，提升了科技强国的意识，能够更主动地学习和实践。通过多次的实操，大多数同学从一开始怕出错、不敢动手，到大胆尝试、细心观察、仔细分析，最终解决问题、实现目标、享受成功的喜悦，在这个过程中逐渐理解并领会了工匠精神。

智能物流系统：智能物流系统综合实践

信息学院　李俊韬

一、课程简介

智能物流系统课程主要讲述了智能物流最新技术及先进的物流设施，其中包括物流装卸、仓储、分拣、包装、流通加工等技术与设备，深入浅出地介绍了现代信息网络化、智能化新技术，如 GPS 技术、GIS 技术、RFID 技术、条码技术及其在现代物流中的应用。本课程满足了我国对现代物流人才的迫切需要，适应了各大高校物流等相关专业学生的学习要求。

本课程充分调动学生学习的主动性和创造性，培养和发挥学生的创新精神和创新能力；充分发挥思想政治教育的引领作用，鼓励学生提升专业知识的综合运用能力，提升团队合作精神。

二、案例主题

智能物流系统综合实践。

三、对应章节及知识点

本案例对应第三章“智能物流系统综合实践”。主要知识点为国内外智能物流系统发展的前沿和我国智能物流系统领域的技术突破。

四、案例意义

智能物流系统科研成果与具体的创新知识点和案例讲授紧密结合，可以让学生了解具体的应用科技和创新的过程，培养学生的自主创新意识和较强的团队精神。

用图片、视频、论文等形式给学生直观展示智能物流系统在科研项目中广泛应用的实例，加深学生对智能物流系统前沿的理解和认识，让学生了解最新的技术和科学知识，感受科研和创新的过程。

五、案例描述

本案例通过对比传统物流和无人仓系统应用、无人非接触校园配送等智能物流，让学生体会到我国的技术和实力。对《物流业发展中长期规划(2014—2020年)》《国务院关于大力发展电子商务加快培育经济新动力的意见》《交通强国建设纲要》等政策进行分析，增强学生的大局观和使命感。

课堂上，教师以上海洋山深水港四期自动化码头为例，介绍无人化港口的技术攻关，提高学生的行业自豪感，培养爱岗敬业和勇于探索的精神。

尽管目前在我国大量电商物流配送中心中，以人工为主的拣选仍是主要作业方式，但随着人力成本的提高及提高物流拣选效率的需求，基于多物流机器人的智能拣选系统成为物流自动化系统的发展趋势，尤其是2012年度亚马逊收购KIVA机器人，更引爆了电商物流机器人应用市场。2016年度被称作我国物流机器人元年，受KIVA电商物流机器人启发，我国新松机器人、快仓、海康威视、昆船物流、京东、阿里巴巴等企业研制了相关的物流机器人，并开展了小规模应用试点工作。京东成立X事业部，并试点成立“无人仓”项目；苏宁成立S事业部；淘宝成立E. T. 物流实验室。

针对近年来我国高新科技领域多项关键技术受到国外技术限制这一现状，围绕物流机器人技术、物流大数据技术等实际案例，教师讲授智能物流系统在传统物流领域产业升级中的重要作用，让学生逐步认识我国当前智能物流领域面临的“卡脖子”难题，引导学生将自我价值实现与服务国家重大战略需求、建设世界科技强国的时代使命结合，为民族复兴贡献力量。

在教学中，教师指导学生掌握智能物流系统的基本概念、主要技术组成和行业发展前沿，了解行业物流领域的共性技术难题；介绍人工智能的基础进展以及在智能物流系统的最新应用情况；重点引导学生掌握超RFID技术及高速条码识别技术、物流无人化技术、物流机器人技术等最前沿技术的核心内涵和最新进展。

同时，留给学生一定的时间，让学生自己体会案例材料，分析案例问题解决的过程方法。在案例分析的基础上，引导学生总结出案例中所包含的知识点，深入体会并充分了解案例中包含的相关知识技能，从而真正明白案例设置的价值和意义。只有如此，案例教学的作用才能发挥出来，充分激发学生的创造学习热情。

在教学方法方面，利用课堂视频播放、多媒体课件及参观智能物流系统北京市重点实验室等形式，给学生们讲述物流机器人的核心技术。

六、案例反思

本案例通过介绍我国智能物流系统攻关事迹，培养学生科研报国的担当精神和脚踏实地的奋斗精神；将学生的价值观引导和科研实干精神培养融入智能物流技术攻关事迹的实例介绍，鼓励学生分享自己在该课程领域内的学习心得和对于国家科研技术攻关事迹的感悟收获，使其在自身的学习过程中领会勇于探索的科研精神和科技报国的担当精神。

七、育人效果与反馈

本案例使学生基本掌握了智能物流系统前沿及创新方法，培养了学生的科研创新精神及勇于探索的精神；通过分享课程学习心得和科研精神感悟，促进了师生交流，提高了学习的参与度，学生也逐步完成从被动吸收到主动探索的观念转变。

统计学：北京市碳排放时间演变趋势及影响因素分析

信息学院　周　丽　陶　丽

一、课程简介

统计学课程结合学校高水平应用型大学的办学定位、物流与流通领域经济管理类专业本科二、三年级的学情背景以及应用型人才培养的专业要求，确立以学生为中心、以成果为导向的“两性一度”突出的课程目标。课程知识点选取立足物流与流通领域经济管理类专业需要，涵盖数据收集与整理、统计描述、统计推断、分析应用等内容，强调理论与实践衔接，着力提高学生运用统计方法解决现实流通管理问题的能力，培养应用型人才。通过精心设计嵌入式思政案例，帮助学生树立科技强国、诚信责任、公平公正的价值观。本课程获评 2020 年北京高校优质本科课程、2021 年北京市课程思政示范课，推荐参加 2021 年国家级一流课程申报，课程组编写的配套教材《统计学》获评 2021 年北京高校本科优质重点教材。

二、案例主题

北京市碳排放时间演变趋势及影响因素分析。

三、对应章节及知识点

本案例对应第八章“相关与回归分析”；对应知识点为线性回归分析。

四、案例意义

实现碳达峰、碳中和（以下简称“双碳”），是贯彻习近平总书记关于生态文明思想的重要实践，是我国实现可持续发展、高质量发展的内在要求，也是构建新发展格局的重要标志。北京作为首都，理应在“双碳”发展方面走在全国前列，争当“领头羊”。如何保证在碳排放减少的同时不影响经济的发展，成为北京实现高质量发展的重要课题。要实现可持续发展、高质量发展，必须找到影响北京市碳排放的因素，根据各项影响因素的构成制定环境政策。当代大学生正面临着建设社会主义强国的时代使命，首都区域经济发展、2035 年和 2060 年的“双碳”目标离不开每一位大学生的努力奋斗与拼搏。

本案例引导学生运用 2000—2019 年北京市碳排放时间序列数据分析碳排放量随时间变化的演变趋势，研究影响碳排量的因素，用数据说明科技进步对低碳发展的重要性，培养学生运用正确的立场、观点和方法对社会现象进行统计分析，运用统计数据、统计指标讲好国家区域的统计故事，帮助学生树立低碳发展理念，走可持续发展之路，鼓励学生将个人价值和社会价值相结合，为北京实现碳中和、碳达峰贡献一分力量。

五、案例描述

案例主要围绕北京市碳排放时间演变趋势及影响因素分析开展研究，并讲授如何利用 Excel 绘制统计图表、实现多元线性回归分析。

影响碳排放量的因素有很多，其中包括经济发展水平、能源消费、人口总量、技术进步等。基于上述几个因素，本案例全面分析北京市碳排放的驱动因素及影响程度。数据表提供了 2000—2019 年北京市碳排放相关数据，变量含义见表 1。要求学生利用 Excel 对数据表进行以下研究分析：

表 1

变量	定义	含义
ce	碳排放量	
ln*ce*	碳排放量取对数	碳排放水平
ln*pop*	人口数量取对数	人口模型
ln*pgdp*	人均 GDP 取对数	经济水平
ln*ei*	能源强度取对数	能源消费强度
ln*pant*	绿色发明数量取对数	绿色技术创新水平

数据来源：国家统计局、CEADs 数据库、2000—2019 北京市统计年鉴。

①绘制折线图分析 2000—2019 年北京市碳排量的演变趋势。

②以 ln*ce* 为因变量，以 ln*pop*、ln*pgdp*、ln*ei*、ln*pant* 为自变量建立多元线性回归模型。

③具体分析北京市碳排放的影响因素。结合分析结果，谈谈你对助力北京市实现“双碳”目标的看法。

打开 Excel 数据集，选中 *year* 和 *ce* 两列数据，依次点击“插入—推荐的图表—所有图表—*XY* 散点图—带直线和数据标记的散点图—目标图表—确定”。结果见图 1。

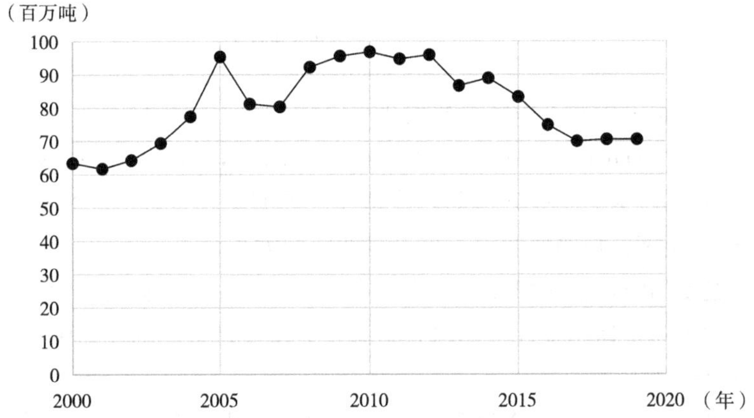

图 1

由图 1 可以看出，随着时间的推移，北京市碳排放量呈现先增加后下降的趋势。2000—2006 年呈上升趋势，2007—2012 年增长速度明显放缓，北京市碳排放总量得到了明显的控制，碳减排初见成效；北京碳排放在 2012 年达到峰值后，得益于 2013 年以来实施的清洁空气行动计划，2013—2019 年碳排放总量显著下降。教师带领学生分析演变趋势和演变原因，使学生从演变趋势中理解党和国家出台低碳减排的一系列政策以及政策的有效性，树立家国情怀，增强自立自强的信心。

依次点击“数据—数据分析”，弹出对话框，依次将“Y 值输入区域”“X 值输入区域”放入选中的因变量和自变量，单击任意空白单元格为输出区域，点击“确定”。输出结果见表 2。

表 2

变量	系数	标准误差	*t* 值	*P* 值
截距项	-40.050 6	7.600 9	-5.269 2	0.000 0
ln*pop*	2.705 1	0.457 6	5.911 0	0.000 0

续表

变量	系数	标准误差	t 值	P 值
ln*pgdp*	1.123 6	0.283 1	3.968 4	0.001 2
ln*ei*	1.445 1	0.502 2	2.877 5	0.011 5
ln*pant*	−0.151 8	0.074 5	−2.036 4	0.059 8
R^2	0.834 9	调整 R^2		0.790 9
F 检验	18.961 9	Significance F		0.000 0

由表 2 可知，回归方程的具体形式为：

$$\ln ce = -40.0506 + 2.7051\ln pop + 1.1236\ln pgdp + 1.4451\ln ei - 0.1518\ln pant$$

其中调整 R^2 为 0.790 9，调整 R^2 越大，模型拟合越好；F 检验 P 值小于 0.001，模型显著，拒绝原假设，多元线性回归方程显著。

带有温度的统计数字赋予了抽象的统计原理和方法鲜活的实际意义，引导并强化学生熟练运用统计学知识为国家社会发展做贡献的责任感。

具体分析如下：

ln*pop* 的系数估计值是 2.705 1，t 检验的 P 值小于 0.01，系数估计显著，表明人口数量对于碳排放量的增加有显著的正向影响，且在分析的四个影响因素中占据最主要的地位。居民是能源使用的主体，随着生活水平的提高，人均能源消耗量不断增加。

ln*pgdp* 的系数估计值是 1.123 6，t 检验的 P 值小于 0.01，系数估计显著，表明人均 GDP 对于碳排放量的增加有显著的正向影响。北京市目前并未实现经济增长与碳排放脱钩，虽然经济发展在一定程度上促进了技术进步，但根据北京市现实情况来看，北京市的经济结构有待进一步优化。

ln*ei* 的系数估计值是 1.445 1，t 检验的 P 值小于 0.05，系数估计显著，表明能源消费强度对于碳排放量的增加有显著的正向影响，影响程度仅次于人口数量。

ln*pant* 的系数估计值是 −0.151 8，t 检验的 P 值小于 0.1，系数估计显著，表明绿色技术进步对于碳排放量的增加有显著的抑制作用。绿色技术创新以资金投入、人才支撑、技术成果为储备要素，各类要素资源向绿色技术创新领域的合理集聚促进了节能环保产业、清洁生产产业的技术研发，促进了企业、行业间的协同合作创新，能够有效地降低碳排放。

考虑到北京市未来经济仍将继续保持高速增长态势，常住人口对于经济发展和城市化起着重要作用，并且经济发展仍要依赖能源资源的大量投入，因此要控制北京市碳排放，就需要从产业结构、能源利用效率等方面着手。具体地，根据上述分析，提出以下对策建议：第一，加大低碳技术创新投入，提高能源效率。第二，合理控制北京人口数量，倡导绿色生活方式。第三，优化产业结构，推动新兴绿色产业发展。学生们了解以上经济指标的内驱力，才能有针对性地参与政策制定和实践发展，增强爱国心、报国志和使命感。

最后，给学生提供了两篇利用多元线性回归方法研究北京市碳排放驱动因素的学术论文，供学生课下学习。

在上述案例讲解过程中，采用了讲授式、参与式、启发式等多种教学方法。

讲授式教学：在理论教学和实践教学环节，给学生讲授了统计图表、相关分析、回归分析的基础理论，以及如何利用 Excel 绘制统计图表、进行相关分析与回归分析。

参与式教学：学生利用 Excel 进行北京市碳排放时间演变趋势及影响因素分析，并在课堂上展示分析结果。

启发式教学：一方面，让学生进行课前预习。统计学课程组已在中国大学慕课平台和学习通上设置了统计学课程，学生可以通过线上平台提前预习章节的教学内容。另一方面，给学生提供易于理解的北京市碳排放影响因素分析的学术论文，培养学生的科研意识。

六、案例反思

（一）案例优点

第一，理论与实践相结合。通过实际案例分析，学生理解了相关与回归的基本知识等，学会了使用 Excel 进行相关分析与回归分析等，利用实际数据课堂演练，提高了实际数据分析能力。

第二，讲好中国故事。本案例中融入碳中和、绿色发展等思政元素，通过案例分析结果让学生真切地感受到北京市碳排放时间演变趋势，理解科技进步对绿色发展的重要性，培养学生运用正确的立场、观点和方法对社会现象进行统计分析，增强学生利用统计学的知识为国家经济发展、社会进步做出贡献的责任感。

第三，教学方式多样化。本案例教学采用了讲授式、参与式、启发式等多种教学方法，学生课堂参与度高。

（二）案例缺点

本案例只选取了四个变量进行研究，未来可以选取更多的变量来丰富案例的教学内容，提高学生知识的综合运用能力。此外，线性回归模型还需要做进一步的统计诊断，因为不在课程大纲范围，所以没有讲解。

七、育人效果与反馈

通过本案例，学生了解到北京市碳排放时间演变趋势及影响因素，理解了科技进步对绿色发展的重要性，学会了运用正确的立场、观点和方法对社会现象进行统计分析。

此外，学生切实体会到北京低碳发展取得的成就，坚定了建设低碳北京的信念，愿意用自己的一技之长助力北京实现碳中和、碳达峰。

物流统计学：我国物流业发展与经济增长之间的关系研究

信息学院　高和鸿

一、课程简介

物流统计学课程是以马克思主义流通经济理论和统计学理论为基础，紧紧围绕物流业发展实际，研究和认识物流业发展规律的课程。本课程教学目的是使学生具有较为全面的物流业统计基础，增强学生分析能力，为工作中解决理论和实践问题打好基础。

课程主要内容分为两部分：一是基础篇，主要涉及导论、物流统计数据的采集、物流统计数据的可视化、物流统计数据的描述性分析、物流统计数据的预测方法、物流统计数据的区间估计、物流统计数据的相关与回归分析；二是专题篇，主要包括社会物流统计、物流指数、物流企业的运行统计、物流企业绩效评价、物流企业竞争力评价。

该课程教学目标是学生学会用马克思主义统计方法解决物流活动中存在的问题，不断提高分析能力。

二、案例主题

我国物流业发展与经济增长之间的关系研究。

三、对应章节及知识点

本案例对应《现代物流统计学》（韩嵩主编）第八章“社会物流统计”，对应的知识点为宏观统计指标的内涵和计算方法。

四、案例意义

物流统计是认识物流活动的有力武器，是对物流进行科学管理和提升认识水平的重要工具。

我国现代物流业发展始于改革开放，2000 年后进入快速发展阶段，不断适应国内外经济和社会发展的需要而逐渐成长壮大，对促进国家产业结构调整、提升国家综合竞争力、提升人民生活水平都起到了重要作用。

本案例运用现代统计学研究方法中的时间序列方法，以马克思主义流通经济理论为指导，对我国物流业的发展进行分析，可以实现如下思政目标：①使学生深刻认识我国物流业发展的必要性和客观规律性，增强理论自信；②使学生深刻认识我国物流业快速发展的社会主义制度的优越性，增强制度自信；③使学生深刻认识到物流是我国现代化经济发展的加速器，增强产业自信；④使学生深刻认识探索真理性认识的数学演变过程，增强对真理的探索意识；⑤使学生深刻认识和理解马克思主义流通经济理论的现实价值，增强对马克思主义的指导性认识。

五、案例描述

（一）教学具体内容

本案例围绕我国物流业发展与经济增长之间的关系研究，采用现代时间序列的协整和格兰杰因果检验等最新计量统计方法进行检验。

案例讲解和实际操作过程如下：

第一步，与学生一起简要回顾统计图表、描述统计、相关分析、回归分析、时间序列分析等基础理论。在案例教学环节，通过具体案例讲授如何利用 EVIEWS 时间序列分析。给学生提供有关宏观物流研究的相关文献，引导学生进行文献综述，并阐述采用时间序列的协整和格兰杰因果检验的科学性和可行性。

第二步，基于物流学理论和相关文献对物流衡量指标的研究，根据指标选取原则，主要选用以下指标来描述物流业的发展水平：物流供给力指标、物流需求指标和物流业发展成效指标。建立统计分析的指标体系，并阐述各个指标的含义。通过国家统计局网站和中国物流与采购联合会官方网站，截取 1991 年到 2020 年的数据，并绘制统计表格。

第三步，进行数据描述性分析处理。通过 EVIEWS 软件对截取数据进行处理后，总结我国物流业在改革开放后各个发展阶段的特点。得到以下结论：

第一，GDP、货运量、货物周转量和物流业增加值在样本期内都呈现出上升的趋势，而且这种上升趋势越来越明显。同时，货物周转量的增长明显高于货运量的增长，这主要是由于各种运输方式运输的平均距离比较长。

第二，货运量、货物周转量和物流业增加值在2000年以前的走势是平缓的；在2000年以后，随着我国工业化的发展呈现出大幅度的上升趋势，在2000年至2010年之间各指标值强劲走高，各指标的增长幅度都保持在9%～10%，尤其在2001年以后，出现了新的更大幅度的增长。一般来说，在国民经济增长或工业化的初期，运输需求的增长幅度超过经济总量的增长幅度；而到了工业化的中期和后期，运输需求的增长一般会开始放慢。

第四步，对数据进行平稳性、协整性和因果性检验。研究得到如下结论：

第一，我国经济的增长与物流业的发展之间存在很强的正相关关系。

第二，我国经济的增长和物流业的发展表现出了一定的阶段性。在1978年以前（改革开放以前），经济增长和物流业的发展都是非常缓慢的；在改革开放以后，物流业的发展表现出了强劲的势头，尤其是货运量的增长，同时国内生产总值的增长也是非常迅猛的。

第三，我国经济的发展与物流业的发展之间存在格兰杰因果关系。物流供给能力的提高给经济发展带来了增长的空间，同时经济的增长对物流的发展产生了迫切的需求，也带动了物流的发展，经济增长与物流业发展之间存在双向的因果关系，呈现相互促进、共同发展的态势。

第四，物流业的发展促进了经济的快速增长，但是就国内经济增长的总体指标而言，经济的增长并没有对物流业产生大的需求。研究结果显示，经济增长不是物流需求指标的格兰杰原因。据中国物流信息中心统计，1991—2005年，我国实际完成的货运量年均增长10%左右，与同期需求增幅之间至少存在5个百分点的差距。

第五步，任课老师对学生的分析结果进行点评指导，总结本案例中蕴含的思政元素，实现马克思主义真理观的教育。总结要点如下：

①提升对坚持改革开放的重要性的认识。

②提升对我国物流业在促进我国经济产业结构调整方面重要性的认识。

③提升对马克思主义流通理论的认识水平。

④提升对统计学理论与方法在具体应用上的认识水平。

⑤提升产业报国的情感认识，树立正确的学习观、价值观和职业观。

⑥提升对探索真理的认识，树立正确的真理观。

（二）教学方法设计

本案例教学采用了灵活讲授式、启发式、参与式等多种教学方法。

灵活讲授式教学：在理论教学和实践教学环节，给学生讲授了相关统计理论知识及如何利用 EVIEWS 进行统计实践活动。将理论教学和实践教学相结合，也就是将抽象的理论和具体的操作结合，可以极大地调动学生的学习积极性。

启发式教学：一方面，让学生进行课前预习。物流统计学课程组已在中国大学慕课平台和学习通上开设物流统计学课程，学生可以通过线上平台提前预习章节的教学内容，做好前期准备。另一方面，进行文献梳理和理论研究，建立起理性认识，打下分析的基础。

参与式教学：学生利用 EVIEWS 进行统计研究分析，并在课堂上对分析结果进行讨论，学生的参与度很高，学习热情也很高。

六、案例反思

在案例教学过程中，只有立足实际，坚持科学思想，充分运用马克思主义流通经济理论和统计学方法，才能在物流统计学教学中实现爱科学、爱国家、爱社会、坚持真理的育人目的，完成课程的教学任务。

（一）案例优点

理论与实践相结合，并能多角度、多层面地挖掘思政元素，通过实际分析让学生感受到我国物流业在改革与创新中的进步与发展，鼓励学生适应时代需求，积极投身物流业快速发展的历史洪流，为物流业的发展做贡献。

（二）案例缺点

本案例规模较大，涉及的理论知识较多，课上和课下占用的时间都较长，课时压力比较大，需要教师和学生做好各个方面的准备。

七、育人效果与反馈

学生课堂参与度高，对案例分析比较感兴趣，不仅掌握了统计理论知识，也提升了利用统计学的知识解决现实物流问题的能力，真切地感受到了物流业在促进国家发展、社会进步等方面的作用，增强了国家和民族自豪感。本案例对培养学生的世界观、人生观和价值观，乃至学习观和职业观都产生了积极作用。

运筹学：国家利益与个人利益的关系

信息学院　吴玉文

一、课程简介

运筹学课程教学目的是使学生掌握运筹学的基本原理、基本方法以及运用运筹学方法解决实际问题的基本步骤，了解运筹学在管理领域的运用以及基本思想体系。学生学习该课程以后能够利用运筹学方法独立分析一些常见的实际问题，建立相应的数学模型，并利用运筹学软件等工具对自己所建立的模型求解，为今后解决工作中遇到的实际问题打好基础。同时，本课程以专业知识为载体，将思想政治教育与运筹学的发展历史、学科前沿、专家学者、经典应用案例等内容紧密结合，将爱国精神、民族自信、行为规范、道德品质、社会责任、创新精神、全局优化等思政元素融入课程教学中，充分发挥高校教师的教育引导作用，实现课堂教学与思政教育的有机结合。

二、案例主题

国家利益与个人利益的关系。

三、对应章节及知识点

本案例对应第一章“线性规划问题的数学模型”；知识点为根据实际案例建立线性规划问题的数学模型。

四、案例意义

本案例通过一个化工厂的工业污水处理优化问题，首先介绍建立相应优化模型的方法与步骤；然后结合线性规划问题求解的特点，引导学生思考问题的最优方案（需要在满足环保要求的前提下，降低两个工厂的总污水处理成本），在强调线性规划方法重要性的同时，从环境保护与产业发展的矛盾关系引出国家利益或民族利益（环境保护）与企业利益（产业发展）之间存在矛盾，但是两者又不是完全对立的；最后告诉学生，在解决实际问题时应该遵循的原则：①国家利益高于企业利益；②企业可以在满足国家利益（环保要求）的前提下，寻求自身利益最大化；③只有认真学习专业知识，将来才能更好地报效祖国。

五、案例描述

（一）教学具体内容

线性规划（linear programming）是运筹学中研究较早、发展较快、应用广泛、方法较成熟的一个重要分支，是一种合理利用和调配有限资源的数学方法。线性规划不仅仅是一种数学理论和方法，它已经成为现代管理工作中帮助管理者做出科学决策的重要手段之一。

实际问题的数学表达式称为该问题的数学模型。正确地建立实际问题的数学模型是运用运筹学解决问题的关键步骤。

在介绍“化工厂的工业污水处理”这一实例的过程中，首先从习近平总书记提出的“绿水青山就是金山银山”引出环境保护的重要性，并从经济发展的角度分析产业发展的重要性。进一步地，引导学生思考：产业发展与环境保护两者之间有时候是相互矛盾的，特别是一些污染企业，不能简单关停，如何协调环境保护与产业发展的关系？

下面建立该问题的线性规划模型：

靠近某河流有两个化工厂，流经第一化工厂的河流流量为每天 500 万 m^3，在两个工厂之间有一条流量为 200 万 m^3 的支流（见图 1）。两化工厂每天排放某种有害物质的工业污水分别为 2 万 m^3 和 1.4 万 m^3。从第一化工厂排出的工业污水流到第二化工厂之前，有 20% 可以自然净化。环保要求河流中工业污水含量不能大于 0.2%。两化工厂处理工业污水的成本分别为 1 000 元/万 m^3 和 800 元/万 m^3。两个工厂分别应该处理多少工业污水，才能满足环保要求，并且使处理工业污水的总费用最小？

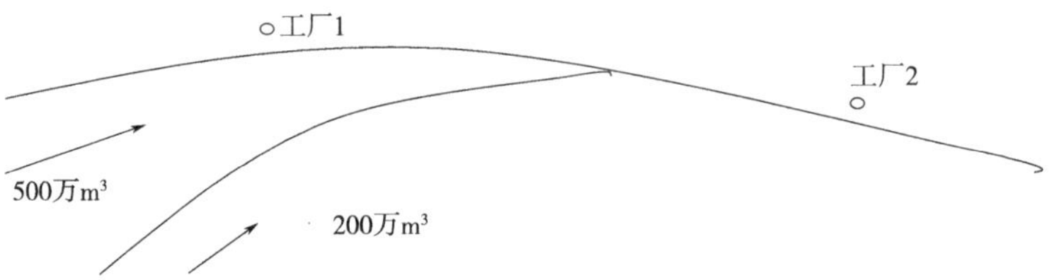

图 1

决策变量：设 x_1、x_2 分别表示工厂 1 和工厂 2 处理污水的数量（万 m^3）。

目标函数：$\min z = 1\,000x_1 + 800x_2$

约束条件：

第一段河流（工厂 1 和工厂 2 之间）满足环保要求：

$$(2 - x_1)/500 \leqslant 0.2\%$$

第二段河流（工厂 2 之后）满足环保要求：

$$[0.8(2 - x_1) + (1.4 - x_2)]/700 \leqslant 0.2\%$$

污水处理量取值约束：$x_1 \leqslant 2$；$x_2 \leqslant 1.4$

变量非负约束：x_1、$x_2 \geqslant 0$。

模型化简得：

$$\min z = 1\,000x_1 + 800x_2$$
$$x_1 \geqslant 1$$
$$0.8x_1 + x_2 \geqslant 1.6$$
$$x_1 \leqslant 2$$
$$x_2 \leqslant 1.4$$
$$x_1、x_2 \geqslant 0$$

求解得到：

$x_1 = 1$，$x_2 = 0.8$；总费用 1 640 元。

上述问题的模型及求解结果说明，用线性规划方法可以找到最优方案，在满足环保要求的前提下，降低两个工厂的总污水处理成本。因此，线性规划方法为解决环境保护与产业发展之间的协调问题提供了很好的工具。

线性规划模型包括目标函数和约束条件，当国家利益（环境保护）与企业利益（产业发展）相冲突的时候，要把国家利益（环境保护）放在首位（作为约束条件优先满足），在此基础上，寻找使企业利润最大化或成本最小化的方案。这体现了国家或民族利益高于个人或局部利益，但两者并不是完全对立的，我们需要做的就是，在满足国家利益（约束条件）的前提下，寻求企业利益最大化。

日常生活中，我们经常会遇到国家利益与个人利益冲突的情况，如节能减排与方便出行之间的矛盾、疫情防控与自由活动之间的矛盾、建立免疫屏障与自愿接种疫苗之间的矛盾等。作为中华民族的一员，我们应该做到个人利益服从国家利益。这些问题本质上都是运筹学问题，建立线性规划模型可以帮助我们找到一个最佳解决方案，在满足国家利益（约束条件）的前提下，实现个人利益（目标函数）最大化（或损失最小化）。我们国家或地区的政策也确实是这么做的，如通过优化公交线路方便居民出行、精准实施重点人群隔离、有序推进疫苗接种等。

作为一名大学生，现在最重要的任务是学好运筹学，掌握各种优化模型和算法，这样将来遇到新问题的时候才能迎刃而解，为国家发展、民族事业、环境保护、产业发展等做出应有的贡献。

（二）教学方法

该案例采用PPT与板书相结合的方式向学生讲授化工厂工业污水排放案例的建模过程。同时采用启发式教学方法，引导学生讨论并思考：日常生活中，我们是否会遇到国家利益与个人利益冲突的情况？应该如何解决？作为一名大学生，我们可以做些什么？最后教师进行归纳总结。

六、案例反思

（一）案例优点

在介绍如何建立线性规划的数学模型时，选择化工厂污水处理的实际案例进行讲授，并以此为切入点，自然流畅地展开对思政内容的讨论介绍。

（二）案例缺点

仅针对课件中的一个实际案例展开讨论，素材较为单一。应适当丰富与该主题相关的教学内容，进一步深化思政教育。

七、育人效果与反馈

在案例教学过程中，学生不仅掌握了线性规划问题的模型特征和建模方法，为后续知识的学习打下基础，而且通过课堂提问与讨论充分地认识到：国家或民族利益高于企业或个人利益；应该在满足国家利益的前提下，去寻求自身利益的最大化；大学生应该认真学习专业知识，将来更好地报效祖国。

商务智能：大数据技术与新冠肺炎疫情防控

信息学院　申贵成

一、课程简介

商务智能课程主要介绍商务智能的一些核心技术，包括数据仓库、业务报表、数据可视化、企业绩效管理、数据挖掘、文本与 Web 挖掘、大数据分析等内容，并通过大量的案例使学生容易理解和掌握商务智能在业务决策中的应用；重点介绍如何利用商务智能技术为企业的战略决策制定、战略实施、战略监控、战术决策甚至运作决策提供支持，提高企业的洞察力和快速反应能力。通过本课程的学习，学生能够掌握商务智能的一些方法与技术，了解商务智能技术是如何为企业的战略决策提供支持的，为将来走向管理岗位、进行智能决策奠定基础。

二、案例主题

大数据技术与新冠肺炎疫情防控。

三、对应章节及知识点

本案例对应第六章“大数据分析”第四节“大数据技术”，通过该案例来说明大数据技术的应用。

四、案例意义

本案例介绍了党和政府是如何利用大数据技术来抗击新冠肺炎疫情的，充分说明了中国共产党立党为公、执政为民的执政理念，也充分体现了一个大国的责任担当。

在传染病防控方面，以往对大数据技术应用的研究主要集中在传染病的早期预警和早期监测方面。尽管将大数据技术应用于新冠肺炎疫情的预警和监测仍然是重要的任务，但预防疾病的快速传播和减少其对社会的影响是目前新冠肺炎疫情大流行期间大数据技术应用的最紧迫挑战。自新冠肺炎疫情暴发以来，我们党和政府积极利用大数据技术来预防、遏制新冠肺炎疫情的蔓延。

本案例一方面让学生体会大数据技术的应用，另一方面体会党与政府为了控制疫情所做的工作，培养学生爱党、爱国的理念，将对党与国家的爱深深地植根于心底。

五、案例描述

（一）教学具体内容

1. 疫情暴发之前，我国如何利用大数据来控制预测疫情

在新冠肺炎疫情暴发之前，我国主要利用传染病病例数据报告进行疾病预警和监测。近年来，中国一直致力于推进医疗机构的信息化进程，在计算机网络系统中存储与医疗服务相关的信息，积累了大量的医疗服务数据。例如，医院信息系统（HIS）是医疗卫生数据的一个重要来源。

在经历了2003年严重急性呼吸系统综合征（SARS）的暴发后，中国政府制定了识别传染病早期症状的计划，颁布了《突发公共卫生事件应急条例》，要求发现传染病的单位必须在规定的时间内上报一级。此外，中国还建立了一个连接疾病控制机构、医院和基层医疗卫生机构的服务网络。在国家传染病报告信息管理系统下，各机构立即在线报告新的传染病病例。那些没有直接网络报告能力的机构被指示立即向当地区级疾病控制机构报告病例，并在2小时内完成传染病报告卡。根据网络直报系统新录入的数据和历史积累的传染病数据，2008年4月建立了全国传染病自动预警和监测信息系统，2009年12月跟踪了传染病监测数据系统。国家传染病预警系统和监测系统大大促进了中国传染病的预防和控制。在2013年的H7N9疫情中，虽然病毒传播范围广，但实际感染人数只有132人，死亡29人，没有医务人员感染。

2. 新冠肺炎疫情暴发后，我国是如何利用大数据技术的

中国政府和社会组织积极利用大数据技术进行防控。2020年1月26日，工业和信息化部召开新冠肺炎疫情防控大数据支撑服务工作调度会，提出了防疫联动机制，并调动大数据分析指导研究，预测疫情发展，包括部署防疫工作，监测流动人员的健康状况。2020 年 2 月 14 日，政府进一步下令使用包括大数据、人工智能（AI）和云计算在内的数字技术，将疫情监测和分析、病毒源追踪、疫情防治和资源分配纳入其中。

（1）2019 年前的疾病预防和控制数据

①位置信息数据

电信运营商：移动电话信号产生的位置数据允许根据基站的位置来识别和跟踪用户的位置。申请手机号码时，需要提供用户的姓名、身份证号码、居住地址等信息，运营商和政府部门可以获取这些信息。

手机支付：电子钱包与用户的身份证和手机号码绑定。收款人通常是商店或企业，在地图上有位置信息。

外卖：可以提供用户的居住地址。

网上购物：需要手机号码和居住地址。

快递：快递需要客户的身份证号码、手机号码和居住地址。

互联网协议地址：用户上网时，会留下位置信息。

②旅行数据

购票信息：购买火车票、飞机票、船票、汽车票需要用户的姓名、身份证号、手机号码等信息。

收费站车辆信息：在道路出入口，车牌号与身份证信息绑定。

出租车软件：在线打车软件（滴滴、神州专车、首汽约车等）收集出发地和目的地地址。

地图数据：运行地图软件时自动定位用户的位置。

刷卡信息数据：公交和地铁提供支付记录。

③医疗健康数据

电子医疗记录：包括病人姓名、治疗数据、疾病、检查结果、医嘱、手术记录、护理记录等数据。

国家卫生健康委员会：遇到传染病病例时，登记姓名、身份证号、年龄、职业、居住地址、发病日期、诊断日期、传染病类型等信息。

④互联网数据

消费者数据：如网上购物等。

新闻数据：在线新闻媒体信息。

社会数据：公众通过社交软件传播的信息。

检索数据：用户搜索历史。

⑤政府数据

税收数据：税务部门收集和记录。

电力数据：能源部门收集和记录。

法律数据：法律部门收集和记录。

（2）新增加的新冠肺炎疫情暴发后收集的数据

①位置信息数据：来自学校和各种组织的调查问卷数据，如当前的居住地址。

②消费数据：购买特殊药品（治疗感冒、发烧、咳嗽等药品）时，提供身份证号码和居住地址信息。

③预约数据：去医院、公园等地方，需要用身份证号和手机号进行预约，登记资料；临时进入商场、餐厅等公共场所需要登记身份证号和手机号。

④旅行数据：提供出发地址和目的地信息。

⑤患者数据：由国家卫生健康委员会提供的新冠肺炎确诊和疑似病例信息（姓名、身份证号码、年龄、职业、居住地址、发病日期、诊断日期）。

⑥健康状况数据：每天按时通过互联网小程序报告健康状况（体温和是否有感冒、疲劳、咳嗽症状）；购买特殊药品（治疗感冒、发烧、咳嗽等药品）时登记姓名、身份证、地址等信息，以及体温和是否有感冒、疲劳、咳嗽等症状；火车站、机场、商场、医院、药店等公共场所的热成像人体体温测量设备自动采集数据。

⑦治疗数据：对使用不同药物治疗的新冠肺炎患者进行治疗效果统计。

⑧防控材料数据：各种防疫物资的供求信息、价格、数量进入系统平台。

⑨指定的数据：医院、政府、地图供应商；政府挂牌的定点医院在地图上有专门的标识标签。

3. 结论

在我国，大数据技术在控制新冠肺炎疫情蔓延方面显示了其潜力，我国政府充分利用了医疗机构、电信运营商、互联网公司、政府部门、商业公司、人工智能设备等主要领域的大数据信息。通过对大数据技术防控新冠肺炎疫情的分析，我们发现大数据技术在疫情监测和预警、病毒源追踪和个人追踪、规划公共卫生干预措施、监测药物筛查和医疗救治、加强社区和地区政府应对疫情、指导疫情后的社会和经济恢复等方面发挥了重要作用。这些大数据应用是公众、企业和政府应对新冠肺炎疫情的核心所在。

中国在抗击新冠肺炎疫情方面的大数据应用是一个成功的案例，也为其他国家提供了借鉴。

（二）教学方法

采用多媒体进行教学，同时利用国内外网站公布的疫情数据，说明我国抗击疫情的伟大成果。

通过提问与讨论的方法，探讨大数据是如何用来抗疫的，并举例介绍各种大数据收集技术，让学生谈谈这些系统背后的数据处理方法，从而提高学生学习的积极性。

六、案例反思

（一）案例的优点

第一，该案例能够很好地结合时事，讲述我国是如何利用大数据技术收集数据、分析数据，并把分析结果应用到新冠肺炎疫情防控中的，充分说明大数据技术的有效性与实用性。

第二，该案例能够很好地与教学内容进行无缝链接，让学生切实地感受到大数据技术的运用。在讲课过程中充分列举我们学校中应用到的数据收集技术，如体温检测、人脸识别、行程卡、北京健康宝等，能够结合实际，进行大数据技术的讲解。

第三，该案例能够让学生真正感受到我们党和政府的努力，说明我们的政府能够利用最先进的大数据技术来进行新冠肺炎疫情防控，同时也可以与国外的疫情防控做对比，让学生看到我们的疫情防控效果。

（二）案例的缺点

第一，由于该案例涉及的技术很多，不能深入讲解大数据技术的基本原理，只是讲解了大数据技术是如何使用的，因此学生对于大数据技术的原理理解得不是很深入，在后面的 Hadoop、MapReduce、NoSQL 中会进行深入讲解，让学生知道学习这些知识的重要性。

第二，由于该案例来自已经发表的论文，因此学生缺少一个自己发现、提炼的过程。

七、育人效果与反馈

在本案例教学过程中，学生懂得了保护自己就是保护别人，在疫情期间少出门，多注意防护，不给国家添乱。

本案例通过我国的防控效果与国外防控效果的对比，让学生认识到我国社会主义制度的优越性，培养了学生的家国情怀。

计算机网络技术：计算机网络体系结构

信息学院　游思晴

一、课程简介

计算机网络技术是计算机应用专业、信息管理专业、电子商务专业的一门专业核心课，也是众多学校的考研专业科目。

计算机网络技术课程专注于培养具有计算机网络技术基础知识，具有较强的计算机网络实践操作能力，能够从事中小型计算机网络设计与搭建、计算机网络日常管理与维护、网络综合布线现场施工与管理、计算机及网络产品营销与售后服务等工作的高素质劳动者和技术技能型人才，同时兼顾学生报考研究生的需求。

本课程的教学目标是使学生了解网络基础理论，掌握局域网、接入网和以太网的基本原理，重点掌握局域网、因特网应用技术和常用服务器的实现技术。

二、案例主题

计算机网络体系结构。

三、对应章节及知识点

本案例对应第二章，对应的知识点为计算机网络体系结构。

四、案例意义

本案例让学生了解我国现有的公用计算机网络产生背景和发展历程中的重要事件，激发学生的爱国主义情怀，通过案例中的科学家事迹，培养学生的人生观与价值观，使学生树立为国家计算机网络发展贡献力量的远大理想。

五、案例描述

（一）内容概括描述

计算机网络是一个复杂的系统，为了使复杂的系统容易实现，人们采用了分层设计的思想，从而出现了网络体系结构的概念。计算机网络要完成两大任务，一是数据处理，二是通信处理。通信处理是联网的基础，数据处理是联网的目的。本章介绍网络协议和网络体系结构的基本概念、数据通信基础知识。通过本章的学习，学生应了解计算机网络的简单工作原理，了解各种通信技术的简单原理。

（二）思政教学具体内容

案例通过介绍中国公用计算机互联网、中科院科技网、国家教育和科研网、中国金桥网的产生和发展过程，让学生了解我国计算机网络的发展历程和大事记。

1. 中科院，中国科技网（CSTNET）

1986 年 8 月 25 日，中国科学院高能物理研究所吴为民通过卫星链接，远程登录到日内瓦一台机器上，向位于日内瓦的 Steinberger 发出电子邮件。

1987 年 9 月，在德国的维纳·措恩教授的帮助下，王运丰教授和李澄炯博士建成电子邮件节点，向德国发送电子邮件，内容是“越过长城，走向世界”。

1989 年 8 月，中国科学院承担了国家计划委员会立项的“中关村教育与科研示范网络”（NCFC）——中国科技网（CSTNET）前身的建设。

1994 年 4 月，NCFC 率先实现与国际互联网的全功能连接，中国进入了互联网时代。

1995 年 12 月，中国科学院院网百所联网工程完成。NCFC 成为一个面向科技用户、科技管理部门及与科技有关的政府部门服务的全国性网络，取名“中国科技网”。

2. 中国教育和科研计算机网（CERNET）

1994 年 7 月，中国第一个采用 TCP/IP 和 X. 25 的全国互联网主干网建成。

1995 年 12 月，中国第一个采用 TCP/IP 和 DDN 专线的全国互联网主干网建成。

1996 年 11 月，中国第一条与欧洲互联网连接的国际线路建成。

1998 年 4 月，中国第一个利用隧道技术接入国际 IPv6 的试验网（CERNET－6Bone）建成。

1999 年 5 月，中国第一个接入国际 IPv6 的生产网（CERNET－6Ren）建成。

3. 中国国家公用经济信息通信网（ChinaGBN，又称“中国金桥信息网”）

1994 年 6 月 8 日，金桥前期工程建设全面展开。

1995 年 8 月，金桥工程初步建成，在 24 个省（自治区、直辖市）开通联网（卫星网），并与国际网络实现互联。

1996 年 9 月 6 日，中国金桥信息网（ChinaGBN）连入美国的 256K 专线正式开通。中国金桥信息网宣布开始提供 Internet 服务，主要提供专线集团用户的接入和个人用户的单点上网服务。

4. 中国公用计算机互联网（ChinaNet）

1994 年，在北京和上海两个电信局实施网络互联工程。

1995 年，ChinaNet 骨干网的拓扑结构分为核心层和大区层。核心层由北京、上海、广州、沈阳、南京、武汉、成都和西安 8 个城市的核心节点组成，提供与国际 Internet 互联。

1996 年 1 月，中国公用计算机互联网（ChinaNet）全国骨干网建成并正式开通全国范围的公用计算机互联网络服务。

1997 年 10 月，中国公用计算机互联网（ChinaNet）实现了与中国其他三个互联网络即中国科技网（CSTNET）、中国教育和科研计算机网（CERNET）、中国金桥信息网（ChinaGBN）的互联互通。

（三）教学方法

采用文献阅读的方法，学生查阅相关文献并讨论。通过文献查阅，学生对中国计算机网络发展史尤其是四大骨干网络有了更深刻的认识，在未来的工作和学习中可以根据我国国情，有的放矢地学习和开展研究。

六、案例反思

本教学案例要求学生掌握计算机网络协议与体系结构，并引入我国四大公用计算机网络基本情况，让学生充分了解我国计算机网络的组成结构。

（一）优点

思政教育内容与课堂内容相关度高，引导学生进行文献查阅，组织学生制作我国四大网络发展的思维导图，效果较好。

（二）缺点

素材较为单一，仅是文字性材料，没有插入视频等其他视听资料。

七、育人效果与反馈

本案例通过对我国四大公用计算机网络的介绍，让学生了解我国计算机网络的基本结构，培养学生的爱国主义情怀，激发学生学习计算机网络的热情，教学效果较好。

Python 程序设计：政府工作报告词云制作

信息学院　张海军

一、课程简介

Python 是一种面向对象、解释型的计算机程序设计语言，已经成为最受欢迎的程序设计语言之一。由于 Python 的简洁、易读以及可扩展性，国内外利用 Python 进行科学计算的研究机构日益增多，一些知名大学已经采用 Python 教授程序设计课程。本课程通过对程序设计基本方法、Python 的语法、Python 多领域应用等知识的介绍，使学生掌握一门具有广泛应用价值的编程语言，并为后续的课程学习打下基础。通过本课程的学习，学生应掌握 Python 的程序控制流程、列表与元组、字典与集合、函数、输入输出及文件处理、类与面向对象编程、中文文本分析基础、NumPy、Pandas 等，初步了解算法设计的概念和一些简单的算法，为后续的非关系数据库及电子商务推荐系统等课程打下基础。

二、案例主题

政府工作报告词云制作。

三、对应章节及知识点

本案例对应第八章“中文文本分析基础”，对应的知识点为中文文本分析应用实例。

四、案例意义

本案例对 2022 年政府工作报告进行文本分析，可以让学生掌握中文分词及文本分析的基本方法。同时，将思政教育融入其中，使学生了解2022年政府工作报告中的重点内容和未来的发展方向，引导学生将个人的奋斗目标同国家的发展方向相结合。

五、案例描述

词云是文本大数据可视化的重要方式，可以将大段文本中的关键语句和词汇高亮展示。李克强总理代表国务院向第十三届全国人民代表大会第五次会议作了2022年政府工作报告。这份政府工作报告共17 000字左右，回顾了2021年的工作以及“十四五”的良好开局，指出了2022年经济社会发展总体要求和政策取向。那么，这份政府工作报告突出强调了哪些关键词呢？我们可以基于Python技术进行词频分析和词云制作。

代码如下：

```
    importmatplotlib. pyplot as plt#绘图库
import jieba
import chardet
import imageio
from wordcloud import WordCloud
# 读入文本数据
fp = open ('2022年政府工作报告 . txt', 'r', encoding = 'utf - 8')
content = fp. read ( )
# print (content )
#分词
words = jieba. lcut (content)
# 词频分析操作
data = { }
for word in words:
    if len (word) >1:
        if word in data:
            data [word] + =1
        else:
            data [word] =1
# print (data )
```

```
#排序
hist = list (data. items ( )) #转成列表
hist. sort (key = lambda x: x [1], reverse = True)
# print (hist )

#调试输出
for i in range (20):
    # print (hist [i ])
    print (' {: <10}  {: >5} '. format (hist [i]  [0], hist [i] [1])) #观察词频验证词云正确与否
mask = imageio. imread (r" chinamap. png")  # 用于最后图像图形
#生成词云
wc = WordCloud (
    font_ path = r'C: /Windows/Fonts/simsun. ttc',
    background_ color = 'white', #背景颜色
    width = 500, #图片的宽
    height = 300,
max_ words = 100, #显示词的最大个数
    max_ font_ size = 50,
    min_ font_ size = 12,
    mask = mask
)
wc. generate_ from_ frequencies (data)
wc. to_ file (r'. \ wordcloud. png') #保存图片
#显示图片
plt. figure (' 政府工作报告 ')
plt. imshow (wc)
plt. axis ('off') #关闭坐标轴
plt. show ( )
```

运行结果显示，“发展”“建设”“推进”“加强”“支持”这五个词出现频率最高，分别为 127 次、68 次、68 次、67 次和 59 次。制作的词云如图 1 所示。

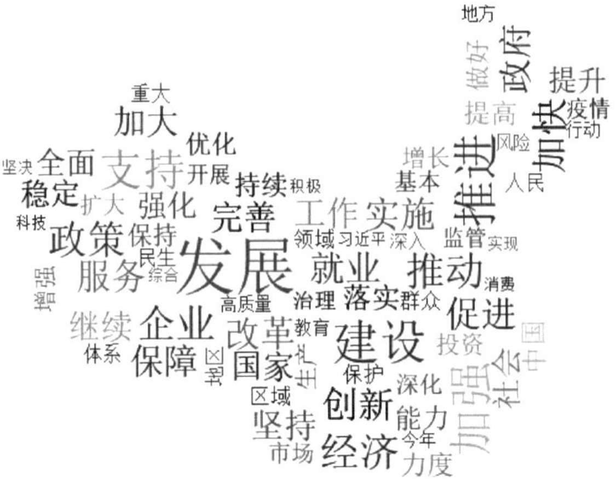

图 1

从上述得到的结果来看，高频词主要是动词，但是动词往往无法反映出政府工作报告所关注的主要内容，因此，我们需要进一步修改上述代码，找出政府工作报告中的高频名词。需要借助 jieba. posseg 包。代码如下：

```
importmatplotlib. pyplot as plt#绘图库
import jieba
import chardet
import imageio
from wordcloud import WordCloud
import jieba. posseg as psg
# 读入文本数据
fp = open（'2022 年政府工作报告 . txt'，'r'，encoding = 'utf - 8'）
content = fp. read（）
seg = psg. cut（content）
words = [x. word for x in seg if x. flag = = " n"]   #只关注名词
# 词频分析操作
data = {}
for word in words：
    if len（word） >1：
        if word in data：
            data [word] + =1
        else：
```

```
            data [word] =1
#排序
hist = list (data.items ()) #转成列表
hist.sort (key =lambda x: x [1], reverse =True)
#调试输出
for i in range (20):
    # print (hist [i ])
    print ('{: <10} {: >5}'.format (hist [i] [0], hist [i] [1]))
mask = imageio.imread (r" chinamap.png" )   # 用于最后图像图形
#生成词云
wc = WordCloud (
    font_path =r'C: /Windows/Fonts/simsun.ttc',
    background_color = 'white', #背景颜色
    width =500, #图片的宽
    height =300,
    max_words = 100, #显示词的最大个数
    max_font_size =50,
    min_font_size =12,
    mask =mask
)
wc.generate_from_frequencies (data)
wc.to_file (r'.\wordcloud.png') #保存图片
#显示图片
plt.figure ('政府工作报告')
plt.imshow (wc)
plt.axis ('off') #关闭坐标轴plt.show ()
```

制作的词云如图 2 所示，我们会发现“农村”“制造业”“市场主体”“贷款”“疫情”等这些词都展示在了词云中，基本能够反映政府工作报告所关注的问题。

六、案例反思

该案例通过对 2022 年政府工作报告进行词频统计和词云可视化，使学生掌握了 jieba 库、wordcloud 库等第三方库的使用，并对前期学习的知识点比如

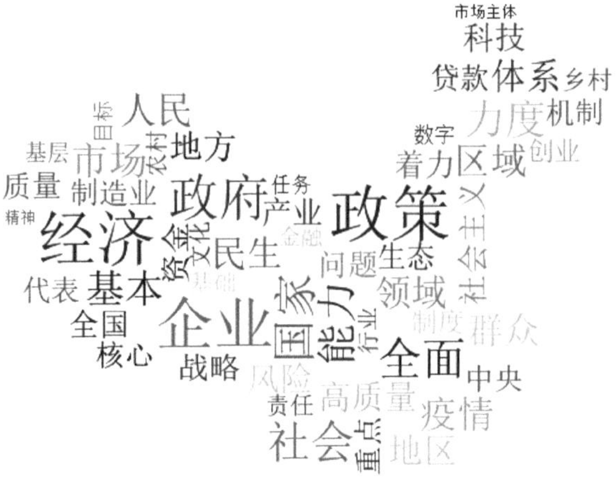

图2

循环结构、选择结构进行了巩固。根据案例运行结果制作的词云使学生感受到了 Python 编程的魅力，激发了学生的学习兴趣。另外，该案例采用的文本文件是政府工作报告，学生通过对该案例的学习可以提高政治觉悟，了解我国现阶段的发展情况和未来的重点发展内容，提高作为一个公民应该为国家发展做出贡献的意识。讲解完该案例后，结合学生的兴趣，采用著名的文学作品或新闻等作为分析文本进行练习，并利用停用词词典过滤掉无意义的词汇，提高学生学以致用、举一反三的能力。

七、育人效果与反馈

通过该案例的学习，学生学会了对文本文件进行词频分析，并通过制作词云的方式对关键词进行可视化。本案例教学使学生认识到了 Python 编程强大的功能和魅力，激发了学生深度探索 Python 编程的动力，对学生今后的研究和工作具有较大的帮助。此外，该案例采用的是 2022 年政府工作报告，学生可以在学习编程技能过程中了解我国当前的发展情况和工作重点，进而激发努力学习、报效祖国的爱国情怀。

电子商务安全：网络隔离技术

信息学院　刘俊娥

一、课程简介

电子商务安全是电子商务专业的一门主要专业选修课，旨在使学生了解电子商务安全的基本常识，掌握电子商务交易安全、支付安全、物流安全、信息安全等技术。本课程根据电子商务专业的特点，比较系统地介绍了电子商务安全基本理论、技术、管理及电子商务安全的应用。课程共包括三个部分：第一部分主要介绍电子商务安全的基本概念和理论，包括电子商务安全的体系结构、网络安全技术、现代密码技术与应用等；第二部分主要介绍电子商务的认证技术、电子支付与安全支付协议、电子商务安全管理等内容；第三部分主要介绍电子商务安全应用及案例、移动电子商务安全等内容。

二、案例主题

网络隔离技术。

三、对应章节及知识点

本案例对应第八章“网络安全”，对应的知识点为网络隔离技术——物理隔离技术。

四、案例意义

当今世界，人们的生活、工作和经济是基于电子商务或电子政务系统进行的。电子商务和电子政务业务系统的建设和应用离不开网络的支持。网络一旦瘫痪，电子商务和电子政务业务将无法展开，所以网络安全技术实现是电子商务安全中的核心技术之一。由于网络安全事件频发，影响和破坏力有很大的差别，所以保证网络安全的技术有很多，我们只选择网络隔离技术——物理隔离技术的应用作为典型案例。通过网络隔离技术——物理隔离技术的应用，学生可以在进行电子商务系统设计和应用时创建安全环境。一方面，可以结合章节内容讲解网络安全隔离卡技术、安全集线器技术和单主板隔离计算机技术等关键的物理隔离技术；另一方面，给学生讲解《国家信息化领导小组关于我国电子政务建设指导意见》，培养学生的家国情怀，树立利用所学知识报效国家的志向，为国家、为社会而学习，达到既教书又育人的目的。

五、案例描述

（一）内容概括描述

本案例主要讲述了京东商城电子商务系统的网络体系结构的安全部署方案。它采用了网络安全隔离卡技术、安全集线器技术和单主板隔离计算机技术的综合技术。

这个案例与国家的信息安全战略相适应，让学生体会到网络安全的应用价值。

（二）教学具体内容

本案例教学内容主要包括网络安全隔离卡技术、安全集线器技术、单主板隔离计算机技术。

1. 网络安全隔离卡技术（用于客户端）

网络安全隔离卡是一个硬件插卡，可以在物理上将计算机划分成两个独立的部分，每一部分都有自己的“虚拟”硬盘；网络安全隔离卡设置在电脑（PC）最底层的物理部件上，卡的一边通过电子集成驱动器（IDE）总线连接主板，另一边连接 IDE 硬盘。PC 的硬盘被分割成两个物理区：安全区和公共区。

①安全区，只与内部网络连接。

②公共区，只与外部网络连接。

③在安全状态时，主机只能使用硬盘的安全区与内网连接，此时外网是断开的，硬盘的公共区也是封闭的。

④在公共状态时，主机只能使用硬盘的公共区与外网连接，此时内网是断开的，且硬盘的安全区是封闭的。

两个状态各有自己独立的操作系统，并分别导入，保证两个硬盘不会同时被激活。两个分区不可以直接交换数据，但是可以通过专门设置的中间功能区进行，或通过设置的安全通道使数据由公共区向安全区转移（不可逆向）。

2. 安全集线器技术

安全集线器是一种多路开关切换设备。它与网络安全隔离卡配合使用，并通过对网络安全隔离卡上发出的特殊信号的检测，识别出所连接的计算机，自动将其网线切换到相应的网络的多转口转发器（HUB）上，从而实现多台独立的安全计算机与内、外两个网络的安全连接与自动切换。

3. 单主板隔离计算机技术（用于服务器端）

单主板隔离计算机技术的核心是双硬盘技术，它将内、外网转换功能做入基本输入输出系统（BIOS）中，并将插槽也分为内网和外网。这种技术使用方便且安全，价格介于双主机与隔离卡之间。

这种安全计算机是在较低层的 BIOS 上开发的。BIOS 提供信息发送和输出设备的控制，并在 PC 主板上形成两个各自独立的由网卡和硬盘构成的网络接入和信息存储环境，并只能在相应的网络环境下工作，不能在一种环境下使用另一种环境下才能使用的设备，包括：

①对软驱、光驱提供功能限制，在系统引导时不允许驱动器中有移动存储介质。双网计算机提供软驱关闭/禁用控制。

②提供双端口设备（打印机接口/并行接口、串行接口、USB 接口、MIDI 接口等）限制。对于 BIOS 则由防写跳线防止病毒、非法刷新、破坏等。

（三）思政内容

20 世纪末期，“政府上网”热潮把我国的信息化带到了一个新的高度。“政府上网”不仅表明互联网已经成为一个非常重要的领域，而且为信息系统安全技术提出了新的课题。国家保密局 1999 年 12 月 27 日公布的《计算机信息系统国际联网保密管理规定》第二章第六条要求：“涉及国家机密的计算机信息系统，不得直接或间接地与国际互联网或其它公共信息网络相联接，必须实行物理隔离。”根据《中华人民共和国网络安全法》第十五条的规定，国家建立和完善网络安全标准体系。国务院标准化行政主管部门和国务院其他有关部门根据各自的职责，组织制定并适时修订有关网络安全管理以及网络产品、服务和运行安全的国家标准、行业标准。

《国家信息化领导小组关于我国电子政务建设指导意见》提出，我国电子政务建设的主要任务之一是建设和整合统一的电子政务网络。为适应业务发展和安全保密的要求，有效遏制重复建设，要加快建设和整合统一的网络平台。电子政务网络由政务内网和政务外网构成，两网之间物理隔离，政务外网与互联网之间逻辑隔离。

简单来说，政务网应当跨越公网、外网和内网。其安全要求是：在公网和外网之间实行逻辑隔离；在内网和外网之间实行物理隔离。

（四）教学方法

采用多媒体教学方式，利用PPT进行授课的同时播放视频，另外让学生自己模拟一些设计，并做成视频，让学生在实际的案例中体会到物理隔离技术的用法。

六、案例反思

（一）优点

第一，表现了网络物理隔离的实际场景，让学生体会到网络物理隔离的价值，让电子商务专业的学生树立专业自豪感与使命感，懂得进行电子商务运维管理和数据分析的前提是网络安全，核心是电子商务系统和应用软件的部署是安全的。一旦出现安全事件，商业机密会泄露，网络会受到攻击。学生了解到社会上缺少网络安全的人才，为了祖国的发展、自己的未来，要树立学好专业知识的目标。

第二，本案例教学形象直观，改变了传统教学中的多媒体教学形式，没有枯燥的说教，而是在技术说明的基础上通过实际操作来给大家演示如何在网络上部署一个相对安全的环境，真实易懂，学生易于接受，提高了学生学习的兴趣。

第三，体现了人文关怀精神，体现了政府对人民的爱护，让学生看到了我国与时俱进、加强立法，为非接触经济和数字经济的腾飞保驾护航，彰显了我国社会主义制度的优越性。

（二）缺点

本课程的性质决定了不可能将物理隔离技术讲得比较细致、深入，因此没有过多地讲解细节，需要学生进一步自行提高。

七、育人效果与反馈

通过本课程的学习，学生了解了国内外电子商务安全发展的现状，增强了民族自豪感。学生在掌握专业技术的同时，更懂得如何正确科学地应用电子商务安全技术，进而提升人文层面的素养。

商学院篇

商学院高度重视课程思政建设，在学院党委的领导和支持下，积极组织各专业认真学习和贯彻落实教育方针及课程思政建设指导文件，支持教师参加培训，开展教学研讨，组织和支持课程组结合专业进行课程思政示范课建设。近 3 年共立课程思政建设项目 19 项，其中 11 项已结项，有 11 门课程获校级课程思政示范课；同时，劳动经济学课程获评北京市高校课程思政示范课程。课程思政相关成果和实践经验已公开发表或在专业教学会议上报告交流。商学院深入推进专业课课程思政建设，有效地推动了专业人才培养质量的提升。

一、教育者先受教育

在学院党委领导下，商学院组织课程组通过校内外培训和教研集体学习、个体学习相结合，学习习近平总书记关于教育的重要论述和全国教育大会精神，深刻领会《关于深化新时代学校思想政治理论课改革创新的若干意见》《高等学校课程思政建设指导纲要》《教育部高等教育司关于深入推进高校课程思政建设的通知》《全面推进北京高等学校课程思政建设工作方案》等文件精神，鼓励和支持教师积极参加课程思政专题培训，深化教书育人的内涵，进一步转变教学理念，强化课程思政的认识，树立起“大思政”的理念，全面提升教师开展课程思政的意识和能力，使教师在课程育人中发挥好主体作用。

二、围绕专业建设课程思政

专业课程是课程思政建设的基本载体。商学院根据工商管理类、公共管理类不同专业的特色和优势，指导专业和课程组深入研究授课专业的育人目标，梳理专业课教学内容，结合课程的特点、思维方法和价值理念，挖掘提炼专业知识体系中所蕴含的思想价值和精神内涵，力求找准“课程思政”的切入点。在课程教学中坚持以马克思主义为指导，加快构建中国特色哲学社会科学学科体系、学术体系、话语体系，结合专业课程性质，注重帮助学生了解专业和行业领域的国家战略、法律法规和相关政策，引导学生深入社会实践、关注现实问题，培养热爱国家、具有社会责任感的管理专业人才。

管理学：突如其来的新冠肺炎疫情下不同国家的呼吸机危机

商学院　张喜才

一、课程简介

管理学课程通过介绍管理的基本概念、各流派管理理论以及多样化的管理方法，基于管理过程理论，详细说明如何制订周密计划、恰当分工及建立有效的组织架构、运用恰当的领导方式、实施有效控制并注重创新等各项内容，使学生对管理工作开展的过程有比较系统、全面的了解，为后续专业课程的学习奠定基础，为培养高素质的经济管理人才打下良好的理论基础。

二、案例主题

突如其来的新冠肺炎疫情下不同国家的呼吸机危机。

三、对应章节及知识点

本案例对应第三章“道德与社会责任”第一节“管理道德”的五种道德观。

四、案例意义

新冠肺炎疫情下不同国家对于新冠肺炎病人的治疗反映了不同的道德观，有道德的功利观、道德的权利观、道德的公正观、综合社会契约观等。中国的处理方式生动诠释了中国共产党的为民情怀。

五、案例描述

新冠肺炎疫情引发了全球危机，而当医疗资源稀缺时，我们应该先救谁？

如果一家医院的呼吸机数量告急，医生应该根据什么标准来决定要优先治疗哪些患者？这是一个生物医学伦理学问题，也是全球新冠肺炎疫情下可能会出现的管理道德的现实难题。很多人提出了稀缺医疗资源的管理分配原则。

（一）利益最大化

要么挽救大多数人的生命，要么优先考虑那些最有可能在治疗后活得久的病人。比如，西班牙政府宣布优先救治65岁以下的病人，65岁以上的老年人回家等待自愈。

（二）每个人都有生存和得到救助的权利

每个人都有固有的尊严和内在的道德价值，不论年龄、种族、性别、信仰、社会经济地位或其他任何特征。

（三）人人平等

通过随机抽签决定谁应该得到治疗。根据纽约州2015年的一份医疗指导手册，在资源不够救治大量的流行病病患的情况下，应使用“随机选择”的方法来确保公平。随着确诊人数的不断增多，美国成为新冠肺炎疫情的重灾区。美媒称，在呼吸机紧缺的局面下，纽约可能会通过随机选择的方式来决定救治谁。

（四）应该根据各种意见决定谁应该得到救治

美国数百家医院已采用了一套患者打分评级系统，通过给病人评分，帮助医生决定该给谁使用呼吸机。这个评分融合了医学、公共卫生、法律、宗教、哲学和生物伦理学各方面的专家意见，并将客观的建议转化为具体的临床方案。

（五）无论年龄再大、病情再重我们都绝不放弃

在突如其来的新冠肺炎疫情肆虐下，湖北治愈的80岁以上的老人就有3 000多位。疫情发生以来成功救治的最大患者为108岁。为了抢救一位87岁的老人，身边十几位医护人员连续忙碌了几十天。人民至上、生命至上，为了保护人民生命安全和身体健康可以不惜一切代价。

六、案例反思

管理道德观是西方的理论，它并没有完全反映我国传统的道德观，所以

有一些西方人不理解我们的一些做法。但就是因为有这样的为民情怀，才有了我们五千年的中华文明。我们要反思中国的道德观，更要引导同学们树立中国社会主义核心价值观。

七、育人效果与反馈

同学们对不同国家的疫情应对有了自己的理解，更加认识到中国疫情防控的艰难和采取的各项措施的正确，也更加理解了我国社会主义制度的优越性。

政府采购的理论与实务：急民之所急，想民之所想

商学院　倪东生

一、课程简介

政府采购的理论与实务讲的是特色社会公共资源交易的治理模式和公务后勤保障方法，涉及政府的目标、东西方社会治理模式的区别及特色社会公共资源采购机制和方法的调整。通过学习本课程，学生应做到以下三点：首先，提炼出需求确认报告，确定商品、服务、工程的范围、品种、规格、性能、品质以及其经济性、维护性等指标，体验识货工程师的角色；其次，学会如何选择供应商，如何评价供给绩效，如何让社会认同；最后，克服权利人的私心、用智、自由裁量和寻租，保证过程的廉洁性和公正性。本课程还涉及中国在此领域的国际规范的制定和推广、国际协议的交流和学习。

二、案例主题

急民之所急，想民之所想。

三、对应章节及知识点

本案例对应：第一章“绪论”，涉及政府的目标、专业使命；第三章“政府采购方式”第二节“采购方式的发展与规范要求”，涉及应急物资保障与应急采购；第七章“我国政府采购管理体系的构建”第一节“政府采购管理体系”和第二节“采购人员的事业发展计划与知识结构”。

四、案例意义

本案例体现了政府采购专业课的使命与灵魂：“急民之所急，想民之所

想”“患难与共，不辱使命”。这是政府采购供给保障最好的示范，属于灯塔教学。

本案例的意义还在于让专业教育与社会“同呼吸、共命运”，让学生找到专业社会职责的切入点和贡献点：在疫情暴发时，须紧跟中央的战略部署，有政治素养和大局观念。本案例讲述了作为一个采购人应该如何履行专业使命，让学生深度领略应急物资保障的过程、价值和作用，通过现场示范教育，带动学生进入专业角色，履行专业使命。

五、案例描述

2020 年初，新冠肺炎疫情带来物资短缺、供给不足等相关社会问题，本案例据此准备了应急物资保障、应急采购教学文案，通过口罩这个物品所表现出来的商品需求、商品规格和特性、生产准备过程、商品验收标准等物资保障和采购过程必须了解的专业知识和技能，让学生一下子进入真实的专业情景之中，感受到国家的需要以及专业人士的价值和使命。

案例包括：通过事件回顾，让学生了解案源；介绍口罩的生产周期、国内供货能力、口罩的国内生产布局、口罩的品种以及商品特性和其执行的标准；口罩的生产过程和所用设备，口罩的质量和检验。中间穿插了中央电视台录制的口罩质量最终调查专题片。

六、案例反思

案例应时代之急、人民所需，系统地展示了专业人的社会使命、社会价值、专业水准，打通了过去教育的内容和实践分隔，进行了采购人采购专业任务的整体推演。这次线上应急教育，打破了常态、静态的专业知识传授行为，动态地推进了专业教育内容，实现了解决社会问题、引领示范社会实践的目的，意义深远。

本次课程涉及商品层面、生产层面、技术标准层面，介绍了一个采购人应该把握的知识和技能，提升了学生对本专业的骄傲和对于未来从事这一行业的信心，教学效果甚好。

案例缺点：由于相关知识储备不足，部分学生感到课程较为困难。

七、育人效果与反馈

本案例使学生的思想政治素质与文化素养得到显著提升，学生满意度提高，教学评价名列前茅。

运营管理：选址霍尔果斯市

商学院　金海水

一、课程简介

北京物资学院运营管理课程，现已基本建成涵盖本科生、硕士生、MBA等层次的完整的教学体系，在教学内容上突出了把国内外最成熟、最新的运营管理理论与我国企业实际情况相结合的特点，并把运营管理的范围从制造业扩展到服务业、网络企业；在教学形式上注重现代与经典相结合，理论与实践相结合；在教学方法上注重体验式教学、案例性教学和研究性教学；在教学手段上实现教学材料双语化、辅助教学多媒体化、课程教学软件化、教学交流互联网化、改善评价现场化。其教学目的是引导学生深刻认识我国改革开放 40 多年来在产品制造、企业竞争力、企业国际化等方面取得的巨大成就，从课程学习中感受到国家荣誉感与制度自信，在潜移默化中培养学生的世界观、人生观和价值观，特别是对社会主义核心价值观的认同。

二、案例主题

选址霍尔果斯市。

三、对应章节及知识点

本案例对应第四章“设施选址与布置”的第一节“设施选址”。

本案例对应知识点为影响设施选址决策的因素。

四、案例意义

企业的设施选址决策是企业的战略性决策，对企业的经营活动和长远发展具有重要的影响，是企业运营管理的主要内容之一。设施的选址决策受众多主观、客观因素的影响，国家的发展战略、规划和相应的政策、法律、法规等在其中起到十分重要的作用。

霍尔果斯市地处我国的西部边陲，是新疆维吾尔自治区的边境城市，受制于地理位置、市场和资源的约束，其市域经济发展始终没有大的起色，在国家“一带一路”倡议提出前，来霍尔果斯市投资兴业的企业屈指可数。2015年3月国家发展和改革委员会、外交部、商务部联合发布《推动共建丝绸之路经济带和21世纪海上丝绸之路的愿景与行动》以来，霍尔果斯市因位于“丝绸之路经济带”上，成为连接我国和中亚地区的纽带而引起了众多企业家的关注，进而成为企业家的“投资热土”。这种企业选址决策的转变，在很大程度上反映了国家的发展战略及其相应的政策措施对企业投资决策的影响，也在一定程度上表明我国的企业家响应国家号召、参与国家发展建设，对国家发展前景拥有信心、决心和责任担当。不仅如此，霍尔果斯市还吸引了大批来自中亚等地的国外企业，展现了“一带一路”倡议下的文化包容。

五、案例描述

“一带一路”倡议带动了我国和沿线国家的经济技术合作。受此利好，“一带一路”前沿城市霍尔果斯市成为企业投资选址的热土。

2019年7月19日，霍尔果斯经济技术开发区（市）举行2019年第二批社会投资项目集中开工仪式，共有20个项目集中开工，总投资24.62亿元，年内计划完成投资8.09亿元，这是霍尔果斯市深入贯彻落实“丝绸之路经济带”的战略构想的实际行动和具体体现，彰显了霍尔果斯市推动“通道经济”向“产业经济”“口岸经济”转变的坚定信心和决心。

据了解，在开工的霍尔果斯市2019年第二批社会投资项目中，“五大产业基地”项目有5个，包括：农副产品深加工项目2个，计划总投资3.1亿元，2019年计划完成投资1.05亿元；装备制造项目1个，计划总投资4亿元，2019年计划完成投资1亿元；生物制药项目2个，计划总投资1.4亿元，2019年计划完成投资0.7亿元。旅游商贸房地产类项目有6个，计划总投资11.54亿元，2019年计划完成投资3.4亿元。其他项目有9个，计划总投资4.58亿元，2019年计划完成投资1.94亿元。

盛康金丝路食品进出口有限公司年加工10万吨小麦、年产3万吨食品的项目是“五大产业基地”项目之一，总投资3亿元，占地115亩，计划于2019年7月底进场施工。

由霍尔果斯市卡拉尔汽车科技有限公司投资4亿元建设的新能源汽车延伸项目，包含1个消失模铸造辅助材料生产车间及建设年产10万辆汽车底盘关键零部件生产线及配套设施，全部投产可为500余人提供就业，年产值约为10亿元，能够实现年度税收2亿元。

“企业落户后，霍尔果斯市政府给予了大力支持，公司决定对原有产业进行整合改造，打造新的汽车零部件生产基地，抓住发展机遇，抢占市场份额，为汽车工业发展做出自己的贡献。”霍尔果斯市卡拉尔汽车科技有限公司总经理助理宁波说。

新疆新视角智能科技有限公司专业从事物联网+智能安防系统的设计、生产、销售，此次落户霍尔果斯计划总投资1.26亿元，拟用地30亩，年产3万套智能安防系统。新疆新视角智能科技有限公司董事长王晓宇说：“我们预计2019年投资1.28亿元，建设6条高速产业流水线，实现产值6 000万元左右，2020年流水线可能会达到24条，实现3亿元的产值，借助‘一带一路’的东风，通过霍尔果斯口岸把我们的产品辐射到欧洲。”①

结合上述案例和资料，引导学生进行课堂讨论：①新疆霍尔果斯市为什么吸引了众多企业前来投资兴业？②企业的选址决策受哪些因素的影响？在这一过程中，教师将有意识地引导学生开展企业选址决策过程中的企业家社会责任、理想信念和文化包容等所发挥作用的讨论。

六、案例反思

本教学案例资料针对性强，且与国家的“一带一路”倡议实施相适应，具有很强的现实性，思政教学效果好。其优点在于：“一带一路”倡议已经深入人心，具有非常广的知名度，学生对此都比较熟悉。学生可以有所“说”，有所“悟”，使案例教学发挥了应有的作用。学生既可以结合理论，也可以结合企业自身的特点进行讨论，避免了一些空洞的说辞，做到了言之有物。其不足之处在于：霍尔果斯市地处祖国的西部边陲，学生对该城市的了解过于贫乏，在讨论过程中往往偏离霍尔果斯市的历史、地理和城市在历史中的地位，忽略了霍尔果斯市成为丝绸之路经济带节点的必然性。这样不利于深刻领会国家“一带一路”倡议提出的历史意义。

七、育人效果与反馈

本案例与本章节关于企业设施选址决策的影响因素、国家“一带一路”倡议实施及我国正在开展的理想信念、社会责任、文化包容等教育相适应。

① 资料来源：市县招商网（https//www.zgsxzs.com/view-6078853.html）。

通过鲜活的案例，学生一方面加深了对相关理论知识的理解，另一方面可以结合自身的观察、体会谈认识、看法。通过教师的引导，学生加深了对设施选址决策应该与国家、企业的战略相适应这一核心观点的认识，以及对民族自信、责任担当、文化包容的理解。

管理沟通：2019 年华为危机公关——民族自信

商学院　罗倩文

一、课程简介

沟通是管理者职业生涯中最重要的组成部分，在工商管理专业开设管理沟通有其必要性。管理沟通课程是一门应用性课程，教学目的在于培养在企业经营管理背景中进行有效协调与沟通的能力，其重点在沟通。沟通能力已成为中上层员工选拔晋升的一项不可或缺的标准。

管理沟通课程的主要内容包括沟通概论、组织沟通、群体沟通、会议沟通、危机沟通、面谈、人际沟通、倾听、非语言沟通、口头沟通、书面沟通、跨文化沟通。

通过本课程的学习，学生能够改变传统的思维方式，学会换位思考，提高协调与沟通能力。

二、案例主题

2019 年华为危机公关——民族自信。

三、对应章节及知识点

本案例对应危机沟通的策略选择——雄鹰策略与鸵鸟策略。

四、案例意义

2019 年华为危机公关对接的专业知识点是危机沟通及其策略选择。危机沟通是个体或组织为了防止危机发生、减轻危机造成的破坏、尽快从危机中恢复而进行的沟通。危机具有突发性、破坏性、不可预见性和舆论关注性等特点。危机沟通的策略分为雄鹰策略和鸵鸟策略两种：雄鹰策略是积极沟通策略；鸵鸟策略是逃避沟通策略。选用此案例说明危机沟通中的雄鹰策略，能够激发学生对民族品牌的自信心，增强爱国主义情怀。

五、案例描述

2019 年华为的危机公关

2019 年 5 月特朗普签署了行政命令，宣布美国进入“紧急状态”：在此状态下，美国企业不得使用对国家安全构成风险的企业所生产的电信设备。美国商务部工业与安全局（BIS）还将华为列入一份会威胁美国国家安全的“实体名单”，从而禁止华为从美国企业那里购买技术或配件。

5 月 16 日晚，华为公共与政府事务部正式就美国商务部将华为公司及其附属公司列入管制“实体名单”一事做出回应。华为表示，反对美国商务部工业与安全局（BIS）的决定，这不符合任何一方的利益。华为将尽快就此事寻求救济和解决方案，采取积极措施，降低此事件的影响。5 月 17 日凌晨，海思总裁何庭波发表致员工的一封信，他在信中表示，我们曾经打造的备胎，一夜之间全部转“正”！

多年前，华为就做出了极限生存的假设，预计有一天，所有美国的先进芯片和技术将不可获得，而华为仍将持续为客户服务。为了这个以为永远不会发生的假设，数千海思儿女走上了科技史上最为悲壮的“长征”，为公司的生存打造“备胎”。

海思总裁致员工的一封信

尊敬的海思全体同事们：

此刻，估计您已得知华为被列入美国商务部工业和安全局（BIS）的实体名单。

多年前，公司做出了极限生存的假设，预计有一天，所有美国的先进芯片和技术将不可获得，而华为仍将持续为客户服务。为了这个以为永远不会发生的假设，数千海思儿女走上了科技史上最为悲壮的“长征”，为公司的生存打造“备胎”。数千个日夜中，我们星夜兼程，艰苦前行。华为的产品领域如此广阔，所用技术与器件如此多元，面对数以千计的科技难题，我们无数次失败过、困惑过，但是从来没有放弃过。

后来的年头里，当我们逐步走出迷茫，看到希望，又难免有一丝丝失落和不甘，担心许多芯片永远不会被启用，成为一直压在保密柜里面的“备胎”。

今天，命运的年轮转到这个极限而黑暗的时刻，超级大国毫不留情地中断全球合作的技术与产业体系，做出了最疯狂的决定，在毫无依据的条件下，把华为公司放入实体名单。

今天是历史的选择，所有我们曾经打造的“备胎”一夜之间全部转“正”！多年心血在一夜之间兑现为公司对于客户持续服务的承诺。是的，这些努力已经连成一片，挽狂澜于既倒，确保了公司大部分产品的战略安全，大部分产品的连续供应！今天，这个至暗的日子，是每一位海思的平凡儿女成为时代英雄的日子！

华为立志，将数字世界带给每个人、每个家庭、每个组织，构建万物互联的智能世界，我们仍将如此。今后，为实现这一理想，我们不仅要保持开放创新，更要实现科技自立！今后的路，不会再有另一个十年来打造“备胎”然后再换“胎”了，缓冲区已经消失，每一个新产品一出生，将必须同步“科技自立”的方案。

前路更为艰辛，我们将以勇气、智慧和毅力，在极限施压下挺直脊梁，奋力前行！滔天巨浪方显英雄本色，艰难困苦铸造诺亚方舟。

何庭波

2019 年 5 月 17 日凌晨

六、案例反思

华为是中国民族品牌，华为向全球顶级品牌进军遭遇美国的阻截。面对美国的阻截，华为第一时间发表声明，提出“科技自立”，激励了每一个中国人。华为危机迅速转为中国人的复兴重任，不但让华为渡过了品牌危机，更激发了每一个中国人的爱国热情，是一次成功的雄鹰策略。

此案例的运用让学生了解我国社会经济发展中的大事件，了解中国国情；同时感受到中国企业的智慧、能力与速度：面对危机，快速反应，行为果决，与员工、媒体和公众沟通，迅速控制事态，避免危机扩大。本案例激发了学生的爱国热情，使学生坚定了社会主义道路，增强了民族自信。

七、育人效果与反馈

通过学习本案例，学生了解和掌握了危机沟通的策略与原则，了解和掌握了危机沟通中的雄鹰策略与鸵鸟策略使用的条件和原则；同时，感受了华为公司面对危急时刻的积极态度，学习了雄鹰策略的优势，也激发了爱国热情，增强了民族自信。

客户关系管理："出租车皇帝"周春明提升和维护客户关系的诀窍

商学院　祝映莲

一、课程简介

客户关系管理基于以客户为中心的管理理念，能够实现对客户资源的有效开发、管理和维护，并进行客户知识的分析和利用，是企业在竞争中获胜的重要手段。课程主要内容包括：客户关系管理的理念与技术，企业关系客户的选择、开发、沟通、维护方法，客户价值评价及分级管理，客户满意与客户忠诚管理策略，客户数据挖掘等。

本课程教学方法为理论讲授与案例教学、情景模拟相结合，围绕客户关系管理的理论、管理策略、实践操作技能这三个层面展开教学，目的是使学生掌握客户关系管理的策略制定方法和操作技能。

二、案例主题

"出租车皇帝"周春明提升和维护客户关系的诀窍。

三、对应章节及知识点

本案例对应《客户关系管理》第一章"客户关系管理理念"，对应的知识点为客户关系管理的内涵。

四、案例意义

本案例所反映的思政映射与融入点为：坚持不懈，逆境中成长。

案例结合的授课内容为客户关系管理的内涵，着重讲授对客户关系管理的认识。通过对"出租车皇帝"周春明用心为客户提供服务的细节进行讨论和分析，我们看到他的成功绝非偶然。他将自己定位为"一群人的私家司机"，与竞争对手形成差异化；他关心客户的习惯喜好，给客户比家人还要贴心的服务。通过讨论，学生们了解了客户关系管理的目标，即帮助企业创造大量的、优质的、忠诚的客户。

而从周春明的创业经历更能看到，他的成功离不开超出常人的努力。周春明只是一个普通人，文化程度一般，面对中年失业的打击，他能坚持不懈，通过真心服务赢得新的人生，值得青年学生学习。

五、案例描述

周春明，被誉为台湾"出租车皇帝"、中国的"卡耐基"（见图1）。

图1

49岁那年，周春明失业，无奈之下，他开起了出租车。想要坐他的车，至少要提前一个星期预定，因为他的预约一般会排到2～3个月之后。当别的司机还在路上为寻找下一个客人烦恼的时候，他的担忧却是怎么挪出时间照顾老客户。一般的出租车司机每天至少开12小时，平均月入6万元。他每天工作8～10小时，月入12万元，整整比别人的收入多出一倍！

周春明刚转行做出租车司机时，要与3万个司机竞争抢客。他想出的第一个办法就是差异化，不计成本做长程载客，别的司机不愿意冒开空车回来的风险跑远路，所以将成本转嫁给客户，计价比跳表高 50%，他却发现这群人才是含金量高的商务旅客，只加价 17%。赢得客户好感和信任之后，长途订单开始增多，获得了可预期的长途商务客户。

周春明从普通的出租车司机一跃成为“出租车皇帝”，从一个失业者成为企业管理培训的高级讲师，并因此创造了两个台湾第一：第一位被台湾著名的《商业周刊》报道、被 200 多位教授和老板排队指名服务的出租车司机；第一位被台湾南山人寿等多家知名企业邀请去做演讲的出租车司机。后来，周春明还将自己的亲身经历写成了一部《计较，是贫穷的开始》的励志书。

课堂讨论：为什么周春明工作时间比别人短，收入却比别人多一倍？他在客户关系管理方面有什么可圈可点的地方？客户关系管理的目标是什么？

经过讨论，同学们总结出周春明的成功之处，包括：①提前了解客户及喜好；②注意服务细节；③帮客户解决问题。他把乘客从一个地点转移到另外一个地点，更从细节做好服务，提供的是免费的增值服务。企业应该学习这种态度，从细节了解客户，贴心服务，满足客户需求，从而赢得更多客户的青睐。

讨论结论：企业客户关系管理的目标是使企业拥有大量的、优质的、忠诚的客户，从而提高企业竞争力。

追加讨论：周春明是如何从一个中年失业者一步步走向成功的？

中年失业，很多人会自暴自弃，周春明也曾有过一段沉沦，人生没有目标，每天混日子。但他很快调整心态，直面人生低谷，通过自己的努力积累，成为享誉台湾的“出租车皇帝”。他还将自己的成功经验总结提炼，受邀到多家知名企业演讲分享。

随后，教师在课堂上播放周春明的演讲视频，再次组织同学们讨论如何面对人生逆境，从细节入手，从点滴做起，终会获得成功。

六、案例反思

该案例先引导学生围绕“出租车皇帝”周春明的经历讨论他在客户关系管理方面的成功经验，加深学生对客户关系管理理念的认识和实践，同时通过课后作业让学生对整个出租车行业的客户关系管理提出相应建议。

周春明取得成功的关键在于他拥有了大量优质的忠诚客户，他忍人之所难忍，行人之所难行，一路向前，不畏艰辛，终于有机会逆风前行，实现人生的辉煌。

进行思政结合时要鼓励学生积极发言，在掌握知识点的基础上深入思考背后的人生道理。课后，要求学生查找国内出租车行业客户关系管理的成功案例，并完成“出租车行业客户关系管理建议”的课后作业。相关资料和链接可以通过超星学习通慕课系统上传并要求学生们阅读。同时要注意掌控舆论方向，向学生传送正能量。

七、育人效果与反馈

周春明的成功既有偶然性也有其必然性。失业之初，他也曾沉沦低落，但是面对逆境，他很快站了起来，兢兢业业地把不起眼的出租车司机工作做好。他没有把自己定位成普通司机，而是为客户提供更高附加价值的服务。他从小处入手，在客户关系管理践行中不断总结提炼，灵活运用客户关系管理创造崭新的机会和高额的回报。

周春明努力拼搏的经历也让学生们感悟到人生并非一帆风顺，重要的是如何摆正心态，不惧逆境，迎风前行。

市场营销学：褚橙的成功之道

商学院　齐　严

一、课程简介

市场营销学课程主要讲授市场营销思想的发展演变以及现代市场营销的基础理论与知识，在此基础上，重点讲授企业营销实践中的各种营销方法与营销策略的应用。通过本课程的学习，学生可以掌握系统的市场营销理论知识，具备从事市场营销实践工作的基本能力，形成良好的职业道德和职业素养。

市场营销学是一门实践性较强的课程，针对这一特点，教学形式以课堂理论讲授和案例教学相结合为主，附以案例讨论、情景模拟、录像、课后阅读等多种形式，案例与时俱进，多选择与我们当前生活相关的一些新现象和新的企业营销做法，努力做到理论与实践相结合，增加学生的学习热情以及理性和感性认识。同时，本课程还十分注重通过案例渗透丰富多元的课程思政元素。

二、案例主题

褚橙的成功之道。

三、对应章节及知识点

本案例在学生学习完“营销环境”“消费者行为”内容之后，在“目标市场营销战略”课堂学习时使用。本部分主要知识点包括市场细分、目标市场选择和市场定位。

四、案例意义

（一）知识学习意义

本案例在知识学习方面的重要意义在于：首先，通过介绍褚橙品牌打造过程中的一系列做法和实践，讲授市场细分的概念和策略；其次，结合对中国水果市场需求的分析，讲授市场细分和目标市场选择的策略和技巧；最后，结合褚橙上市时的推广策略，讲授市场定位的方式、方法。

（二）思政育人意义

案例通过回顾褚橙发展历程和褚时健跌宕起伏的创业故事，帮助学生了解目标市场与市场选择的基本方法与意义，用褚橙低谷崛起的勇气和打造褚橙中的工匠精神感染年轻学子，达到课程思政育人目的。

1. 逆境中崛起的精神，提升学生们的逆境商

将褚橙的创立过程细细道来，可以让同学们在故事中感受褚橙品牌从低谷崛起的勇气，学会乐观面对苦难，不屈不挠。

2. 弘扬褚橙生产的工匠精神，塑造学生们良好的职业道德

褚橙在种植过程中近乎苛刻的标准化要求以及为了某个细节不辞辛劳、多次尝试的工匠精神，让世人感叹。工匠精神是职业道德、能力、品质的综合体现，也是当前浮躁社会迫切需要的一种精神。

3. 传承褚橙的家国情怀，培养学生爱国之情和强国之志

褚橙品牌在创立运营中强调要为国家富强和民族振兴贡献自己的价值，这种家国情怀值得我们每个人去敬仰、去学习。

五、案例描述

以品质高为特色的知名鲜橙民族品牌——褚橙，激励着大批怀揣创业梦想的有志之士。那么褚橙究竟是如何被开发出来的，又是如何走向成功的呢？

（一）哀牢山上种出冰糖橙

2002年，昔日辉煌尽失、处于养病状态的74岁高龄的褚时健登上了哀牢山，他承包了两千多亩荒地，打算种橙子。种上橙树后，褚时健不停地改进种植方法，为了保证橙子甜，他严格规范每棵树上挂多少果、如何施肥、干旱时期如何浇水等。种橙期间，遇到任何难题，他的第一反应就是看书，经常一个人翻书到凌晨三四点。他不上网，但是每天看报、听收音机。就这样从2002年开始，他用了6年时间种出了满山的冰糖橙。这种橙子汁多味美，品质上乘。

（二）沉淀10年，瞄准高端市场褚橙上市

在做褚橙之前，褚时健曾做过调查：世纪交替之际，超市里的进口橙子价格是国内橙子的10倍，且味道偏酸，可依然有很多人购买；国内橙子市场大多以品类、产地划分，没有强有力的领导品牌。褚时健结合橙子市场这样的大背景，耐心沉淀了近10年。褚橙在全国大范围上市之前，进社区、进企业等做了大量的地推工作，积累了一定的口碑。

2012年，经过生鲜电商平台“本来生活网”的社会化营销，褚时健种的橙子以“褚橙”“励志橙”的身份标签挺进北上广，顿时成为全国话题。2012年，王石等企业家先后来拜访褚时健，并作为意见领袖在微博等社交媒体平台主动传播褚橙品牌信息，媒体方面也纷纷开始关注起来。

2013年11月，褚橙团队把“80后”作为一个传播和消费主体，并制定了一整套广告文案和整个传播素材，比如通过韩寒微博转发、用数字（24:1黄金酸甜比）来表达个性化口感、印刷“走心”话语的个性化包装等。

2015年开始，褚橙牵手阿里巴巴，不仅在天猫独家开设“褚氏新选水果旗舰店”，而且把所售农产品接入阿里巴巴的互联网追溯打假系统“满天星计划”，尝试云生态系统农业。

2019年3月5日，褚橙创始人褚时健去世，享年91岁。褚时健的儿子褚一斌接过重任、继续打理生意。如今，褚橙已经在接班人的带领下持续健康地发展。

（三）成功之道：工匠精神和家国情怀

近10年来，褚橙的味道征服了无数消费者的味蕾，预售火爆，上市被疯抢，并留存了大批忠诚顾客，这不仅得益于褚时健跌宕起伏的人生故事，最关键的还是褚橙过硬的品质。褚橙过硬的品质背后是褚橙团队在褚橙打造过程中让人感叹的工匠精神。为挑选肥料，创始人褚时健把年轻人都不愿碰的鸡粪抓在手里捻，检查其中的水分和是否掺有锯末，因为眼睛不太好，他几乎要把鸡粪凑在脸上；他翻阅的橙子种植技术的图书被批注得密密麻麻；遇到书里没有的学问，他就数年如一日地待在田间地头，不厌其烦地探索实践。可以说，褚橙团队构建了一整套橙子种植的工业化体系。追求极致的工匠之心永远不会过时，在互联网时代，信息越来越透明，唯有好的产品才能有生存的空间，而极致的产品方能抵达人心。

随着褚橙的成功，不断有媒体对其进行采访。在采访中，褚橙创始人褚

时健多次强调一个人应为国家、民族和社会创造利益，而不是想着算计国家；多次提到“做企业不管大小，要使国家富、要使民族振兴”。

六、案例反思

本案例在进行案例教学时使用。课下学生自学任务包括：知识点方面主要有目标市场营销战略部分市场细分、目标市场选择和市场定位相关理论；案例方面主要阅读《褚时健传》（周桦著）以及从网络上查找褚时健种植褚橙中的一些细节。课堂上由同学们结合所理解的知识点分析案例内容，教师适时点评。

本案例优点在于：①改变了传统的教学手段，突出了学生的主体性，也调动了学生学习的积极性，大部分学生都能积极踊跃地参与课堂互动；②因为案例本身的故事性较强并富有感染力，课程思政育人的效果比较显著。

本案例缺点在于：存在部分学生搭便车现象，尤其布置的阅读任务执行得并不好，对阅读《褚时健传》缺乏有效的监测和考核措施。

七、育人效果与反馈

（一）教学效果

在课程教学中，学生学习案例内容的积极性较高，通过阅读书籍和网络素材，大部分学生对褚时健和“褚橙”品牌建立了良好的认知，不少学生被褚橙的精神深深触动。本案例对塑造年轻学子们的逆境商、工匠精神和家国情怀有着比较好的效果。

（二）学生评价与反馈

本案例课程思政育人效果显著。具体学生评价和反馈可从学生对课堂的留言及同学们所发的朋友圈中感知一二，因篇幅所限，仅展示少数示例。

“课堂上，令我印象最深刻的案例是褚时健的案例。课后，我去找了褚时健的资料，对老师的课程内容做了进一步的补充。他顽强的意志和强大的精神力量，深深地鼓舞了我。”

“老师在课上分享了很多案例，还带着我们一起研究了老乡鸡的案例。我学到了很多。通过案例学习，我深深地认识到，不管是做人还是做事，都一定要有社会责任感，勇于承担社会责任，做同龄人中的优秀分子。”

“通过案例学习，我了解到了很多市场的实际发展情况，知识面得到很大的拓展。老师的价值观特别正，带领我们进行了符合社会主义核心价值观的思考。我收获了市场营销专业的相关知识，个人能力也得到了很大的提升。最后我想说，我收获了一位超级好的老师！”

“我在这门课中收获得更多的是知识的运用方面。老师把课程知识和案例进行了很好的结合，让我对市场营销的很多看法都有了改变。我现在明白，在做事的时候更要积极承担社会责任。案例很有趣，对我的接下来的学习也有很大的启发。”

人力资源管理：中国人安全感全球排名第三和隐姓埋名的科学家

商学院　弓秀云

一、课程简介

人力资源管理是北京物资学院的重点建设课程和精品建设课程之一，是人力资源管理、工商管理、市场营销、会计、财务管理等管理类本科专业学生的专业必修课。每年有近300名学生学习该课程，课程覆盖面广，影响力大。

该课程大量使用《中外管理》《人力资源开发》《中国人力资源管理》等学术期刊上的鲜活理论与案例教学，使学生接触理论前沿和工作实际。其特色是培养拥有现代人力资源管理知识体系的国际通用型人力资源管理人才，使学生掌握人力资源管理的定性、定量分析方法，具有较强的语言组织与文字表达、沟通、协调及领导的综合能力。本课程结合美国国际人力资源管理体系课程进行教学，确保学生能在国内或国际企、事业单位中从事人力资源管理和决策工作。

二、案例主题

中国人安全感全球排名第三和隐姓埋名的科学家。

三、对应章节及知识点

本案例对应章节为绩效管理。

本案例对应知识点为影响绩效的因素。

四、案例意义

绩效的好坏受内外部环境的影响。内因有技能和激励，外因有环境和机会。因此，绩效是多种因素综合作用的结果。

该案例反映了一个国家的安全是国家繁荣进步的前提。我国安全感全球排名第三，因为我国有强大的科技军事实力。而强大的科技军事实力离不开老一辈科学家隐姓埋名的付出。

五、案例描述

2020 年 11 月 27 日，代表伊朗最高水平、被誉为伊朗“核武器之父”的核科学家法赫里扎德，在军方保镖的陪同下，乘坐伊朗国防部的特种安全车辆，在首都德黑兰附近的郊区遭遇了精准伏击。法赫里扎德身受重伤，失去意识。伊朗军方立刻派出直升机将法赫里扎德送到医院抢救，但无力回天。

法赫里扎德是被定点清除的伊朗科学家，但并不是第一个。伊朗首都德黑兰有个烈士博物馆，里面专门陈列了近些年被定点清除的伊朗科学家座驾。

1958 年，中国的核计划启动。而此时的中华人民共和国刚刚成立九年，国内还潜伏着大量的国民党特务。整个中国，水平达到能当核武器带头人这个地步的，只有寥寥几人。如果能把这几个人“定点清除”，可以直截了当地扼杀中国的核武器，起到四两拨千斤的效果。而保护这些科学家是非常困难的一件事，所以所有的科学家都必须隐姓埋名，都必须抛弃一切荣誉和财富，挂着一个普通的职衔，领着一份普通的薪水，在荒无人烟的大沙漠里一待几十年，甚至连亲人都不知道他们干嘛去了。在记录中国原子弹诞生的电影里，每一个科学家都会被问这么一个问题：“你愿意一辈子隐姓埋名吗?”

参与中国核工程的每一个人都是顶级人才。核武器功勋重臣、中国铀浓缩领域前期领路人里唯一的女性王承书，出生于 1912 年。1930 年，王承书考入燕京大学物理系。1934 年，王承书以连续三年全班第一名的成绩毕业。1941 年，王承书获美国巴尔博奖学金，来到美国密歇根大学，成为国际物理学权威乌伦贝克教授的学生。1951 年，王承书和导师创建了“WCU（王承书－乌伦贝克）方程”，极具价值，轰动全世界，至今仍在沿用。1955 年，中美达成协议，华裔科学家得以回国，王承书立即提交了申请书。她的导师乌伦贝克痛惜地说：“你若继续留在美国，日后有极大可能获得诺贝尔奖!”但王承书毅然决然地回国了。回国不久，王承书就隐姓埋名，彻底消失在了物理学界。因为她要为新中国生产浓缩铀。无论从任何角度看，王承书都是一个天才。

而主导中国核试验基地建设的程开甲，1946 年就获得奖学金，在英国爱丁堡大学成为诺贝尔奖获得者、著名物理学家玻恩的研究生。程开甲经常跟着玻恩一起参加各种国际会议，结识了薛定谔、海森堡、缪勒等物理大师。如果程开甲留在海外，未来必定会成为一个学术泰斗。但程开甲婉拒了导师玻恩，毅然回到了当时一穷二白的新中国。然后，他在中国的罗布泊几乎待了一辈子。

邓稼先 24 岁即赴美国攻读博士，26 岁成功拿到了美国的博士学位。因为年龄太小，他被称为“娃娃博士”。在拿到博士学位的第 9 天，邓稼先就毅然回国。1958 年，邓稼先接受了国家最高机密的任务，准备去西北大戈壁研发原子弹。此时，他和爱人许鹿希女士刚刚结婚 5 年，育有一个女儿和一个刚会摇摇晃晃走路的儿子。邓稼先没办法告诉爱人自己将要做什么，只是在临行的前一天，带着爱人和孩子去照相馆拍了张合影（见图 1）。

图 1

这是邓稼先留给许鹿希唯一的东西，因为第二天清晨，他就消失了。整整 28 年，许鹿希都不知道邓稼先去干什么了，也不知道邓稼先在哪。家里的两个孩子，一直到结婚生子都不知道自己的爸爸长什么样。在这 28 年里，邓稼先带领团队，为中国人研制出了第一颗原子弹、第一颗氢弹、第一颗中子弹。

一直到28年后的1986年，因为身患癌症，无法工作，邓稼先才得以回家和爱人许鹿希团聚。重逢后仅一年，邓稼先就在许鹿希的怀中离开了人世。这种牺牲推动了中国核武器事业的迅速发展，最终保护了全中国所有人的安全。

六、案例反思

该案例的优点是生动感人，能找到相应的电影《邓稼先》《钱学森》等影视素材；缺点是对于年轻的学生来说，他们可能体会不到我国当年一穷二白、内外交困的艰难，以及国家安全对于国家经济建设发展的重要性。

七、育人效果与反馈

本案例通过视频和讲解结合的方式，生动地展示了中华人民共和国成立之初，我国科学家放弃在海外的优渥条件，回到祖国，隐姓埋名，忍受困苦和寂寞，为国家安全事业做贡献的事迹。学生课后印象深刻，深深地被这种奉献精神感动，案例育人效果较好。

组织行为学（双语）：诸葛亮挥泪斩马谡

商学院　李玉珠

一、课程简介

组织行为学（OB）是一门交叉应用性学科，该门学科综合运用了心理学、社会学、人类学、经济学和政治学等多门学科的知识，研究组织情境中人的心理和行为的规律。学习组织行为学的目的是在掌握组织情境中人的心理和行为规律的基础上，更好地对组织情境下人的行为进行解释、预测、控制和引导，从而有效实现组织预期目标。通过该门课程的学习，学习者可以系统建立分析组织情境中员工行为的框架，能够从个体、群体和组织三个层次上理解并掌握组织行为学的基本理论，并能运用所学的理论知识和相关技术去解决管理实践中遇到的员工管理方面的问题，提高管理效果，实现组织目标。

二、案例主题

诸葛亮挥泪斩马谡。

三、对应章节及知识点

本案例对应领导力中的情景领导力理论：成功的领导是通过选择恰当的领导方式而实现的，选择的过程根据下属的成熟度水平而定。成熟度是指个体能够并愿意完成某项具体任务的程度。根据个体的能力水平和意愿水平高低，下属分为四种类型，领导者据此采用不同的领导方式。

四、案例意义

“诸葛亮挥泪斩马谡”是中国四大名著之一《三国演义》中的著名片段。诸葛亮基于国家大义和国家利益，在马谡痛失街亭、损害了国家利益的时候，不得不依军法处置。本案例基于基本的情景领导力理论，分析诸葛亮挥泪斩马谡这个故事的另外一个可能结果，引导学生应用情景领导力理论，找到让诸葛亮不用痛失街亭的办法，既能维护国家利益，又能保住爱将。因此，本案例的意义主要有：第一，培养学生的家国情怀和国家利益不容侵犯的意识；第二，让学生理解维护国家利益是需要理论知识的，鼓励学生学好知识，效力国家；第三，提高学生对中国传统文化的认可，树立文化自信。

五、案例描述

（一）案例内容

诸葛亮挥泪斩马谡

街亭之战发生于诸葛亮第一次北伐战争期间，也是这次北伐战争中一场决定性战事。诸葛亮攻祁山时，任命自己十分赏识的参军马谡领导诸军，后于军事重地街亭防御曹魏将领张郃的进攻。马谡在街亭违反诸葛亮军令，舍水上山，遭到围攻，最后痛失街亭。后马谡与将领李盛、张休等人被处死，黄袭被夺兵。

（二）案例实施过程

首先引入诸葛亮挥泪斩马谡的案例，让历史知识丰富的学生阐释诸葛亮为什么挥泪斩马谡，引入马谡痛失街亭的事件。让学生思考：在马谡痛失街亭这件事情上，马谡犯了军令，诸葛亮有没有错误?

接下来，介绍情景领导力理论：领导者要根据员工在完成某项具体任务时的成熟度（或称准备度）而采取不同的领导方式。员工成熟度是指在完成某项具体工作任务时所具备的能力与意愿的程度。员工的成熟度可以分成四种类型。

第一种（成熟度最低）：没有能力、没有意愿。

第二种：能力不强、有工作动机。

第三种：有能力、没有意愿。

第四种（成熟度最高）：能力强、有工作的意愿和动机。

这里需要说明的是，工作能力强不强是针对具体任务而言的，工作能力再强的人，也不可能胜任所有的工作，具备所有的技能。工作能力不强的员工也并不意味着所有的工作都不能干好。

一个人的工作意愿强不强是由不同的原因导致的，一个人的动力不足，可能是因为不喜欢，也可能是因为觉得工作没价值、没意义，还有可能是因为面对任务的时候信心不足。

最后，采用小组讨论法，让学生讨论如何应用情景领导力理论改变历史现实。

应用情景领导力理论，分析马谡的成熟度和诸葛亮的领导方式，会发现诸葛亮作为一个领导者，没有根据下属的成熟度选择合适的领导方式。马谡缺乏作战经验，没有能力；有参与作战的意愿，但是缺乏能力，认识不到诸葛亮命令当街扎寨的原因，没有执行军令的意愿。这样的员工，要提升他的能力，就要给他讲解为何当街扎寨，使他认同目标，变成有能力、有意愿的员工。如果诸葛亮当时应用情景领导力理论，选择适合的领导方式，为马谡阐释作战计划，提高其领悟能力和执行军令的意愿，可能就不会痛失街亭，既能保全爱将，又能维护国家利益。

六、案例反思

优点：案例具有文化性和趣味性，提高了学生对组织行为学理论学习的兴趣，加强了学生学以致用的意识，加深了学生对理论的理解与掌握，达到了理想的教学效果。

缺点：组织行为学（双语）课程要求用双语上课，但这部分内容属于中国经典传统文化，在翻译成英文的过程中，不够通俗易懂，翻译的“信达雅”也对教师的英语水平提出了挑战，这方面还需要加强。

七、育人效果与反馈

案例的引入加深了学生对中国古代文学的认识和理解，提高了学生对中国传统文化的认可，经典的案例引入理论学习中，给了学生一种新鲜感。案例强化了学生对于国家利益不可侵犯的意识，谁做出损害国家利益的事情，谁就要付出代价。学生在为蜀国痛失街亭惋惜的同时，意识到要想更好地维护国家利益，就要有扎实的知识和本领，从而激发学习的热情。

职业发展与就业指导：学习大国工匠精神

商学院　隆　意

一、课程简介

职业发展与就业指导课程的教学目的是使学生掌握较为全面的职业生涯规划理论，了解职业规划对人生发展的重要意义，为今后的职业发展做好准备。课程主要内容包括职业生涯规划的基本理论、影响职业发展的因素、自我认知、职业认知、通用能力训练等。该课程能够使学生掌握职业生涯规划的基本理论与方法，了解职业生涯规划的意义和价值，了解进行职业生涯规划要掌握的信息，了解为自己进行职业生涯规划的基本步骤。

二、案例主题

学习大国工匠精神。

三、对应章节及知识点

本案例对应《职业发展与就业指导》的职业技能探索。这一单元主要讲授技能在职业发展中的重要意义和技能的分类。技能可以分为知识技能、专业技能和自我管理技能，引导学生重视发展职业技能，树立为国家贡献力量的意识。

四、案例意义

工匠精神是工匠们对自己的产品精益求精，精雕细琢，追求极致，追求完美，追求更好，努力把品质从 99% 提升到 99.99% 的精神；是一种追求，是工匠们以质取胜的价值取向，是对自己所热爱的事业无比执着的职业精神追求；是一种品质，是工匠们执着于品质和品牌，锲而不舍，心无旁骛，专心致志的品质；是一种社会氛围，是全社会对工匠们的敬意。工匠精神的提出，对于当前大众创业、加快推进转型升级、提高增效具有重大的现实意义。培养和弘扬工匠精神需要从源头进行。本案例通过职业生涯规划课中职业技能探索的讲授，引导学生树立爱岗敬业、精益求精的精神，树立正确的择业观和就业观，在锤炼技能的同时将创新基因根植于心，有目的地提升职业技能素养，成为真正能做事、会做事、做好事并创造高效劳动价值的工匠型人才。

五、案例描述

中央电视台纪录片《大国工匠》讲述了不同岗位的劳动者匠心筑梦的故事。纪录片从大勇不惧、大巧破难、大道无疆、大任担当等层面，讲述来自不同行业的当代中国工匠的人生故事，展示他们非凡的职业绝技。《大国工匠》自 2015 年首播以来，受到社会广泛好评。纪录片中的劳动者们数十年如一日地追求着职业技能的极致化，靠着传承和钻研，凭着专注和坚守，缔造了一个又一个的“中国制造”。节目播出之后，工匠的故事很快引起社会热议。人们发现，这些工匠们之所以走入镜头，并非他们有多么高的学历、收入，而是他们能够数十年如一日地默默坚守，孜孜以求，在平凡岗位上追求职业技能的完美和极致，最终脱颖而出，跻身“国宝级”技工行列，成为一个领域不可或缺的人才。

教学设计：本章节主要介绍能力和技能的概念及分类，通过撰写成就故事、使用技能词汇表等方法，帮助学生从自己以往的各种经验中辨识个人所擅长的技能。同时，还介绍了了解职业技能要求的一些相关资源和方法，以便学生在校期间能够更加明确自己需要发展和培养哪些技能才能胜任自己心仪的工作。在技能开发和培养上，重点引导学生对工匠精神的理解。本章教学之前，提前一周布置学习任务——观看纪录片《大国工匠》。学生以 5 个人为一组，每组选取其中一个工匠人物，结合纪录片，查阅资料，熟悉人物事迹，制作汇报 PPT，在课堂分享工匠精神对自己职业技能培养的启发。课程结束后，要求学生撰写观后感。此活动计入平时成绩。

教学方法：案例研讨、小组讨论、讲授法。

六、案例反思

学生基本上都能认真观看、总结和反思，并能结合他们熟悉的人物事迹，比如女排教练郎平、眼科医生陶勇的事迹，进行学习和思考，拓展了学习的范围，深化了对知识点的理解。选取该案例的初衷在于帮助学生牢固树立工匠精神，鼓励学生追求爱岗敬业、精益求精、持之以恒和开拓创新等职业精神。工匠精神不是工匠们独有的品质，它存在于各行各业：飞机制造工人胡双钱一把锉刀一握36年，练出了“金属雕花”的过人本领，这是制造工人的工匠精神；“铁榔头”郎平在运动员时代每天强忍伤痛，重复发球、拦网等技术动作上千次，让国歌一次次奏响、中华一次次沸腾，这是体育运动员的工匠精神；骨科医生梁益建妙手挽救患者生命，仁心募集医疗善款，站上医学与医德的巅峰，这是医务工作者的工匠精神；河北教授李保国几十年如一日扎根太行山区，先后完成山区开发研究成果28项，培育出多个全国知名品牌，这是科研工作者的工匠精神；人民的“樵夫”廖俊波牢记党的嘱托，尽心尽责忘我工作，为官一任，造福一方，这是机关工作者的工匠精神。工匠精神无处不在，需要我们有一双善于发现的眼睛。

七、育人效果与反馈

通过课前准备、课堂讲授、学生汇报、讨论与分享，学生们对工匠精神有了更深刻、更直观的认识，从匠人身上看到精湛的职业技能带给自己、团队和国家的价值。学生非常真诚地表示要结合自己的专业、兴趣和性格，寻找适合自己的技能进行培养和开发，并持之以恒。课堂上有同学说：“工匠精神代表着永恒。我也看过国外的匠人纪录片，当看见哈雷戴维森工厂的装配工自豪地对儿子说‘街上那些漂亮的摩托车里就有我的签名’的时候，我想，我们的中国工匠也应该有这种荣誉感，社会需要给予技术人才更多尊重与重视。”

社会保障概论：以人民为中心的保障制度

商学院　李燕荣

一、课程简介

社会保障概论是人力资源管理专业的核心必修课程。社会保障概论课程思政建设总体设计思路是：坚定落实立德树人的根本任务，坚持显性教育和隐性教育相统一，将价值塑造、知识传授和能力培养三者融为一体，注重寓价值观引导于社保知识传授和社保管理能力培养之中。课程在设计与实施、教学团队建设、课程教材资源、课堂教学等方面融入思政元素，同时在教学内容、教学方法与手段、实践教学环节、考试考核方法等主要教学环节和课程资源条件建设中主动融入思政元素，切实将课程思政教学目标融入课程建设中，以发挥社会保障概论课程思政的育人作用。

二、案例主题

以人民为中心的保障制度。

三、对应章节及知识点

本案例对应第四章“失业保障”，对应的知识点为我国失业保险制度。

四、案例意义

第一，案例充分体现以人民为中心的保障制度的优越性，激发学生爱国主义热情。

就业是最大的民生，我国在全方位的失业保障制度的发展和完善中进行了较多的有益探索。本案例组织学生对最新的北京市失业保险金标准进行研讨和学习，帮助学生深入体会保险制度的功能和作用，深入理解我国“以人民为中心”的高质量保障制度的优越性以及中国共产党和中国政府一直秉持的执政为民的理念。本案例帮助学生树立了正确的世界观、人生观和价值观，激发了学生的爱国主义热情，更加坚定了道理自信、理论自信、制度自信和文化自信。

第二，研究性教学提高了学生运用专业知识分析和解决失业保障领域实践问题的能力。

失业保障水平的高低对我国就业及保障基金的影响重大，是业界的焦点和难点。引导学生运用课程中学习的保障制度的理论知识对案例进行讨论，不仅可以让学生们进一步掌握失业保障制度的知识，还能提高学生运用知识和理论尝试解决现实实践问题的能力，进而科学化、规范化地投身于我国保障制度的建设中。

五、案例描述

（一）教学内容

本案例全面介绍失业保险制度框架，结合我国就业形势及当前疫情下我国保障制度的完善，以北京市 2021 年的失业保险标准的调整作为教学的核心，在课堂上进行专题研究性学习：失业保险金水平高还是低？

北京市人力资源和社会保障局关于调整失业保险金发放标准的通告

（京人社发〔2021〕5 号）

为保障失业人员在失业期间的基本生活，根据《北京市失业保险规定》（北京市人民政府令第 190 号），结合我市实际，经市委、市政府批准，失业保险金月发放标准在现行基础上，每档增加 218 元。现将有关问题通告如下：

一、失业保险金调整后的标准：

（一）累计缴费时间满 1 年不满 5 年的，失业保险金月发放标准为 2 034 元；

（二）累计缴费时间满 5 年不满 10 年的，失业保险金月发放标准为 2 061 元；

（三）累计缴费时间满 10 年不满 15 年的，失业保险金月发放标准为2 088 元；

（四）累计缴费时间满 15 年不满 20 年的，失业保险金月发放标准为

2 115 元；

（五）累计缴费时间满 20 年以上的，失业保险金月发放标准为 2 143 元；

（六）从第 13 个月起，失业保险金月发放标准一律按 2 034 元发放。

二、调整后的失业保险金发放标准自 2021 年 8 月 1 日起执行。

特此通告。

北京市人力资源和社会保障局

2021 年 6 月 10 日

（二）研究性问题

针对《北京市人力资源和社会保障局关于调整失业保险金发放标准的通告》进行分析和评价：

①北京市失业保险金标准高还是低？为什么？

②失业保险金标准制定的原则是什么？

③如何进一步完善北京市失业保险制度？

（三）案例教学与研究性教学相结合

针对性设计专题教学场景，把学生的关注点引导到核心关键问题的真实性案例中：失业保险金月发放标准为 2 143 元，这个标准高吗？失业保险金月发放标准为 2 061 元，这个标准低吗？为什么从第 13 个月起，失业保险金月发放标准一律为 2 034 元？失业保险金月发放标准和累计缴费时间有怎样的关系？失业保险金月发放标准在现行基础上为什么和依据什么每档增加 218 元？一个个真实且直入核心的问题促动学生去思考、去验证、去探询、去发表自己的看法和观点。各方意见碰撞呈现，然后让学生进行总结性发言，并注意对有疑惑的同学专门进行辅导，让学生在学习专业知识理论与实践的同时深切体会到，以人民为中心的保障制度到底是如何坚持公平与效率、权利与义务相对等和以就业为民生之本的，更加坚定“四个自信”。

六、案例反思

本案例要求学生认真阅读《北京市人力资源和社会保障局关于调整失业保险金发放标准的通告》，分析和评价北京市失业保险金发放标准的高与低，理论和实践相结合，帮助学生掌握失业保险金标准确定的基本原则，深入理解失业保险制度的功能与作用，进而鼓励学生尝试就改革完善我国失业保险制度提出合理化建议，提高运用理论知识正确地分析和解决现实问题的能力。

本案例内容直观、具体而鲜活，有利于学生对保障制度的全面掌握和对我国失业保障制度先进性的理解。通过对北京市失业保险标准的学习和研讨，学生发现了权利与义务的一致性，适度标准的激励性和公平性，缴费年限的作用，保障水平与低保、最低工资、社会平均工资、物价的关系，保障制度的目标，标准的群体差异性及制度调整机制等问题。研讨中学生参与积极，不同的思想进行碰撞，授课老师适时点拨、追问，达到了深度理解失业保险标准的教学目标。同时，新冠肺炎疫情之下，北京市又配套出台了相关就业促进、失业补助金、保费延缓免交、就业补贴及社会保险补贴、保费返还等政策，这些内容的学习使得学生突破了所谓"保险都是花钱"的狭隘视野。专题研讨进一步激发学生努力学习、增强自身本领的积极性。

本专题的探讨需要建立在学生课下主动探索和熟悉《中华人民共和国劳动合同法》《中华人民共和国劳动法》相关内容的基础上。部分学生的准备和阅读不足，相关基础法规掌握不牢，会影响到专题的深入探讨，这需要教师给予重视和改善。

七、育人效果与反馈

通过真实案例的分析，学生对失业保险待遇给付的三大原则（保障本人及供养直系亲属的基本生活、待遇要低于劳动所得、要能体现"权利与义务相对等"的原则）有了更为深入的理解，达成了社会保障管理课程"知其然"且"知其所以然"的学习深度，在潜移默化的专业学习中增强了制度自信和爱国情怀。

"一个小小的失业保险金标准，竟有这么多的学问"，课堂上参与研讨的学生的这句话，真正体现了本专题研讨设计的初衷。用人单位消极参保和对失业保险的险狭认知是社会事实，如何帮助学生全面、深入掌握失业保险的制度目标和作用，既是课程的重点内容，也是训练学生将理论与实践相结合、深度提升专业管理技能的重要环节。本专题研讨纠正了学生以往的错误和偏见认知，推动了学生对反失业与就业促进制度的全面学习，在塑造价值观及培养职业道德方面发挥了重要作用。

劳动经济学：新冠肺炎疫情期间教育部下发扩招研究生政策

商学院　林　原

一、课程简介

劳动经济学是北京物资学院人力资源管理和劳动与社会保障专业学生的专业必修课程。通过本课程的学习，学生能够在掌握劳动力市场运行基本理论知识的基础上，提高逻辑思维、表达沟通、团队合作、自主学习、信息搜集与分析等方面的能力。本课程使学生理解我国各项劳动力市场调控政策的理论背景，引导学生深刻认识我国改革开放 40 多年来在劳动力市场建设方面取得的巨大成就，使学生增强国家荣誉感与制度自信，在潜移默化中培养学生的世界观、人生观和价值观，特别是对社会主义核心价值观的认同。

课程主要内容包括劳动力市场的供给与需求分析、均衡分析和非均衡分析、人力资本投资理论、工资报酬理论、政府行为和工会的影响、劳动关系、就业与失业问题等。

二、案例主题

新冠肺炎疫情期间教育部下发扩招研究生政策。

三、对应章节及知识点

本案例对应第二章“劳动力市场相关概念”第二节“劳动参与率与失业率”。

本案例对应的知识点为：①劳动参与率的概念；②失业率；③劳动参与率的影响因素。

四、案例意义

习近平总书记在党的十九大报告中指出，就业是最大的民生。就业问题也是劳动经济学研究的一个重要领域。新冠肺炎疫情对我国劳动力市场中很多群体的就业造成了严重冲击，其中就包括高校毕业生。党中央高度重视学生就业问题，李克强总理在2020年2月25日国务院常务会议上提出，当前要更加注重稳就业特别是高校毕业生、农民工等重点群体就业。针对高校毕业生，会议提出扩大硕士研究生招生。

本案例引导学生将家庭劳动力供给决策、劳动参与率和失业率的概念与我国政府调节劳动力市场的实践结合起来，从而更深入地掌握基础知识点的内涵；引导学生关注时事，关注国家发展重大事件及其与自身的关系；使学生深刻认识到我国政府从具体国情出发，采取了有效措施缓解失业状况，对于“就业是最大的民生”有了更深入的认知。在此基础上，本案例介绍了我国政府在新冠肺炎疫情期间为了稳就业所采取的多种举措，并将我国失业率数据与美国和英国的数据进行对比，让学生感受我国制度的优越性，树立制度自信，弘扬爱国主义精神。

五、案例描述

（一）案例内容

习近平总书记在党的十九大报告中指出，就业是最大的民生。据中国政府网消息，国务院总理李克强于2020年2月25日主持召开国务院常务会议。会议提出当前要更加注重稳就业特别是高校毕业生、农民工等重点群体就业。针对高校毕业生，会议提出扩大今年硕士研究生招生和专升本规模等对策。

据国家教育部统计，2020年普通高校毕业生共有874万人，比上一年增加40万人。《关于2019年国民经济和社会发展计划执行情况与2020年国民经济和社会发展计划草案的报告》也明确指出，2020年研究生招生规模为111.4万人，达到历史新高。

请回答以下问题：

①基于家庭劳动力供给决策，分析研究生扩招对劳动参与率有何影响。

②研究生扩招对失业率有何影响？

（二）教学实施流程——线上学习与线下学习相结合

围绕案例内容的学习，线上课前学习与线下课堂学习两个部分的具体实施流程如图1所示。

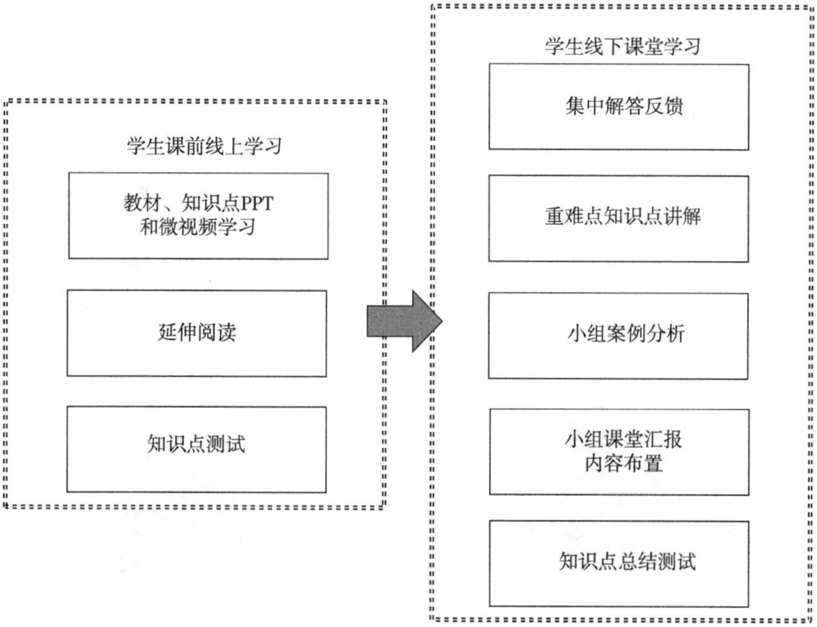

图 1

1. 学生课前线上学习——教材、知识点 PPT 和微视频学习（20 分钟左右）

学生在已经学习劳动力这一基本概念的基础上，利用教材、知识点 PPT 和超星平台的知识点微视频，自学失业率和劳动参与率的概念（见图 2、图 3、图 4）。

图 2

图 3

图 4

2. 学生课前线上知识点测试（5 分钟左右）

根据以往学生对于该概念的掌握情况，经常有学生将劳动力等同于就业人员，对劳动参与率和失业率概念的理解出现偏差。为了督促学生认真自学，及时了解学生知识点的掌握情况，课程组教师在超星平台设计了知识点测试（如图 5 所示）。

图 5

3. 学生线下课堂案例讨论

在教师为学生展示案例后，按照以下六个步骤引导学生开展讨论：

第一步：基础知识点回顾。首先请一组同学在黑板上画出家庭劳动力供给决策分析中所用到的“就业与非就业”选择模型，然后请一组同学在黑板上写出“劳动参与率”和“失业率”的公式，最后请一组同学阐述劳动参与率的影响因素。带领学生对基础知识点进行回顾，有助于学生对知识的掌握。同时引导学生围绕知识点进行分析，避免泛泛而谈。

第二步：分组讨论。给学生 10 分钟左右的时间，就这两个问题展开分组讨论。

第三步：小组发言。根据对每个问题不同的观点，请各组派出代表进行发言，在发言中注意追问“为什么”。

第四步：教师对小组发言进行总结（如图 6 所示）。

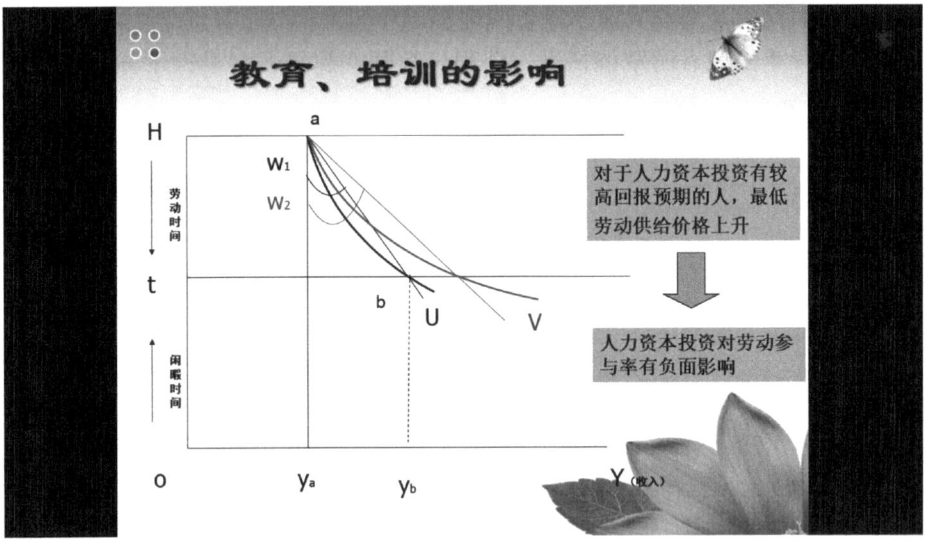

图 6

第五步：教师引导学生利用自己的电脑查找我国各地政府在新冠肺炎疫情期间所发布的促进就业的政策（如图 7 所示）。

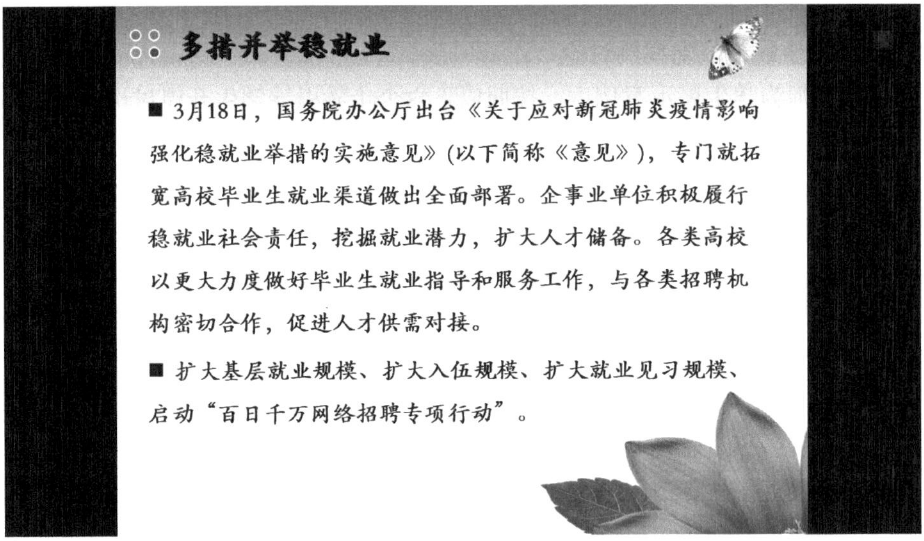

图 7

第六步：教师引导学生查找国内外失业率相关数据，并引导学生进行比较分析（如图 8、图 9 所示）。

	序号	统计指标	单位	数量
就业	1	城镇新增就业人数	万人	564
	2	城镇失业人员再就业人数	万人	213
	3	就业困难人员就业人数	万人	70
	4	期末城镇登记失业率	%	3.84
	5	新增技师和高级技师人数	万人	10.1
城镇职工基本	6	期末参保人数	万人	44152
	7	基金收入	亿元	20472.4

图 8

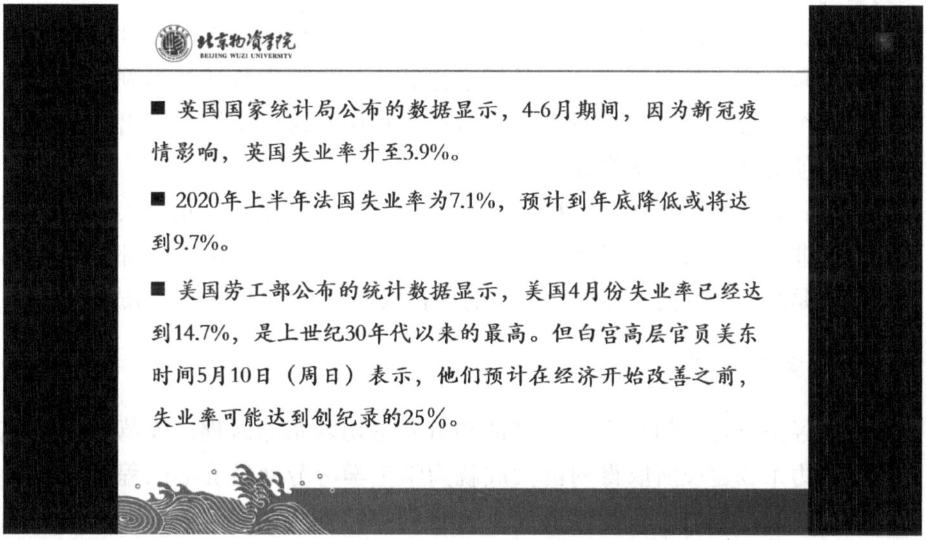

图 9

4. 案例引申：劳动参与率的影响因素（重难点讲解）

教师由案例内容进行引申，为学生讲解劳动参与率的影响因素。

影响劳动力参与率的因素错综复杂，各因素对劳动力参与率的影响程度、影响方向也不一样，即使是同样的因素，对不同的劳动力供给决策主体，发挥作用的程度和方向也不一致。目前无法准确核算出各因素对劳动力参与率影响的大小。一般来说，影响劳动力参与率的因素有以下几个方面：

第一，教育事业的发展状况，如教育年限、教育的直接成本和机会成本、就业起点与市场工资率关系等。教育事业的发展状况对青年人口（15～19岁年龄组）的劳动力参与率有重大影响。这个年龄组的人员应该在校学习，由于在校学习的学生一般不计入劳动力，所以如果社会上年轻人受教育年限普遍延长，那么16岁以上人口中将有不少人不进入劳动力群体，劳动力参与率自然会降低。

第二，社会保障等制度的完善程度，比如养老保险等社会保障制度的完善与否对老年人口的劳动力参与率有很大的影响。如果这些制度完善到“老有所养”，那么老年人口劳动力参与率也将降低。此外，退休年龄对老年人口的劳动力参与率也有影响。

第三，性别。总劳动参与率可以根据性别分为男性劳动力参与率和女性劳动力参与率。近年来，随着世界各国女性劳动力参与率的提高，各国总劳动力参与率也有所提高。

第四，宏观经济状况，如经济周期波动、繁荣与衰退的交替对劳动参与决策的种种影响。如果经济处于长期衰退状态，失业者长期找不到工作，就可能打击个人心情，失去寻找工作的耐心和意愿，这将使他们退出劳动力群体，从而使劳动力参与率降低。

第五，人口的年龄构成。按年龄段划分，人口总体是由儿童人口、劳动力人口和非劳动力人口三部分组成的。劳动力只是总人口中的一部分，在时间上三者是相互关联的。劳动力人口的增长依存于人口总体年龄构成的变动。

六、案例反思

劳动经济学是一门与现实经济活动有着密切联系的课程，改革开放以来我国劳动力市场建设所取得的巨大成就为学生学习劳动经济学课程提供了丰富的素材。习近平总书记在党的十九大报告中特别强调了就业问题、收入分配、共同富裕问题，就业问题、收入分配、共同富裕问题也是劳动经济学研究的热点问题。本案例引导学生将劳动经济学理论知识应用于我国劳动力市场实践的分析，从而使学生更加深刻地理解我国政府在劳动力市场调控方面的大政方针和所取得的成就，培养学生的爱国主义情怀。同时，案例讨论与资料收集也培养了学生的团队合作能力、信息获取能力和语言组织能力。

由于目前反映我国劳动力市场建设成就的案例还比较少，课程组还需要进一步收集整理。

七、育人效果与反馈

在劳动经济学课程思政点的学习过程中，能够明显看到学生的学习热情比较高，对国家、社会的认可度更高，爱国主义精神得以激发，自信心更强。尤其是在案例研究性学习中，学生通过横向比较和纵向比较，能够切身感受、观察到祖国的制度优势、文化优势，对学生树立制度自信、文化自信起到了积极的作用。

从学生评教和督导的听课反馈来看，劳动经济学课程教学取得了良好的效果。

法学院篇

北京物资学院法学院的法学本科专业是北京市一流本科专业建设点，开设法学辅修（双学位）班、第二学士学位班；研究生层次设有法律硕士专业硕士学位点、法律经济学二级学科硕士点。北京物资学院是首届北京高校卓越法治人才培养联盟理事单位；开展英国德蒙福特大学“3＋1”双学位与“4＋1”留学合作项目，是英国德蒙福特大学“全球最佳合作伙伴”；与西南政法大学签订战略合作协议，共同成立国际物流规则研究中心；是中国商业研究会副会长单位、中国法学会经济法学研究会理事单位、北京市交通运输法学研究会副会长单位、北京政府法制研究会理事单位，拥有一支由知名法学家组成的校外导师团队。北京物资学院法学专业是教育部批准的全国唯一以流通法为特色方向的法学本科专业，创新精细化培养模式，实施本科生导师制，专业教师、导师、班主任共同引领同学们的四年成长。法学院拥有一支高素质的教师队伍，教授、副教授高级职称教师占全体教师总数的67%，博士学位教师比例为86%；拥有北京市优秀教师、北京市中青年骨干教师、北京市高等学校课程思政教学名师及团队、北京高校优秀共产党员、北京高校优质本科课程主讲教师，多名教师获北京高校青年教师教学基本功比赛一等奖、二等奖。法学专业拥有一支由100多名知名法学家、实务专家组成的校外导师团队，共同组成法学专业师资队伍。法学专业“课程思政”示范课程群育人团队致力于课程思政建设，承担校级课程思政示范项目25项，通过专业教学与课程思政的融合，全面提升育人水平与教学质量。

行政法与行政诉讼法：贯彻依法行政原则，推进法治政府建设

法学院　吴长军

一、课程简介

行政法与行政诉讼法是北京物资学院法学专业核心课程之一，荣获北京高校优质本科课程。本课程为线上线下融合课程，线下开设精品课堂的同时，重视线上视频资源开发，选择重点、难点和连接点，录制精品慕课教学资源，在“超星慕课平台”“学习强国”“学银在线”平台上线；程序与实体并重，理论与实践结合，有机融入“课程思政”元素。

该课程集实体性、规范性和程序性于一体，可以分为行政法与行政诉讼法两部分。重点是行政行为与行政救济，难点在于行政主体理论。教学方法以案例分析为特色。本课程系统阐述基本概念、基本原理、主要制度、规则体系、实务前沿，体现了“知识与应用并重，理论与实践结合”的特色，重视培养学生依法行政观念，提升专业使命与责任意识。

二、案例主题

贯彻依法行政原则，推进法治政府建设。

三、对应章节及知识点

（一）对应章节

本案例对应《行政法与行政诉讼法》第二章“行政法的基本原则”第二节“依法行政原则”。

（二）知识点

结合习近平法治思想专题学习，学生应重点掌握以下知识点：①依法行政原则；②依法行政原则的基本含义；③依法行政原则的基本要求。

四、案例意义

第一，有利于把“课程思政”与专业教学有机融合。本案例通过思想政治教育，使学生不仅将法学、法律作为谋生的工作，而且将公平、正义等作为工作、生活的价值追求，使学生具备一定的政治素养、道德素养、人文素养，最终实现培养“德法兼修”社会主义法律人才的目标。

第二，有利于在法学课程中解决专业课程与依法治国发展战略的关系问题，使学生真正建立起社会主义法律信仰，正确看待依法治国进程中面临的各种问题和困难，自觉肩负起社会主义法治建设的重要使命。

第三，有利于培养学生依法行政的法治思维和法治意识，牢固树立公平、正义、法治观念，自觉学习与贯彻习近平法治思想。

五、案例描述

（一）教学具体内容

第一，通过传授依法行政原则的基本内容，深入学习贯彻习近平法治思想，全面推进依法治国战略。按照授课内容有意识地融入思政教学目标，并以传统教学方式＋创新教学方式展开，使学生在消化吸收依法行政原则的概念、规范依据、制度内涵与实施机制等课程内容的同时，有效地理解与掌握依法行政是在建设我国社会主义法治实践中必须遵循的基本原则。通过法条分析、案例分析等传统教学方式，具体详解依法行政原则的基本内容，确保学生理解和掌握依法行政原则，并培养学生提升运用法治思维和法治方式解决问题的能力。结合习近平法治思想学习，通过开展行政合法性主题辩论赛的创新教学方式，辅以教师的法理解析和思维论证等方式的引导，培养学生团队合作能力和法律思辨能力。

第二，通过结合习近平法治思想学习讨论，引导学生认识依法行政原则在建设法治政府实践中的重要意义。本案例通过展示当下我国依法行政原则贯彻实施的实践成果，坚定学生的法治理念和法治信仰，提升法治素养，并鼓励其积极投身于中国特色社会主义法治建设事业；以课后思考题的驱动教学形式，激发学生继续思考依法行政原则的理论价值与实践价值。

第三，结合习近平法治思想的学习，深化学生对全面依法治国战略、依法行政原则的理解。全面依法治国是中国特色社会主义的本质要求和重要保障。必须把党的领导贯彻落实到依法治国全过程和各方面，坚定不移走中国特色社会主义法治道路，完善以宪法为核心的中国特色社会主义法律体系，建设中国特色社会主义法治体系，建设社会主义法治国家，发展中国特色社会主义法治理论，坚持依法治国、依法执政、依法行政共同推进，坚持法治国家、法治政府、法治社会一体建设，坚持依法治国和以德治国相结合，依法治国和依规治党有机统一，深化司法体制改革，提高全民族法治素养和道德素质。

（二）教学方法与教学设计

第一，科学设计课程思政教学目标，培养依法行政观念，树立中国特色社会主义法治理念。课程教学除了设计知识目标、素质目标、能力目标，还科学设计思政目标，培养行政法与行政诉讼法综合素质，强化行政法治意识，牢固树立行政法治观念，培养公平、正义价值追求，培育和践行社会主义核心价值观。

第二，重视教学方法改革，充分利用慕课平台系统，开发试题库、作业库、法规库、文献库、著作库、视频库、庭审直播库、法律文书库等一流课程教学资源，开展线上线下融合一流课程改革。重视通过案例教学法、任务驱动法、PBL 教学法等多元教学方法与手段，灵活运用课堂提问、讨论、启发、自学等，使用多媒体，有效地调动学生的学习积极性，激发学生的潜能。开展“课程思政”改革，有效融入“课程思政”内涵，培养依法、公开、公平、公正的行政法治思维，培养中国特色社会主义法治理念，树立社会主义法治理想。本课程坚持知识、能力、素质有机融合，强调广度和深度，培养学生解决复杂问题的综合能力和高级思维，培养学生深度分析、勇于创新的能力与素质。

第三，优化课程思政教学内容供给，教学过程中注重讲好中国故事，在潜移默化中坚定学生理想信念，厚植爱国主义情怀，加强品德修养，增长知识和见识，培养奋斗精神，提升学生综合素质。本课程科学合理拓展专业课程的广度、深度和温度，从课程所涉专业、行业、国家、国际、文化、历史等角度，增加课程的知识性、人文性，提升引领性、时代性和开放性；注重学思结合、知行统一，增强学生勇于探索的创新精神、善于解决问题的实践能力，注重让学生在亲身参与中增强创新精神、创造意识和创业能力；注重教育和引导学生弘扬劳动精神，扎根中国大地，了解国情民情，在实践中增长智慧才干，在艰苦奋斗中锤炼意志品质。全面推进依法治国需要全社会共同参与，需要全社会法治观念增强，必须深入开展法治宣传教育，在全社会弘扬社会主义法治精神，建设社会主义法治文化。

第四，重视专业课程与课程思政元素有机融合，促进学生思想政治素质与文化素养提升。本课程认真组织理论课堂教学内容，合理取舍，设置教学内容，使启发教学贯穿于整个学习过程中，结合讲课内容，丰富学生的知识，提高学生的学习积极性；全面培养学生社会主义核心价值观、依法行政、公正执法、公平执法观念，树立法治政府、廉洁政府、责任政府、透明政府、服务政府理念。

六、案例反思

第一，课程思政教学既重视知识传授、能力培养，又重视学生价值塑造与思想引领。本课程以专业知识为载体，将思想政治教育贯穿于教育教学全过程，实现知识传授和价值引领相统一、教书和育人相统一，充分发挥课堂育人的主渠道作用。

第二，课程思政教学应当展示当下我国法治建设的理论与实践成果。本课程能够坚定学生法治信仰，提升法治素养。

第三，课程思政教学应结合专业教学与课程教学系统进行中国特色社会主义和中国梦教育。本课程有机融入社会主义核心价值观教育、法治教育、劳动教育、心理健康教育、中华优秀传统文化教育。

七、育人效果与反馈

第一，学生加深了对习近平法治思想的认识，进一步理解了依法行政原则的内涵、要求。本课程使学生认识到全面推进依法治国，必须坚持全面推进科学立法、严格执法、公正司法、全民守法，这是新时代法治建设的“十六字”方针。

第二，重点优化课程思政内容供给，坚定了学生的理想信念。本课程以爱党、爱国、爱社会主义、爱人民、爱集体为主线，提升了学生的政治认同、家国情怀、文化素养、宪法法治意识、道德修养。

第三，积极参加教学质量评价，行政法与行政诉讼法课程教学效果良好。

本课程积极接受督导评价、同行评价、学生评价等多形式的课程教学评价，及时召开学生座谈会，了解学生评价与建议，课堂教学评价结果优良，课堂教学效果良好，课程思政改革示范辐射效果优良。

竞争法：“政府与市场的关系”的时事讲解

法学院　尚　珂

一、课程简介

竞争法律制度是市场经济法律体系中的重要制度。竞争法课程的目的在于使学生了解市场经济中竞争的基本原理和准则，学会以法学的视角和方法分析市场竞争中的各种现象，提升解决竞争中的问题的能力。

课程的主要内容包括：竞争法的研究对象、基本理论及基本知识；我国及外国竞争法相关的法规及其运用。

本课程的主要教学环节包括课堂讲授、讨论教学、实证分析。结课采取过程评价与考试相结合的方式，平时成绩占40%，期末成绩占60%。

二、案例主题

“政府与市场的关系”的时事讲解。

三、对应章节及知识点

本案例对应第一章“竞争与竞争法概述”。主要知识点包括：市场的概念、竞争的概念、市场竞争的规则、竞争的本质、政府与市场的关系。

四、案例意义

竞争法在市场经济法律建设中占据重要地位。构建科学先进的竞争法体系是完善中国特色社会主义法律体系的应有之义，如此可认识到良法善治在满足人民对和谐有序市场竞争环境的诉求等方面的重要性。在竞争法教学过程中，应引导学生关注时政热点，通过时政热点的分析，增进学生对于竞争法理论学习和中央政策精神的理解，提升课程思政教学的时代感和实效性，增强学生的法治理念、情感认同以及大局意识。

本案例从党中央关于政府与市场竞争关系的论述谈起。"使市场在资源配置中起决定性作用"，是党的十八届三中全会在理论上的重大突破和实践中的重大创新，具有鲜明的时代特征，是深化经济体制改革必须紧紧抓住的主攻方向。作为经济法律部门的竞争法课程，核心内容是围绕反垄断法与反不正当竞争法讲述政府对市场竞争的规制与监督，需要让学生正确理解政府与市场的关系，了解政府干预市场竞争的行为与边界，了解政府对干预市场竞争的价值理念。本案例体现了这个课程目标。

五、案例描述

党的十八大以来，以习近平同志为核心的党中央紧紧把握社会主义市场经济的本质特征与发展规律，比过去任何时候都更加充分重视市场公平竞争。围绕着政府与市场基本关系的定位，本课程充分挖掘和准确理解关于政府与市场公平竞争关系的重要论述。

本课程以新冠肺炎疫情发生后，为提振经济，政府发放消费券行为为切入点，讲述政府与市场的关系以及市场竞争与法的关系，在课堂上系统讲解政府与市场竞争的关系，布置作业要求学生围绕新冠肺炎疫情发生前后政府对市场的作为方式进行研讨。

案例讨论：新冠肺炎疫情发生后，为提振经济，政府发放消费券行为。

2020 年暴发的新冠肺炎疫情对市场经济造成严重影响，经济活动不振，消费沉迷。随着疫情的逐步向好，为促进经济回暖、鼓励群众消费，各地政府采取发放政府消费券方式，围绕大宗消费、餐饮消费、新型消费、品牌消费、农村消费等重点领域，适时组织消费促进活动，旨在帮助市场主体稳预期、渡难关，为经济发展积蓄并恢复基本力量。

2021 年江苏省体育消费券于 9 月 8 日发放，有效期为 2 个月，领券人群为江苏境内的健身群众。体育消费券的领取要求为：①此次消费券只能使用中国银行的"江苏全民健身卡"，没有中国银行银行卡或非"江苏全民健身卡"需持本人有效身份证至网点办理；②需在中国银行小程序或 APP 上领券，绑卡认证，最后申领；③付款时需用中国银行的手机银行，且付款账户必须为"江苏全民健身卡"。

2020 年 3 月 27 日，杭州下放总额达 16.8 亿元的支付宝消费券，支付宝具有线上与线下支付、电商服务方面的优势，用户数量覆盖率高，有利于政府消费券的高效发放，便利性极高。

2020 年，北京为在京过年人员发放餐饮购物消费券、智能产品消费券和餐饮外卖消费券，京东、北京苏宁、小米、国美、美团、饿了么等六家平台累计发放 3 900 万张，带动工商银行北京分行、北汽集团、北京苏宁等企业自主发放满减券、折扣券共约 100 亿元。上述消费券不限制门槛，用户不必消费满一定数额后方可使用消费券，可直接使用。

针对这一案例，组织同学们对市场机制的作用、政府调控的边界与手段进行讨论，深刻认识政府与市场的关系。

六、案例反思

政府干预与市场竞争的关系始终是竞争法治的核心指导原则。依据该原则，市场在资源配置中起决定性作用，更好发挥政府作用，二者缺一不可。围绕该原则，竞争法在宏观和微观层面有其不同的目标和导向：宏观方面，构建统一开放、竞争有序的市场体系是基本要求，而党中央及习近平总书记提出的市场竞争政策是增加竞争法知识的必要前提。结合时政热点问题开展授课，可增强课程思政教学的实效性。

在课程安排上，有关政府与市场竞争关系的讲述结合案例展开，效果很好。此类案例既有丰富的理论依据也有生动的社会实践，讲授时可以扩展到社会现实的很多方面，能够与身边的事情紧密相连，进一步增进师生之间的互动交流。

七、育人效果与反馈

本案例能够有效地反映课堂教学目标，也能够让学生真正理解政府对市场干预的价值标准，易于学生接受和理解。学生积极参与案例的交流讨论，取得了较好的育人效果。

竞争法课程教学实践的目的是让学生掌握市场概念、竞争内涵、市场竞争规则、竞争本质等内容，其中，政府与市场竞争的关系尤为重要，这关系到竞争法具体内容的延伸，是一个很好的思政教学融入点。因此，竞争法基本理论课程设计了时政方面的主题讲授。

只有认清政府与市场竞争之间动态发展的关系，学生才能更多地积累符合国情、现实的竞争法知识储备。通过讲解习近平总书记关于政府与市场竞争关系的重要论述，学生更容易理解竞争法所立足的宏观经济背景，理解社会主义市场经济就是法治经济，牢固树立习近平法治思想中的公正竞争法治观，养成依法竞争的法律意识。

商法总论：培养保护商业名称权的法律意识

法学院　白　硕

一、课程简介

商法总论是为培养适应社会主义市场经济需要的流通法学人才而设置的一门必修课程。本课程的任务是加强课程思政，让学生了解市场经济法律体系中的一些重要的组织制度和交易制度，使学生对现代商法的发展概况有全面了解，并明确商法的研究对象、研究方法及其理论体系，掌握商法的基本概念、基本理论和基本知识；培养学生运用商法的理论，根据法律规定分析和解决实际问题；使学生树立市场经济就是法治经济的思想认识，领会习近平法治思想的精神实质，在本课程学习中逐步树立法治意识，遵守社会公德，加强自身诚信建设，培养和践行社会主义核心价值观。

二、案例主题

培养保护商业名称权的法律意识。

三、对应章节及知识点

本案例对应第四章“商业名称”第二节“商业名称的保护”，涉及知识点有商业名称权的概念和特征、商业名称的选用方法、商业名称权的性质、商业名称权的法律效力。

四、案例意义

习近平总书记高度重视营商环境优化建设，强调“营商环境只有更好，没有最好”，要“不断完善市场化、法治化、国际化的营商环境”。保护商业名称权是营商环境的重要内容。商业名称权是商事主体很重要的权利，对于建立与社会主义市场经济相适应的竞争规则，完善宏观调控，健全统一、开放、竞争、有序的市场体系具有重要意义，也是商法教学中的一个重要内容。根据我国官方统计数据，全国市场主体总量已突破 1.5 亿户，其中 2/3 的市场主体是个体工商户和小微企业。市场主体的商业名称权执法、司法实践中形成的大量案例，为进行商业名称权法律保护教学提供了丰富生动的实践素材，也提供了进行思政教学的重要材料。通过商业名称权案例教学，学生能够形成公平竞争观念、依法合规的经营意识。

五、案例描述

（一）教学具体内容

天津中国青年旅行社诉天津国青国际旅行社擅自使用他人企业名称纠纷案（最高人民法院指导案例 29 号）

原告天津中国青年旅行社（以下简称“天津青旅”）诉称：被告天津国青国际旅行社有限公司在其版权所有的网站页面、网站源代码以及搜索引擎中，非法使用原告企业名称全称及简称“天津青旅”，违反了反不正当竞争法的规定，请求判令被告立即停止不正当竞争行为、公开赔礼道歉、赔偿经济损失 10 万元，并承担诉讼费用。

被告天津国青国际旅行社有限公司（以下简称“天津国青旅”）辩称：“天津青旅”没有登记注册，并不由原告享有，原告主张的损失没有事实和法律依据，请求驳回原告诉讼请求。

法院经审理查明：天津中国青年旅行社于 1986 年 11 月 1 日成立，是从事国内及出入境旅游业务的国有企业，直属于共青团天津市委员会。共青团天津市委员会出具证明称，“天津青旅”是天津中国青年旅行社的企业简称。2007 年，《今晚报》等媒体在报道天津中国青年旅行社承办的活动中已开始以“天津青旅”简称指代天津中国青年旅行社。天津青旅在报价单、旅游合同、与同行业经营者合作文件、发票等资料以及经营场所各门店招牌上等日常经营活动中，均使用“天津青旅”作为企业的简称。天津国青国际旅行社有限公司于 2010 年 7 月 6 日成立，是从事国内旅游及入境旅游接待等业务的有限责任公司。

2010 年底，天津青旅发现通过谷歌搜索引擎分别搜索“天津中国青年旅行社”或“天津青旅”，在搜索结果的第一名并标注赞助商链接的位置，分别显示“天津中国青年旅行社网上营业厅 www. lechuyou. com 天津国青网上在线营业厅，是您的理想选择，出行提供优质、贴心、舒心的服务”或“天津青旅网上营业厅 www. lechuyou. com 天津国青网上在线营业厅，是您的理想选择，出行提供优质、贴心、舒心的服务”，点击链接后进入网页是标称“天津国青国际旅行社乐出游网”的网站，网页顶端出现“天津国青国际旅行社－青年旅行社青旅/天津国旅”等字样，网页内容为天津国青旅游业务信息及报价，标称网站版权所有：天津国青乐出游网，并标明了天津国青旅的联系电话和经营地址。同时，天津青旅通过百度搜索引擎搜索“天津青旅”，在搜索结果的第一名并标注推广链接的位置，显示“欢迎光临天津青旅重合同守信誉单位，汇集国内出境经典旅游线路，100%出团，天津青旅 400－611－5253 022. ctsgz. cn”，点击链接后进入网页仍然是上述标称“天津国青乐出游网”的网站。

天津市第二中级人民法院于 2011 年 10 月 24 日作出（2011）二中民三知初字第 135 号民事判决：一、被告天津国青国际旅行社有限公司立即停止侵害行为；二、被告于本判决生效之日起三十日内，在其公司网站上发布致歉声明持续 15 天；三、被告赔偿原告天津中国青年旅行社经济损失 30 000 元；四、驳回原告其他诉讼请求。宣判后，天津国青旅提出上诉。天津市高级人民法院于 2012 年 3 月 20 日作出（2012）津高民三终字第 3 号民事判决：一、维持天津市第二中级人民法院上述民事判决第二、三、四项；二、变更判决第一项“被告天津国青国际旅行社有限公司立即停止侵害行为”为“被告天津国青国际旅行社有限公司立即停止使用‘天津中国青年旅行社’‘天津青旅’字样及作为天津国青国际旅行社有限公司网站的搜索链接关键词”；三、驳回被告其他上诉请求。

（二）教学方法

课堂使用案例分析、小组讨论、PPT 演示等教学方法，做好线上和线下教学相融合，同时收集整理了“杭州张小泉诉南京张小泉刀具厂案”“北京沸腾鱼乡连锁店诉天津沸腾鱼乡店案”“阿里巴巴集团控股有限公司诉巴里巴巴币发行企业案”“美国迈克尔·乔丹诉福建晋江乔丹体育用品公司”等国内外较为典型、社会影响较大的案例作为教学材料。在案例形式上，既有视频材料，又有文字材料，由于课堂教学时间有限，这些案例材料通过超星慕课平台发布在网络上，同学们在课前、课后均可以自主观看、学习，在课堂教学中结合案例阐述法律问题，指明案例当中涉及的法律重点、难点和焦点即可。比如“美国迈克尔·乔丹诉福建晋江乔丹体育用品公司案”的社会影响力非常大，商业名称、姓名权、商标权的交叉保护也成为一个社会热点问题，同学们也非常关注。在学习案例的同时，学生认识到商业名称和不正当市场竞争、消费者的合法权益保护、经济创新发展等都有关联，从而树立公平竞争观念以及依法合规经营、优化营商环境的意识，达到了思政教育的目的。

六、案例反思

（一）优点

案例实施结合教学实际，达到了课程思政的教学目标：一是营商环境优化建设，保护商业名称权。商业名称是商事主体在其营业活动中所使用的名称。商业名称权是一项排他的权利。商业名称权是为了保护商事主体的地位，预防和制止不正当竞争行为，提高经济运行效率，维护消费者利益和社会公共利益，促进社会主义市场经济健康发展的重要商法制度。二是宣传和学习了《中华人民共和国民法典》相关知识，保护市场主体的商业名称权。

（二）缺点

关于线上、线下教学的内容如何有效衔接，仍然需要通过教学实践进行探索。

七、育人效果与反馈

本课程选取的商业名称权教学案例均具有较大的社会影响，有的还是社会舆论热点案例，既重视了案例的典型性，又重视了案例的时效性，同时实现了形式上的多样化，涵盖了商业名称权法律保护的主要方面。商业名称权案例教学活动，一方面提升了学生学习商业名称权相关知识的效果，另一方面使学生认识到了商业名称权对于营商环境的重要性，取得了预期的育人效果。

劳动与社会保障法：就业问题、就业与社会稳定和社会发展

法学院　龚钰淋

一、课程简介

劳动与社会保障法是法学专业本科阶段的专业基础课。本课程通过对劳动法基本内容体系、基本理念以及和谐劳动关系的历史背景与内涵的介绍，使学生从理论和实践两个方面深刻理解劳动法与社会保障法对于保障劳动者权益、促进社会生产力发展、创造社会财富和社会稳定进步的意义。本课程的教学目的是使学生掌握劳动法与社会保障法的基本法律知识、劳动关系三方协商机制，了解社会法的特点和基本原则，培养劳权意识和法治理念，成为知法守法、维护社会和谐稳定的法律人。

二、案例主题

就业问题、就业与社会稳定和社会发展。

三、对应章节及知识点

本案例对应第二章，对应的知识点为就业促进概述。

四、案例意义

就业是民生之本，稳定就业对社会稳定的意义重大。就业一直以来都是民生之本，保民生就要保就业，只有实现充分就业，才能实现社会稳定，进而推动社会发展。

疫情对民生及社会稳定发展有重大影响。2020 年初暴发的新冠肺炎疫情对世界政治、经济格局造成了深刻影响，人类面临的不只是健康上的威胁，

还有经济建设、社会发展等一系列的困难与挑战。在本次疫情之中，失业人数大量增加，并且就业复苏的形势堪忧。

疫情之下，如何正确处理就业与社会稳定、社会发展的关系显得极为重要，这不仅关系到未来各国的经济建设水平，也关系到全球国际关系的发展。我国及世界各国出台了一系列的法规政策推动国民就业，降低失业率，保障国家和社会的稳定发展。

五、案例描述

（一）教学具体内容

1. 对疫情背景下的各国经济及社会影响进行介绍分析

疫情暴发后，由于隔离等相关政策的实施，经济发展受到重创。在形势严峻的大环境下，首先受到影响的便是就业。在本次疫情之中，失业人数大量增加，就业复苏的形势堪忧。美国劳工部数据显示，在截至2020年9月12日当周，美国首次申请失业救济人数多于市场预期的85万人，相比前一周减少3.3万人。此前一周首次申请失业救济人数修正为89.3万人。

疫情带来的经济压力逼迫行业必须做出削减岗位甚至永久性取消岗位的决策。在这次裁员的热潮中，受到较大冲击的为运输业、娱乐行业与零售业。2020年3月至7月，全美有14万家企业倒闭，集中在零售、餐馆、酒吧、美容院和健身房等行业，并且有分析指出，随着疫情持续蔓延与部分刺激政策的到期，美国企业破产率逐步上升，暂时性失业转为永久性失业的情况正在增多。

2. 我国政府出台一系列保就业民生的政策及措施

我国政府聚焦帮扶受疫情冲击最大的困难行业，在延续实施阶段性降低失业保险、工伤保险费率政策1年的基础上，新增对餐饮、零售、旅游、民航等特困行业企业实施阶段性缓缴不同期限的社保费，缓解企业资金压力。聚焦支持受疫情影响生产经营持续承压的中小微企业，大幅提高稳岗返还比例，畅通资金返还渠道，快审快发；扩大技能提升补贴受益范围，新增对受疫情影响的中小微企业发放一次性留工培训补助，增加失业保险基金用于职业技能培训资金。对参保失业人员，在持续做好常规保生活待遇发放工作、稳步提高失业保险金标准的基础上，再延续实施失业保险保障扩围政策1年，最大化做到应发尽发，应保尽保。

3. 习近平总书记关于稳定就业方面的重要论述

保就业就是保民生，稳经济需要稳就业。习近平总书记多次强调，就业是最大的民生工程、民心工程、根基工程。当今世界正经历百年未有之大变局，全球经济持续低迷、贸易保护主义抬头、经济全球化遭遇逆流，叠加新冠肺炎疫情持续冲击，不稳定、不确定因素明显增多。国内经济发展面临需求收缩、供给冲击、预期转弱三重压力，改革发展稳定任务艰巨繁重。在此宏观背景下，作为“六稳”之首的“稳就业”和“六保”之首的“保居民就业”，在发挥社会大局稳定“晴雨表”的同时，更体现了稳固宏观经济大盘的“压舱石”和“定盘星”作用。

“就业难”和“招工难”的结构性矛盾依然突出，产业结构转型升级需要的熟练工种、技术工种持续性短缺，大面积提高劳动者技能素养已成为当务之急。总的来看，解决就业问题需要努力围绕“扩容”“提质”“加力”三个方面展开：

第一，努力创造更多就业岗位以实现“扩容”。扩大就业容量，增强经济发展创造就业岗位的能力，通过更加充分就业来实现经济增长和就业促进的良性循环。支持吸纳就业能力强的劳动密集型产业发展，注重发展技能密集型产业，开发更多技能型就业岗位。推动服务业与制造业深度融合，打造更多制造业就业新增长点。依托互联网等现代信息技术平台，不断拓展新就业形态，充分挖掘就业岗位资源。积极培育新兴产业，有效促进失业人员再就业，最大限度地保证就业岗位的供求平衡。

第二，着力提升劳动者就业能力以实现“提质”。重点是提高就业质量，以更体面的工作、更高的工资收入、更全面的社会保障、更好的发展机会、更平衡的工作生活、更和谐的劳动关系等促进更高质量就业。

第三，强化对市场主体的政策支持以实现“加力”。强化就业优先政策，靠前发力，适时加力，增强就业政策针对性、有效性。加快落实已出台的措施，持续推进降成本工作，在税费、融资等方面加大对中小微企业、个体工商户等市场主体的支持。

（二）教学方法及教学设计

本案例设计了讨论和展示环节，在课堂上播放了美国疫情暴发以来失业率大幅增加、社会动荡的视频，在课程微信群中分享了相关新闻报道链接，同时和同学们一起回顾了我国在抗击疫情中采取的稳就业、保民生的各项措施，特别是对企业和员工的各项优惠和扶助政策，引导学生分组讨论，思考就业与社会稳定、社会发展的关系及国家在促进就业方面的政策措施，然后各组选出代表进行课堂展示，最后老师进行点评和总结。

六、案例反思

本案例通过在课堂上对疫情期间国内外经济形势、劳动就业政策、社会发展等方面的资料展示，引导学生关注社会现实和热点问题，对疫情影响下的就业问题、社会稳定和发展问题进行思考，关注身边发生的案例和时事，培养学生的家国情怀和爱国热情，关注民生和国家社会的发展稳定，提高主动就业意识，培养独立自主、奋发向上的精神，并鼓励学生将自己的思考形成小论文作为平时作业。在下次课程中设计了优秀作业展示环节，达到了较好的思政教育效果，学生能够深入思考重要民生问题，并在课堂上进行展示，锻炼了学生对社会问题的思考深度和表达能力。优秀作业展示和分享提高了学生课堂参与度，随后老师的点评和肯定是对学生的极大鼓励，起到了较好的激励效果。内容的下一步课程在设计时尽量将视频下载下来，避免链接播放，保证视频播放的效果和课程的流畅度。

七、育人效果与反馈

学生们在讨论中达成了共识：疫情带给全球经济的重创是惨痛的，恢复的时间是漫长的，我们要听从国家号召，打起精神，鼓起勇气，才能更好地面对困难，渡过危机。艰苦奋斗是中华民族的优良传统，也是时代对年轻人的要求。一个人如果没有明确的理想和目标，就不可能成就一番事业。一个人如果在困难面前畏缩不前，没有艰苦奋斗的精神和坚忍不拔的意志品质，根本谈不上事业。只有自强不息、敢于竞争、善于竞争，才可能获得事业较大的成功。

民法总论：老人300万元房产赠水果摊主案

法学院　金　曼

一、课程简介

民法总论是法律科学体系中的重要基础部分，是法学专业的基础课程与核心课程。民法总论规定可适用于全部民商法的基本法律制度，主要内容包括民法概述、民法的基本原则、民事法律关系、自然人、法人、非法人组织、民事法律行为、代理、诉讼时效与期限等，是体系化理解民法学的基础。本课程将导入社会热点和前沿的案例，涉及人们所关心的众多主题，如人工智能（AI）、AI换脸、网上购物、人脸识别、基因编辑、意定监护、高空抛物、冷冻胚胎等，通过对这些典型案例的讲授分析，带领学生在讨论案例的过程中了解民法总论的理论知识。本课程将充分利用好课堂教学这个主渠道，有机融入课程思政元素，强化学生的法治理念，加强法律理论阐释，使学生形成法治认知基础和法治思维习惯，树立民主法治、公平正义的观念，深入理解习近平法治思想。

二、案例主题

老人300万元房产赠水果摊主案。

三、对应章节及知识点

“意定监护”位于《民法总论》第四章“自然人”的第三节，主要知识点包括意定监护的概念和意义、设立要件和监督。

四、案例意义

以“老人300万元房产赠水果摊主案”引入主题——“意定监护”。

该案贴合生活，容易引起学生的兴趣。同时，该案引发争议的问题也贯穿本节内容的全部。该案例说明，“意定监护”制度不仅是一项保障自然人权益的私法制度，也是关于养老问题的公法制度。该制度的出台顺应了我国老年化的时代需求。作为重要的民生问题，安老养老一直是社会关注的热点。“老有所养”是我国社会建设的目标之一，“让老年人拥有幸福的晚年，后来人就有可期的未来”。本案例通过对“意定监护”主要内容的讲授和启发，以及“以学生为中心”的讨论和互动，让学生深入理解“意定监护”的制度功能，倡导学生积极响应习近平总书记提出的“尊敬老人、关爱老人、赡养老人，大力发展老龄事业，让所有老人都能有一个幸福美满的晚年”。

五、案例描述

（一）教学内容

案例描述：上海有一位88岁的独居老人，其妻子和儿子均已去世。他指定非亲非故的水果摊主作为自己的监护人；同时，将价值约300万元的房产赠予水果摊主。老人的举动引发了社会的广泛讨论，“意定监护”成为热词，仅新浪微博上的话题阅读量就达4亿。新闻爆出之后，老人的妹妹向法院申请老人为无民事行为能力人，因为老人早在2018年就被医院诊断为患有阿尔茨海默病。司法鉴定科学技术研究所司法鉴定中心接受法院委托，于2021年4月14日出具鉴定意见书：被鉴定人患有器质性精神障碍，目前应评定为无民事行为能力。法院据此认定老人为无民事行为能力人。

（二）教学方法

1. 启发式教学法

以近期社会关注的热点案例引入课程主题，抛出问题，激发学生的学习兴趣，引导学生积极主动地进入教学内容的学习；课堂教学中设置多个问题，启发学生思考，培养学生将抽象的民法知识与具体的案例结合起来，锻炼学生的法律思维能力；最后升华主题，通过提问“如果是你，是否愿意将自己的余生托付给陌生人?”，启发学生们对意定监护制度意义的思考。

2. 案例分析教学法

以2020年11月引发社会热议的“老人将300万元房产赠水果摊主案”引入主题。该案贴合生活，容易引起学生的兴趣。同时，该案引发争议的问题也将贯穿本节内容的全部。本案例通过引导学生进行讨论，锻炼学生的独立思考能力和语言表达能力，逐步培养学生综合运用所学的法律理论知识分析和解决问题的能力，从而掌握通过思考和研究获得法律知识、掌握法律技能的学习方法。

3. 比较分析法

意定监护在我国是一个法律新名词，开启了一种全新的养老模式。我国意定监护立法处于起步阶段，但实践远超立法。关于意定监护的现行规定，在设立形式、监护人和被监护人的权利和义务、意定监护合同的解除机制上还需进一步的研究和细化。本节课采用比较分析法，对美国法、日本法中的意定监护进行对比分析，寻找异同及根源，探索适合我国的规范。

六、案例反思

（一）优点

本教学案例使学生深入理解本节课三个方面的主要内容，即意定监护的概念、设立和监督。意定监护赋予成年人在清醒的时候预先确定自己监护人的权利。设立一个有效的意定监护，主体上双方都必须是完全民事行为能力人，是否具有民事行为能力需要结合年龄和精神状况来判断。形式上，我国民法典规定意定监护只需采取书面形式，但从我国的司法实践和国外立法情况来看，公证的形式更能保护被监护人的利益。“意定监护”不是万能的，需要有监督机关介入。通过这个案例，学生理解了意定监护的立法宗旨在于尊重被监护人的个人意愿，使得本人在契约自由的框架下自主选任监护人，尊重老年人的自我决定权，使老年人有尊严地度过晚年生活。

（二）缺点

本案例除了意定监护的内容，还涉及合同效力的规则，需要学生具备一些法学基础，才可掌握意定监护的设立要件。

七、育人效果与反馈

通过案例的讨论，学生能基本了解意定监护是最大限度尊重公民权利的一种法律制度，实际上是法律对公民权利实现最大化的支持。本教学案例的育人效果在于不仅使学生了解了意定监护的制度意义，还引导学生关注“安老养老”这一重要的民生问题，倡导学生弘扬中华民族传统孝道文化，尊敬老人、关爱老人。针对此案例，学生的反馈是，该案例贴近人们生活，容易引起学习的兴趣，提高学习的积极性。

知识产权法：商标禁用条款的理解与适用

法学院　高　泉

一、课程简介

知识产权法课程的教学目的是使学生较全面地掌握知识产权法的一般原理和主要内容，并能够综合运用所学的知识解决知识产权法实务中的一般问题，培养具有社会主义法治理念和法治素质、“德法兼修”的社会主义法律人才。课程主要内容包括知识产权法导论、著作权法、专利法、商标法和反不正当竞争法以及有关知识产权的主要国际公约等。该课程的教学目标是使学生掌握知识产权法的基本理论知识，具备深入学习和研究知识产权法的专业理论素养，具备知识产权执法的实践操作能力，能基本运用本学科的专业知识分析和处理知识产权案件。

二、案例主题

商标禁用条款的理解与适用。

三、对应章节及知识点

本案例对应第三章“商标法”的第二节“商标权的对象”。

主要知识点包括：①商标禁用条款相关立法规定；②商标禁用条款立法的目的，即维护商标使用和注册秩序，维护社会生活中的伦理道德；③《中华人民共和国商标法》第十条第（八）项“有害于社会主义道德风尚或者有其他不良影响的”商标的理解与适用情况。

四、案例意义

通过理论阐释、制度介绍和相关案例教学，学生认识到法律对社会公共利益和道德秩序的维护，从思想上、行为上自觉抵制低俗、恶俗，弘扬真善美、传播正能量，维护社会主义精神文明和道德风尚。在讲授商标法关于商标禁用条款时，如何理解《中华人民共和国商标法》第十条第（八）项“有害于社会主义道德风尚或者有其他不良影响的”商标，在理论与实践中存在较多的争议。同时，该条款的相关法律问题涉及“公共道德”“公共秩序”，借助相关案例进行社会主义道德风尚教育、社会主义核心价值观教育是一个较为适宜的思政教学嵌入点。因此，选择相关案例进行案例分析教学，以实现课程育人的效果。

五、案例描述

（一）基本教学目标

本案例要求学生在了解《中华人民共和国商标法》商标禁用条款相关立法规定的基础上，理解商标禁用条款立法目的和立法精神，熟练运用相关法律制度对商标使用与注册中商标纠纷具体案件进行正确判定，提高学习能力、应用能力和独立思考能力。

（二）教学方法及教学手段

本案例主要采用三种方法进行教学：一是采用分析讲授法来阐明相关概念、理论和立法目的、立法背景、立法精神；二是采用启发式、互动式教学法，结合立法规定和法律案例，让学生思考回答问题，开展讨论、辩论，培养学生的法律思维能力；三是采用案例教学法，选取社会大众关注的热点案例和典型的行政、司法案例，激发学生兴趣，提升学生的学习热情和参与度，锻炼学生的独立思考能力、语言表达能力以及分析和解决问题的能力。按照教学内容循序渐进，以 PPT 电子课件、超星慕课系统案例资源等为主要载体，结合相关图片资料，尽可能使课堂讲授生动、有效，便于学生掌握和理解。

（三）教学设计和教学实施

1. 问题导入环节

结合相关图片资料（见图 1 和图 2），引导学生思考：哪些标志不得作为商标使用与注册？为什么？商标的注册与使用应当遵守哪些原则和要求？

图 1

图 2

2. 知识讲授与分析环节

结合《中华人民共和国商标法》相关条文，对商标禁用相关立法条款进行分类并分析讲解。重点分析讲授《中华人民共和国商标法》第十条，难点在于第（八）项，阐明该项所称“不良影响”，是指商标本身的注册使用有害于道德风尚或对国家政治、经济、文化、宗教、民族等社会公共利益和公共秩序产生消极的、负面的影响。

引入案例材料，帮助学生加深对重点、难点法律条文具体适用的理解。同时，相关案例涉及“公共道德”“公共秩序”，借助相关案例进行社会主义道德风尚教育、社会主义核心价值观教育。

案例材料：上海台享餐饮管理有限公司通过官方网站、微信公众号“叫了个鸡”及合作门店，对外发布自主创意的包含“ 叫了个鸡”等违背社会良好风尚宣传用语的广告（见图 3）。上海市工商局根据《中华人民共和国广告法》第九条第（七）项，要求该公司停止发布广告，并处以罚款 50 万元整。另外，“叫了个鸡”商标注册申请被驳回。（注：案例详细材料可以通过超星慕课系统资源查阅。）

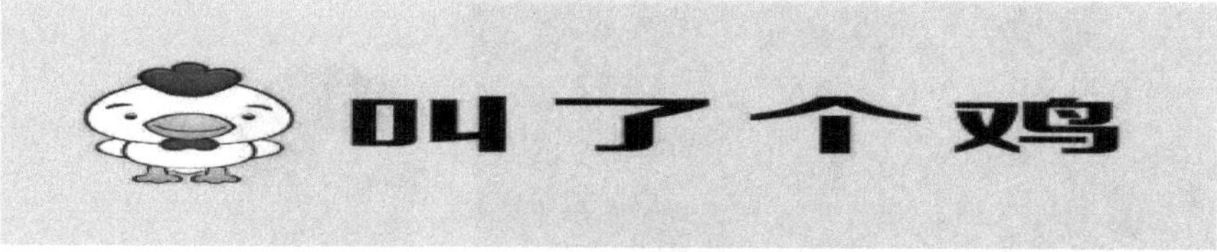

图 3

3. 案例讨论环节

在基本知识讲授和重点、难点问题讲解阐释的基础上，选取社会大众关注的热点案例、典型案例组织学生开展案例讨论、模拟法庭辩论等互动活动，培养科学思辨能力、表达能力以及分析和解决问题的能力。

案例材料：2015 年 10 月 9 日，姚某向商标评审委员会提起注册商标无效宣告申请。主要理由为："MLGB" 容易让人想到不文明用语、粗话脏话等，作为商标使用在服装、帽子等商品上，有害于社会主义道德风尚，具有不良影响。请求依据《中华人民共和国商标法》第十条第（八）项、第四十四条的规定，对争议商标予以宣告无效。2016 年 12 月，"MLGB" 商标宣告无效。裁定书认为该商标 "格调不高"，引起业界沸腾，2017 年 11 月，北京知识产权法院维持商标评审委员会无效宣告裁定。（注：案例详细材料可以通过超星慕课系统资源查阅。）

案例讨论中少数意见：用 "MLGB" 指代粗话脏话这种现象局限在网络环境中，是不正当的联想产生了危害社会道德风尚的含义，不能认为 "MLGB" 标志本身就具有危害道德风尚的含义。

案例讨论中多数意见：商标使用人虽然主张其使用的 "MLGB" 标志是 "MY LIFE'S GETTING BETTER" 的缩写（见图 4），但这种缩写方式不是英文中常见的表达；争议商标主要消费群体是年轻人，几乎都知晓 "MLGB" 指代粗话脏话，维护社会主义道德风尚仍然是需要遵循的基本价值准则。

4. 总结提升环节

在课堂讲授和案例讨论基础上，结合立法规定和司法实践，教师对商标禁用条款的理解与适用做出归纳与总结，特别是符合《中华人民共和国商标法》第十条第（八）项的商标，属于商标法中禁止使用、禁止注册的商标，同时也是商标无效案件中最常见的情形。

本案例一方面让学生从专业领域理解和认识相关法律规定的含义，并能够正确地分析实际问题；另一方面让学生深刻理解习近平总书记提出的 "立法、执法、司法都要体现社会主义道德要求，都要把社会主义核心价值观贯穿

图4

其中，使社会主义法治成为良法善治”的精神实质。教学中要强调商标注册不能损害社会公共利益，引导学生建立正确的是非观，建立职业道德。

对于课堂上积极参与互动、回答问题的同学，要及时提出表扬并记载过程性考核成绩。另外，鼓励部分优秀学生从本课程的超星慕课系统资源以及北大法宝、裁判文书网等电子资源库里查阅收集相关文献、案例等资料，自主阅读学习，形成读书笔记或研究成果，进行读书分享活动，进一步提升学生的自主学习能力和知识素养。

六、案例反思

本次教学选取的案例具有较强的典型性，诉争商标涉及的商品消费对象以青少年为主，因此学生对案例的关注度较高，学习兴趣较大，提高了对社会主义核心价值观的认识。但是案例教学中也发现，学生的思维方式不够多元化，还缺乏科学的思辨精神。比如就“MLGB”案例看，很少有学生从商标使用者角度提出辩论意见。

七、育人效果与反馈

通过案例教学，学生从专业领域理解和认识了商标禁用条款立法的意义。学生普遍认为，争议商标申请注册和使用具有迎合低级趣味和叛逆心理的意图。因此，抵制低俗、恶俗，弘扬真善美，传播正能量，维护社会主义精神文明和道德风尚仍然是需要遵循的基本价值准则。

经济法：商业诚信观教育

法学院　高　泉

一、课程简介

经济法是研究经济法律规范及其发展规律的法学学科。本课程主要讲授经济法的基本理论，包括经济法的基础知识，各种市场主体的准入和退出法律制度，市场秩序方面的竞争法、产品质量法、工业产权法以及规范交易行为的合同法等知识。通过本课程的学习，学生应掌握经济法的基本理论、基本概念和基本知识，增强法治意识；了解相关的经济法律法规，熟悉经济法各项基本组成制度；善于把握各类经济法律规范之间的相互联系，提高解决实际问题的能力。

二、案例主题

商业诚信观教育。

三、对应章节及知识点

本案例对应第五章“合同法”第一节“合同法概论”。

主要知识点包括：

①诚实信用原则的基本含义。

②诚实信用原则的性质与功能。

③民法典诚实信用原则的相关立法。

④诚实信用原则在司法案件中的具体适用。

四、案例意义

诚实信用原则是民法中的“帝王条款”，直接代表了民法的价值追求和社会正义，诚实信用原则具有法律调整和道德调整的双重功能。作为合同法的基本原则，诚实信用原则是合同法教学中的一个重要知识点，同时也是一个倡导商业诚信观念、引领社会主义核心价值观方面的重要的思政融入点。通过对诚实信用原则的理论阐释和案例教学，可以较好地将知识传授与价值引领相统一，对财经管理类专业学生开展商业诚信观念教育。

五、案例描述

（一）教学基本目的

本案例通过理论阐释和案例分析教学活动，使学生了解诚实信用原则的基本含义、性质与功能，了解民法典及相关立法中有关诚实信用原则的法律规定，理解诚实信用原则是民法中的“帝王条款”，具有法律调整和道德调整的双重功能，代表了民法的价值追求和社会正义，以及掌握如何在司法案件中具体适用诚实信用原则来解决纠纷；同时，引导学生树立商业诚信观念，践行社会主义核心价值观。

（二）教学方法与教学手段

本案例主要采用三种方法进行教学：一是采用分析讲授法来阐明诚实信用原则的概念、性质、功能；二是采用启发式、互动式教学法，结合立法规定和法律案例，让学生思考回答问题，开展讨论、辩论，培养学生的法律思维能力；三是采用案例教学法，选取社会大众关注的热点案例和典型的司法案例，激发学生兴趣，提升学生的学习热情和参与度，锻炼学生的独立思考能力、语言表达能力以及分析和解决问题的能力。按照教学内容循序渐进，以 PPT 电子课件、超星慕课系统案例资源等为主要载体，结合相关图片资料，尽可能使课堂讲授生动、有效，便于学生理解和掌握。

（三）教学设计和教学实施

1. 知识点讲授与分析环节

主要对诚实信用原则的基本含义、基本性质、基本功能做出理论上的阐述和说明，对民法典中相关的立法进行介绍。

（1）诚实信用原则的基本含义

诚实信用原则，又称诚信原则，是指民事主体在从事民事活动时，应当本着诚实守信的理念，以善意的方式行使权利、履行义务。该原则要求民事主体在民事活动中诚实不欺、恪守信用，并在获取利益的同时充分尊重他人和社会的利益。对于合同而言，要求当事人诚信缔约、诚信履约、诚信守约。诚实信用原则是民法中的“帝王条款”，直接代表了民法的价值追求和社会正义。

（2）民法典中关于诚实信用原则的立法

第七条：民事主体从事民事活动，应当遵循诚信原则，秉持诚实，恪守承诺。

第四百六十六条（节选）：各文本使用的词句不一致的，应当根据合同的相关条款、性质、目的以及诚信原则等予以解释。

第五百条：当事人在订立合同过程中有下列情形之一，造成对方损失的，应当承担赔偿责任：（一）假借订立合同，恶意进行磋商；（二）故意隐瞒与订立合同有关的重要事实或者提供虚假情况；（三）有其他违背诚信原则的行为。

（3）诚实信用原则的性质与功能

诚实信用原则在性质上属于一般条款，其实质在于当出现立法未预见的新情况、新问题时，法院可依诚实信用原则行使公平裁量权。诚实信用原则将道德规范与法律规范合为一体，兼具法律调节和道德调节的双重功能，使法律条文具有极大的弹性，法院因而享有较大的裁量权，能够直接调整当事人间的权利与义务关系。

2. 案例分析与讨论环节

结合具体司法案例进行分析与讨论，让学生认识到诚信原则作为民法的“帝王条款”，既是一条守法原则，也是一条司法原则。这些案例生动地展示了人民法院在全面深入推进依法治国进程中公正司法、司法为民的工作成效。

教学案例1：隐瞒事实判赔偿

原告：昆明小太阳儿童用品有限公司

被告：昆明市家用电器公司

原、被告签订了仓库租赁协议，当年5月昆明市区天降大暴雨，该仓库因此遭水淹。仓库积水造成原告堆放货物受水淹，货物受损造成经济损失。经查，该仓库往年也发生因暴雨而受灾的情况，但在签订协议时，被告向原告隐瞒了该仓库在此之前曾被水淹过的事实，没有履行告知义务。原告要求被告赔偿货物损失。被告认为双方签订的是仓库租赁协议而不是仓储保管合同，不应承担赔偿责任。法院判决认为被告隐瞒暴雨致仓库受灾事实，违反诚实信用原则，应当负赔偿责任。

教学案例 2：4S 店隐瞒事实真相法院判决“退一赔三”

2015 年 1 月 14 日，柳州市民王女士与某汽车销售有限公司旗下的 4S 店签订合同，并向该公司支付了全部购车款及车辆购置税、交强险保险费等费用。不久，王女士发现新车的两个音响有问题，在副驾储物箱中还发现了该公司半年前为该车购买的交强险保险单。在多次与公司协商要求退车或换车并赔偿 4 500 元损失均无果的情况下，王女士于 2015 年 3 月 18 日向柳北区人民法院提起民事诉讼。

销售公司辩称，公司已按合同约定将轿车交付，不同意退车、换车，更不同意赔偿。庭审后，王女士又查到该公司曾于 2014 年 6 月 25 日到车辆管理部门为这辆涉案车办理过临时号牌，于是以发现新证据为由向法院撤回了第一次起诉。在第二次起诉时，王女士诉称，被告将该车出售给原告之前已加装过导航、更换过四个轮胎，并于 2014 年 6 月 25 日购买过交强险，交强险保险单约定该车用于车展。但销售公司对这一说法予以否认。王女士认为被告所销售的是二手车，而且该车交车时里程表显示的公里数与该车实际行驶的公里数不符，所以被告在销售该车的过程中隐瞒重要事实，对她进行欺诈。王女士遂请求法院撤销双方所签合同，将轿车退给销售公司，该公司要按“退一赔三”的金额赔偿原告。

柳北区人民法院审理认为，根据双方所签合同约定，公司应交付王女士全新轿车，但涉案车辆实际行驶的公里数远远超出了新车所允许的合理行驶公里数，且公司在长距离使用涉案车辆后在销售时却没有告知消费者王女士，故意隐瞒了真实情况，而该行为让王女士做出错误的购买涉案车辆的决定，此举已构成欺诈。2015 年 8 月 25 日，柳北法院判决：撤销王女士与公司所签合同，王女士将涉案车退还给公司，公司向王女士退还购车款，并赔偿王女士车辆购置税等六项费用 8 643. 31 元，另赔偿王女士购车款三倍。

“退一赔三”汽车消费维权案在社会上引起很大的反响，对指导人民群众用法律维护自己的合法权益起到了很好的引领作用，也通过社会影响力震慑了那些不良商家。

3. 总结提升环节

通过理论阐释和案例分析，学生理解了诚信原则作为民法的“帝王条款”，要求一切市场参加者在不损害他人利益和社会公益的前提下追求自己的利益，目的是在当事人之间的利益关系和当事人与社会之间的利益关系中实现平衡，并维持市场道德秩序。这些司法案例在规范引领社会主义核心价值观方面发挥了重要作用。

在案例最后引入习近平法治思想中的良法善治理念，提升学生对于诚实信用原则的认识，践行社会主义核心价值观。

六、案例反思

本案例将抽象的法律原则和具体的司法案例相结合，将知识传授与价值引领相统一，增强了学生的思想认识。存在的主要问题是，诚实信用原则的内涵和外延具有不确定性，是比较概括、抽象的，对于非法学专业学生来说，对其理论意义和实践意义的深入理解存在一定的难度，如何结合财经管理类专业的学生特点和知识结构来阐明该教学内容，仍然需要进一步思考和完善教学设计及教学方法。

七、育人效果与反馈

通过对诚实信用原则的理论阐述和案例分析，学生认识到诚实信用原则的重要性，形成了在商业经营过程中诚信缔约、诚信履约、诚信守约的商业诚信意识，因此本案例育人效果较好。

债权法：友善、诚信、公平的社会主义核心价值观

法学院　李惠阳

一、课程简介

本课程的教学目的是使学生理解债权法的基本范畴和调整原理，了解和掌握债权法的各项具体制度与基本原则，深刻体会民事法律规范通过协调民事主体的行为，推动国民经济持续、快速、健康发展。通过学习，学生应掌握债权法基本知识，增强法律意识。

二、案例主题

友善、诚信、公平的社会主义核心价值观。

三、对应章节及知识点

本案例对应第六章“无因管理”。

知识点包括：定义；构成要件；无因管理之债的内容。

四、案例意义

广州小学生陈明和同学陈亮二人在放学途中扶起一名摔倒在地的老人，其后被老人指称系二人将其撞倒并告上法庭……到底是小学生撞倒了老人，还是老人倒地后他们好心去扶？历时一年多，历经两级法院审理，最终广州市中院认定老人诉学生撞倒证据不足，终审维持原判，判定驳回老人全部诉求。

本案例涉及友善、诚信和公平等社会主义核心价值观。本案属于债权法中无因管理之债的法律关系。无因管理之债是法定之债，目的在于解决人们

在无法定或约定原因的情况下的互助行为发生时的权利义务分配问题，是法律贯彻友善、诚信和公平等社会主义核心价值观的具体制度体现。友善互助的社会主义核心价值观指导人们的互助行为，在当事人介入他人事务管理中必然产生相应的权利义务，同时诚信价值观指导人们在管理人与被管理人之间合理行使权利和履行相应义务。如果违背了诚信价值观，则法律将予以强制调整，以体现社会主义公平的核心价值观。

案例选用的意义在于可以结合无因管理之债的不同阶段，把友善、诚信和公平这三项社会主义核心价值观的内容在法律制度中的逻辑清晰地呈现出来。

本案例的教学目标是使学生理解友善、诚信和公正是每个人的需求，也是每个人应当具备的素养。

五、案例描述

首先介绍案情，引导学生对案情中包含的社会主义核心价值观的内容进行讨论，概括出助人为乐之友善、实事求是之诚信、依法判决之公平的社会主义核心价值观。

然后讲解无因管理之债的概念，明确无因管理之债的法律价值主要是满足人与人之间都存在互助之社会需求，友善地为他们提供帮助是社会主义核心价值观所提倡的内容。为了当事人之间能够诚信地行使权利和履行义务，法律明确了在介入管理之后当事人之间的权利义务分配，这种权利义务的分配以当事人的自觉诚信为前提，以法律强制力为保障，体现了法律对社会主义核心价值观的支持和维护；明确无因管理之债是指在没有法律上的原因的前提下为减少他人利益的损失而管理他人事务所形成的债权债务关系。

本案例的难点在于如何让学生理解没有法律上的原因介入管理，而又怎么会形成法律上的权利义务关系。为此，需要向学生解释友善指导人们的行为，即使没有法律上的原因，仍然应当对面临损失的他人提供帮助，这是社会主义核心价值观的基本指引和要求。从这个阶段看，无因管理的确不存在法律上的原因，而完全依赖于社会主义核心价值观的指引。介入管理后，为了公正地处理管理人与被管理人之间的利益冲突，法律规定了管理人与被管理人之间的权利义务，而这种权利义务就是所谓的无因管理之债。

六、案例反思

本案例的优点在于同一个法律制度中包含有多个社会主义核心价值观的

内容，这对不同核心价值观之间的相互作用的分析、理解和协调具有积极意义。如果前述三个核心价值观能够同时发挥作用，那么将极大地促进我国社会主义和谐社会的建设和社会主义法律制度的实施。但是如果当事人违背其中某个价值观，那么有可能对其他人产生不好的示范效应，从而使其他人在按友善的社会主义核心价值观实施行为前有所顾虑。前述案例就是一个典型的案例，管理人成为被告，如果没有法院依法裁判，管理人很有可能就要承担事实上不应由其承担的法律责任，这将对友善助人这一社会主义核心价值观的弘扬造成很大阻碍。对此，课堂上就要提倡诚信，实事求是地认定事实，并相信法律的公正裁决。

七、育人效果与反馈

通过本案例，同学们讨论了无因管理初期介入过程的道德观指引和后期法定的权利与义务，认识到友善助人的社会主义核心价值观的重要性，认识到诚信的价值，认识到应将诚信融入我们生活中的一言一行里，要更加坚决地贯彻诚信的社会主义核心价值观。同时，同学们进一步体会到了一个法律人对于公正追求的重要性，认识到要成为一个真正公正的司法者、执法者，必须认真贯彻和践行社会主义核心价值观，深刻理解法律与社会主义核心价值观的联系。

经济法：改革开放与工业产权法律

法学院　李惠阳

一、课程简介

经济法是研究经济法律规范及其发展规律的法学学科。本课程主要介绍经济法的基本理论，包括经济法的基础知识，各种市场主体的准入和退出法律制度，市场秩序方面的竞争法、产品质量法、工业产权法以及规范交易行为的合同法等知识。

通过本课程的学习，学生应掌握经济法的基本理论、基本概念和基本知识，增强法治意识；了解相关的经济法律法规，熟悉经济法各项基本组成制度；善于把握各类经济法律规范之间的相互联系，提高解决实际问题的能力。

二、案例主题

改革开放与工业产权法律。

三、对应章节及知识点

本案例对应第八章。

知识点包括：授予专利权的实质条件；专利权人的权利；商标的种类及注册原则；商标权人的权利；注册商标的续展、变更、转让和使用许可。

四、案例意义

本案例通过讲述各个法律的发展历史，使学生了解我国社会主义法制与经济建设同步发展的过程，彰显社会主义法制和法治建设的重要成就，强化学生对祖国经济成就的自豪感；同时，把各个法律的规则与相应的价值相结合并进行讲授，使学生理解各个法律所体现和保障的价值，引导学生成长为与法律价值一致的有社会主义核心价值观的新时代公民。

改革开放是经济领域的大事情，改革开放的重点之一是要对外开放，即引进外国资本、主体、技术和商品。要完成上述目标，使外国资本和主体能够安心进入中国市场，就要以法律形式对权利进行保护，尤其要保护当时外国主体最为看重的知识产权，因此我国优先制定了专利法和商标法。选用本案例的意义在于使学生理解法律与经济发展的关系，同时使学生认识到，当前伟大经济建设成就的取得是一点一点积累起来的。

五、案例描述

《中华人民共和国专利法》（以下简称《专利法》）制定于1984年，于1992年、2000年、2008年、2020年进行了四次修正。《中华人民共和国商标法》（以下简称《商标法》）制定于1982年，于1993年、2001年、2013年、2019年进行了四次修正。为了更好地实行改革开放，我国制定了《专利法》和《商标法》，使外国资本、外国主体、外国技术、外国商品能够安心地进入中国市场，可见我国当时对于改革开放的迫切。

《商标法》与《专利法》在2000年左右都进行过一次修正，这与我国另外一件重大经济事件相关联，那就是我国于2001年加入世界贸易组织（WTO）。为了加入WTO，并使国内相关规则适应WTO规则需要，我国对《商标法》和《专利法》进行了大修，并在全国进行了广泛的宣传。加入WTO后，我国经济高速发展，并于2010年超过日本成为世界第二大经济体。加入WTO也进一步加深了中国经济与世界经济的融合，经济全球化现象更加明显。

教学方法以问答式和讲授式为主。

六、案例反思

由于学生不是法学专业的学生，因此对法律本身的内容了解得不多，讲授时不得不先介绍《专利法》和《商标法》的基本内容以及国际上知识产权的相关制度，占用时间较多。学生对改革开放初期的一些法律和经济现象比较感兴趣，因此对于《专利法》和《商标法》的制定与改革开放的关系理解得较快；此外，学生对WTO较为熟悉，所以很快理解了我国在加入WTO之前大修《商标法》和《专利法》的原因。

七、育人效果与反馈

通过课程的教学，学生对于改革开放不仅涉及经济领域这一点有了更加深刻的认识，对《专利法》和《商标法》在现代经济生活中的作用有了更加明确的认知，对我国来之不易的经济建设和制度建设成就更加自豪和珍惜。总之，这部分的教学活动对于学生正确认识改革开放具有相当积极的意义。

国际经济法：美国制裁华为事件研讨

法学院 刘 洁

一、课程简介

国际经济法课程主要包括国际经济法基本理论、国际货物运输与保险法、国际贸易支付、国际贸易管理法、国际投资法、国际金融法等方面的内容。课程基本要求是：①理解国际经济法学的基本原理和基本知识；②了解国际经济法领域案件审理的基本运作程序；③掌握分析国际经济法实际案例的基本方法；④基本具备利用国际经济法学原理和知识观察、思考和分析相关问题及案件的能力。教学过程中将组织学生进行国际经济形势专题研讨、案例的分组讨论和总结分析，将思想政治教育融入课程教学的全过程，在课程教学中传播当代中国的法治理念、法律价值观，构建国际化的育人格局，强化法学专业学生国际发展新局势下的责任感和使命感，实现立德树人的教育目标。

二、案例主题

美国制裁华为事件研讨。

三、对应章节及知识点

本案例对应国际技术贸易——知识产权的国际保护、国际技术贸易的内容。

四、案例意义

本案例引入美国制裁华为事件的研讨，与本章节知识产权的国际保护、国际技术贸易规制内容的思政元素相契合。教师介绍目前美国制裁华为事件的发展历程，让学生深入了解美国对华为的打压逐步升级的过程：从限制华为的收购购买、禁止华为进入美国市场、以安全为理由游说和威胁他国到列入实体清单及对麒麟芯片的技术封锁，鸿蒙操作系统、MHS 服务、华为软件商店均遭到了美国全方位的围追堵截。学生通过对该事件过程的全面了解，深刻领悟华为被制裁事件背后的深层次原因，解读华为公司追求研发自主知识产权不屈不挠、坚韧不拔的奋斗精神，认识到技术强国的重要性，更认识到只有坚定地走技术强国的路线，不断研发享有自主知识产权的技术，我国才能在国际贸易中保持优势地位。案例研讨激发了学生的主人翁意识，使学生深刻意识到学好专业知识对维护国家利益的重要性，引导学生为国家的发展和社会的进步而努力。

五、案例描述

（一）案情概述

华为公司是世界一流信息与通信技术公司。2016 年 11 月 17 日，华为的极化码方案在国际无线标准化组织会议上被通过成为 5G 的最终方案，5G 时代拉开帷幕，华为也成为 5G 标准的主导者之一。5G，即几何级的传输速率，将推动大数据、云计算、人工智能、区块链等颠覆性技术的发展。而在当下这个由计算机网络控制着最强有力武器的时代，任何主导 5G 技术的国家将在 5G 时代拥有经济、情报和军事上的优势。华为不得不在激烈的国际竞争中寻求 5G 设备商的领导地位，而美国联合其他国家展开了对华为的强力打压和制裁，阻止华为抢先在 5G 领域站稳脚跟。从 2019 年 5 月 15 日开始，美国就宣布将华为及其子公司列入出口管制的“实体名单”，为了阻止华为的发展，美国一再修改其对华为的禁令，进行技术封锁：从 2020 年 5 月 15 日禁止华为使用美国芯片设计软件，到 2020 年 8 月 17 日禁止含有美国技术的代工企业生产芯片给华为，再到 2020 年 9 月 15 日禁止拥有美国技术成分的芯片出口给华为，自此美国对华为的芯片管制令正式生效，台积电、高通、三星、中芯国际等多家公司将不再供应芯片给华为。

（二）教学具体内容

本案例教学具体内容为知识产权的国际保护、《与贸易有关的知识产权协定》（TRIPS）、国际技术贸易的类型、国际技术贸易合同。

（三）教学方法设计

1. 本章节知识点介绍

教师全面介绍知识产权国际保护方面的国际条约——TRIPS 的相关内容以及国际技术贸易的内容，让学生了解知识产权国际保护和国际技术贸易方面的规则及内容。TRIPS 作为 WTO 框架下的知识产权国际保护条约，具有更高的执法效能；但是 TRIPS 是以发达国家利益为出发点所制定的国际条约，将知识产权的保护转向保护投资者，逐渐出现权利异化。发展中国家和发达国家在知识产权国际保护的诉求中存在利益冲突。

2. 案件分散讨论实施

在学生掌握国际技术贸易的类型及内容以后，教师引入美国制裁华为事件，要求学生从知识产权的国际保护、国际技术贸易合同的角度对美国制裁华为事件的合法性进行讨论。在案例分散讨论过程中，教师引导学生运用本节课涉及的知识点对美国制裁华为事件的合法性进行分析，同时启发学生，使学生自发地认识到美国对于华为公司知识产权问题的解决方式的不合法性，并自觉理解美国制裁华为事件是美国行使科技霸权的行径。

3. 教师进行总结，引导学生聚焦思政元素

教师在学生分散讨论后，对学生讨论的各种观点进行总结，使学生达成基本共识：美国采取的霸权行为不符合多边贸易体制规则，我国才是坚定的多边贸易体制维护者。为进一步聚焦思政元素，教师将学生的思考角度引向相关知识产权国际保护条约的形成历程，使学生深刻理解技术强国的重要性，只有坚定地走技术强国的路线，不断研发享有自主知识产权的技术，我国才能在国际贸易中保持优势地位，在国际上才能具有话语权。面对华为事件中的“切肤之痛”，更要让学生领悟到作为法学专业学生，必须学好专业知识，用坚实的法律职业素养为我国企业自主研发的技术提供有力的知识产权保护和利益保障，为国家自强、企业自强尽一份力。

六、案例反思

各方媒体对美国制裁华为事件已报道较多，学生对华为公司本身的关注度较高，从各种途径早已了解华为公司的信息，包括华为公司对科研人才的重视以及华为公司本身管理体制的特色，因此大部分学生乐于参与该事件的讨论，并踊跃发表各自的观点，案例教学的推进过程顺畅，教学效果较好。

但学生对本章节知识点掌握程度不够，对事件了解的信息较分散，因而在案例讨论过程中部分学生容易偏离教师拟定的主题，讨论的焦点较分散，对问题分析得不够充分，需要教师及时进行调整，一定程度上影响案例教学的整体教学效果。

七、育人效果与反馈

在教师引导下，学生从专业知识的角度对美国制裁华为事件的合法性进行分析，清晰地认识到美国对于华为公司知识产权问题的解决方式是不合法的。案件讨论内容延伸至当前发生的中美贸易战，学生深刻地意识到美国在贸易保护主义及霸权主义政策导向下对我国做出了各种举措。中美贸易战对我国带来的影响不会在短期内消除，美国制裁华为事件讨论有效助推学生深刻理解国际技术贸易中自主知识产权的重要性，激发学生为国家自强而读书的主人翁精神。

国际私法：条约信守原则

法学院　彭　幸

一、课程简介

国际私法是法学专业本科核心课程之一，是北京物资学院一流本科课程。课程主要内容是涉外民事法律适用和纠纷解决，通过教学帮助学生了解和掌握国际私法的一般问题，提高学生解决涉外民商事案件的能力。课程改革主要从培养目标、融合路径、教学方式改革等几个方面进行，建立法学专业课程思政的模式，使法学课程与思想政治理论课同向而行、协同发展。本课程有助于提高学生解决实际问题的能力，培养学生的国际化视野；通过将新时代思想政治教育深度融合于法学专业课程中，培养兼具更高的专业知识和思想道德水平的高素质的社会主义法治建设者。

二、案例主题

条约信守原则。

三、对应章节及知识点

本案例对应第一章，对应的知识点为国际私法的基本原则。

四、案例意义

条约信守原则集中展现出中国作为负责任大国的态度和担当，反映了人类命运共同体倡议下的国际责任。我国遵守国际规则，履行权利义务，在国际体系中的建设性作用不断增强。选用这个案例能够帮助学生树立正确的国际法治观，掌握国际私法的基本原则。以新冠肺炎疫情肆虐下我国政府的防疫措施和对世界卫生组织相关条约的遵守情况作为主要内容，融入人类命运共同体和涉外法治等课程思政映射点，教学效果较好，课程思政的融入非常自然，取得了较好的效果。

五、案例描述

（一）教学内容

教学内容是条约信守原则的基本内容、我国签署和遵守国际条约的情况、我国在国际条约遵守过程中体现出来的国际责任承担和大国担当等。这一原则要求各国对于其所缔结或参加的国际条约应善意、忠实地履行和遵守，不得任意背弃或违反。主要知识点包括条约信守原则的界定、其前提条件、具体要求等。

（二）教学设计方案

1. 条约信守原则的界定

在信守范围方面，要遵守条约文本这一原则的意义在于为国际间的互信和互赖创造条件；创造良好的国际环境，尊重条约赋予的义务；捍卫国际法律中的司法秩序和社会秩序。

2. 信守条约的前提条件

第一，必须是合法的条约。我国缔结和参加的条约很多，都是有效合法的国际条约。教师在课上将带领学生观看并了解我国缔结和参加国际条约的情况。第二，条约只对当事国发生效力，一般不约束第三国。条约只在有效期限内对当事国发生效力。条约的保留部分对保留国无效。我国作为负责任的大国，积极参与国际公约的谈判，参与多个国际公约，还和许多国家建立了双边的国际合作协议。

3. 条约信守原则的具体要求

条约信守原则的具体要求主要包括要善意地解释条约，正确践行条约，从国际法和国内法的两个层面对所缔结或签订的条约进行遵守，保障条约的有效适用。这里将深入讲解我国参与世界卫生组织的相关条约。新冠肺炎疫情暴发后，中国在做好自身抗疫工作的同时向世界其他国家提供防疫物资、疫苗等支持，履行国际条约规定的义务，在全世界防疫工作中做出了巨大贡献。在教学过程中，通过实际的案例讲解条约信守原则的具体要求，从我国履行国际条约的情况来说明我国作为负责任的大国做出的巨大贡献，能够帮助学生树立正确的国际法治观，明白人类命运共同体理念，促进对国际法的理解。

总体的教学思路是深入发掘专业知识与思想政治知识的连结点，整理思政元素，将构建人类命运共同体和爱国、强国、报国思想与课程知识点深度融合。国际私法课程更是法学专业涉外法治人才培养的重要课程，其中包含很多课程思政元素，要坚持落实立德树人的根本任务，不断深化课程思政教学改革，加强法学专业学生的思想政治教育，充分发挥课程在“三全育人”中的积极作用。

六、案例反思

案例的选取和具体教学内容设计能够使课程思政元素融入专业课教学中，具有较好的建设效果。由于本案例选取的是国际私法基本原则中的一项重要原则，这一知识点将贯穿国际私法课程的整个学习过程，因此具有较大的课程思政建设意义。

（一）案例优点

案例在整个课程中具有基础性的引导作用，所融合的课程思政元素包含建设持久和平、普遍安全、共同繁荣、开放包容、清洁美丽的世界，引导学生树立正确的国际观。

（二）案例缺点

案例所涉及的知识点专业化程度高，可以在进行课程思政建设的过程中通过形象、生动的课程资源建设提升课程思政效果，增强专业课课程思政建设的针对性，提高课程建设水平。

对于这些问题，课程将要构建符合高水平法治人才培养要求的法学专业课课程思政改革机制，研究有利于课程效果提升的课程改革方案，增加思想政治素养的教学方法、教学效果评价等新的内容，建立有利于提升学生课程思政效果的评价机制。

七、育人效果与反馈

案例的育人效果较好，能够让学生更好地理解国际法治观和人类命运共同体理念。通过案例教学，学生掌握了国际私法法学专业知识与原理，提高了运用所学知识解决实际案件的能力，树立了社会主义法治思想和坚持共商、共建、共享的全球治理观，评价和反馈较好。

中国法律史：唐朝法制

法学院　彭　幸

一、课程简介

中国法律史课程是法学二学位的专业必修课，是法学专业的核心课程之一。课程设置的目的是让学生了解中国历史上法律制度发生、发展、变革及其规律，掌握中国法律史的内容，对于培养学生的法律意识、提高学生法律素养具有重要意义。本课程通过对不同时期法律发展情况的介绍，能够促进学生对法律知识的掌握，增强学生知法、懂法、守法的意识。依法治国需要大批“德法兼修”的高水平法治人才，同时需要不断丰富非法学专业学生的基本法律知识。中国法律史课程加强课程思政建设，推动“三全育人”，让课程与思想政治理论课同向而行，取得了较好的成效。

二、案例主题

唐朝法制。

三、对应章节及知识点

本案例对应第八章“隋唐法制”，涉及的知识点为化外人相犯制度。

四、案例意义

案例所反映的思政映射和融入点是树立正确的国际法律适用理念和大国司法理念。案例选用的意义是引导学生了解我国大国司法理念，树立正确的国际法治观，在国际民商事交往活动中保障我国国家、公民和法人的合法权益，保障我国法律的有效适用。案例从唐朝的一项专门的国际法律适用规则出发，分析了唐朝的化外人相犯制度，并且详细讲述唐朝的相关规定，能够让学生充分了解相关内容，形成大国司法理念和文化自信，积极维护我国的法律适用。这项制度是我国古代关于涉外法律适用的最早规定，领先于世界其他国家，学习和讲解该制度以及其中包含的思政元素具有重要意义。

五、案例描述

（一）教学具体内容

本案例所涉及的教学具体内容主要是唐朝法律制度中的“化外人相犯制度”。这项制度旨在解决涉及外国人的违法犯罪法律适用问题，是我国古代首次规定的涉外法律适用制度，领先于世界其他国家。

（二）教学设计方案

首先，讲解唐朝法律中的化外人相犯制度的相关内容。《唐律疏议·名例律》卷六第四十八条规定：“诸化外人，同类自相犯者，各依本俗法；异类相犯者，以法律论。【疏】议曰：‘化外人’，谓蕃夷之国，别立君长者，各有风俗，制法不同。其有同类自相犯者，须问本国之制，依其俗法断之。异类相犯者，若高丽之与百济相犯之类，皆以国家法律，论定刑名。”在讲解文言文的部分时，课程将会分析唐朝法律制度的内容并简单介绍文言文法律制度规定的特点，让学生更好地了解我国优秀传统法治文化，将课程思政映射点融入其中，以视频的方式播放唐朝的繁荣场景，有助于学生直观了解当时的法治背景。

其次，讲解唐朝的“化外人相犯”制度的含义。该制度主要用于解决在唐朝的外国人犯罪问题。当来自不同国家的人之间存在犯罪行为的时候，就需要解决法律的适用问题，也就是说到底适用当事人本国的法律还是其他国家的法律。《唐律疏议》中规定了外国人违法犯罪时，如果他们来自同一个国家，那么依照他们共同的本国法来解决。如果他们来自不同的国家，这时候就要适用唐朝的法律规定来解决他们之间的法律问题。这里将通过具体的案例帮助大家掌握化外人相犯制度，讲解在唐朝长安出现的不同国家的人相互侵权案件中，由于双方来自不同的国家而在法律适用上的区别。这个案例可以帮助学生掌握知识点的具体内容，也能够了解唐朝建立这项制度的背景，从而认识到唐朝国际贸易的繁荣程度，增强民族自豪感。课程还将与其他国家的涉外法律适用规定的出现情况做比较分析，让学生了解我国古代法律规定的先进性。

最后，结合课程思政元素，讲解化外人相犯制度。我国在唐朝时就规定了外国人违法犯罪的法律适用问题，领先于世界上其他国家的相关法律制度，这充分体现了我国的法律制度先进性。化外人相犯制度的规定也体现了唐朝时期的法治理念，展现了大国的司法态度。这些内容能够帮助学生更好地了解我国先进的法律制度，加强民族自豪感和文化自信。

（三）教学方法

本案例主要采用案例教学法和分析讲授法。以具体的唐朝时期发生的案例作为讲解的基础，能够将课程思政内容巧妙融入实际案例中，课程思政融入效果好，课程内容也更容易理解。采用分析讲授法，分析当时的法治背景和法治文化，能够让学生更好地接受专业知识的内容。

六、案例反思

案例教学中的课程思政建设具有较强的针对性和较好的融合度，有利于实现对法学专业课教学的进一步优化。缺点在于还需要不断拓展有利于实现课程思政建设的新的教学方法。为了实现法学专业课课程思政建设的目标，以后会采用人工智能科技、大数据分析、网络教学等教育方法，还会根据需要采取相关部门的课程思政协同方式，在教育教学方法上提高创新性。在教学内容上，学生大多没有学习过法制史，对教学内容比较陌生，需要做好背景介绍和唐朝法制文化的讲解，以便学生了解不同时期法律制度的特点和产生的原因。这些课程内容涉及下学期会学习到的国际私法知识，能够形成课程的互动效果。

七、育人效果与反馈

课程选取的知识点专业化程度较高，所体现的法治思想具有很强的前沿性，代表了我国古代法律制度发展的较高水平，能够让学生更加了解我国古代的法治情况，增强民族自豪感。案例教学过程中及结束后的学生学习效果较好，学生能够掌握唐朝的法律制度内容，了解外国人的法律适用问题，提高运用所学知识解决实际案件的能力，培养高尚情操，课程思政融入效果比较好。

法理学：法律方法中的辩证推理

法学院　阎章荣

一、课程简介

法理学是法学各学科的基础。法理学为专题教学，通过法治国家理论与习近平法治思想、法律价值、人权理论、法律方法、法律与社会等专题的学习，将习近平法治思想贯穿始终，进而使学生准确理解社会主义核心价值观、法律方法、马克思主义人权观念、社会主义法治国家理论，为培养以习近平法治思想武装的社会主义法治人才奠定坚实的理论基础和价值基础。

二、案例主题

法律方法中的辩证推理。

三、对应章节及知识点

本案例对应第四章“法律方法研究”。

涉及的知识点为习近平法治思想中包含的司法实践的原则、方法。

四、案例意义

本案例内容为法律推理中的辩证推理。辩证推理不仅是一个抽象的理论，在司法实践中也得到了广泛运用。尤其是当出现法律漏洞、法律规定相互抵触或者存在竞合、法律规定违背法律客观目的等情形时，司法者必须借助辩证推理中的法律价值分析来解决面临的司法难题，以保证司法结果的公平公正。

中共中央办公厅印发的《关于培育和践行社会主义核心价值观的意见》指出，“要把社会主义核心价值观贯彻到依法治国、依法执政、依法行政实践中，落实到立法、执法、司法、普法和依法治理各个方面，用法律的权威来增强人们培育和践行社会主义核心价值观的自觉性”。辩证推理是司法实践中贯彻社会主义核心价值观的重要领域，因此，有必要作为一个专门问题予以探讨。通过本案例的学习，学生能够初步理解社会主义核心价值观在辩证推理中的作用及其实现途径。

五、案例描述

本案例首先介绍法律推理中的辩证推理概念及其适用条件，接着通过个案分析来说明如何运用社会主义核心价值观指导辩证推理。

（一）实质推理

介绍实质推理的概念及其与形式推理的区别，引发同学思考。

（二）辩证推理的特点

辩证推理产生的特点：主要是为了解决实在法的局限性引起的推理前提不确定的法律疑难；具体表现为法官面临两个或两个以上相互矛盾或互相竞争的命题时所进行的理性选择；法官基于实践理性，运用辩证逻辑认识疑难案件中规则与事实之间辩证关系的推出过程。

（三）辩证推理的依据

辩证推理的依据包括价值观和法律信念、政策、公理、公共道德、习俗等，其中居于主导地位的是法律价值，尤其是体现社会主义核心价值的基本价值观。同学思考：如何在辩证推理中引入社会主义核心价值观？

（四）泸州遗赠案中辩证推理的运用

黄永彬和蒋伦芳是四川省泸州市天伦集团公司 404 分厂的职工，两人于 1963 年结婚，婚后一直未能生育。1994 年，黄永彬与另外一名女子张学英产生感情，在外面租了房子，开始以夫妻名义共同生活，后生育有一子。2001 年 4 月，黄永彬在患肝癌晚期的情况下立下了经过公证的遗嘱，将自己依法所得的住房补贴金、公积金、抚恤金以及与蒋伦芳的夫妻共同财产中属于自己的部分遗赠给张学英。黄永彬去世后，张学英请求按遗嘱内容取得财产遭到拒绝，遂将蒋伦芳起诉至泸州市纳溪区人民法院。泸州市中级人民法院终审判决以“损害社会公德、遗赠行为无效”为由，驳回了张学英的诉讼请求。同学思考：法官是如何进行法律推理的？

（五）撞伤儿童离开被阻猝死索赔案

郭某林在某小区骑自行车时将在小区内玩耍的五岁男童罗某某撞倒在地，造成罗某某右颌受伤出血。小区居民孙某见状后，马上找人联系罗某某家长，并告知郭某林应等待罗某某家长前来处理。郭某林称是罗某某撞了自己，欲先离开。因此，郭某林与孙某发生言语争执。孙某站在自行车前阻拦郭某林，不让郭某林离开。郭某林情绪激动，称此事应交由110处理，随后将自行车停好，并坐在石墩上等候，郭某林坐下后不到两分钟即倒地。孙某拨打120急救电话，医护人员赶到现场即对郭某林实施抢救。郭某林经抢救无效，因心脏骤停死亡。刘某某、郭某丽、郭某双作为郭某林的配偶及子女，起诉请求孙某及小区物业公司承担赔偿责任共计40余万元，并要求孙某赔礼道歉。法院判决认为，好心人孙某对侵害儿童权益的行为进行合理的阻止，不仅不具有违法性，反而具有正当性，值得肯定和鼓励。本案判决好心人不担责，向社会公众明确传递出法律保护善人善举的信号，消除了老百姓对助人为乐反而官司缠身的担心和顾虑，让“扶不扶”“救不救”等问题不再成为困扰社会的两难选择。同学思考：法官是如何在侵权责任认定中体现社会主义核心价值观的?

六、案例反思

在法律适用过程中不可避免地会运用各种推理方法，辩证推理是对形式推理的必要补充。通过理论讲解，学生理解了辩证推理是对各种价值、利益、政策进行的综合平衡和选择。在处理新奇案件时，司法者要从法的价值、目的和作用，法的基本原理（原则），国家政策和执政党的政策，以及社会公共道德准则等出发，选择或创立一个适当的规范填补法的漏洞。在处理棘手案件时，法官要对各种价值进行平衡和选择，使用在特定问题上价值优先的法律规范或原则，这些就是辩证推理的司法运用。而在此过程中，法律价值的权衡成为重要的依据。本课程结合实际案例的解读与分析，使得学生学会如何在辩证推理中引入社会主义核心价值，为正确运用辩证推理提供了重要的方法论指引。

本课程内容比较抽象，尤其很多学生首次接触辩证推理知识，理解起来颇有难度。今后应争取将理论阐释得更加简洁易懂，并更多地结合司法案件予以解读。

七、育人效果与反馈

案例教学中，学生对本专题的内容颇感兴趣。通过课堂讲解、问题的讨论和交流，学生初步理解了辩证推理的含义、适用条件、方法，对于社会主义核心价值观通过辩证推理在司法实践中的实现有了理性认知和感性体会，为主动运用社会主义核心价值观指导法律学习和工作奠定了价值观与方法论基础。案例教学达到了预期的效果，学生反馈良好。

宪法学：社会主义核心价值观

法学院　苗　静

一、课程简介

宪法学是我国高等教育法学专业必修的专业基础课，是一门研究宪法现象的综合性知识体系的课程。通过本课程的学习，学生能够掌握宪法的基本原理，认识宪法产生和发展的一般规律，领会和掌握我国宪法的基本精神和具体规范。本课程旨在培养具有宪法学的“中国问题意识”和广阔视野的专业人才。

二、案例主题

社会主义核心价值观。

三、对应章节及知识点

本案例对应第二章“宪法的历史发展”中第三节“中华人民共和国宪法的产生和发展”有关 2018 年宪法修改的内容——增加倡导核心价值观的内容。

第十三届全国人民代表大会第一次会议通过的宪法修正案，将“国家提倡爱祖国、爱人民、爱劳动、爱科学、爱社会主义的公德”修改为“国家倡导社会主义核心价值观，提倡爱祖国、爱人民、爱劳动、爱科学、爱社会主义的公德”。

四、案例意义

本案例在树立宪法法律权威的基础上，使学生形成对法治的内在需求和内心拥护，使法治成为大学生的精神认同与行动遵循，这也是对大学生践行社会主义核心价值观的基本要求；使学生养成用宪法思维和法治方式来处理日常生活中各种问题的习惯，牢固树立规则意识和责任观念；使学生将社会主义核心价值观转化为人生的价值准则。

五、案例描述

社会的核心价值观又叫社会共识，就是“社会的最大公约数”。社会是一个共同体，共同体里面有不同利益的人，把社会共同体里面不同利益的人凝聚起来，靠的就是核心价值观。如果没有核心价值观，一个民族、一个国家就会魂无定所、行无依归。也就是说，一个社会没有共识，这个共同体就会崩溃。所以，社会主义核心价值观对任何一个人来讲都特别重要。

“自由、平等、公正、法治”是社会主义核心价值观在社会层面的价值取向，是社会主义核心价值观的重要内核，指明了我们要建设什么样的社会。

六、案例反思

第一，应再补充一些鲜活的例子来让学生印象更深刻。

第二，应对学生回答问题多一些鼓励、肯定、启发等激励表示。

第三，应善用课堂观察法，根据学生的反应了解讲课效果，从而做出及时调整。

第四，应多鼓励学生积极讨论，可以个别讨论，也可以小组讨论。

七、育人效果与反馈

本案例让社会主义核心价值观的种子在学生心中生根发芽，加强社会主义核心价值观教育，引导学生自尊、自信、自立、自强。

通过案例教学，学生认识到树立宪法思维就是要树立权力服从于宪法法律的权力思维、理性平等的权利思维、依法办事的程序思维、自觉主动的法律责任思维，从而提高了对法治的践行能力和运用能力。

中国法律史：以文化人，以文育人

法学院　苗　静

一、课程简介

中国法律史课程主要介绍中国历代法律制度和思想的产生、发展、变革等内容，使学生系统了解中国法律制度及思想发生发展的历史源流、基本规律及经验教训，批判地吸收与借鉴传统法律的精华，提高法学理论素养，完善法学知识结构，帮助学习者树立正确的历史观、国家观、法律观，更好地服务国家和社会。

二、案例主题

以文化人，以文育人。

三、对应章节及知识点

本案例对应第八章“隋唐法制”第四节“唐朝刑事制度”。

讲解唐朝的法律思想与制度时，选择我国保存最早、最完整的，作为中华法系代表之作的《唐律疏议》，以增强学生的文化自信、民族自豪感。

四、案例意义

第一，使学生领略中华法文化的博大精深和其中所凝聚的诸多有关治国理政、社会进步的民族智慧，增强文化自觉和文化自信，坚定中国道路的自信。

第二，使学生领略法制文明之魅力，感受法律思想之光，发现法律制度之美，增强学生的历史体验感，从传统中寻求智慧和力量，从而增强中国法律史课程立德树人的实效。

第三，引领学生深刻理解中国法制发展中讲仁爱、重民本、守诚信、崇正义、尚和合、求大同的思想精华和时代价值，从而提高立德树人的实效。

五、案例描述

“云参观”国家博物馆之大唐风华

在中国历史的广袤苍穹中，大唐是极为璀璨的一颗星辰。她以强大的凝聚力继承了中国商、周、秦、汉文化的优良传统，以强大的吸引力融汇了外来文化的新鲜养分，以惊人的创造力铸就了影响广泛、绵延至今的盛唐文化。唐代所特有的世界精神与宏大气魄，散发着永久的文化趣味和精神魅力。

《唐律疏议》共十二篇，五百零二条。其律文源于高祖时的《武德律》及太宗时的《贞观律》，“疏议”为高宗时附撰，其作用在于对律文进行逐字逐句的解释，叙及源流，辨析异疑，并补律文之不足，与律文具有同等法律效力，司法官可以其为定罪量刑的依据。

第一篇为“名例律”，主要规定法典中的一般原则，包括刑罚、减免刑的适用范围、自首、共同犯罪、数罪并罚等内容，相当于当今的刑法总则。其余十一篇相当于今日的刑法分则，包括卫禁、职制、户婚、厩库、擅兴、贼盗、斗讼、诈伪、杂、捕亡、断狱等十一律。每一律都对数类犯罪作了具体规定，如“卫禁律”是对违犯宫殿和关津要塞等保卫制度的犯罪规定，“职制律”是对违法设置官吏、行职不依法、受财枉法等犯罪行为的规定。每一篇少则有十余条，多则有六十余条，每一条又含有一个或一个以上罪名及相应的刑罚。

《唐律疏议》的内容非常丰富，以“五刑”“十恶”为例进行说明。《唐律疏议》中规定的“五刑”是笞、仗、徒、流、死。笞刑是五刑中最轻的一种刑罚。《唐律疏议》中指出：“笞者，击也，又训为耻。”笞刑是用法定规格的荆条责打犯人的腿、臀，这种刑罚主要用于对轻微犯罪者的惩戒。仗刑是比笞刑重一些的刑种，用法定规格的“讯囚仗”“常行仗”去击打犯人的背、腿、臀。徒刑是比笞刑、仗刑更重的一种刑种。《唐律疏议》中指出：“徒者，奴也，盖奴辱之。”徒刑是在一定时期内剥夺犯人人身自由并强制其劳役的一种刑罚。流刑是重于徒刑、仅次于死刑的一种刑罚，是将犯人遣送到边远地区并且强迫其进行劳役，服役期满后，除非有特赦或大赦，否则不得迁回原籍的一种刑罚。死刑是五刑中最重的惩罚，是剥夺犯罪者生命的惩罚，即古代之大开辟。《唐律疏议》中指出：“绞、斩之坐，刑之极也。”当时，死刑的法定方式包括绞刑、斩刑两种。《唐律疏议》中规定的“五刑”，是按照刑罚由轻到重进行排列的，且刑罚总体上都有所减轻。

《唐律疏议》中规定的“十恶”是指谋反、谋大逆、谋叛、恶逆、不道、大不敬、不孝、不睦、不义、内乱。《唐律疏议·名例律》中有关“十恶”的“疏议”为：“五刑之中，十恶尤切，亏损名教，毁裂冠冕，特标篇首，以为明诫。”“十恶”中的严重犯罪大致可以分为“亏损名教”和“毁裂冠冕”两大类，对这两大类违法犯罪行为给予最为严厉的刑罚，且没有任何减免刑罚的优待特权。

《唐律疏议》内容以儒家思想为指导，体现了礼的精神和原则，主要表现为：儒家经句是认定犯罪行为及其制裁的根据，是解释律文的依据，甚至直接充当律文，故“论者谓唐律一准乎礼，以为出入得古今之平”。其内容突出对君主专制、等级制度和宗法制度的维护，是君权、父权和夫权的护卫者。

六、案例反思

（一）课堂参与机会难得，力求机会均等

大学生重视课堂参与，希望有更多的机会展示自己。同时，教师通过学生的课堂参与可以多角度了解学生，进而调整授课的方式、内容、难易程度、快慢进度等。

（二）课程教学设计有待进一步优化

后续的教学设计应充分注意新生的特点，精准把握授课的内容和方式。在课堂上教师主讲比例增大，启发式教学用于课前新知识的导入，研讨式教学用于课后延展学习。

（三）思政元素的迁移和融入还需提升

未来要加强课程中的思政元素凝练并拓展思政融入的渠道与方式。可以从当下中国的热点、焦点问题引入知识点，课堂内巧用典型制度、经典案例（增加比例），课后利用拓展的精读文献等实现专业知识点的思政元素迁移。

七、育人效果与反馈

课程自身蕴含着讲仁爱、重民本、守诚信、秉公正、向廉洁、崇正义、

尚和合、求大同的思想精华和时代价值。本课程让学生感受到中华传统文明的博大精深，培养学生人文情怀，树立制度自信、文化自信；使学生了解法的历史源流，理解当下法律制度，对中国法治建设的语式、路径、方法等问题进行深层次的思考；使学生学会以融会贯通的视角来分析中国传统法制理论问题，培养学生的观察能力和思辨能力。

经典电影中的法律知识：禁止法律规避制度

法学院　彭　幸

一、课程简介

经典电影中的法律知识是面向全校学生开设的素质拓展课，以生动的电影案例为学生讲授法律知识，让学生在观看电影情节的过程中增进对法律知识的理解，引导学生分析和解决实际问题，帮助学生树立正确的法律观，从法律的视角看待生活中的问题。

思政育人目标包括：①从培养目标、融合路径、教学方式改革等几个方面建立课程思政的模式，使法学课程与思想政治理论课同向而行、协同发展。②通过课程思政模式培养大批法治人才。通过将新时代思想政治教育深度融入课程中，培养更多法律人才。

二、案例主题

禁止法律规避制度。

三、对应章节及知识点

本案例对应第七章，对应的知识点为电影中的国际法知识。

四、案例意义

案例所反映的思政映射和融入点是树立正确的国际法律适用理念，坚决维护和保障我国的利益。在国际民商事交往活动中保障我国国家、公民和法人的合法权益，不得使用法律规避的方式来规避我国的强行性和禁止性法律，保障我国法律的有效适用。在教学过程中，从国际私法的经典案例出发，分析了法律规避行为的构成要件和法律规避的情形，并且详细讲述我国的相关规定，能够让学生充分了解相关内容，认识到法律规避行为存在的问题，积极维护我国的法律适用。案例选用的意义是向非法学专业的学生讲解国际法律问题，以比较浅显的案例说明国际法治问题，帮助学生树立国际法治观，培养学生解决国际民商事纠纷的法律意识和法律能力。

五、案例描述

（一）教学具体内容

通过电影片段让学生了解电影中的法律规避问题，讲解法律规避的构成要件，介绍禁止法律规避制度的主要内容，帮助学生树立正确的国际法治观。

（二）教学设计方案

第一，观看电影片段，了解法律规避制度。在课上观看经典电影的片段（约 3 分钟），让学生通过电影了解法律规避情况。

第二，明确知识点，讲解禁止法律规避制度的背景和主要内容。随着国际交流的深化，法律规避现象由传统的涉外婚姻家庭领域扩展到商事关系、物权、债权、知识产权等其他领域。由于世界上大多数国家在立法中确立意思自治原则，涉外民商事活动中的当事人有权依照本国法律规定选择对自己最有利的法律进行适用。而法律的适用可能导致不同的结果，部分当事人利用改变连结点的方式逃避法律的适用，从而出现了法律规避情形。

第三，讲解经典案例。通过“鲍富莱蒙案”引入禁止法律规避制度的主题，提问“法律规避现象的形成原因是什么”。分析出现法律规避现象的主要原因在于：现代社会国际私法连结点的多元化；当事人趋利避害的主观意图；不同国家实体法的差异性。

第四，分析讲授具体知识点。结合“鲍富莱蒙案”分析不同构成要件的要求。法律规避的行为是指国际民商事法律关系的当事人故意制造某种连结点，以避开本应适用的对其不利的法律，从而使对自己有利的法律得以适用的一种行为。在制度层面的定义中，禁止法律规避制度是指如果有人实施了规避法律的行为，那么他所实施的行为是无效的，本来应当适用的法律条文仍然有效。提醒学生注意，对于禁止法律规避制度概念中的“制造涉外民事关系的连结点”的理解应不限于表面意思，因为对于作为冲突法规则构成要素的连结点，当事人无从制造，当事人能制造或改变的是连结点所对应的事实。例如，当事人为规避原应适用的中国法，将国籍改为日本国籍，此处作为连结点的“国籍”未被改变，但作为事实的“当事人的国籍”已经不同。

第五，回顾禁止法律规避制度的概念以及认定法律规避行为的四个构成要件，阐明恶意规避一国强行性或禁止性法律行为的不当之处，坚决维护我国法律规范的国际利益，禁止故意规避我国强行性或禁止性法律的违法行为。

（三）教学方法

本案例采用案例教学法和分析讲授法。案例教学法是结合电影的情节来进行案例分析，把电影片段中的情节作为分析的案例对象，让学生能够更加直观地了解法律规避情况和可能出现的危害后果，让学生充分理解所讲授的内容，明确法律规避对国家利益和国家法律制度的侵害，树立正确的国际法治观。分析讲授法主要是讲授法律规避的构成要件，条理清晰地讲解如何认定法律规避行为，分析法律规避的危害性结果，使学生学会切实维护我国国家、公民和法人的合法权益，运用法律制度维护自身合法权益。

六、案例反思

案例教学中的课程思政建设具有较强的针对性和较好的融合度，有利于实现对法学课程教学的进一步优化。缺点在于还需要不断拓展有利于实现课程思政建设的新的教学方法。为了实现课程思政建设的目标，以后会采用人工智能科技、大数据分析、网络教学等教育方法，还会根据需要采取相关部门的课程思政协同方式，在教育教学方法上提高创新性。今后将采取线上网络资源学习、线下座谈交流、视频等多种符合学生学习兴趣的方式来加强思想道德教育，提高专业课课程思政的实际效果。

七、育人效果与反馈

案例选取的电影片段和分析的实际案例生动有趣，能够让学生更好地了解法律制度，树立正确的国际法治观，培养坚决维护我国国家和人民在国际民商事交往中合法权益的高尚情操。总体教学效果较好，课程思政融入较为生动，得到学生的较高评价。

外国语言与文化学院篇

外国语言与文化学院设有英语系、大学英语教研部、文化传播教研部等三个教学系部，拥有一支高水平、强能力、充满活力的教师队伍。商务英语专业获批北京市级一流本科专业建设点。外国语言与文化学院是学校的优秀教学单位，在各级各类教学评奖及评优活动中获奖人数和获奖名次均居全校前列，其中获得北京市级以上各类教学竞赛奖项 17 人次，北京市优秀教育科研成果奖 2 项；获得教育部及北京市高校课件大赛奖项 11 人次；获得北京市教改项目 2 项，北京市优质教材 2 部，北京市课程思政示范课及名师团队 1 项，北京市本科优质课程 1 项。校级教学获奖数量居学校前列，获得“校级教学名师”“优秀主讲教师”“优秀教师”“本科（研究生）教学先进个人”等荣誉称号 138 人次，校级教学成果奖 14 项，校级优秀教学改革项目奖 31 项，校级优秀班主任称号 5 人次；拥有“北京市青年拔尖人才”“青年英才”“中青年骨干人才”称号 8 人。外国语言与文化学院十分重视课程思政建设，以外语人才培养和国际化人才培养为核心，通过申报课程思政教改项目、推动课程思政示范课程建设等途径，积极提升课程的思想引领性。外国语言与文化学院目前完成校级课程思政项目 12 项，1 门课程获 2021 年北京市课程思政示范课程。

综合商务英语：提升媒体素养，发出中国声音

外国语言与文化学院　王淑花

一、课程简介

综合商务英语4是商务英语专业学科基础课程，也是核心课程，在二年级第二学期开设。课程以立德树人为根本，集语言工具性、商务实用性和人文思辨性于一体，使学生掌握商务语言运用，通晓跨文化交际策略，具备商务沟通能力。在知识层面，主要使学生掌握语言知识、商务知识和跨文化知识，例如商务语篇知识、修辞知识、跨文化商务交际规则等；要求学生掌握有关媒体、知识产权、贸易战争等话题下的商务英语词汇、术语、基本句型等。在能力层面，主要提升学生的语言使用能力，运用英语建立商务联系、提供及获取商务信息并进行有效商务沟通的能力。在素养方面，本课程弘扬社会主义核心价值观，培养爱国情怀和国际视野，培养职业道德和法治意识，培养批判性思维能力和科学的认识论与方法论。

二、案例主题

提升媒体素养，发出中国声音。

三、对应章节及知识点

本案例对应第1单元“Media：Fact or fable”，综合训练环节和课文2的阅读环节。主要知识点包括：①媒体素养的概念；②批判性阅读的方法；③图尔敏逻辑框架；④面对公司危机的媒体素养；⑤诚恳道歉声明的内容框架。

四、案例意义

本课程采取混合式教学模式，使用翻转课堂教学方法，引导学生围绕媒体素养、合理处理媒体关系这两个主题进行学习，课前通过网络平台给定阅读和视听说的语言素材，加大阅读量、视听说训练量，设置高阶思维问题，提高课程挑战度，并将批判性思维方法、批判性阅读西方媒体内容、维护媒体公信力等思政元素融入课前预习和课上教学的全过程。学生通过课前预习任务可以分析西方新闻的可信度，并初步思考如何反驳可疑观点，通过合作学习初步进行真实案例分析（见表1）。

表1

任务要求	项目	预习任务内容
课文学习	阅读课文2：Media relations	掌握课文大意（应对媒体的原则），预习词汇
批判性阅读	①英语新闻：Tesco charity cards ②*China Daily* 反驳文章	①读懂并分析西方新闻的可信度 ②思考 *China Daily* 的反驳角度如何加强
案例分析（美联航）	①阅读：United airlines settlement ②阅读：How to rebuild your brand after a PR crisis ③视听：United airlines CEO interview	①利用课文2和补充阅读材料中的原则来分析美联航的问题及解决办法 ②如果你是美联航首席执行官（CEO），重新写一个道歉声明或者召开记者发布会

课上教师引导学生针对主题，逐层深入，通过批判性思维步骤、图尔敏逻辑论证框架的引入，辅以中国对外宣传主流媒体的观点，使学生全面、深入地认识西方媒体存在的问题，并通过小组讨论形成全面的看法，有理有据地表达观点。在媒体关系的认识部分，主要使学生从受众的身份转换到媒体关系的主导者和媒体内容的创造者，能够应用所学原则解决实际问题，培养科学的思维方法，同时提高语言的得体表达能力。课下在网络平台上以延伸读写、案例分析等形式继续推动学生使用英语完成任务，深化思想认识，促进分析、综合、评鉴等批判性思维能力的提高，夯实英语表达能力。课堂教学内容及目标如表2所示。

表 2

项目	课堂教学内容	目标
引入媒体素养概念	①根据图片描述西方媒体对受众的操控 ②介绍媒体素养的概念和批判性阅读的步骤	①了解西方媒体存在的问题 ②能使用英语谈论媒体人的道德 ③具备良好的媒体素养
批判性阅读实践	①结合 CGTN 的反驳视频，分析英语新闻 "Tesco charity cards" 的假新闻特征 ②利用图尔敏模式分析这则新闻的潜在观点和证据，结合 *China Daily* 的文章，揭开 "Tesco charity cards" 的假新闻实质	①了解新闻故事的基本要素 ②了解论辩性材料的论证结构 ③能批判性分析新闻，表达观点 ④具备批判性阅读习惯 ⑤能有理有据地表达反驳观点
课文分析及案例分析（美联航）	①分析课文结构和要点 ②分析美联航的问题及声明中的问题 ③帮助 CEO 重新起草道歉声明，召开新闻发布会	①能够分析文章结构，概括文章大意 ②能够应用所学知识，分析实际案例 ③掌握逻辑思维方法 ④能够写出得体的道歉声明
作业	①小组介绍企业成功应对公关危机的案例（what，why，how） ②分析华为公司公关 CEO 发言的问题，提出改进建议	①能够综合信息，形成观点 ②能够有条理地报告自己的研究发现

五、案例描述

（一）媒体素养和批判性综合训练

首先，教师介绍教学内容和目标，使学生树立明确的学习目标。

By the end of class，you would

- be aware of the media effect and develop media literacy.
- deal with media relations appropriately；be able to think critically.
- get the gist from the topic – related discussions and defend your opinion logically.

- write a proper apology statement as well.

接下来，在话题引入部分，主要开展以下三个活动：

①引导学生认识媒体理想的状态。通过问答的方式，引导学生认识的应然之态：What do you expect media to be like? 教师使用2019年全球媒体峰会的共识，使学生认识到“媒体应该履行其社会责任，遵循真实、准确、客观、公正、公平和公共问责的原则，为受众提供全面、客观、公正的信息”。

②看图说话。教师给出多幅西方进行媒体操控的图片，让学生描述从图中看到的内容。这个环节有助于培养学生的英语表达能力、观察能力和思辨能力。

③升华认识。通过图片描述，教师引导学生认识到西方媒体擅长操纵观点，我们所看到的、听到的并不都是客观的信息，里面有假新闻，有偏见，有编造的故事等。尤其是西方关于中国的报道很多都是偏颇的。

（二）媒体素养和批判性阅读

首先，引导学生学习媒体素养的定义，提出媒体素养的概念。

Media literacy is the ability to access, analyze, evaluate and create messages in a variety of forms – from print to video to the Internet. It means to become competent, critical and literate in all media forms so that you control the interpretation of what you see or hear rather than letting the interpretation control you. To become media literate is not to memorize facts or statistics about the media, but rather to learn to raise the right questions about what you are watching, reading or listening to.

其次，讲解批判性阅读的3个步骤（description, interpretation, evaluation），使学生学会通过提出恰当的问题进行批判性阅读，同时介绍如何应用图尔敏模式（见图1）协助进行批判性阅读。

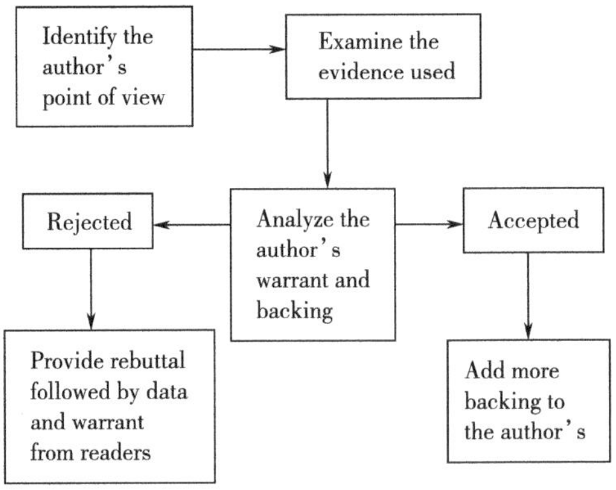

图1

最后，组织实践环节，让学生批判性阅读一则新闻。引导学生解析新闻的构成要素和特点（5W1H），并学会在批判性阅读的第一和第二阶段提出恰当的问题。

- 5W1H：Can the content be verified? Is it factual? Accurate? the sources biases?
- Purpose：Why? Intended audience? Provoke an emotional response? Anyone making money for it?
- Author：Who is the author? Credentials? Other articles on the same or similar topic? Have they demonstrated expertise and experience?
- Source：The only report? What is the source?

在活动中，组织学生复述新闻：Tesco charity cards（*the Sunday times*）；观看 CGTN 外语节目对该新闻的反驳，记录要点；小组重读新闻，恰当提问，找出新闻的漏洞。邀请学生发表观点，补充在 CGTN 节目内容之外的发现。学生使用图尔敏模式解析新闻，并阅读 *China Daily* 上的反驳文章作为辅助，画出对原英语新闻作者潜在观点及其论证逻辑的图尔敏模式分析图，更深入地剖析新闻背后的意图及其缺陷，充分揭露其假新闻的本质。教师以中华传统文化中的“兼听齐明”（《荀子·君道》）作为课程小结，使学生再次认识面对媒体时批判性思维的重要性，不盲目偏信，不做“键盘侠”。最后请学生讲述在本次阅读训练中的收获，加深印象。

（三）课文 2 的学习和美联航危机案例分析

首先，让学生思考三个问题：在工作场合为什么要和媒体保持良好关系？什么时候需要和媒体打交道？如何和媒体保持良好关系？通过回答这三个问题，学生能够掌握文章全貌。在此过程中讲解语言点，进行句法分析和词汇用法讲解。然后，请学生说出补充阅读材料（Save your brand after a PR crisis）的要点，在此基础上教师进行总结升华，使学生能结合课文中提到的保持良好媒体关系的 8 个要点和补充阅读材料中的 6 个要点，形成一整套面对媒体应该遵循的原则和策略。

接下来组织学生对美联航案例进行分析。结合课本第 12 页的阅读和思考，请学生概述美联航事件的经过。请学生分析美联航事件本身存在的问题，培养分析问题的能力。然后，请学生使用课文和补充阅读材料中的原则和策略，分析美联航 CEO 网上道歉声明中的问题，培养学生学以致用的能力。

教师再补充一个心理学家提供的道歉框，为学生完成后续的写作和口语任务奠定基础。心理学家的框架包括“express remorse for a mistake” “admit responsibility”“make amends”“make promise”四部分，为道歉声明设置内容框架。教师还为学生提供每一部分的例句，使学生深刻认识内容和语言表达的关系。

接下来通过小组讨论任务——替美联航 CEO 重写道歉声明或召开记者招待会，培养学生得体表达的能力和解决问题的能力。在小组展示时，教师进行语言技巧的引导，提供改进建议。该讨论任务能够使学生意识到每个人面对媒体都有双重身份，即受众和内容创造者，因此我们需要保持批判性思维，进行得体表达，共同维护媒体的公信力。

最后，给学生留下课后作业，通过更多的案例分析和语言使用任务夯实课堂所学，提高语言表达能力和媒体素养。任务如下：

①在网上搜索企业成功处理公关危机的案例，在下节课分享。

②寻找中国企业在海外遇到的媒体危机案例，提出媒体的改进建议。

六、案例反思

在教学实施过程中，教师认为这个课程设计主要有三个优点：

①语言技能训练和思政内容结合紧密。在同一个主题下为学生提供了阅读和视听材料，从正反两面提供语言学习素材，使学生打开思路，开阔视野。

②翻转课堂能够使学生对话题进行课前的充分学习，因此课上表达就有话可说。加上教师对逻辑思维的训练，学生的表达更加有理有据。

③在教材案例的基础上进行深入挖掘，补充大量最新的阅读和视听材料，使学生不拘泥于教材的内容。

主要缺点是：

①话题比较严肃，可能难以引起学生的兴趣。

②实施过程中发现课前任务多，可能对学生造成较大的学习压力。

七、育人效果与反馈

在教学过程中，教师的收获主要来自学生的成长。学生能够准确捕捉到图片蕴含的潜在操控目的，意识到西方媒体的偏见，并能够准确地捕捉到新闻中的可疑之处。学生能较好地使用图尔敏模式去揭示西方新闻中隐藏的目的，发现其误导受众的手段，并做出合乎逻辑的正确判断。学生还将课文 2 中的观点用在美联航案例的实际分析中，能够学以致用，表现出了较好的应用能力。在学生自己召开的发布会上，学生记者的提问非常到位，发言人的反应也比较迅速，小组合作效果非常好。

商务英语笔译：金融市场

外国语言与文化学院　李　华

一、课程简介

商务英语笔译课程侧重汉译英理论与实践的教学，其教学目标及定位有四点：其一是进一步巩固学生的英语语言知识，通过汉译英实践梳理英语语言的难点和重点；其二是强化学生对本土文化内涵的理解，培养学生的中华文化价值观，肩负起服务于国家现代化的重任；其三是增强学生在汉英翻译实践中以读者加译者的身份审视译文质量的意识，通过使用商务英语素材，加强学生对于商务知识、商务英语知识和商务英语翻译的了解和掌握，同时意识到商务活动需要把国家和人格放在首位；其四是通过对比汉英文化、思维方式和语言，促使学生树立语法意识、惯用法意识和连贯意识，根据汉英语言的差别正确处理汉英翻译中的理解与表达问题，最终让学生有能力将中文报刊、杂志上的文章和常见商务文件译成英语，速度为每小时 250 ~ 300 个英文单词，译文忠实于原意，语言流畅。

二、案例主题

金融市场。

三、对应章节及知识点

本案例对应第十二章“金融市场”，采用汉译英重复信息的译法翻译中国金融市场及政策最新相关内容。

四、案例意义

本课程的主题是我国金融市场及相关最新金融政策翻译，通过 2021 年北京证券交易所成立的翻译练习，使学生了解服务北京“两区”建设的金融定位以及国家资本市场中的金融政策对中小微初创企业的倾斜与扶持。人民币国际化愿景的翻译练习，帮助学生了解人民币国际化愿景的意义和优势。海南自由贸易区到自由贸易港的建设实例，帮助学生了解我国改革开放向纵深发展的决心与干劲，了解我国建设海南自贸区和自贸港的举措和意义以及产生的世界影响力。

五、案例描述

（一）教学内容

首先，巩固和强化汉译英重复信息的4种译法，以便在金融内容相关的语句和篇章翻译中得到进一步运用。

方法1：指代（代词代替相应的名词，动词替代或者省略）。例如：亚太地区谋和平、求稳定、促发展的共同愿望没有改变，亚太地区经济持续快速增长的动力和潜力也没有改变。The Asia - pacific region's common aspiration for peace, stability and development has not changed, nor has the driving force and potential, neither for its rapid and sustained economic growth.

方法2：替代（用同义词和近义词代替同一个词汇，不同的方式表达）。例如：中国的山脉是中国地貌的主要特征，山脉高原山丘的面积约占中国陆地面积的65%。China's mountains are a major feature of its physical geography, with mountains, plateaus and hills accounting for about 65% of the country's landmass.

方法3：合并（把重复的词语合并成一个相同的词语）。例如：南方的私家园林比皇家园林略小，精美的程度却毫不逊色于皇家园林。The private gardens in the south are smaller but not less exquisite than imperial gardens.

方法4：省略（两个句子的动词一样的时候可以省略）。例如：经济发展不仅关系13亿中国人民的福祉，也关系各国人民的共同利益。Chinese economic development bears not only on the well - being of the 1.3 billion Chinese people, but also on the common interests of people in the world.

其次，播放金融市场相关视频"What is financial market?"，让学生掌握关键词汇"bonds and shares"；引出中国金融市场以及资本市场的构成，让学生完成北京证券交易所成立的相关翻译练习。由货币市场引出人民币国际化愿景的话题，要求学生熟悉金融专业词汇，使用汉译英重复信息译法完成三小段汉译英练习。

中国国家主席9月2日宣布，除上海和深圳的证券交易市场之外，将在北京设立新的证券交易所。该交易所将由场外交易市场“新三板”改造而来，希望能够引导专业投资者把资本投向快速成长的中小企业。

人民币国际化将帮助中国企业以及那些和中国具有广泛贸易关系的经济体和跨国公司降低成本、抵御风险。中国企业在双边贸易中使用人民币结算有助于其降低成本，在对外直接投资中使用人民币不仅可以降低用第三方货币结算的风险，也有利于缓解高额外汇储备所带来的人民币升值和国内通货膨胀的压力。

虽然人民币国际化将是一个漫长的过程，但是随着人民币被允许作为贸易结算货币一级中国企业的对外投资货币，人民币未来在中国的周边国家的广泛流通和使用将更为可期。目前，一些和中国有着密切经济往来的国家和地区已经开始使用人民币作为清算和外汇储备货币，海外人民币储蓄额也迅速增加。

再次，播放视频“中国公布海南自贸区规划 国外网友：中国是最先进的发展中国家”，让学生通过视频学习了解海南自贸港的建设背景和建设意义；然后选取海南自贸港政策精选60条中涉及的金融政策条例8条，要求学生熟悉中文表述特点，确保使用准确的金融术语，并根据所学翻译技巧进行随堂练习，再由句子到篇章进行海南自贸港金融科技相关的篇章翻译练习。

句子翻译如下：

①允许境外人员担任法定机构、事业单位、国有企业的法定代表人。

②取消船舶和飞机境外融资限制。

③企业发行外债备案登记制管理权下放海南。

④扩大跨境资产转让范围。

⑤支持境外证券基金期货经营机构设立独资或合资金融机构。

⑥建设国际能源、航运、产权、股权等交易场所。

⑦非居民可以参与交易场所的交易和资金结算。

⑧发展场外衍生品业务。

篇章翻译如下：

金融技术提供金融服务方面与传统金融方法竞争的技术和创新。它是使用技术来改善金融活动的新兴行业。使用智能手机进行移动银行、投资、借贷服务和加密货币是旨在使金融服务更易于大众使用的技术示例。

海南保税区智能城市建立在海南生态软件园的基础上，是世界上最大的技术园区之一，也是海南省政府与世界500强——中国电子工业集团之间的战略合作项目。这个生态系统已经吸引了5 000多家企业，包括互联网巨头腾讯、百度、小米、华为、火币的数十亿个项目，例如腾讯生态村、中国游戏数码港和牛津大学区块链研究中心等。

最后，布置金融创新相关的翻译作业，要求学生收看香港亚洲金融风险智库创会委员会主席访谈视频（3分钟左右），完成海南金融创新的主要内容的汉英对照作业，进一步强化他们对海南金融创新的理解。

（二）教学方法

1. 课前预习

①课前慕课平台预习知识点。

②观看CATTI基础翻译视频。

2. 课堂讨论

①根据两个金融市场相关视频总结主要内容，了解政策的吸引力和影响力。

②教师紧扣我国金融市场的最新动向以及金融条例的主要知识点，鼓励学生分享自己的理解，并与教师形成互动，提高翻译能力。

③翻转课堂，让学生结合预习任务点中的CATTI基础翻译视频，进行金融语句翻译。教师对学生的译文进行点评和总结。

（三）教学过程

教学过程见表1。

表1

教学过程	教学内容	教师活动	学生活动	教学手段	时间
（一）通过课堂测验来检查预习效果	北民大英语趣微学一周热词和句子	发布随堂测验	超星平台答题	考查对中国经贸时事热词的熟悉程度	15分钟
	CATTI英语基础翻译第十七讲：重复信息的译法	发布随堂练习	超星平台做题	学生探索式学习	10分钟

续表

教学过程	教学内容	教师活动	学生活动	教学手段	时间
（二）播放视频“What is financial market?”围绕问题展开探索研究	知识点：专有名词“Bond and shares”	教师提问	学生应答并解释	启发式教学，头脑风暴讨论	3 分钟
	知识点：中国金融市场交易方式	北京证券交易所成立英汉翻译练习 完成后进行点评	学生翻译	案例教学	20 分钟
（三）运用所学翻译技巧，翻译练习海南自贸港政策精选 60 条中与金融相关的内容	知识点：货币市场中的人民币国际化愿景	视听教学 汉英翻译练习 完成后进行点评	学生翻译	教师讲授	15 分钟
	观看海南自贸港短视频，翻译金融政策条例 6 条	要求学生使用准确的金融术语，运用所学翻译技巧进行随堂练习	学生观看 在平台做该翻译练习	研究探讨式学习 师生互动 过程辅导	15 分钟
	知识点：金融科技创新	要求学生将重点内容翻译成汉语	学生讨论，在平台做该翻译练习	研究探讨式学习	10 分钟
（四）课堂小结与评价	总结反思	教师总结： ①本章节的课前充分预习很重要，学生在翻译时仍然会出现望文生义的翻译错误 ②学生水平差异导致完成翻译练习的时间有差异，教师点评讲解，在一定程度上会影响学生听课效果		翻转课堂 教师总结	2 分钟

六、案例反思

（一）优点

本案例立足于我国近几年的最新经贸金融发展热点，旨在彰显我国循序渐进但又大刀阔斧的改革开放举措，向学生展示的视频内容积极向上，充满正能量；通过北京证券交易所、人民币国际化愿景和海南自贸港金融条例及金融技术的汉英翻译，学生不仅可以了解我国资本市场和货币市场的主要发展，还能掌握具体细化的金融鼓励政策，熟悉并掌握金融术语的翻译，体会我国海南自贸港的金融政策和改革力度。

（二）不足

本案例的有效学习必须依托于课前的充分预习，否则学生只能跟着感觉走，仍然会出现望文生义的翻译错误；另外，由于学生水平有差异，在设定的翻译练习时间内总有学生不能完成，如果此时教师点评讲解，可能会影响听课效果。

七、育人效果与反馈

翻译练习素材激发了学生的爱国热情，增强了学生对我国改革开放政策的信心。短小精悍的英文视频资料有效帮助了学生了解和掌握相关知识，翻译练习内容也让学生有兴趣及时完成并上传，参与率高，译文产出质量较好。总体来看，该案例教学实现了对学生知识、能力、素质及价值观的培养目标。

英语国家文化：国旗背后的故事

外国语言与文化学院　孙静波

一、课程简介

英语国家文化课程的教学目标是使学生具有探究英美社会文化的兴趣，比较系统地了解主要英语国家的人文地理、政治制度、社会文化等概况，能够深入理解与把握社会现象背后所蕴含的文化价值观，掌握进一步学习文学、文化、翻译语言等方向的课程所需的文化背景知识，具备较强的跨文化交际能力。教学主题包括但不限于人文地理、历史沿袭、政治体制和选举制度、司法体系、外交政策、经济发展、教育体系、宗教和种族、传统价值观、大众传媒与通信系统、休闲文化（包括饮食文化、体育文化、娱乐生活）等。在教学材料的选择上应注重材料的概括性、典型性、公正性、多样性和时代性，既包括扩大学生知识面的事实性材料，也包括促进学生概括、分析、推理等深层次思考能力提升的观点型材料。从课程思政的角度，本课程聚焦主要英语国家在地理、历史、政治、经济、教育、社会生活以及文化风俗等方面的基础性知识介绍，凝练西方代表性历史与文化，融入对应的中国文化精髓的对比，从对比的视角分析不同文化的特点，彰显中国优秀文化，从而坚定学生的文化自信，实现专业知识传授和社会主义核心价值观教育的有机融合，进而达到学生专业知识拓展和形成正确人生观、价值观的目的。

二、案例主题

本案例聚焦英国国旗的设计特点和文化含义以及国旗的应用场景讨论，并通过中英国旗使用场景的差异对比挖掘背后的文化差异，引发学生对中国国旗的深入了解，激发爱国情感和文化自信。

三、对应章节及知识点

本案例对应的内容是英国的基本情况，包括国家名称、国家领土的组成部分、地理地形、国旗国歌以及天气特点等。学生通过对英国基本情况的了解，洞悉国家地理环境对其文化以及人民性格特点的影响。

四、案例意义

本案例的思政内容切入点是国家构成要素和国家象征。国家是由领土、人民、文化和政府四个要素组成的，国家也是政治地理学名词。从广义的角度，国家是指拥有共同的语言、文化、种族、血统、领土、政府或者历史的社会群体。从狭义的角度，国家是一定范围内的人群所形成的共同体形式。国旗、国徽、国歌等是一个国家的象征，作为国际交往中的国家识别标志，世界各国都有自己的国家象征，它代表了一个国家的主权、独立和尊严，反映了一个国家的历史传统、民族精神，甚至国体和政体等。通过介绍英国国旗的构成、含义和使用悬挂的场景，对比中国国旗使用和悬挂场景的差异，学生增加了对中国国旗的深入了解，更通过了解正确使用国旗标志的方法增强了民族自豪感和爱国主义感情。

五、案例描述

在学习英国国旗的过程中，学生要了解英国国旗的形成历史、国旗图案的含义，以及在英国国旗应用的场合。通过介绍在英国使用国旗的方式，让学生讨论这种方式在中国是否适用，并让学生提供他们形成判断的理由。在学生反馈他们的判断和理由之后，教师再提供一个最近发生的真实案例，进而引导学生展开更深入的讨论。最后，教师向学生展示我国宪法中的规定，使学生明确认识正确悬挂国旗的场合和方式，从而指导学生今后要规范行为，特别是在一些集体活动的场合和跨文化交际的场合，要明确自己的身份，正确悬挂和摆放国旗，从而增强民族自豪感和爱国主义感情。

本案例使用的教学方法是教师讲授＋案例展示＋学生讨论＋归纳总结。

具体教学过程如下：

第一，从英国国旗的名称入手开始讨论：英国国旗为何被称为“Union Jack”，如同我们的国旗被称为“五星红旗”一样，这种名称的隐喻文化内涵是什么？

第二，解读国旗图案要素的来源和意义。

通过讲授和讨论可知，英国国旗图案设计的变化其实代表了其历史发展过程。英国从英格兰本岛的一个单一民族国家与周边其他国家和民族通过战争不断兼并联合，国旗也从代表一个国家的图案慢慢变成复合图案。

第三，英国国旗的使用场景讨论。

通过看图（见图1和图2）讨论：英国国旗在哪些场景可以悬挂？英国国旗的图案可以在哪些情况下使用？

图1

图2

通过讨论学生可以了解到，英国国旗可以在国家节日和皇家大事发生时公开悬挂。同时，英国国旗图案使用灵活，可以出现在各种产品的设计中。

第四，案例对比分析：沿着以上英国国旗使用场景的思路，让学生讨论中国国旗的图案是否或能否出现在产品设计中。

通过讨论，学生得出一个肯定的答案：中国国旗图案不能像英国国旗一样使用在产品中。学生的法律意识得到增强，通过问题的严肃性认识到国旗的重要性，并且懂得了面对国旗使用不当的情况应该如何对待，掌握了解决问题的方法。

第五，通过上述中英国旗使用场景的明显差异，分析差异背后的文化原因。

通过比较分析可以看到，英国的个人主义、商业模式、审美特点、创造性表现的方式等都决定了他们对国旗的态度与使用的方式。而在中国文化中，要根据《中华人民共和国国旗法》正确使用国旗。国旗是国家的象征，必须以严肃、严谨的态度对待，特别是在国际交流交往中。同时，国旗是我们爱国之情的明确表达，既要深情饱满，又要充满敬意。

六、案例反思

爱国主义和爱国精神是一国人民文化价值观的立足点，是一切功能价值展现的根本。因此，将爱国主义教育作为英美文化课程思政的切入点，是非常重要的一环。

本案例的优点是以基础文化知识入手，通过基本的史实知识和文化起源，逐步丰富学生对国旗构成要素和国旗内涵的了解，最后通过国旗的悬挂和使用方式自然引导到对中国国旗的思考。这个过程既符合语言文化知识的认知过程，又非常适合思政内容切入。而且在思政内容切入的知识点上，本案例没有停留在学生普遍已经熟悉的中国国旗基本构成要素和内涵的浅层了解上，而是深入我国国旗悬挂和使用的方式，让学生认识到如何在国际交往中确认自己的国家和文化身份，维护国家利益，尽到公民责任。因此，本案例取得了课程内容教学和思政内容自然融合的效果。

七、育人效果与反馈

通过本课程的学习，学生明确认识到了在某些国家能使用国旗的方式在我国是违法行为，因此学生的守法意识和维护国旗尊严的意识自然建立起来。

本课学习之后，学生认识到了有的时候不能随意追逐国外的一些潮流，特别是在涉及国家的象征标志时要有守法意识，在思想和行动上都要做到守法爱国，特别是从小事做起，真正践行社会主义核心价值观。

综合商务英语：贸易战中的“中国智慧”

外国语言与文化学院　唐　棠

一、课程简介

综合商务英语是商务英语专业的一门学科基础课程，也是教育部《商务英语专业本科教学质量国家标准》中规定的核心课程主干课之一。本课程在以下方面对学生进行培养。

（一）知识

在基础英语教学的基础上，巩固、增加学生的语法、词汇等语言知识，培养学生掌握商务英语中的会话内容、基本词汇、专业术语、基本句型以及商务英语沟通技巧。

（二）能力

培养学生在具体的商务工作环境中运用英语的实际能力，包括用英语建立及保持商务联系，将英语作为语言工具提供及获取商务信息，使用英语处理日常商务工作等；能比较和评析不同的观点、发表见解，表达连贯、得体、顺畅，符合相关文体规范和语体要求。

（三）素养

使学生深刻理解中国传统文化，培养文化自信；能够批判地吸收世界文化精髓，用辩证思维分析问题；弘扬中国优秀文化，讲好中国故事。

二、案例主题

贸易战中的“中国智慧”。

三、对应章节及知识点

本案例对应《综合商务英语4》第5单元“Conflict and Compromise”(冲突与和解)。

知识点包括:

①重点难点词汇、短语和句型学习。

②重点概念学习:修昔底德陷阱。

③引申习近平总书记提过的三大陷阱定律:塔西佗陷阱、修昔底德陷阱、中等收入陷阱。

四、案例意义

在讲述贸易战的定义以及历史的基础上,结合我国面对贸易战的态度以及一系列应对措施,引导学生了解、懂得并清楚领会我国在面对重大困难和严峻的国际局势、经济形势时所采取的态度和担当,有助于提升学生的制度自信与文化自信。

五、案例描述

对于贸易战,学生的理解大多局限于对国内外一些具体事件的报道和传播。新闻媒体对贸易战往往有一些局部的描述或具体事件的讲述,缺少对贸易战本身及其历史的追根溯源。因此,有必要在商务英语课堂里和学生探讨这个概念。贸易战本身的历史、相关概念以及我国在贸易战中所持有的态度和应对贸易战的策略都成为这个案例要探讨的重点和难点。特别需要指出的是,虽然后者在教材中并未涉及,但对学生的意识形态影响巨大,是本案例课程思政的切入口和融合点。

除了从语言层面讲授准确、地道地使用经济词汇和短语之外,本案例通过设计案例问题,引入贸易战的故事,激发学生学习兴趣。从定义到专业词汇学习,从相关表达(修昔底德陷阱)到贸易战的历史起源,从批判性思考练习到课后研究课题(三大陷阱定义),全面介绍贸易战的来龙去脉。同时,讲好中国故事:面对贸易战的威胁,我们国家采取了怎样的外交政策?体现了何种中国智慧?本案例旨在增强学生的文化自信、经济自信以及爱国情怀。具体安排见表1。

表 1

<table>
<tr><td>课次</td><td>1</td><td>授课日期</td><td></td><td>授课地点</td><td></td></tr>
<tr><td>基本课题</td><td colspan="5">Unit 5 Conflict and Compromise</td></tr>
<tr><td>教学
目的</td><td colspan="5">By the end of the unit, students can
1. understand the main idea of the three texts, have a primary understanding of adversity and happiness.
2. understand and use the words and expressions from the three texts.
3. enhance reading skills: reading for general ideas, specific information and implied meanings.
4. enhance listening and speaking skills: Listing for general ideas, specific information and note - taking.
5. enhance writing skills: topic sentence.
6. apply the principles in the texts to a business scenario, and give a reporton the results of a case study</td></tr>
<tr><td>重点</td><td>Answer the lead - in questions:
1. What is Trade War?
2. Why Trade War will happen?
3. What is Chinese Wisdom?
4. Conflict VS Compromise</td><td>难点</td><td colspan="3">Word study
& Thucydides Trap (修昔底德陷阱)
Special Terms of International trade
& The history of Trade Wars</td></tr>
<tr><td>课型</td><td>精读课</td><td>学时</td><td colspan="3">45min</td></tr>
<tr><td colspan="2">教学过程</td><td>时间分配</td><td>教学方法</td><td colspan="2">能力培养与
思政融入点</td></tr>
<tr><td colspan="2">I. Routine work
Student's sharing of current issues
II. Acting out tasks
The comments and transition to the main part of the class</td><td>5mins</td><td>oral approach and exchange frequently with students</td><td colspan="2">Enable the students to take part in reading, reporting and output of the current issues;
Let them be willing to express their own ideas in English and the cultivation of the ability of retelling and critical thinking</td></tr>
</table>

续表

<table>
<tr><td>课次</td><td>1</td><td>授课日期</td><td></td><td>授课地点</td><td></td></tr>
<tr><td colspan="2">III. A Glimpse of Trade Wars
贸易战的前世今生
Lead - in (What is a Trade War?)
Main Body:
1. The Related Term (Thucydides Trap)
2. Why Trade War will happen? (Take the US as an example)
3. Chinese Attitude (Iridescent Moment)</td><td>35mins</td><td colspan="2">Oral approach
Interactive co - operation teaching method
Task - based approach</td><td>Studentsget familiar with the tasks arranged by the teacher;
Students can answer the Lead - in Questions through learning;
Chinese Wisdom</td></tr>
<tr><td colspan="6">Homework: (5 mins briefing)
1. News report of the current issues with the commentary
2. Critical Thinking Task: Can China and the U. S. find a way out of Thucydides Trap? How?
3. Research Task: What are the Three Traps mentioned by President Xi?
4. Preview Unit 6 Activation</td></tr>
<tr><td colspan="6">Feedback: Encourage the students to use English paraphrase to express ideas when frustrated in the choice of words instead of Chinese</td></tr>
</table>

“中国智慧”是本课的精华和重点。教师根据本章节主题内容，选择、设计与贸易战及其背景知识相契合的思政素材、时事新闻和中国故事，寻找“知识传授”和“价值引领”的连接点，将家国情怀、世界胸怀、传统文化、法治意识、社会责任融入学习内容和任务中。

六、案例反思

本案例通过为学生引入最新的国际时事阅读，鼓励学习商务英语的同学学习商务背景、商务常识和商务术语的同时围绕这些内容进行思考和思辨，运用中国精神和中国智慧寻找问题的解决方案，从中国文化中汲取能量和策略，这也是领略、传递中国精神的途径之一。同时，案例中贸易战的概念和历史为学生解读现今的国际局势提供了一个很好的契机，他们从中可以了解到我国在面对冲突时所采用的立场、态度以及外交政策，即所谓把“国家战略”放在专业教学中进行宣讲。“国家战略”看起来是一个宏观的词汇，不易体现在课堂中，但事实上，国家的战略政策和我们每个人的生活息息相关，和我们的未来密不可分。

七、育人效果与反馈

关于贸易战的这部分内容恰好出现在“全国大学生英语竞赛”（专业组）的翻译试题里。学生参加考试后，非常激动地告诉老师，竞赛翻译内容恰好是之前课堂里学习到的相关信息。兴奋之余，他们的心中充满了骄傲和爱国之情。此案例紧扣课文主题的同时，恰当引入每个人关心的话题，引起了学生的热议和积极的课堂参与。

国际商业文化（英）：彰显中华文化之美

外国语言与文化学院　郝　琳

一、课程简介

国际商业文化课程是从事国际商业活动、了解国际商业文化的“敲门砖”。该课要带领学生学习和了解世界各国商务、文化习俗，增进学生对跨文化的理解，并指导学生进行跨文化交流。

国际商业文化课程内容涉及商务活动的方方面面，具体包括文化差异，基本文化类型，文化的影响，商务全球化，不同习俗、礼节和礼仪，跨文化交流，非言语交流，书面交流，跨文化幽默等。本课采用理论讲授与案例分析相结合的教学模式，引入大量时效性较强的案例，引导学生进行跨文化案例分析，一方面提升课堂的育人功能，另一方面夯实学生的国际商务技能，使学生能服务于中国国际化建设。

二、案例主题

彰显中华文化之美。

三、对应章节及知识点

本案例对应第二章“Basic Cultural Types”。

对应知识点为六大文化维度之一：纵容文化与自我克制文化（Indulgence versus self－restraint）。

四、案例意义

纵容文化与自我克制文化为霍夫斯蒂德的六个文化维度之一。在所有的国家中，中国的纵容指数（自我愉悦倾向）最低，只有24，这一数据凸显了我国民族的高度自律性。而举国上下齐心协力的抗疫行动和习近平总书记提出的“光盘行动”就是最好的案例。疫情暴发正值新春佳节，国人高度自律，减少社交活动，出门必戴口罩；习近平总书记提出的“光盘行动”又与我们的“自我克制文化”不谋而合。小到一个人、一个家庭，大到一个国家，想要发展，就要懂得勤俭节约。“谁知盘中餐，粒粒皆辛苦”“一粥一饭，当思来之不易；半丝半缕，恒念物力维艰”是国人口口相传的古诗词，充分体现了勤俭节约的文化传统。本案例在重温“光盘行动”这一传统的同时，也将强化学生的自我约束、高度自律的意识，使之成为一种习惯。

五、案例描述

首先，引出纵容文化和自我克制文化的含义，并通过纵容指数明确我国的文化类型。其次，结合学生实际，设计思政问卷调查，来了解学生的日常节约意识。数据显示，大部分学生有一定的节约意识，但似乎做得不够深入。为了让学生有更为深刻的认识，引入一篇思政文章：基于国内国际的大背景，习近平总书记提出了“光盘行动”。学生通过仔细研读，了解了“光盘行动”的迫切性。而克己复礼、勤俭节约本身就是我国的优秀文化传统，很多耳熟能详的相关古诗词更彰显了我国的文化积淀。让学生重温这些文化精髓，从而触动他们的内心，使课程思政主题得到了深化。学生以小组为单位，充分应用自己的想象，设计“光盘行动”海报，并在课上做展示。最后，在课程收尾之时升华主题，希望学生以“光盘行动”为契机，时刻谨记勤俭节约的优秀传统，从生活的点点滴滴做起，并使其成为一种习惯。

（一）明确纵容文化与自我克制文化的定义

Indulgent societies have a tendency to allow relatively free gratification of basic and natural human desires related to enjoying life and having fun.

Restrained societies have a conviction that such gratification needs to be curbed and regulated by strict norms.

根据霍夫斯蒂德理论的数据统计，在所有国家的纵容指数（自我愉悦倾向）中，中国的纵容指数最低，只有24。基于这样的理论和数据支撑，要使用案例进行例证。

（二）思政问卷调查

在进行案例分析之前，先做一个问卷调查，了解学生是否有节约意识。

老师利用“学习通”，在课上对51名学生做了问卷调查（见图1）：

①你是否有节约意识？（有：82.4%；没有：17.6%）

②如果你是最后一个离开教室的人，你会习惯性关灯吗？（从不：7.8%；偶尔：29.4%；经常：62.8%）

③你在食堂用餐时，是否有剩饭？（从不：13.7%；有一点点：49.1%；很多：7.8%；依情况而定：29.4%）

④打印资料时双面打印还是单面打印？（双面：58.8%；单面：41.2%）

从以上数据不难看出，大部分学生有节约意识，只是在具体行动中做得不够完美。

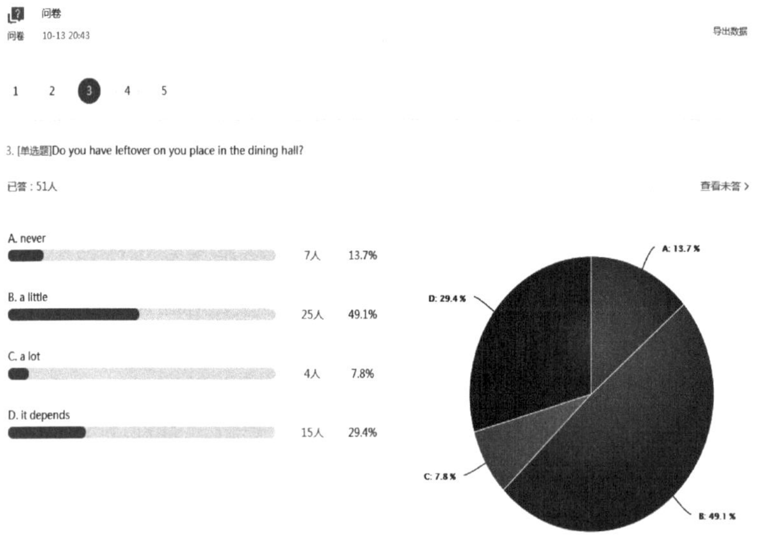

图1

（三）思政新闻阅读

The Chinese leader, Xi Jinping, has launched a campaign targeting a new enemy of the country: food waste. “Waste is shameful and thriftiness is honorable,” Xi said in a speech published on Tuesday, describing the amount of food that goes to waste in the country as “shocking and distressing”, according to the state news agency Xinhua. He added: “We should still maintain a sense of crisis about food security. The impact of this year’s Covid – 19 pandemic has sounded the alarm.”

The focus on food waste comes after weeks of mass flooding across the country wiped out crops, contributing to rising food prices – already higher after the Covid – 19 outbreak paralyzed the Chinese economy. Faced with trade tensions with the US and other countries, food security – always a priority for China – has become even more important. As much as 20% to 30% of China's grains are imported, according to estimates.

(The Guardian)

让学生阅读新闻并回答问题：为什么我国提出“光盘行动”？

学生通过阅读了解到原因：一是因为中国在2020年夏天发生了洪涝灾害，多地庄稼受损，粮食产量减少，导致价格上涨；二是因为新冠肺炎疫情，全球生产生活受到严重影响，中国每年消费的粮食中20%～30%需要依靠进口。因此“光盘行动”势在必行。

（四）深化思政主题

为了进一步深化主题，真正让勤俭节约内化于心，又设置了一个学习环节：让学生重温学过的有关于勤俭节约的古诗词，并在“学习通”上留言（见图2和图3）。

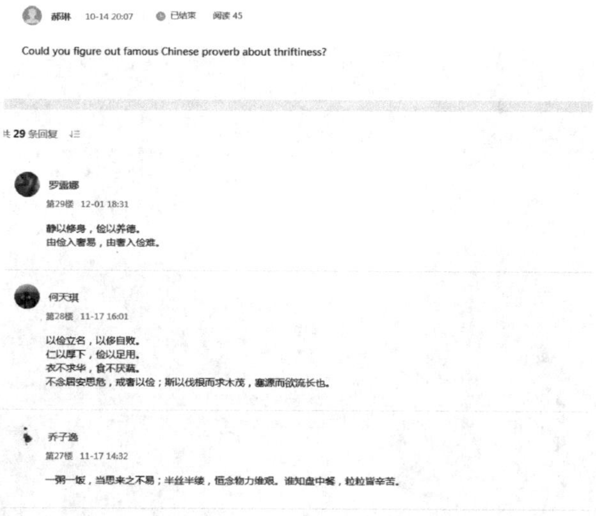

图2

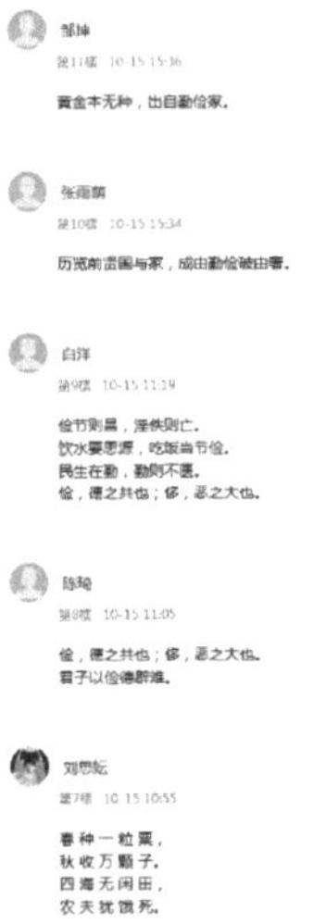

图 3

从学生的这些留言不难看出，我国学校教育从未忽略过学生勤俭节约的品德教育，也凸显了我们中华民族所具有的“自我克制”文化基因。为了更好地弘扬我们的优秀文化传统，老师对一些经典诗句进行了双语解读（见图 4），希望学生能够用英文传达中国声音。

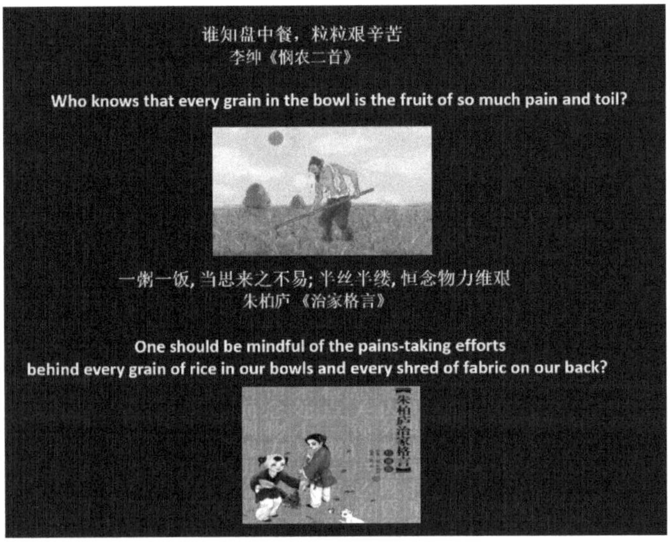

图 4

（五）思政任务输出

通过前面的理论和案例铺垫，学生要完成小组活动：为“光盘行动”制作宣传海报并在课上进行展示。

学生的宣传海报非常有创意，从颜色选取到画面内容设计都很用心，也体现出学生对“光盘行动”有了更深刻的感悟（见图5和图6）。

图5

图6

（六）思政主题升华

通过“光盘行动”这个思政案例，学生深刻认识到我国典型的“自我克制”文化，而践行“光盘行动”需要从我做起，从生活的点点滴滴做起。

“光盘行动”不要流于形式，要时刻谨记，每天反省，让勤俭节约存在于每时每刻的行动中，并使其成为自己的一部分。

（七）课下思政作业

请同学们将小组设计的“光盘行动”宣传海报分享到社交平台如抖音、微信、微博，并拍照、截图上传到“学习通”（见图7）。

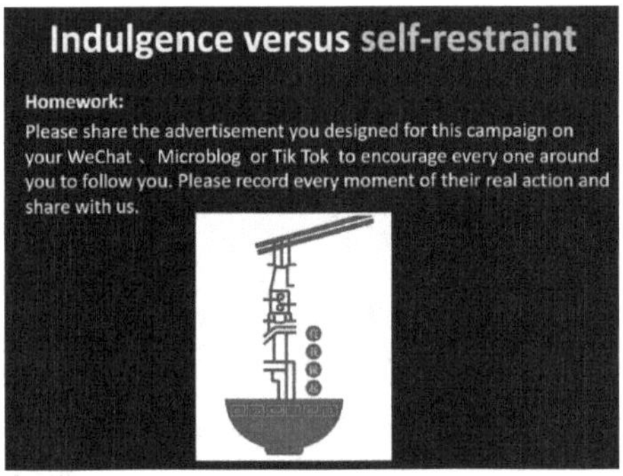

图7

六、案例反思

本章教学共设计了理论知识、问卷调查、新闻引入、案例分析、小组作业及展示、主题升华作业等部分，各部分环环相扣，具有严谨的逻辑结构；同时避免了课堂填鸭式教学，因为教学中有较多的活动需要学生的参与，所以学生一直保持高度集中的状态，让课程思政能真正内化于心。

唯一遗憾的是由于课时的限制，很多问题不能进行更深入的展开与探讨，有很多内容只能放在慕课平台，让大家回帖，与课上大家兴致高涨的状态相比，回帖就显得平淡了很多。

七、育人效果与反馈

本章教学一方面让学生认识到我国拥有典型的自我克制文化，另一方面也让学生充分意识到目前国际大形势以及我国的国情，因此要继续发扬艰苦朴素、勤俭节约的优良品质，在实际行动中践行，使其成为一种习惯。

非洲社会与文化：坦赞铁路

外国语言与文化学院　韩　红

一、课程简介

非洲社会与文化课程以国别研究理论为指导，以现代教育技术和信息技术为支撑，集多种教学模式和教学手段于一体，是面向全校学生开设的一门双语素质拓展课。

本课程的教学目标是使学生了解非洲大陆的现状及其成因，了解非洲不同地区和国家的文化特色，拓宽国际视野，增强文化意识和跨文化沟通能力，尊重文化多样性，增强民族自信心和自豪感。

课程主要内容包括非洲概述、非洲部族、非洲大陆殖民史、非洲宗教、非洲语言、非洲传统风俗习惯、非洲传统食物、非洲艺术和工艺品、中非交往、非洲经济等。

非洲拥有世界六分之一的人口，非洲历史和文化各具特色，中非友谊源远流长。但是，由于西方媒体对非洲的片面报道，非洲长久以来被视为“黑暗的大陆”。课程主要依托主讲人做非洲研究的经历，借助自己和团队整理、收集的第一手照片、录像和文字资料，深入地介绍非洲历史、宗教、文学、语言、艺术等领域，向学生们展示真正的非洲。

二、案例主题

坦赞铁路。

三、对应章节及知识点

本案例对应第十五章，对应的知识点为中非关系。

四、案例意义

中非之间有着浓厚的传统友谊和良好的合作关系，经受住了时间的考验，堪称发展中国家间关系的典范，并在新形势下得到进一步巩固和加强。回顾坦赞铁路的规划和建设过程，学生们可以真切理解中非之间的传统友谊、正确义利观以及构建人类命运共同体的深刻思想内涵。

五、案例描述

20 世纪五六十年代，毛泽东、周恩来等新中国第一代领导人和非洲老一辈政治家共同开启了中非关系新纪元。从那时起，中非人民在反殖反帝、争取民族独立和解放的斗争中，在发展振兴的道路上，相互支持、真诚合作。20 世纪 70 年代，为了支持南部非洲国家民族解放事业、打破种族隔离制度的封锁，中国人民在自身经济十分困难的情况下，排除万难援建了坦赞铁路，60 多名中国优秀儿女为修建这条铁路牺牲了生命，长眠于非洲大地。作为新中国送给非洲人民的一份厚礼，坦赞铁路在 1976 年 6 月 7 日全线通车后，为坦桑尼亚和赞比亚两国的社会经济发展以及非洲南部的民族解放斗争做出了重大贡献。这条被誉为“非洲自由之路”的铁路，联结起中非之间跨种族、跨世纪的真挚友谊，是中非人民友好史上的不朽丰碑。从中国支持非洲反殖反帝和民族解放的正义事业，到一批非洲国家支持中国恢复在联合国的合法席位，中非双方在国际舞台上始终相互支持、密切配合，中非合作一直是反对霸权强权、践行多边主义、维护发展中国家共同利益的一面旗帜。

（一）课前

1. 布置作业

课前教师在学习通慕课平台布置写作题目：

Please give one example of Sino – Africa relationship/friendship：good example (requirement：1. word count：no more than 500 English words or Chinese characters；2. logic is required).

要求学生用中文或者英语介绍一个中非关系的例子，字数控制在 500 字以内，要有清晰的逻辑。

2. 批阅作业

在课前批阅作业的过程中，将包括明显错误的内容放在一个文件“中非关系——错误和偏差”中。

（二）课中

1. 导入

（1）总结和点评学生课前作业的完成情况

①几乎所有学生都选择了展现中非友好关系/深厚友谊的例子（公民之间的、企业之间的、国与国之间的）。

②超过一半的学生介绍了“坦赞铁路”。

③学生的素材来自网络，存在很多错误，包括常识性错误以及思想偏差。

（2）集体讨论，理清事实

全班同学通过讨论的方式纠正文件“中非关系——错误和偏差”中的错误，澄清事实，达成共识。

2. 补充阅读资料

（1）快速阅读

Supplementary reading material – TAZARA (excerpt)

The TAZARA Railway runs 1 860. 5 km between Dar es Salaam in Tanzania and Kapiri Mposhi in Zambia. It was a capital – intensive aid project undertaken by China in East Africa in the 1960s and 70s, and to date remains one of the country's largest engineering projects completed abroad. Surveying and design kicked off in May 1968, and construction started in October 1970. The rail line was completed and handed over to local authorities in July 1976.

There was an urgent need to build a new transportation line in order to develop their national economies, support the people of the Southern African region in their just struggle against imperialism, colonialism and for national liberation, as well as to overcome their dependence on the sea route in the south which was under the control of the white racist regime of South Africa and Southern Rhodesia. Tanzania and Zambia first attempted to seek assistance from major powers in the West and the former Soviet Union. They were, however, turned down. In February 1965, President Nyerere of Tanzania made his first visit to China. During talks with the Chinese leaders, he expressed the desire of requesting China to assist the construction of the Tanzania – Zambia railway. Proceeding from the strategic perspective of providing support to the African countries in their efforts to win and safeguard national independence and to develop their national economies as well as of actively boosting the friendly cooperation between China and the third world countries, the Chinese leaders agreed to the request to construct such a railway. In June 1967, President Kaunda of Zambia visited China. Shortly afterward, the Governments of Tanzania and Zambia sent government delegations to China to discuss the related matters. In September 1967, the government delegations of China, Tanzania and Zambia held talks in Beijing and formally signed the "Agreement of the Government of the People's Republic of China, the Government of the United Republic of Tanzania and the Government of the Republic of Zambia on the Construction of the Tanzania - Zambia Railway".

Chinese experts and engineering technicians did all the work of exploration, survey and designing and they also assisted the Tanzania and Zambia governments to organize the execution of the construction. Some sections of the railroad ran through some high mountains, valleys, torrential rivers, dense and primitive forest.

Some sections of the rail - road bed and the foundation of the bridges and tunnels were swampy mud and drifting sand. Besides, many areas along the railway construction site were stretches of desolate and uninhabited land where wild animals roamed about. In other words, the project was colossal and involving complicated techniques and the construction was carried out under the most difficult conditions. Altogether 320 bridges have been built totaling 16, 520 meters in length; there are 22 tunnels and the total length is 8898 meters; 93 stations were built with a total floor space of 376 thousand square meters.

The surveying and designing of this project started in May 1968, and its construction began in October 1970. The whole project was completed and handed over in July 1976. To build this railway, the Chinese Government provided an interest - free loan of 988 million RMB yuan and shipped about 1 million tons of equipment and materials. The number of technicians and workers dispatched for the construction was about 50 thousand, and at the peak period, the number of Chinese workers and staffs working at construction site were as many as 16 thousand. In the course of building this railway and in the technological cooperation thereafter, 64 people on the Chinese side laid down their precious lives. After its completion, the railway was handed over to the railway administration which was set up by Tanzania and Zambia to jointly run the railroad. Later on, in order to guarantee normal operation of the railway, China continued to provide interest - free loans, rendered technical assistance and cooperation and sent experts and technicians there to participate in the management or to provide consulting service. Up to the end of 1999, the total number of experts dispatched was close to 3 thousand.

In July 1976, the TAZARA was completed and handed over to the two African countries. In the fiscal year from July 1, 1977 to June 30, 1978, it transported 1.27 million tons of cargo, marking the peak in its history. This aid project by China served two goals. First was boosting the economic development of regions along the rail line and hence that of the two host countries. Second was breaking the economic blockade imposed by racists in South Africa by opening up a safe route for cargo transport in Zambia as well as supporting the countries in the southern part of the continent that had not yet won independence to achieve it. The TAZARA accomplished its mission in both senses. By the end of 2013, the rail line had transported more than 28 million tons of goods and 46 million passengers.

Nyerere spoke highly of it and he said that China's assistance in constructing the Tanzania – Zambia railway is a "great contribution to the African people", "in past history, construction of railways by foreigners in Africa was for the purpose of plundering the wealth of Africa, while the Chinese did it just the opposite, to help us in developing our national economy". President Kaunda praised the project and said that "a friend in need is a friend in deed. When we were in most difficult time, it was China who rendered assistance to us". The people of Tanzania and Zambia and even the whole of Africa praised this railway as "the road to freedom" and a "model for south – south cooperation".

(Source: https://www.globalsecurity.org/military/world/tanzania/TAZARA.htm)

（2）根据材料回答问题

① major events in the planning and construction of TAZARA（坦赞铁路设计和施工过程中的重大事件）?

Reference（参考答案）:

A. negotiation between the governments of China, Tanzania and Zambia (February, 1965)

B. signing of "Agreement of the Government of the People's Republic of China, the Government of the United Republic of Tanzania and the Government of the Republic of Zambia on the Construction of the Tanzania – Zambia Railway" (September, 1967).

C. surveying and designing of this project began (May, 1968).

D. construction (from October, 1970).

E. completion and hand – over (July, 1976).

②difficulties in the construction of the railway（施工过程中遇到的困难）?

Reference（参考答案）：

Difficult and complex terrains；stretches of desolate and uninhabited land；wild animals roamed about；language barriers…

③significance of the railway to Tanzania and Zambia（修建坦赞铁路的重要意义）?

Reference（参考答案）：

A. building a new transportation line to develop their national economies.

B. supporting the people of the Southern African region in their just struggle against imperialism，colonialism and for national liberation.

C. overcoming their dependence on the sea route in the south which was under the control of the white racist regime of South Africa and Southern Rhodesia.

（3）Critical thinking（深度思考问题）

What is the role of TAZARA in promoting the relationship between China，Tanzania and Zambia，and in a broader sense，with the African continent?（在推动中、坦、赞三国，乃至中非友好关系方面，坦赞铁路起到了什么作用?）

Reference（参考答案）：

Explanation includes background information about Chinese restoration of its lawful seat at the UN in 1971.

Under the most difficult circumstances，the railway was built at a high cost for the Chinese government and people when China itself was a new and poor country. Such selfless assistance won China many true friends in Africa，even in other third - world countries. And our relationship becomes even stronger in the new era. With the help of our friends in third world countries，esp. in Africa，China successfully restored its lawful seat at the United Nations in 1971.（一方面，在非洲国家的支持下，中国于 1971 年恢复了在联合国的合法席位。）

On the other hand，workers and technicians from the three countries worked together，providing a golden opportunity for the Africans to know about China，thus person - to - person relationship was first established.（另一方面，三国工人和技术人员协同工作，中非之间的民心沟通就此拉开序幕。）

（4）Introduction of Salim Ahmed Salim（介绍坦桑尼亚前总理萨利姆博士）

①Watch an interview by Salim.

②Ask students to work in groups to answer the following 2 questions.

A. Who is Salim Ahmed Salim?（萨利姆其人其事?）

Reference（参考答案）:

Former prime minister of Tanzania, Ambassador to the UN Headquarters, recipient of the Medal of Friendship awarded by the Chinese government in 2021 before the 70th Anniversary of the People's Republic of China.（坦桑尼亚前总理；1971 年，担任坦桑尼亚驻联合国大使；中华人民共和国友谊勋章获得者。）

③His contribution to Sino－Tanzania friendship（萨利姆对促进中坦友谊起到的积极推动作用）.

Reference（参考答案）:

Ambassador to China, pivotal role in China's restoration of its lawful seat at the United Nations.（支持恢复中国在联合国的合法席位。）

六、案例反思

关于课前布置的简答题，学生的答案中有很多错误。以后需要提醒学生去官网、图书和报纸中查找答案。

学生对于中国恢复在联合国的合法席位这一段历史以及萨利姆的了解不多，可以利用学生课堂展示的机会，指定负责本章节的学生完成命题课堂展示。

七、育人效果与反馈

回看坦赞铁路的规划和建设过程，学生们可以真切理解中非之间的传统友谊、正确义利观以及构建人类命运共同体的深刻思想内涵，育人效果较好。

英语财经新闻编译：破局者

外国语言与文化学院　张　玲

一、课程简介

英语财经新闻编译课程是一门以财经新闻为素材的英语阅读翻译课程，是针对外语学院高年级学生开设的一门选修课。本课程选取最新（两年以内）的热点新闻，根据新闻内容讲解新闻背景，寻找适合的切入点，融入课程思政的元素，同时讲解财经术语，在此基础上精讲新闻篇章，使学生完成新闻文本翻译和新闻听力等练习。本课程遵循输入加输出的语言学习规律，以新闻背景知识、思政内容和术语输入为基础，以新闻文本翻译的输出为结束，形成输入输出闭环。本课程授课周期为 16 周，每周一个单元，每个单元主题独立，所以本课程由相对独立的 16 个单元组成，本次在线课程的新闻主题皆为近一两年来发生的热点财经事件，素材选自《中国日报》《经济学人》《纽约时报》《金融时报》等权威中外报刊媒体。

二、案例主题

破局者。

三、对应章节及知识点

本案例对应第 2 单元中民用航空飞行器适航性的内容。

四、案例意义

本章节的标题含义为民用航空飞行器的适航性，也就是民用飞机的航空安全问题。本章节选取的案例是 2018 年和 2019 年先后发生的两起波音 737 MAX8 系列的坠机事故，案例的讲解部分涉及该坠机事故的原因分析、过程简介以及两次坠机事故对波音公司和全球民用航空业格局的影响，最后一部分是案例讲解的重点，也是思政映射点。本次坠机事故后，中国政府率先做出对波音 737 MAX8 系列停飞的决定，其他国家的政府纷纷效仿，充分展示了我国政府应对危机的迅速反应，以及时刻将人民的生命安全放在首位的原则。之后，引入中国自主研发的大飞机 C919 正在申请适航证的事件，它代表中国技术和中国实力，中国拥有完全知识产权的大飞机势必会成为全球民航格局的“破局者”。最后，带领学生精读彭博社的评论文章，使学生懂得中国政府的禁飞决定代表着中国国际影响力的提升以及技术的进步带来的话语权的提升。

五、案例描述

（一）课程设计方案

本课程为英语财经新闻编译，以热点新闻事件为基础展开，每个单元分为三个部分：第一部分为热点新闻事件的背景知识介绍，包括事件的起因、过程和结果，目的是让学生对新闻事件有整体了解；第二部分选取相关的新闻篇章，带领学生做新闻篇章的精读，学习篇章中出现的单词、短语、长难句，并分析篇章含义和新闻文体；第三部分节选部分新闻篇章做翻译练习。

教学流程见图 1。

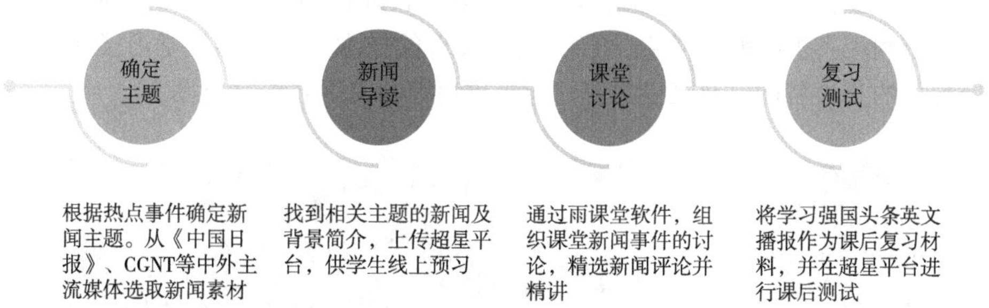

图 1

（二）本单元案例教学具体安排

本单元的案例为 2018 年和 2019 年先后发生的两起波音 737 的坠机事故，学生上课前 5 分钟通过扫码进入雨课堂，通过雨课堂软件参与课堂讨论。基于雨课堂的智慧课堂案例讲解按照如下顺序展开：

第一步为每节课固定的每日一词。从学习强国 APP 的每日一词中选取和当日热点新闻相关的词汇。本单元选择的每日一词为：不惜一切代价保护人民的生命健康安全（Protect the people's life and health at all costs）。

第二步为坠机事件概述，通过 PPT 讲述坠机事件的细节信息（见图2）。

图2

第三步，从技术方面分析坠机的原因。教师提前查阅大量的文献资料，在课上利用飞机模型为学生科普了飞机失事的技术原理，学生学习了飞机各个部位的英语名称以及飞机失速、起飞攻角等动力学名词（见图3）。

图3

第四步，分析该事件对民用航空格局的影响以及对波音公司的影响。为了引发学生的深度思考，本部分利用雨课堂设计了开放式题目：What do you think is the impact of the air crashes to Boeing and the civil aviation market? 这样的开放式问题能够很好地引发学生的思考，学生也贡献了不少好的想法（见图4）。

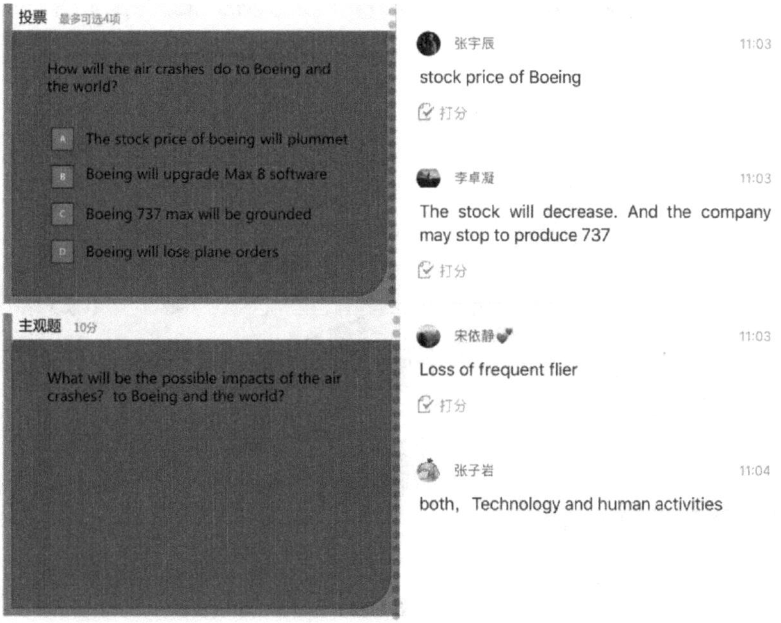

图 4

第五步，从外媒报道中截取片段来分析美国关于该事件的反应。本次事件对号称美股支柱的波音公司影响巨大，美国政府为了保护波音公司，利用本国航空安全局在民用航空领域的权威地位，对外宣布波音 737 机型仍然安全，明显将公司的商业利益置于普通人的生命安全之上。因此，本课程在案例之后选取了彭博社题为《中国率先停飞波音 737 MAX8，美国空管局被孤立》的新闻报道，报道指出中国政府在坠机事件之后，不顾美国航空安全局的“权威”宣告，根据自己的技术实力做出自己的判断，不惜一切代价保护人民的生命健康安全，毅然宣布停飞波音 737 MAX8 系列，成为第一个做出禁飞决定的国家，而其他国家也纷纷效仿。因此，彭博社在新闻中评论道，中国的影响力与日俱增。

第六步，带领学生分析中国为何有实力做出这样的决定。我国的技术实力日益提升，我们可以不惧权威，做出自己的判断。我国已经自主研发了国产大飞机 C919（见图 5），顺利完成了试飞，目前已经进入申请适航证的阶段。如果我国的国产大飞机 C919 正式投入生产，将成为波音 737 和空客 320 的有力竞争对手，而国际民用航空业格局将被彻底改变。

图 5

第七步，在学习通平台上发布讨论话题，学生对中国做出禁飞决定本身展开讨论。虽然我国政府反应迅速，第一个做出禁飞决定，但这个决定也不是轻易做出的，这个决定对本国航空业、本国外交都有影响，是本着保护人民生命财产安全的原则而做出的。这样的讨论能够更好地引发学生的深度思考（见图 6）。

六、案例反思

本课程素材为近期新闻热点事件，在实际的教学过程当中，学生参与度很高，讨论热烈。老师循序渐进的引导不但让学生了解到整个新闻事件的背景信息，同时也能引发学生深入的思考，激发他们对新闻英语深入研究的兴趣，大大增加了学习的有效性。

但仍有待改进之处：第一，学生就本次坠机事件对波音公司、对民用航空格局的改变提出了很多自己的想法，但他们在用英语表达这些想法时，用

图 6

词还不够准确，因此在下一轮的教学中，如果提前为学生补充相关的英文词汇，再组织讨论，学生一定会有更高水平的英文输出。

第二，在带着学生总结中国政府率先做出禁飞决定的原因时，应该由老师适当引导，由学生自己一步步得出“保护人民生命财产安全”的结论，使老师做思政转变为学生做思政，实现“灵活”思政，避免“生硬”思政，提升思政和知识的融合性。

第三，在讲解国产大飞机 C919 的特点时，应该组织学生提前做相关的对比研究，由学生来总结 C919 优于波音 737 的地方，提升文化自信，同时也更好地提高学生的实践能力。

总之，本课程要更多地让学生动起来，增加他们的参与感。

七、育人效果与反馈

认知方面：通过本单元的学习，学生了解了飞机的各个部件的英文表述、民用航空业的基本格局、空难事故的详细信息以及本次空难事故对波音公司以及整个民用航空领域的影响。

思政方面：通过本单元课程思政内容的渗透，学生了解到尽管有各国政府之间的政治博弈和利益博弈，但中国政府仍然不畏权威，率先做出禁飞波音 737 MAX8 的决定，再次清楚地表明我国政府将人民生命财产安全放在第一位的决心。通过对国产大飞机 C919 的介绍，学生明白未来民用航空业的格局可能会发生怎样的变化，C919 势必改变国际民航业格局，成为“破局者”。案例讲解增加了学生对国产大飞机的了解，增强了学生对我国航空技术水平的自信，学生们也发自内心地感叹，在这样的国家生活，真安全，真幸福。

大学英语：我们身边的英雄

外国语言与文化学院　杨倩倩

一、课程简介

大学英语是以英语语言知识与应用技能、学习策略和跨文化交际为主要内容，以外语教学理论为指导，以现代教育技术和信息技术为支撑，集多种教学模式和教学手段于一体的课程。

大学英语的教学目标是培养学生具有一定的听、说、读、写、译的英语综合应用能力，通过英语词汇、语法、篇章及语用等知识的学习，增加学生的社会、文化、科学等基本知识，拓宽国际视野，增强跨文化交际能力，同时提升自主学习能力和终生学习意识，提升学生的综合文化素养，使他们在学习、生活、社会交往和未来工作中能够有效地使用英语，满足国家、社会、学校和个人发展的需要。

大学英语课程与思想政治理论课同向同行，形成协同效应，引导青年学生以批判的态度学习西方文化，培养学生对民族文化的自信心和自豪感，实现“立德树人”和“培养德智体美劳全面发展的社会主义建设者和接班人”的根本任务和时代价值。

二、案例主题

我们身边的英雄。

三、对应章节及知识点

本案例对应《大学英语 1》第四单元 Text A 内容。知识目标为了解本单元相关词汇的英语表达与运用；能力目标为掌握 question - example - conclusion 的写作结构；思政目标为了解中华民族传统文化中对英雄的品质的定义，了解中西方在英雄概念上的不同之处。

四、案例意义

课文“Heroes among us”（《我们身边的英雄》）介绍了以美国亚利桑那州图森枪击案为背景的英雄人物，并穿插了对于英雄的介绍和定义。

在案例选择环节，尽可能挖掘教材与思政元素的结合点。通过比较中美英雄定义的异同，发现中国对英雄的定义更加强调“为人民利益而奋斗”，把国家与民族利益放在首位，有助于培养学生的爱国主义和集体主义精神。课中和课后也继续穿插思政主题，从而在中外对比中不断增强学生的民族文化自信、制度自信。

学习西方文化与培养青年学子的文化自信并不矛盾。在学习英语的过程中，教师带领学生对涉及的西方文化进行全面分析和解读，通过中西方文化中的英雄这一主题对比，引导青年学子不断增强自我意识，提高思想觉悟和文化认同感，清楚地认识中华文化的优秀之处，从而对自己民族的文化充满自信心和自豪感。

五、案例描述

（一）课前环节

布置学习通讨论话题：“Thinking about what makes a hero”，引导学生思考单元主题。学生在学习通平台给出具体核心词汇并阐述列举原因（见图 1）。

图 1

（二）课上环节（90 分钟）

1. 热身活动（10 分钟）

激活背景知识，使用英语表达观点。

①引导学生说出他们知道的英雄（List the heroes you know）。

②思考：Why do we need heroes and respect them?

2. 引入视听案例，锻炼学生的概述和评述能力（30 分钟）

①观看视频节选“Captain Sully”，中文译名为《萨利机长》。观看视频片段后向学生提出以下两个问题，希望学生能够用尽量多的形容词来定义英雄，并发表各自见解。

A：What story does it tell?（学生进行概括）

B：Do you think Captain Sully（萨利机长）in this video is a hero? Why or why not?（学生进行分析、评述）

②继续以问题为导向，引入课程思政点——中国的英雄事迹。询问“Have you ever heard the story of ‘China’s Captain Sully’? What is his story?”自然过渡到有“中国版萨利机长”之称的中国机长刘传建以及英雄机组和四川 3U8633 航班事件，为学生展开英雄机组的详细介绍。

On May 14, 2018, while he was piloting Flight 3U8633 from Chongqing to Lhasa, the right front windshield of the cockpit（驾驶舱）suddenly cracked.

Liu Chuanjian and his crew manually operated the aircraft and made an emergency landing in Chengdu.

引入习近平总书记在会见四川航空“中国民航英雄机组”全体成员时的讲话“伟大出自平凡，英雄来自人民”，让学生理解英雄的内涵，同时强调中华民族和中国人民的英雄情怀。

3. 组织话题深入讨论，分析英雄品格的构成（15 分钟）

向学生提问“Who is the greatest hero in your mind? And Why?”，鼓励学生说出自己心目中的英雄，并总结英雄品格（heroic spirit）。

4. 阅读课文，组织中西文化比较（15 分钟）

找出课文中有关英雄的描述，并与中国的英雄概念相比较，找出异同，进行小组分享。

教师补充如下材料：

（1）维基百科对“英雄”的解释

A hero (heroine) is a real person or a main fictional character who, in the face of danger, combats adversity through feats of ingenuity, courage, or strength.

（2）汉语词典对“英雄”的解释

①指才能勇武过人的人。②指具有英勇品质的人。③指无私忘我、不辞艰险、为人民利益而英勇奋斗、令人敬佩的人。

（3）英雄主题中国优秀古诗词翻译欣赏

黄沙百战穿金甲，不破楼兰终不还。——王昌龄《从军行（其四）》

但使龙城飞将在，不教胡马度阴山。——王昌龄《出塞》

总结中美对于英雄定义的不同，只有中国把“为人民利益而英勇奋斗”这一崇高精神作为“英雄”的定义之一（见图2）。

The Definition of Hero	CHINA	USA
1. male or female	√	√
2. real person or a fictional character	√	√
3. distinct heroic characters (ingenuity, courage, strength, or trustworthy...)	√	√
4. average people among us	√	√
5. To fight bravely for the good and benefit of the people	√	☹

图2

5. 写作训练（20分钟）

培养学生逻辑思维能力，使学生对英雄的品质有更深的感悟。给学生的例文是关于新冠肺炎疫情暴发后出现的英雄人物及其事迹，以钟南山为例，让学生对现代社会的英雄及其事迹进行深入思考和感悟。

Topic: What makes a hero?

In the year of 2020, the sudden outbreak of the infectious diseases—Novel Coronavirus has made its way around China and caused life - threatening in the whole world. When the going get tough, the tough get going. Who are the heroes these days?

Subsequent to the outbreak of the disease, Doctor Zhong Nanshan has been on closely watching the development of the epidemic. He not only led but also took active part in the battle against *Novel Coronavirus*. Dangeous as it was, Zhong Nanshan and many medical workers worked day and night treating the paitents. Through their hard work for several months, the epidemic was successfully controlled.

Today heroes are ordinary people of distinguished courage, or ability, and admired for their brave deeds and noble qualities.

（三）课后环节

1. 在学习通上完成课后话题阅读延伸

任务要求：阅读短文（节选自“American Heroes: their Lives, their Values, Their Beliefs”）

When Robert Pamplin Jr. , a businessman and philanthropist, began asking people how they would define a hero, he expected answers that were, well, heroic. Possible responses, he thought, might include “a person who puts his life on the line and displays some kind of courage” or “somebody who falls on a grenade and saves his buddies. ”

Instead, Dr. Pamplin explains, “People thought for a few minutes and said. ' Being honest, being trustworthy – that's what makes a hero. ”

The findings, published in “American Heroes: Their Lives, Their Values, Their Beliefs”, offer what Pamplin calls a “snapshot of American values” .

2. 视听说拓展

任务要求：观看视频“We Are All Fighters”，完成口语表达任务，通过学习通教学平台语音作答。

Task1: Please recite the speech and upload your recording.

Task2: There are many everyday heroes around us, social workers, delivery man, volunteers, maybe you, choose one to talk about.

视频地址：http://language.chinadaily.com.cn/a/202002/24/WS5e5340-e0a310128217279c8c.html。

六、案例反思

在大学英语课程中，不仅要培养学生英语综合能力，增强其自主学习能力，提高综合文化素养，更应该帮助学生确立积极的人生态度，树立正确的世界观、人生观和价值观。这正是课程思政所提倡的——将思想品德培养有机融合到大学英语课程教学中。

具体到大学英语课程的教学过程，本节课精选了思政案例内容，深度挖掘了教材思政元素，并能正确运用教学方法进行讲授，课后也通过实践促进了学生品德内化。学生通过练习，不仅了解了各个历史时期的英雄模范，也树立了对民族文化的自信。

七、育人效果与反馈

通过本单元的学习，学生能够使用恰当的英语表达方式谈论英雄品质，叙述英雄事迹；能够分析中西方文化的不同并进行合理评述。素质目标培养效果显著：培养了学生崇尚英雄的观念，树立起为人民奋斗、做人民的英雄的崇高理想。本次课采用任务型教学，鼓励合作学习，增强了学生的团队合作意识。

大学英语：探索不同阶段的人生意义

外国语言与文化学院　裴姝娟

一、课程简介

大学英语系列课程是高等院校非英语专业本科生必修的公共基础课程。大学英语是以英语语言知识与应用技能、学习策略和跨文化交际为主要内容，以外语教学理论为指导，以现代教育技术和信息技术为支撑，集多种教学模式和教学手段于一体的课程。

结合当前国家和社会的需求，大学英语的教学目标是培养为社会主义建设服务、符合中国国情、立足中国、展望世界的人才，体现语言和社会主义建设思想的新结合；培养学生的听、说、读、写、译的英语综合应用能力，拓宽国际视野，增强跨文化交际能力，提升自主学习能力和终生学习意识；通过英语词汇、语法、篇章及语用等知识的学习，增加学生的社会、文化、科学等基本知识，提升学生的综合文化素养，使他们在学习、生活、社会交往和未来工作中能够有效地使用英语，满足国家、社会、学校和个人发展的需要。

二、案例主题

探索不同阶段的人生意义。

三、对应章节及知识点

本案例对应《大学英语2》第3单元的Text A，对应的知识点为人生不同阶段的表述。

四、案例意义

课程思政的主要目的是强化学生的意识形态，使学生树立良好的价值观念，理解我国的文化和国策，坚定“四个自信”，成为具有社会主义信仰的人才。所以，思政点的结合可以是时事热点、伟人事迹，也可以是中国的国学和传统文化。本案例主要融入中国的传统文化，将中西方文化中对于人生不同阶段的思考进行比较，既拓展了词汇文法，又融入了文化要素。在案例的最后，让学生思考当下的现状，进而引导学生对人生进行正面规划和设想，达成语言点到素养能力的提高。

五、案例描述

本课通过讲述西方青年的特定阶段来探索人生中的意义。作为单元的引入部分，此教学案例以两部分展开：第一部分设计成了三个连贯环节，以提问的方式开展，以激发学生对这一主题的思考和兴趣；第二部分则以第一部分第三个问题为前提，拓展阐述中国人对于人生和使命的古今思考。第一部分具体问题如下：

①What are the different age groups and life stages in China?（在中国，有哪些特定的年龄和对应阶段?）

②You have learnt people in different life stages demand differently, what is the ideal life of the traditional Chinese views on that?（什么是中国人对于理想人生阶段的传统设想?）

③How do you understand the traditional Chinese views and are they still applicable in modern society?（中国人对于人生不同阶段的传统看法现如今还适用吗?）

问题①，首先让学生思考中国传统文化中对不同年龄阶段的称谓，如襁褓、豆蔻、耳顺、耄耋等，然后再给出与其对应的单词，这样学生首先学习了相关词汇，继而完成了从中到西的文化比对（见图1）。

- 襁褓 infancy
- 孩提 early childhood
- 垂髫 young children
- 豆蔻 the 13-year-old girls
- 及笄 the 15-year-old girls
- 弱冠 the 20-year-old men
- 而立之年 30 years old
- 不惑之年 40 years old
- 知命之年 50 years old
- 花甲之年 60 years old
- 古稀之年 70 years old
- 耄耋之年 over 80 years old
- 期颐之年 centenarian

图1

部分知识介绍如下：

豆蔻，比喻十三四岁年纪的少女，出自唐代杜牧《赠别》：“娉娉袅袅十三余，豆蔻梢头二月初。”宋代陆游也在《小园春思》诗中描述：“小轩愁入丁香结，幽径春生豆蔻梢。”

弱冠，指古时汉族男子20岁。这时，男子会束发加冠，举行加冠礼，即戴上表示已经成人的帽子，以示成年，但体犹未壮，还比较年少，故称“弱”。男行冠礼，就是把头发盘成发髻，谓之“结发”，然后再戴上帽子。

问题②开始向人文思考方面过渡，让学生首先设想，依照中国传统文化，不同人生阶段的理想状态是什么，随后给出答案，和学生讨论（见图2）。这一部分开始由字词了解向更深层的语言应用发展。

The life stages in China

At 15, I was fond of learning.
At 30, I was established.
At 40, I did not waver.
At 50, I knew my sacred mission.
At 60, I had a discerning ear.
At 70, I could do what I would without going beyond what is right.

吾十有五而志于学，
三十而立，
四十而不惑，
五十而知天命，
六十而耳顺，
七十而从心所欲，
不逾矩。

——《论语·为政》

图2

孔子在图2的这段话中自述了他学习和修养的过程。这一过程是一个随着年龄的增长，思想境界逐步提高的过程。就思想境界来讲，整个过程分为三个阶段：十五岁到四十岁是学习领会的阶段。五十、六十岁是安心立命的阶段，也就是不受环境左右的阶段。七十岁是主观意识和做人的规则融合的阶段。在这个阶段中，道德修养达到了最高境界。孔子的道德修养过程有两点合理因素：第一，他看到了人的道德修养不是一朝一夕的事，要经过长时间的学习和锻炼，要有一个循序渐进的过程。第二，道德的最高境界是思想和言行的融合，要自觉地遵守道德规范，而不是勉强去做。这两点对任何人都是适用的。

问题③引导学生由古及今，结合实际，探讨当下年轻人的思想状态是否产生变化，传统的认知是否还会为当下的年轻人所认同，进而探讨变化或不变的原因。

在问题③的讨论和引导过程中，可以引入一些反映古代智慧的名句和体现当代精神的讲话，在增加语言知识的同时加深学生对思政主题的理解。

完成本部分讨论和学习之后，就可以切入单元的主题，看一看西方年轻人时下流行的人生新阶段是什么，和中国青年有何异同，进而开展下一个主题和中西方文化对比相关的学习。

六、案例反思

此案例充分展示了中华传统文化的博大精深，得到了学生的积极配合。由于此案例以问题的形式开展，第一个问题就引起了学生的兴趣，取得了增加词汇量和背景知识的基本效果。在对不同人生阶段理想状态的展望和设想中，同学们的意见发生了分歧，完成了一次充分的课内思想交流。不足之处在于，由于学生的人生经验不充足且使用英语说清楚这一话题具有一定难度，所以没能进行更深入的探讨。

七、育人效果与反馈

学生对这个案例和思政点较为熟悉并十分感兴趣，所以在问题的探讨中积极配合。反馈结果表明，在学习英语的过程中辅以中国文化的比较和补充是一个特别好的教学环节，也能看出学生对中国的传统文化报以浓厚的兴趣和极大的自信，取得了预期的教学效果。

大学英语：中西自然观比较

外国语言与文化学院　邱林林

一、课程简介

大学英语课程是高等院校非英语专业本科生必修的公共基础课程。大学英语是以英语语言知识与应用技能、学习策略和跨文化交际为主要内容，以外语教学理论为指导，以现代教育技术和信息技术为支撑，集多种教学模式和教学手段于一体的课程。

大学英语的教学目标是培养学生的听、说、读、写、译的英语综合应用能力，通过英语词汇、语法、篇章及语用等知识的学习，增加学生的社会、文化、科学等基本知识，拓宽国际视野，增强跨文化交际意识及交际能力，提升自主学习能力和终生学习意识，提升大学生的综合文化素养，培养人文精神和思辨能力，使他们在学习、生活、社会交往和未来工作中能够有效地使用英语，满足国家、社会、学校和个人发展的需要。

二、案例主题

中西自然观比较。

三、对应章节及知识点

本案例对应《大学英语 4》第 4 单元中的自然观内容。

四、案例意义

本单元主题与发展和环保的关系、人和自然的关系有关。导入环节的英汉翻译活动中，材料选取和环保有关的习近平语录摘要英文版，揭示我国政府和人民对环境保护的关注。在文化拓展环节，比较中西方自然观，可以让学生认识到人与自然和谐发展是东西方的共识。请学生分辨儒教、道教、佛教与自然相关的具体思想的哲学来源，可以让学生总结回顾中国人传统的自然观：天人合一、无为、阴阳协调。此外，观看杰昆·菲尼克斯（Joaquin Phoenix）的奥斯卡获奖感言并理解大意，可以让学生了解西方环保人士的自然观，从而得出结论：人是自然的一分子，要停止过度开发自然。为了环境的可持续发展，全人类要一起采取行动。通过本案例的学习，学生可以更好地理解构建人类命运共同体的必要性。

五、案例描述

本单元探讨了人和自然的关系，引发学生思考人对自然界应采取何种态度。当今西方社会对自然界的态度可粗略分成两类：一种观点认为自然是神圣的，人类应该敬服自然；另一种观点认为自然是人类的奴隶，要服从于人的欲望。在讨论此问题之前，先介绍中国传统的儒教、道教、佛教的自然观，启发学生理解中国传统文化中自然的地位以及人和自然的关系。此后，对习近平总书记有关环保的金句进行分享，得出结论：无论是中国传统文化还是当今的主流思想，都反映出中国人民热爱自然，尊重自然。

（一）课前

课前教师在学习通慕课平台布置讨论题目：

①When satisfying human needs and protecting nature conflict with each other, which one should be given priority, human needs or nature?

②What do you think is the best way to balance nature and modernity?

要求学生通过慕课平台视频等链接资源和新视野平台了解环境保护主义（environmentalism）以及北极国家野生动物保护区（ANWR）的背景知识，初步思考人和自然的关系，在阅读课前给出答案，鼓励学生相互评论留言。

（二）课中

1. 导入（10 minutes）

以两个学生为一组，讨论自然和发展之间的关系，并找到相关的论据（例证、数据）来支持自己的观点。

英汉翻译活动：给出习近平讲话中和环境保护有关的语录（英文版），请学生翻译成汉语。

①Clear waters and green mountains are invaluable assets.

②Man and nature are in a community with a shared future.

③the harmonious coexistence of humanity and nature.

Reference（参考答案）：

①绿水青山就是金山银山。

②人与自然是生命共同体。

③人与自然和谐共处。

2. 课文讲解（35 minutes）

（1）Structure of the Text（略）

（2）Text Study

①Read Paragraph 1 and discuss the question：It is of keen environmental awareness in modern society. But what kind of options to protect our environment are reasonable?

②Look at the following pictures and sort them into environmental luxuries and environmental necessities.

③How does the author explain environmental necessity in the text ?

（3）Word study

①sustainable：adj. able to continue without causing damage to the environment 可持续的，不破坏环境的

Eg. sustainable agriculture 可持续农业

strategy of sustainable development 可持续发展战略

②ecological：adj. connected with the way plants，animals，and people are related to each other and to their environment 生态的

Eg. disruption of ecological balance 生态失衡

ecological agriculture / construction 生态农业/建设（建筑）

ecological civilization 生态文明

ecology n. 生态，生态学

ecologic adj. 生态的，生态学的

ecologist n. 生态学家

Eg. Ecological protection and high – quality development in the Yellow River basin have become national strategies.

③take on

A：begin to have a particular quality or appearance 呈现，开始具有（某种特征、面貌等）

Eg. Over the past year，we have steadily pushed forward reforms in our national defense and military systems. The armed forces have taken on a new look of a strong army in the new era.

B：agree to do some work or be responsible for sth. 接受（工作），承担（责任）

Eg. We should, while maintaining stable performance, endeavor to make progress, deepen reforms, accelerate structural adjustments, be prepared to take on some really tough problems, and push to make progress in key areas.

④call on / upon：formally ask someone to do sth. 呼吁，号召

Eg. China is committed to the path of peaceful development. China calls on all countries to follow such a path and work to promote a new model of international relations featuring win – win cooperation, so as to foster a community of shared future for mankind.

⑤indulge ：v. allow yourself to have or do sth. that you enjoy（使）（自己）沉湎于；（让自己）享受一下

vi. become involved in sth. that people do not approve of 沉迷于，沉溺于（不被认可的事物）

indulgence n. 嗜好；沉溺

indulgent adj. 纵容的；放纵的

Eg. We must not be satisfied with the status quo, indulge ourselves in easeand comfort, or let delight dispel worries. We must stay true to our original aspiration, hold on to our mission, strive to accomplish, so as to make outstanding achievement in the new era.

⑥accommodate

A：provide enough space for …（房间、建筑物等）容纳

Eg. China plans to complete the construction of a space station and have it putinto operation around 2022. The space station is designed to weigh 100 tons and accommodate three astronauts.

B：get used to a new situation or make yourself do this 适应，顺应

Eg. One must act in accordance with etiquette, value generosity and harmony, regard loyalty and honesty as virtue, tolerance and benevolence as benchmarks. One should recommend people with virtue and talent, and yet tolerate and be magnanimous toward those of ordinary virtue and aptitude. If necessary, one may even bend principles in order to accommodate the wishes of the general public.

⑦integrity

A：the quality of being honest and strong about what you believe to be right 耿直，正直诚实

Eg. We shall select officials on the basis of both integrity and ability, with priority given to integrity, and on the basis of merit regardless of background.

B：the state of being united as one complete thing 完整，完全

Eg. All countries should respect each other's sovereignty, dignity and territorial integrity, each other's development paths and social systems, and each other's core interests and major concerns.

3. 课后讨论（小组活动）（10 minutes）

引导学生理性处理发展和环保的关系。

①What do you think of the author's classification of "environmental necessity" and "environmental luxury"? Why?

②What do you think is the relationship between man and nature? Why do you think so?

③There are often conflicts between economic development and environmental protection. How should we balance the two and ensure sustainable development?

4. 文化拓展（15 minutes）

比较中西方自然观，从而得出结论：人与自然和谐发展是东西方的共识。

列举儒教、道教、佛教与自然相关的具体思想，请学生分辨其哲学来源，并介绍中国人传统的自然观：天人合一、无为、阴阳协调。

观看杰昆·菲尼克斯（Joaquin Phoenix）的奥斯卡获奖感言，理解其大意，了解其自然观：呼唤人性，停止以人为中心对自然的过度开发。具体活动如下：

Watch the acceptance speech by Joaquin Phoenix, and grasp his main idea.

①What does the voiceless refer to?

②What are "the distressing issues we are facing"?

③How to cope with such issues?

（三）课后

完成作文"Should we build national parks?"，叙述保护环境的必要措施，论证环境保护的必要性。

六、案例反思

课内时间的安排上比较仓促，如果在课前预习环节提前进行讨论，课堂

上呈现讨论结果，效果可能更好。

本案例通过教学使学生认识到环境保护的迫切性和重要性，树立了环保意识，教学效果较好。

七、育人效果与反馈

本案例融合了中国传统自然观的内容，启发学生对中西自然观进行比较，引导学生理性地认识发展和环境保护的关系，理解了构建人类命运共同体的必要性，取得了较好的育人效果，学生反馈积极。

学术英语：巾帼不让须眉

外国语言与文化学院　杨润芬

一、课程简介

学术英语是全校非英语专业本科一年级 A 班的必修基础课。学术英语采用线下课堂教学与线上学习通平台、ITEST 测试平台学习相结合的混合式教学模式。教材主题多样，教学内容丰富，涵盖众多领域。鉴于接续课程是高中英语，该课程着重学生语言基本功的培养，突出英语应用能力与人文素养并重，在提高学生英语听、说、读、写、译综合能力的同时，开拓学生的眼界，促使学生了解学术领域英语用词特点、基本句型以及学术英语写作特点；尤其有助于培养和提升职学生学术文章阅读能力和学术讲座理解能力。与此同时，注重学生人文素养的提升，加深学生对中外文化的理解，帮助学生树立正确的人生观和世界观。

二、案例主题

巾帼不让须眉。

三、对应章节及知识点

本案例对应第 2 单元中性别平等的内容。

四、案例意义

本案例通过英汉互译、听力练习等环节，使学生了解国家在男女平等方面的方针政策以及在保障妇女权利方面做出的不懈努力。小组讨论并展示杰出女性取得的巨大成就，例如获得诺贝尔奖的科学家屠呦呦的事迹，神舟十三号女航天员王亚平的事迹，激发女性同学不断挖掘自身潜力，明确自己未来要承担的社会责任。本课程努力培养全体学生的男女平等意识，在更大的范围、更广的领域将性别平等理念植入学生心灵，使男女平等、相互尊重真正转化为情感认同、行为习惯和文明标志。

五、案例描述

（一）课程导入环节

在课程导入环节，采用提问的方式，引入本节课授课内容的主题。

提问引导：Do you know any policies on equality in China?

由此引入：

性别平等与妇女发展是人类追求公平、正义与平等的永恒主题，是社会文明进步的衡量尺度，是人类实现可持续发展的重要目标。——《中国性别平等与妇女发展》白皮书

Gender equality and women's development is a lasting theme of mankind's pursuit of equality and justice, a scale for measuring social progress and an important goal in realizing sustainable development in our world.

必须坚持法律面前人人平等。平等是社会主义法律的基本属性，是社会主义法治的基本要求。——《习近平谈治国理政》第二卷

We must uphold the principle that all are equal before the law. Equality is a basic attribute of socialist law and a fundamental requirement of socialist rule of law.

坚持男女平等基本国策，保障妇女儿童合法权益。——中国共产党第十九次全国代表大会报告

We must adhere to the fundamental national policy of gender equality, and protect the legitimate rights and interests of women and minors.

中国将更加积极贯彻男女平等基本国策，发挥妇女“半边天”作用，支持妇女建功立业、实现人生理想和梦想。——《促进妇女全面发展 共建共享美好世界》（习近平 2015 年 9 月在纽约联合国总部出席并主持全球妇女峰会时发表的讲话）

China will do more to enhance gender equality as its basic state policy, give play to women's important role as “half the sky” and support them in realizing their own dreams and aspirations in both career and life.

党的十八大以来，更加注重家庭、注重家教、注重家风，更加注重发挥妇女在家庭生活中的独特作用，推动社会主义核心价值观在家庭落地生根，……——

《平等 发展 共享：新中国70年妇女事业的发展与进步》（国务院新闻办公室2019年9月发布）

Since the 18th CPC National Congress, it has paid more attention to family, family education, family tradition, and the unique role of women in family life, promoting the core socialist values to take root in families, …

在中国抗击新冠肺炎疫情最紧要的时刻，来自中国全国各地驰援湖北的4万多名医护人员中，三分之二是女性。有一位来自广东省的小护士还不满20岁。记者对她说，你还是一个孩子，还需要别人帮助。她回答说，穿上防护服，我就不是孩子了。这段对话感动了整个中国！——习近平2020年10月在联合国大会纪念北京世界妇女大会25周年高级别会议上发表的讲话

In China, at the height of the battle against COVID－19, more than 40 000 health workers from across the country rushed to Hubei province, which was the hardest hit by the virus, and two－thirds of them were women. Among them was a nurse from Guangdong province who had not yet reached the age of 20. Answering a reporter's question of whether she was too young to help others, she said, "The moment I put on the protective suit, I am not a kid anymore." Those words moved the whole nation.

妇女是物质文明和精神文明的创造者，是推动社会发展和进步的重要力量。没有妇女，就没有人类，就没有社会。——《促进妇女全面发展 共建共享美好世界》（习近平2015年9月在纽约联合国总部出席并主持全球妇女峰会时发表的讲话）

Women are creators of material and spiritual wealth, and represent an important force driving social development and progress. Without women, there would be no continuity of the human race or human society.

（二）课堂讲授环节

首先，采用的是习近平在联合国大会纪念北京世界妇女大会25周年高级别会议上发表的讲话，给学生布置的任务是听记练习。通过该环节，学生可以学习性别平等方面的相关词汇，同时了解我国在促进性别平等方面做出的努力。

First, we need to ____________ the ____________ of Covid－19 on women, we need to pay special attention to the health, ___________ and ___________ needs and working environment of ___________ women medical workers. We also need to place protection of women's and girls' rights and interests high on the ___________ of both public health and economic ___________ . With ___________ given to special groups, special care may be given to women in difficulty.

在讲解课文内容的同时，引入话题讨论：Please list some Chinese outstanding females who make great contributions in their jobs。采用的形式是小组讨论，每组推选一名代表进行课堂汇报。学生集思广益，提出的女性杰出代表都很有代表性和激励性，例如：

①Tu Youyou：Nobel Prize winner for Physiology or Medicine in 2015。

②Female astronaut：Wang Yaping。

③Female entrepreneur：Dong Mingzhu。

（三）课后任务环节

布置思考题：What do you think is an ideal relationship between husband and wife in your future family?

学生以小组合作的形式收集相关论据，从而理解女性在构建和睦家庭与和谐社会方面所发挥的重要作用。在道德、素质、知识和涵养达到一定水平的现代女性，更应该为社会主义和谐社会的构建添砖加瓦，为推动社会的和谐文明做出积极的贡献。

六、案例反思

在主题导入阶段，学生通过英汉互译了解到国家的一系列方针政策以及我国在保障妇女权利方面做出的不懈努力；在课文教授环节，小组讨论并展示杰出女性取得的巨大成就，激发了女性同学对自身潜力的挖掘；在课后任务环节布置思考题，引发学生深层次思考，培养学生的思辨能力，同时，让学生深刻理解男女平等的社会意义。在小组讨论环节，学生对于男女平等这一话题兴趣浓厚，所以在问题的探讨中积极配合，参与热情高，可以作为今后课程思政的借鉴。

七、育人效果与反馈

通过课堂导入环节和课堂互动讨论，学生了解到男女平等是我国的基本国策。国家采取必要措施逐步完善保障妇女权益的各项制度，把保障妇女权益作为坚定的国家意志，激发学生对男女平等社会意义的深刻理解；通过小组展示和讨论杰出女性取得的各项成就，学生增强了平等意识，同时进一步明确了自己未来要承担的社会责任。本案例有助于学生在认知、情感和价值观方面的提升，有助于构建和谐社会。

影视文化传播：《摩登时代》中的工业化

外国语言与文化学院　沈　健

一、课程简介

影视文化传播课程通过教学使学生掌握有关影视文化的基本知识、基本原理和研究方法，并能结合影片分析和解决实际生活中经常遇到的文化因素造成的各种问题，提高影视文化鉴赏能力和传播素养。年代序列的视觉作品展示了中华人民共和国成立以来的伟大成就，使学生体会到社会主义制度的优越性，从而增强爱国主义情怀和文化自信心、自豪感。

二、案例主题

《摩登时代》中的工业化。

三、对应章节及知识点

本案例对应第一章第三节，涉及的知识点为影视的特性。

四、案例意义

本案例通过《摩登时代》展示大工业、大机器时代的工人地位，革命的乐观主义，资本主义的高速发展与工人阶级的地位下降之间的关系，科学管理泰罗制的本质以及马克思对工人阶级命运的判断，对学生进行思政教育。

五、案例描述

电影《摩登时代》揭示了资本主义社会下的无产阶级下岗失业—再就业的循环往复的命运，被剥削、被压迫的宿命和处于社会底层的地位。《摩登时代》这部影片的背景是美国 20 世纪 30 年代经济萧条时期，以工人查理为缩影，展现了工业时代带给人们的灾难。在时代的发展中，工业时代必然来临。工业时代的来临预示着时代的进步，但也带来了许多负面影响。

第一个负面影响是贫富差距变大。工人无时无刻不在给社会创造价值，而资本家们在不断地榨取工人们的价值，以最少的钱获取最大的收益。影片中有这样几个片段：工厂老板时刻观察着监视器，不断地吩咐加快流产线生产速度，甚至在卫生间也安装监控设备，不允许工人有片刻休息时间。有一个机器推销者推销一款自动喂饭机给工厂老板，工厂老板听说可以节省工人们的用餐时间，便带着机器来到工厂找人试用机器，结果机器存在故障，并不能投入使用，于是工厂老板直接拒绝投资。工厂的出现只会使资本家变得更加富有，但是工人只会更加贫穷。

第二个负面影响是工人们的身心都受到伤害。工人们的工作场所存在很多安全隐患，稍不注意，工人就会被卷入机器中，影片中主人公以及机器维修师都有被卷入机器中的经历。此外，工人们一直在重复相同的动作，容易造成心理崩溃。影片中主人公一直在拧螺丝，导致精神异常，看见任何圆的东西都想当成螺丝拧，甚至破坏工厂机器，最后被送进了精神病院。

第三个负面影响是社会混乱不堪。随着机器的出现以及经济萧条，许多场所歇业，失业的人数增多，社会上失业者不断滋事；资本家的不断压榨使社会上出现许多罢工的人，社会很不安定，甚至有暴徒滋扰救济。

第四个负面影响是生活环境恶劣。失业者的家具、住房都很残破，勉强能够遮风挡雨。食物仅够果腹，有人甚至没有食物。

六、案例反思

电影《摩登时代》是影视文化传播课程的案例代表作。影视文化传播的学习宗旨和目标是通过讲述“百年影视”不同时期、国家和地区的影视历程，给学生展示宏大的历史脉络，使学生直观了解世界和中国百年来的发展。本课程不断完善课程教案和探索教学思路，广泛收集相关影视资料，改革教法以应对全球化的时代要求，培养学生的文化素质，尤其是媒介素质，使学生拥有在媒体爆炸的时代应对不良信息的能力。本课程具有综合性和多样性相结合、理论性和实践性相结合、历史感和现实感相结合的特征，结合校情、国情、世情，展示我国社会主义制度的优越性，使学生熟知西方媒体套路，辨识谣言等不良信息，树立正确的时空观和历史观，对中国的未来充满信心，对中国的社会主义制度充满自信。

本案例虽然能较好地实现课程目标和思政意义，但是还需要更好地联系学生的实际问题，比如如何面对找工作难、就业难和下岗等问题。

七、育人效果与反馈

学生在看完《摩登时代》这个电影后，普遍感觉到从中学习到了很多知识，也得到了很多启示，体会到了工业时代的一些负面影响。

学生的内心受到震撼，进行深入的思考：危机一旦发生，对我们的现实生活会有哪些影响？资本主义制度下的经济危机周期性爆发的原因是什么？经济危机下的无产阶级如何才能获得拯救？通过观看影片，学生深刻地认识到人类社会的发展规律是不会改变的，资本主义必然被社会主义取代。

会计学院篇

会计学院成立于2021年7月，最早可追溯到1985年建校之初的物资会计专业，现有会计学二级学科硕士学位和会计硕士专业（MPAcc）学位点，开设会计学（注册会计师）、会计学（智能会计）、会计学（ACCA国际班）、财务管理和财务管理（CFA）5个本科专业方向，以及会计学辅修学位和第二学士学位。2022年会计学和财务管理分别获批国家级一流专业和北京市一流专业建设点。

学院始终坚持服务北京“四个中心”城市定位，致力于培养系统掌握会计学及经济、管理和统计相关理论，具有社会责任感、创新精神、全球视野和信息化素养，实践能力强、懂经营管理、擅数据分析的应用型会计专门人才。经过不断探索和改革，学院构建了学科专业交叉融合基础上的“1+1+X”本科人才培养体系，形成学历教育、职业证书和职业素养教育深度融合的鲜明特色。

近年来，会计学院积极响应和践行“三全育人”的要求，持续推进专业课程思政改革，在专业教育特别是专业课堂教学过程中加强对学生的价值引领、职业道德品质塑造和责任担当意识的培养，通过组织专业课程思政教育研讨、提升专业教师课程思政教学能力、加强专业课程思政教学资源建设等，为切实开展专业课程思政改革提供保障。2021年，政府及非营利组织会计获批北京市高校课程思政示范课程。2020年至今，中级财务会计等10门课程获批校级课程思政示范课程。

政府及非营利组织会计：中国抗击新冠肺炎疫情案例

会计学院　张　军

一、课程简介

（一）课程内容

课程内容涉及政府及非营利组织会计理论和账务处理，将会计的基本理论和方法应用到政府及非营利组织的核算体系中。课程介绍了政府等部门的经济业务如何在预算会计体系和政府财务会计体系两种体系下同时反映，既反映政府预算收支执行的情况，又对预算资金收支形成的资产、负债、收入、费用等财务结果进行记录，同时满足政府对财政管理和财务会计信息的需求。

（二）课程特点

政府与非营利组织会计是会计学的一般原理在政府与非营利组织中的运用，是以货币为主要计量单位，对政府与非营利组织的经济活动或会计事项进行记录、核算、反映和监督的一种专门技术方法和管理活动，是与营利性企业会计相并列的会计学两大分支之一。

（三）课程所获奖项

本课程获批 2021 年北京高校优质本科课程和 2021 年北京市高校课程思政示范课程。

二、案例主题

中国抗击新冠肺炎疫情案例。

三、对应章节及知识点

本案例对应章节为第三章第十二节。具体知识点为政府及非营利组织会计的基本理论、基本方法、基本技能，记录政府会计相关物资收发及结存。

四、案例意义

（一）案例蕴含的思政元素

本案例通过引入中国在抗击新冠肺炎疫情中取得的举世瞩目的成绩，让学生充分认识中国特色社会主义制度的优越性，帮助学生树立制度自信，厚植爱国主义情怀；通过对政府储备物资的核算，体现出政府会计核算的重要性，引导学生树立专业使命感，以自身专业知识报国。

本案例引导学生做一个业务能力突出、恪守职业道德规范的人，确保政府部门资产的安全、完整。

（二）课程思政教学改革的创新点

1. 课程思政内容设计与时俱进

课程团队紧密跟踪我国政府会计最新改革趋势，并不断将习近平新时代中国特色社会主义思想的新发展成果融入课程内容，保持课程内容的时代感和先进性。

2. 课程思政育人站位高

课程团队从国家治理视角分析政府会计功能，帮助学生树立制度自信、文化自信。

3. 课程理论知识紧密联系实践

课程团队与实务部门联系紧密，将课程内容高度贴近政府会计实务，使得学生能够学以致用，并积极邀请实务界人士进行课堂教学，开阔学生视野。

五、案例描述

（一）案例主要内容

案例首先引入政府储备物资的概念：政府储备物资是指行政事业单位为满足实施国家安全与发展战略、进行抗灾救灾、应对公共突发事件等特定公共需求而控制的有形资产。然后以中国抗击新冠肺炎疫情为案例，让学生充分认识中国特色社会主义制度的优越性，帮助学生树立制度自信、厚植爱国主义情怀，让学生理解政府会计的重要性，树立专业使命感，提高学习热情。

（二）案例教学目标

1. 知识传授

通过案例教学，学生能够掌握政府及非营利组织会计的基本理论、基本方法、基本技能，并能够将政府会计基本理论和方法正确应用到实践中，全面掌握政府及非营利组织的会计核算和管理；具备正确记录政府储备物资等政府会计相关物资收发及结存等活动的能力，掌握同时运用预算会计体系和政府财务会计体系进行核算的技能。

2. 能力培养

本案例培养学生主动发现问题、解决问题的能力，独立承担政府储备物资等政府会计核算和监督职责的能力，独立审核政府财务收支合法性、合规性、真实性、完整性的能力，发现政府业务活动中错误和舞弊的能力，以及终身学习的能力。

3. 价值塑造

课程教学以习近平新时代中国特色社会主义思想为指导，引导学生深入了解政府及非营利组织会计在国家治理体系和治理能力现代化进程中的重要作用，了解政府会计在安邦治国中的贡献，认识我国政府会计改革的重要性和根本动力，培养学生专业使命感，使之立志于用专业知识为国家治理服务。

（三）教学过程以及课程思政的落实和开展

在讲解政府储备物资的过程中，因为防疫物资是重要的政府储备物资，于是恰当引入中国抗击新冠肺炎疫情的案例，通过展示中国在抗击新冠肺炎疫情中取得的举世瞩目的成绩，让学生充分认识中国特色社会主义制度的优越性，帮助学生树立制度自信，厚植爱国主义情怀。目前，受到境外输入的影响，各地仍然会零星暴发疫情，但是地方政府都会迅速做出应对，表现出中国政府强大的治理能力。在这一过程中，各地对抗疫物资的充分储备发挥了关键性的作用。政府会计通过对政府储备物资的核算，为防疫物资的安全、完整提供保证，体现出政府会计在国家治理中的重要性，引导学生树立专业使命感，以自身专业知识报国。本案例引导学生做到业务能力突出、恪守职业道德规范，确保政府部门资产的安全、完整，服务于国家治理能力提升。

课程团队从教学大纲和教学设计上不断融合思政内容，结合课程特点以及专业培养方向，从会计职业道德、制度自信、政治认同等各个层面不断深挖课程思政元素，将教学内容与课程思政有效衔接。

六、案例反思

（一）教学效果

本课程恰当植入案例等环节，图文并茂，提高了课程的吸引力。在授课过程中恰当融入思政元素，并结合发展前沿成果、社会热点等内容，拓展课程的深度与广度。

本课程通过思政教学改革，增强了学生的思想政治意识，有效推进了会计专业人才培养，实现了立德树人的根本目标。

（二）实际困难与问题

第一，学生难以获得在政府部门从事会计岗位实践的机会，对课程的内容难以做到全面把握，对政府会计重要性的认识还有待进一步加深。

第二，课程考核方法需进一步完善，未来通过考查思政教学效果，有利于学生提高对课程思政育人内容的重视程度。

七、育人效果与反馈

课程教学效果表明，学生不仅掌握了政府会计理论知识，还能够实现价值塑造、能力培养的融合。学生对课程的评教效果良好，该课程在2018—2019学年第一学期评教中排第56名（345人参评）。学生普遍反映课程结合最新政府会计改革进程，重点突出，内容详略得当；认为授课教师不仅能传授知识，还能引导学生树立积极的人生态度，激发学生的爱国热情，使学生从专业角度树立制度自信。

会计学：獐子岛扇贝“跑路”案例

会计学院　王　丹

一、课程简介

会计学课程是面向会计专业四年制本科生开设的专业基础课。该门课程是会计专业的启蒙课程，主要讲授会计学的基础知识、基本方法和基本业务技能，具体包括会计的概念和会计规范、会计要素的确认与计量、账户与借贷记账法、会计循环、会计凭证、会计账簿、会计报告等内容。本门课程的教学目的是使学生系统地了解会计学的基本知识，使初学者能够初步掌握会计学的基础理论、基本方法和基本业务技能，为进一步掌握更高层次的本专业知识打下坚实的基础。

二、案例主题

獐子岛扇贝“跑路”案例。

三、对应章节及知识点

本案例主要涉及第二章会计要素中存货的含义和内容、第八章财产清查中第二节财产清查的方法——实地盘点法，尤其是生物性资产的盘点方法。

四、案例意义

以獐子岛集团股份有限公司（以下简称“獐子岛”）扇贝的“跑路”案例阐述企业财务舞弊给社会带来的经济后果以及需要承担的相关法律责任，其中嵌入思政元素——遵纪守法的法律意识。会计人员应增强法律意识，遵纪守法，增强会计职业道德，诚实守信，不做假账；注册会计师要具有辨识财务舞弊行为的能力，提升注册会计师执业能力，提高专业素质和专业技能。

五、案例描述

（一）案例：獐子岛的扇贝“跑路”与存货盘点

獐子岛的扇贝连续发生多次“跑路”“死亡”事件，分别发生在 2014 年 10 月、2018 年 2 月、2019 年 4 月以及 2020 年 5 月，且计提巨额资产减值，如此反复上演的戏码引起了社会的广泛质疑。2018 年 2 月，中国证监会对獐子岛进行立案调查。经过两年多的调查取证，2020 年 6 月，证监会下发行政处罚决定书，揭露了獐子岛 2016 年和 2017 年财务造假的事实，并对其处顶格罚款 60 万元，公司董事长及有关高层领导受到警告和罚款处罚，董事长被处以终身市场禁入。

獐子岛成立于 1992 年 9 月 21 日，被誉为“黄海深处的一面红旗”“海上大寨”“黄海明珠”“海底银行”“海上蓝筹”。公司以水产增养殖为主营业务，是集海珍品育苗、增养殖、加工、贸易、海上运输于一体的综合性海洋食品企业。2014 年 10 月 31 日，獐子岛发布公告，宣布对 105.64 万亩海域成本为 73 461.93 万元的底播虾夷扇贝存货进行核销处理，对 43.02 万亩海域成本为 30 060.15 万元的底播虾夷扇贝存货计提跌价准备 28 305 万元，扣除递延所得税影响 25 441.73 万元，合计影响净利润 76 325.2 万元。公司解释是百年不遇的冷水团导致扇贝大规模绝收，至此獐子岛的财务舞弊行为初见端倪。2018 年 2 月 5 日，獐子岛发布 2017 年年终盘点情况的公告，宣布对 107.16 万亩海域成本为 57 758.13 万元的底播虾夷扇贝存货进行核销处理，对 24.3 万亩海域成本为 12 591.35 万元的底播虾夷扇贝存货计提跌价准备 5 110.04 万元，合计影响净利润 62 868.17 万元，獐子岛的扇贝再一次大规模绝收。2019 年 11 月 15 日，獐子岛发布底播虾夷扇贝存量抽测结果的公告，预计核销底播虾夷扇贝存货成本及计提存货跌价准备合计金额 27 768.22 万元，占全部底播虾夷扇贝账面价值的 90%，獐子岛的扇贝又一次大规模绝收。

獐子岛公司采用的舞弊手法如下：

第一，操纵成本结转，调节利润。

在最初上市的 8 年间，獐子岛年报业绩基本均以亿元计数，曾有“海底银行”之称；然而在 2014 年后年报净利润呈现“过山车”式的剧烈变化。在 2014 年、2015 年已连续两年亏损的情况下，獐子岛利用海底库存及采捕情况难调查、难核实的特点，不以实际采捕海域为依据进行成本结转，导致财务报告严重失真。

2016年，獐子岛通过虚减营业成本、营业外支出的方法将利润由亏损披露为盈利，在2016年年报中虚增利润约1.31亿元，约占当期已披露利润总额的158.15%，具体手段是公司未客观真实地对账面上的区域全部进行捕捞，导致营业成本虚减6 002.99万元；库存区域并未捕捞，但进行底播，虚减营业外支出7 111.78万元，达到利润被虚增1.31亿元的目的，这两项直接使2016年业绩扭亏为盈。

2017年，獐子岛将以前年度已采捕海域列入核销海域或减值海域，虚增营业成本、资产减值损失逾7 000万元，夸大亏损幅度。2017年度，为减轻第二年的盈利压力，抹平上年虚增的利润，獐子岛沿用相同的舞弊手法进行相反的操作，账面上采捕面积被多计5.79万亩，且随意进行结转，将一些上年度的实际采捕区域调整到2017年，并进行相关的成本结转。这样随意调整的情况导致公司2017年度营业成本虚增6 159万元，造成该年度利润总额的38.57%被虚减，约为2.79亿元。

第二，虚增资产减值损失。

獐子岛未如实反映扇贝核销及计提存货跌价准备的客观情况。2018年，公司对107.16万亩虾夷扇贝库存进行核销，对24.30万亩虾夷扇贝库存进行减值。然而调查显示，核销海域中，2014年、2015年、2016年底播虾夷扇贝分别有20.85万亩、19.76万亩、3.61万亩已在以往年度采捕，致使虚增营业外支出2.48亿元；减值海域中，2015年、2016年底播虾夷扇贝分别有6.38万亩、0.13万亩已在以往年度采捕，致使虚增资产减值损失1 110.52万元，占减值金额的18.29%。

第三，发布虚假的存货盘点结果。

经调查，獐子岛发布虚假存货盘点结果，《秋测结果公告》内容不属实。獐子岛在2017年的秋季存货抽测结果中明确了存货目前并不存在减值风险，而在当年年度报告中却称公司存货存在异常，在进行年末盘点后，可能会使该年度的利润亏损，亏损额在5.3亿元到7.2亿元。该年总计划抽检120个点位，根据证监会获取獐子岛负责抽检的船只的航行定位数据来推测，实际情况与之不符。根据定位数据，抽检船只在监测期间实际抽检的点位很少，未完成的任务量高达总计划的55%，且在实际抽检的点位中，至少有38%的点位在以前年度被采捕。

（二）教授方法：案例采用“三段式”教学法

课前线上预习，即提前通过班级群给出案例的背景资料，使学生课前了解案例和授课的重点。

课堂讲授与互动，即采用问题导向教学法，在预习的基础上用问题引导学生，结合案例和小组讨论，提升学生的兴趣与参与度，培养学生主动思考问题、解决问题的能力。学生通过獐子岛扇贝“跑路”案例思考：①什么是存货，包括哪些内容？生物性资产存货有哪些特殊性？②常用的盘点方法有哪些？对扇贝这样特殊的存货应该如何盘点？你有哪些建议？③谈一谈你对企业这种财务舞弊行为有什么看法和建议。④你若是獐子岛的财务人员，应该怎么做？⑤你若是注册会计师，应该如何审计？

课后线上巩固和线下辅导，即通过布置课后检测题和组织线上线下讨论进一步巩固学生的学习成效，形成教学反馈。

六、案例反思

（一）教学特色

一是充分采用多元教学方式，将思政元素通过案例、视频等多元形式融入课堂，而非枯燥地说教。

二是紧贴时代，选择最新热点案例、事件，吸引学生关注和思考，注重职业道德和价值观塑造。

（二）不足与改进

一是应进一步加强线上线下的师生互动、生生互动。

二是应进一步激发学生的主动性，不仅要认真地教，还要引导学生主动地学。

七、育人效果与反馈

案例中的企业财务舞弊行为增加了学生的感性认识，充分激发了学生的学习兴趣。学生主动思考、主动提问，全部认真按照要求完成相关案例学习与讨论，并提交了案例作业。在课堂上有 6 位学生参与了发言，他们一致认同会计、审计人员是经济的守门人、维护经济秩序的监督人。学生提交作业情况如图 1 所示。

在期末试卷上增加一个融入思政内容的简答题（满分 4 分）：瑞幸咖啡、獐子岛等财务造假案，其财务报告违反了会计信息质量的哪些要求？你若是财务人员，面对作假要求时，应该怎样做？

图 1

学生答题情况如图 2 所示。

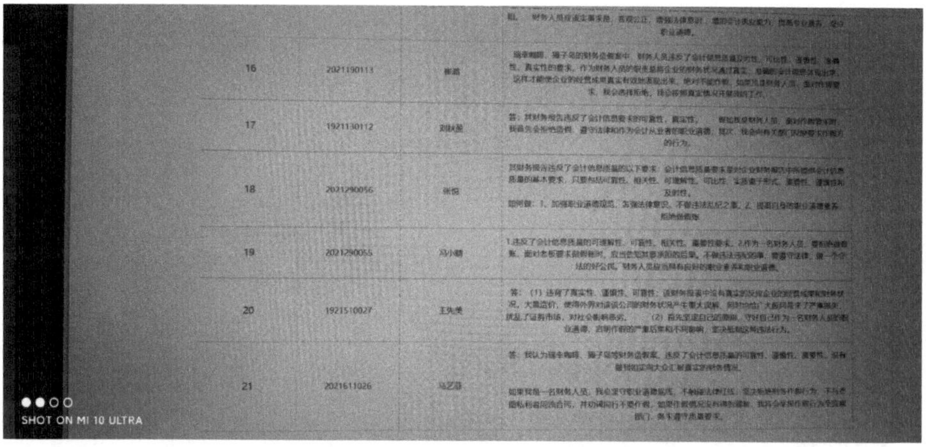

图 2

21 个学生中有 18 人回答正确，只有 3 人回答不够准确，扣 1 ~ 2 分，如图 3 所示。

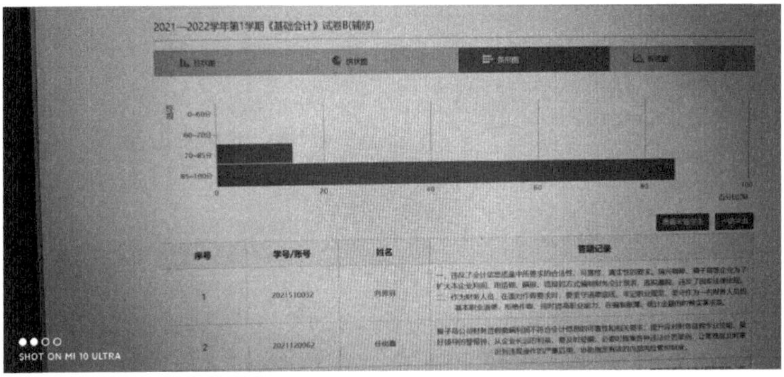

图 3

中级财务会计：某女星偷逃税案例

会计学院　兰凤云

一、课程简介

中级财务会计 1 的教学目的在于向学生全面、系统地阐述中级财务会计的基本理论框架和各项会计要素（资产、负债、所有者权益、收入、费用、利润）的处理方法，以及会计信息的分析与披露。同时，本课程围绕会计职业道德（诚实守信、客观公正），将上述的主要内容分解为知识点单元；通过思维导图展示各章节内容，使各个章节的知识点层次明了；将思政内容融入小组讨论和热门话题回复，使学生真正理解会计职业道德的重要性；课程通过线上作业测评和线上考试进行综合考核，突出教学效果。

二、案例主题

某女星偷逃税案例。

三、对应章节及知识点

本案例对应章节为第十四章“负债的概念及其分类”；对应知识点为流动负债的分类及会计处理：应交税费。

四、案例意义

依法纳税是每个公民的应尽义务。本案例讲解应交税费知识点时，结合明星偷漏税款被巨额罚款的事件，融入践行社会主义核心价值观中的法制理念，通过明星偷漏税反面案例让学生真切感受“偷税抗税违法，纳税协税光荣”，激发学生的家国情怀和担当意识，使学生做自觉纳税的遵纪守法好公民。本案例通过介绍 2018 年某女星偷逃税案件的起因及最终对该女星和相关会计人员的罪责判定，引出该处罚所依据的法律法规（税收征管法、税法、刑法等)，教育学生将来作为企业的会计人员应该据实协助法人进行纳税申报，在会计工作中做到“勤勉尽责”，在任何情况下都不可像案例中的会计人员那样销毁会计记录（会计账簿）等重要证据，否则将承担刑事责任；警戒学生，不论明星等公众人物还是普通大众，偷逃税款必将承担相应责任，还会被列入社会诚信黑名单。同时，本案例从公共管理的角度带领学生分析本案例中税收征管人员（国家公职人员）是否存在不作为的行为，思考如何提高政府治理能力。

五、案例描述

（一）教学内容

以某女星违法案处罚结果导入案例：法人企业追缴税款 2.55 亿元 + 滞纳金 0.33 亿元 + 合同偷逃税罚款 2.4 亿元 + 工作室偷逃税罚款 2.39 亿元 + 未代扣缴个人所得税罚款 0.51 亿元 + 非法提供便利偷逃税罚款 0.65 亿元，其上缴国家 8.83 亿元。

此外，因在 2018 年 6 月调查期间指使公司员工隐匿、故意销毁涉案公司会计凭证、会计账簿，阻挠税务机关依法调查，该女星经纪人等涉嫌犯罪，被公安机关依法采取强制措施。同时，国家税务总局责成江苏省税务局对多个原无锡市地方税务机构的有关负责人和相关责任人员依法依规进行问责。

请同学分析案例处罚结果的法律依据。

（二）启示

1. 诚信原则

诚信既是社会主义核心价值观的重要组成部分，也是会计职业道德基本原则中的首要原则。“阴阳合同”既违背了社会主义核心价值观，又违背了会计职业道德，是一段时间以来社会各界反映较为强烈的问题。中国政法大学财税法研究中心主任施正文说，税务部门对于该女星拆分合同的处罚较为严厉，体现了过罚相当的基本原则，对今后类似涉税违法行为起到了强烈的教育警示作用。

2. 知法守法

刑法以刑罚为后盾，保障国家税收安全，目的在于及时追缴税款，督促纳税人依法纳税。

3. 勤勉尽责

作为企业的财务人员以及国家公职人员（税务局的工作人员），应勤学业务，勤勉工作。勤勉尽责也是会计人员必须执行的职业道德的基本原则之一。

4. 承担社会责任

某女星的偷逃税行为也引发业内反思，提醒大家遵纪守法，依法纳税，按照人民的要求和时代的呼唤，自觉走德艺双馨的道路。

（三）教学方法

本案例采用讲解分析法和课后讨论法相结合的教学方法。首先在课堂上导入某女星违法案处罚案例，之后讲解处罚所依据和所设计的法律条款，以及案件对大家带来的启示。课后让学生撰写案例学习体会、启示和反思。

（四）案例的特点

案例的优点：①结合实际案例，能够引起学生对案例的兴趣，增加学生对纳税的感性认识与理性思维，加深对课堂教学内容——应交税费核算的认知。②能够把课程思政落到实处，使学生真切感受到纳税光荣、偷税可耻，感受到践行社会主义核心价值观的意义，感受到法制社会的理念。

案例的缺点：由于学生目前没有工作经历，也没有收入，所以对依法纳税的认识比较有限。

六、案例反思

中级财务会计的课程思政切入点就是以会计职业道德为主线，因而通过案例和专业知识点的融合，可以引发学生对诚信、遵纪守法、勤勉尽责更深层次的理解。

对学生而言，本次案例，使学生明确诚信是社会主义核心价值观的重要组成部分，提供虚假的纳税信息既违背会计核算的客观性原则，又违背会计职业道德的诚信和勤勉尽责原则。

对教师而言，课程思政融于会计专业教学中的理念逐渐形成，教师将主动提高自我课程思政的教学能力，在教学过程中挖掘会计专业课程思想政治教育资源，在课程素材和案例选择上自然地融入思政内容，将专业知识与情感教育合二为一，将专业教育和思政教育结合，达到润物无声的效果。

由于本专业的课程内容较多，课堂的教学时间有限，在思政融入专业课的过程中还是由老师主导，学生自主讨论的时间较少。在今后的教学工作中，将不断探索如何更好地将线上教学与面授方式相结合，提高课堂质量，推进课程思政，提高铸魂育人实效。

七、育人效果与反馈

学生的反馈如下：

“作为公民，我们应当履行自己知法守法的义务，按时缴纳税款，不逃税漏税。作为会计从业人员，我们应有职业操守，应按照宪法和法律的规定进行会计核算，不应该利用自己的专业知识，助长违法行为。应该及时劝阻违法行为的发生。”

“我们作为公民，享有权利的同时也要承担义务，所以应该承担主动依法纳税的义务，不应该以侥幸心理去牟取不正当利益，依法纳税是每个公民应尽的义务。偷税漏税违反法律法规，扰乱国家经济秩序，破坏公平公正的社会秩序。”

“从财会从业人员的层面来讲，我们要讲诚信，以国家法律为准绳。‘君子爱财，取之有道’，我们要树立正确的价值观，选取正确的人生方向，不符合价值观的事绝不为之。在利益诱惑面前，我们更应该坚守初心，做出正确的选择。”

审计学：风华高科财务造假案例

会计学院　陈　波

一、课程简介

审计学是一门综合性的应用科学，具有很强的理论性、实践性和技术性，既是会计学、财务管理专业的核心课程，也是获取注册会计师以及审计专业职业资格的必考课程。本课程既着眼于我国当前的审计准则与审计实践，又注重联系国际惯例，立足中国，放眼世界，侧重当前，注视未来，力求把基础性、实践性和必要的前瞻性统一起来，全面而系统地阐述并讨论审计学的基础知识、基本理论和基本程序与方法，围绕知识点构建审计学科知识体系，提升审计专业判断和应对能力，为学生从事会计、审计与财务管理工作打下坚实的基础，使学生树立正确的职业道德观念，以卓越的专业知识和能力报效祖国。

二、案例主题

风华高科财务造假案例。

三、对应章节及知识点

本案例对应第二章、第五章和第六章，对应的知识点为审计职业道德和法律准则、审计证据与审计工作底稿、风险评估。

四、案例意义

风华高科2016年财务报表存在虚假披露的情况，迟迟无法收回的应收账款并没有计提坏账减值准备，虚增利润约6 319万元。这种行为给中国证券市场及社会带来极大的负面影响。

课程通过引入该案例来提升学生对理论知识的认知，调动学生的积极性，使学生进一步明确审计人员需要遵守的职业道德准则，为今后成为一名合格的审计人员打下坚实的基础。

五、案例描述

风华高科是一家主要研制、生产和销售各式电子产品的新型高科技上市公司，产品主要有手机、传感器、半导体、电脑芯片等，主要用于汽车、电子、计算机、智能终端、军事及工业区等领域，是拥有自主知识产权及核心技术的国际知名新型电子元器件行业大公司。

风华高科2015年和2016年的年财务数据出现了差错，需要进行调整，导致2017年的年报推迟公布，这引起了证监会的怀疑。在2018年7月，由于信息披露延迟，深圳证券交易所对风华高科财务报告真实性存疑，下发了监管函。证监会开始对风华高科展开调查，从关于前期会计差错更正及追溯调整的公告中看出，风华高科开展贸易业务时，从2014年下半年起，有四家公司无法向风华高科及其下属子公司支付到期货款，这四家公司分别是广东新宇金融信息科技有限公司（以下简称“广东新宇”）、广州亚利电子有限公司（以下简称“广州亚利”）、广州天河高新技术产业开发区华力科技开发有限公司（以下简称“广州华力”）和广州鑫德电子有限公司（以下简称“广州鑫德”）。截至2015年12月31日，仍未能收回应收上述四家公司合计约6 319万元的款项，且对应债权没有抵押物等担保。风华高科在2015年年度报告附注中称2016年对上述四家公司的应收账款已转让，相关款项已收回。经重新确认，风华高科还调减了2016年度归属于母公司的净利润及留存收益5 279.55万元，这对于2016年利润的影响超过三分之一。

2019年11月22日，风华高科收到了证监会的处罚决定，由于公司的2015年年度报告、2016年半年度报告和2016年年度报告存在虚假记载，且公司未及时披露召开的相关董事会会议，对于公司层次，风华高科被责令改正并警告，并处以40万元罚款，风华高科26名涉事的高管、前高管也都受到了行政处罚，罚款总额高达187万元。此外，2022年7月，广东省高级人民法院判决风华高科向70名投资者赔偿损失约4 930万元，并承担一审、二审案件受理费用83.6万元。

公司造假手段如下：

风华高科开展贸易业务时，从2014年下半年起，有四家公司无法向风华高科及其下属子公司支付到期货款。在风华高科的催收下，欠款方开具了商业承兑汇票作为缓兵之计。2016年3月1日，风华高科依旧没能收回欠款。

这时候已经要披露2015年的年度报告，为了避免计提坏账、影响利润，风华高科决定掩盖这笔账款的存在事实。于是，风华高科召开了总裁办公会，并最终决定通过两种方式分批处置这笔账款。

一是通过购买理财产品转移应收债权。2016年1月20日，风华高科通过平价转让的方式将应收广东新宇、广州亚利合计约5 470万元的应收债权转让给了宁夏顺亿，在收到转让款后，于2016年3月出资5 500万元购买了粤盛资产委托宏信证券发行的一项理财产品，而粤盛资产在收到理财产品的钱之后又将这笔钱转给了宁夏顺亿，由此形成了一个资金循环，进而将应收债权神不知鬼不觉地转换成理财产品，达到避免计提应收债权坏账的目的。这笔应收债权于2017年12月20日由风华高科回购，于2018年支付，风华高科想借助购买理财产品收益的不确定性，一年一年循环虚假出售应收债权从而抹平这笔应收债权，达到虚增利润的目的。

二是交换债权。通过案外人刘某华实际控制的深圳市全聚能实业有限公司（以下简称“深圳全聚能”）配合操作，由该公司以2015年12月31日为基准日，以八折（约680.32万元）的价格受让风华高科应收广州鑫德、广州华力合计约850万元的应收账款，其所支付的受让款来源于风华高科向刘某华实际控制的另一家公司支付的预付款约250万元以及对该公司的应收账款约430万元。

风华高科在分别与宁夏顺亿、深圳全聚能签署债权转让合同时，另行分别签署补充协议，均明确约定：自合同生效之日起，风华高科仍负有追收对应收账款的权利和义务；若款项未足额收回，损失由风华高科承担。就这样，风华高科“一顿操作猛如虎”，用自己的现金买下了自己的坏账。另外，为了规避债权转移被发现的风险，风华高科仅在2015年度报告中披露了680万元的债权转让，也就是与深圳全聚能的交易。而金额较大的5 470万元债权的转让并未披露，财报中理财产品的余额也为0。

风华高科将这笔欠款瞒到了2016年12月12日，又到一个报告期末了，这笔款项依然没能够追回。因为之前签订的转让债权合约中说的是“若款项未足额收回，损失由风华高科承担”，于是风华高科决定故技重施，继续按照之前的办法隐瞒应收账款。只不过这一次，风华高科将私募换成了银华财富资本管理有限公司。

本案所涉应收账款对应债权并未实质发生转让，其转让时已预计难以按时收回。也就是说，风华高科本该计提坏账准备，但它却通过这种眼花缭乱的方式来延期计提坏账，使得利润表相对好看，也就是变相地虚增了利润。

风华高科 2016 年半年度报告和年度报告均虚增利润超过 6 000 万元，分别占当期利润总额的 60.21% 和 33.05% 。

会计师事务所在审计过程中，应首先对被审计单位环境进行分析，对公司的战略和经营风险有大概了解。会计师事务所还应该对于公司是否会因为经营状况不乐观来进行财务造假保持职业怀疑态度，并且应着重对应收账款和存货这两种很容易造假的科目进行进一步审计。

六、案例反思

风华高科财务造假案是一场自上而下的严重舞弊案件，被处罚的 26 名涉案人员中竟然包含三任董事长。风华高科内部治理不完善，多任董事长亲自参与财务造假。风华高科的应收账款虚假售出是公司高管的知法犯法。

风华高科虽然建立了完整的内部控制体系，并定期发布内控自我评价报告，然而查阅连续几年的报告内容可以发现，其内容基本没有变化，且流于形式。可以说风华高科所谓的制衡、监督机制只是虚有其表，内部控制环境并不理想。风华高科长期隐瞒问题，没有积极主动地向社会披露信息，所以信息沟通存在问题。此外，风华高科的治理模式模糊不清，内部控制完全失效，监管机构形同虚设。风华高科财务造假案例有利于同学们明确审计人员保持独立性和职业谨慎的重要性。

七、育人效果与反馈

高校作为会计审计人才培养的主力军，在人才培育方面，应坚持“教”与“育”的有效结合，积极推进德才协同育人建设。教师在“传道授业解惑”中渗透职业道德教育，培养德才兼备的从业者。同学们通过对于风华高科财务造假案例的学习和理解，了解可能发生造假的环节，能够提高职业素养和工作能力，坚守思想道德防线、廉洁从审底线，遵守审计人员的职业道德，始终保持清醒头脑，不为物欲所左右，不被金钱遮住眼，不放纵自己，不随波逐流。

风华高科因为财务造假造成了巨大的损失，涉案人员中有多名高管，这体现出舞弊者的职业道德与价值观的缺失。围绕落实立德树人这一根本任务，审计课程必须秉承“课程承载思政”和“思政寓于课程”的理念，优化课程设置，将思政内容贯穿教学大纲，把教书和育人结合起来，牢固树立知识传授与价值引领同频共振的教学理念，增强学生的爱国情怀、社会责任、职业素养和职业道德。

财务管理：中国铁路总公司资金筹集案例

会计学院 顾 煜

一、课程简介

财务管理课程围绕公司进行财务决策时必须考虑的事项和需要掌握的理论、方法和工具，聚焦于公司财务目标——“社会价值最大化”展开，涉及的财务管理活动和决策除了包括传统的投融资、股利分配、营运资本管理等之外，还包括并购、跨国投资、公司治理等衍生的公司财务内容。其基本原理有时间价值原理、风险收益原理、资产组合原理，工具和方法包括财务分析、财务预测和统计分析技术等，要解决的中心问题是财务经理如何通过财务决策实现公司财务的目标。通过本课程的学习，学生能够掌握公司财务管理的一般原理和方法，并且能够灵活运用于解决实际财务及相关问题。结合本课程理论性和实践性都很强的特点，在教学方法上采取案例讨论和分析的辅助教学方式。

二、案例主题

中国铁路总公司资金筹集案例。

三、对应章节及知识点

本案例对应章节为第五章第一节“筹资概述”，主要讲解筹资的来源与渠道，同时涉及投资及其效果分析。

四、案例意义

案例主要通过筹资这一问题说明，中国在国家重大基础建设投资和民生项目的建设上能够通过国家体制确保项目的如期实施，真正体现以民为本、不忘初心的历史担当和社会主义制度的巨大优越性。

同时，本案例引导学生从历史发展的角度进一步探索社会主义发展的新思路和开创新的促进社会主义经济发展理论的现实必要性。

五、案例描述

（一）案例选择

重点选择国有企业——中国国家铁路集团有限公司（不同教师可根据实际进行案例的替换）。

（二）案例引入

从历史的角度，以资金的筹集和使用为切入点引入案例。

（三）案例分析

对中国高铁发展历程以及其对于经济、社会、民生等方面的重大改善进行深入分析，使学生理解资金筹集对于社会建设与发展的重要意义。

首先，引入筹资的概念及筹资的渠道和方式。

其次，对筹资的资本成本进行简要的介绍。

最后，引导学生对近些年我国重要的建设项目进行回顾，感受社会的发展，并进一步融入国家的政策方针等内容，引导学生对社会主义制度的优越性进行思考。

六、案例反思

通过案例的分析，学生增强了爱党、爱国、爱社会主义制度的民族自豪感。

案例的优点在于，学生对社会发展现状的了解更加深入，特别是对交通（物流）的发展及其带来的便利性有了更深刻的体会。

案例的不足之处在于，学生对问题的思考流于表面，需要教师的引导；此外，学生对中国历史上的重要工程的了解不多。不过，这也给教师以讲故事的方式进行社会发展的讲解提供了很好的切入点。

七、育人效果与反馈

本课程获得了以下效果：第一，学生对于社会发展历史及重大的历史事件比较感兴趣，能够跟着教师的思路学习课程，有的学生甚至现场用手机查询相关的信息，加强了教师与学生、学生与学生的互动；第二，教师的一些比较深入的分析引起了学生的共鸣和思考，保证了课程思政的效果；第三，在随后其他章节的讲解中，课程思政的衔接变得自然、和谐。

体育部篇

体育教育作为党的教育事业整体布局中的重要组成部分，对建设社会主义现代化强国、实现中华民族伟大复兴起着重要的作用。体育教育正是凝聚民族精神、提升爱国情怀、培养坚强意志的天然佳径。体育教育以培养新时代社会主义接班人为使命，全面深化教育领域综合改革，增强教育改革的系统性、整体性、协同性，坚持“以学生为中心”的理念，精准挖掘体育教育中的思政因素，完善人才培养闭环模式，切实践行为党育人、为国育才的准则，为实现国家宏伟蓝图和远景目标明德、铸魂、育人！

在当前中国进入社会主义新时代的大环境下，积极推进体育课程思政的建设，用习近平新时代中国特色社会主义思想明德育人，对国家建设社会主义强国起着重要的作用。

体育教育通过大力开展爱国主义和民族精神教育，让学生了解中国体育事业的振兴与发展，引导学生对体育人生和体育中国产生深层领悟与思考，使学生具有高标准的人文修养和科学素养，养成文明、健康、科学的生活方式，拥有积极、健康、进取的心理品质，拥有集体观念和爱国情操，不断提高社会适应能力，正确面对挫折和处理人际关系，成为身心和谐发展、德技并进的栋梁之才。

瑜伽：和谐、爱与温暖

体育部　孙　琴

一、课程简介

本课程主要讲授瑜伽的理论知识，呼吸、冥想技术和哈他瑜伽套路“拜日式”。通过本课程的学习，学生能够对瑜伽的理论知识有一定的了解，并基本熟练掌握瑜伽初、中级体式，实现自我独立练习，达到提高身体柔韧性、塑造优雅体态、减压、调心的目的。

该课程属于基础课程，课程的重点是瑜伽“拜日式”的学习，教学方法主要有示范法、讲解法。考试采用“单独考核”技评方法，激发不同技术水平学生学习的积极性，培养学生独立自主练习的精神，提高学生的德育水平。

二、案例主题

和谐、爱与温暖。

三、对应章节及知识点

本案例对应瑜伽调息练习和瑜伽体式练习。

四、案例意义

瑜伽调息练习倡导和谐和爱，即人与自然的和谐、自我与真我的和谐、精神与肉体的和谐以及呼吸与运动的和谐，处处都在讲和谐，体现了与他人和解、与大自然和解、与自我和解的处世原则，分享爱、传播爱，爱自己也爱他人，也体现了社会主义核心价值观的内容和个人道德层面的标准。

五、案例描述

瑜伽课与其他体育课程有着本质上的区别，从课堂礼仪、教学形式到教学方法、教学理念都蕴含着丰富的人文精神。人文精神在瑜伽教学中融入的目的主要有两个：一是在人本主义理念指导下，尊重学生价值和尊严，发展学生个性；二是在和谐理念指导下，促进学生身心全面发展，重点体现在爱、温暖、关怀、付出和忍耐。在瑜伽课堂上，教师根据学生情况设计不同的辅助练习，每个体式的练习不仅是对肢体的感知，还是对内在意识的领会。瑜伽课以立德树人为理念，尊重学生个性，促进学生身心和情感全面发展。

实施方法上以学生研讨课的形式展开思政教育。在课堂外给学生布置研讨题目："如何理解瑜伽练习中的和谐与联结？"这是一个富有哲学性的命题，教师注意引导学生往社会主义核心价值观以及积极阳光的正能量方面去探究和研讨。给学生一个星期左右的时间查找资料，每人形成200字左右的小文章。在课堂上将全班学生分成3～4组，每组6～8名学生。每组挑选一名组长，组织大家展开研讨，讨论时长在30分钟左右，最终形成本组的总结性文字。由每组组长代表发言，陈述本组的研讨结果，最后教师做总结性发言。2021级周四上午1～2节瑜伽班被分为3个小组，每个小组的总结性发言具体如下：

第一小组：瑜伽是一项理想的预防身体与精神疾病的运动，它通过强健身体逐渐使人变得自信。瑜伽体现了珍爱生命、尊重真理和保持耐心，这是练习者做到平静呼吸、安宁思想和坚定意志的要素。修行瑜伽需要全身心地投入，绝不是体式上的机械重复和口头上的光说不练。瑜伽练习的和谐体现在身体与呼吸的和谐、人与自然的和谐，而控制则是自身对于呼吸的控制、对于身体体式的控制以及注意力的控制。

第二小组：瑜伽是一项历经数千年，把人类身、心、精神和道德的健康作为整体的实用科学，瑜伽的练习体现在呼吸、体式和冥想上。而体式练习体现了意志力和进取心，这些都体现了瑜伽的和谐与联结。意志力使我们抵御地心引力，从头到脚往上伸展身体；进取心使我们长时间控制单脚、双脚或双手的平衡。练习瑜伽其实是一种修行，修炼自己成为富有同情心、宽容、诚实、勇敢、受人尊敬、勤敏好学、心智健全、积极乐观的人，这些品性符合我国倡导的社会主义核心价值观。

第三小组：练习瑜伽要完全摒除头脑中的纷扰，以一种纯粹的心理去练习，以习得智慧的通透。从这个角度讲，瑜伽更关注个人发展的心灵层面，其内容包括心态调整、情绪管理等，目的在于帮助个体以健康、平和的心态去面对各种物欲的诱惑和突如其来的挑战。瑜伽所追求的是一种洒脱的处世方式，是一种悟懂生命的至高智慧，是一种面对任何人生境遇都能保持恬适淡然的心态，这也是练习瑜伽力求达到的最高境界。

分组讨论完之后，由教师做总结性陈词。瑜伽是一种健身方式，也是一种心灵的净化和修行，这种修行体现在我们日常的工作、学习和生活中。瑜伽倡导的精神哲学是纯净、不贪念、感恩、善良、和谐联结，所以我们在生活中要关心同学、尊敬老师、关爱自己的身体健康，带着爱与和谐投入每一天的生活、工作中。

六、案例反思

立德树人的教育理念与促进学生全面发展的时代要求，促使高校教师不断提高自身水平，不断加强政治理论学习，提升教学水平。适宜的教学手段是融入人文精神，提升高校瑜伽教学质量。在瑜伽教学中要以学生为本，积极调动学生学习的主动性，在讲解、冥想与反思等各个教学环节融入和传播人文精神。在新时代背景下，多媒体等辅助教学形式也要被高度重视。

七、育人效果与反馈

学生接受课程思政教育后，情绪变得更平和，语言和行动上变得更友善。在接下来的教学中，瑜伽教师要把瑜伽课的实践教学、理论传授与人文精神结合起来，在教学过程中时刻以学生为本，积极引导学生不断悦纳自己、理解自己及他人，爱护环境与自然，形成新时代所需要的平等、和谐、友善、自由的思想观念。

健美操："知识、能力、人格"并重发展

体育部　孙　琴

一、课程简介

健美操课程主要讲授全国健美操大众锻炼标准第四套规定动作。本课程能够使学生对健美操的理论知识有一定的了解，同时达到提高身体协调性和灵活性、塑造优雅体态等目的。本课程属于基础课程，课程的重点是锻炼标准的规定动作，难点是学生考试套路的自主创编。本课程主要采用整体教学和分组合作练习的教学方法。考试采用单独考核和分组考核相结合的评价方法，激发不同技术水平学生学习的积极性，培养学生集体主义精神。

二、案例主题

"知识、能力、人格"并重发展。

三、对应章节及知识点

本案例对应健美操课程的实践练习。

四、案例意义

目前在读的大学生基本都是独生子女，在团队精神和帮助他人的意识上需要加强。就读的学生大部分在自信心、领导力方面都有所欠缺，所以应加强领导力、团队精神方面的锻炼和提高。本课程通过课堂上分组、轮流做组长、团队竞赛的方式激发学生的组织能力、领导能力、责任感和集体主义精神，同时更好地提升学生自身的健美操技能和自主练习的动力。

五、案例描述

在健美操第 11 ~ 15 节的课堂上，先学习健美操套路技术动作，然后采用分组教学的形式，5 ~ 7 人一组，根据学生自己的意愿或老师帮助其分组，分好组以后由各组先推荐一名同学当组长，带领其他同学进行练习。每一节课都由一名不同的组员来当组长。

组长不仅自己要跳得非常熟练，能听准音乐、动作有节奏感和力度感，还要有喊口令的能力、纠正错误动作的能力以及带领整个团队的能力，这就对组长提出了更高的要求。每一节课下课前，都由本节课的组长带领自己的组员来进行现场表演，把自己的练习成果展示给其他组的每一位同学，让大家互相学习，达到共同进步的目的。在最后一次分组练习结束后，再举行一次分组竞赛，让每组分别展示自己小组的练习效果，从而激发各小组的练习热情。

思政教育方面，健美操课堂采用分组教学、分组训练和分组比赛的模式，探索专业体育技能与思政教育无缝对接的路径和机制，强化健美操技能和思政教育融合，着力推进全过程、全方位育人。通过分组教学，教师能具体根据每组学生的实际水平来进行因材施教，使思政教育效果更好。分组训练能充分挖掘每位学生的潜能，激发每位学生潜在的自信心和领导力，也让每位学生深刻领悟什么是集体观、大局观。最后的分组竞赛有效地激发了学生的担当意识、集体荣誉感和拼搏精神，将健美操教学效果推向最优。

上述教学模式在引发学生学习兴趣的同时，自然地将思政教育融入课堂教学中，取得了较好的思政教育效果。

六、案例反思

课上有很多同学起初抵触当组长这件事，但是经过一节课的锻炼，他们的自信心有了很大的提高，并且和同学的交流与沟通也更顺畅了。不足之处在于，这种分组练习形式在运动强度上不如教师一直带领着跳操的强度大。

七、育人效果与反馈

通过课程教学，学生的自信心、团队精神得到了激发，自觉练习的主动性更强了，整个班级的氛围也融洽了很多。同学们纷纷表示，通过分组教学，自己的自信心增加了很多，敢于在众人面前说话了，也敢于表现自己，释放自己的情绪，不再像以前那样害羞，并且对于健美操技术的理解和领悟也加深了。

高尔夫：高尔夫中的团队合作与精益求精

体育部　张　力

一、课程简介

高尔夫课程通过将高尔夫礼仪、挥杆练习、高尔夫比赛和课程考核与思政元素相结合，开展课程思政活动。

本课程通过高尔夫礼仪，例如对服装和准时的要求及整理场地器材等活动，培养学生自律的习惯；通过挥杆练习过程，例如小组之间的动作技术讨论、练习、纠正等活动，培养团队协作的精神。

在课程中穿插高尔夫比赛，能够培养学生克服压力、调整心态、积极自信、平等待人的意识。本课程在考核阶段结合高尔夫比赛规则，能够培养学生诚实守信、为他人着想的精神。

二、案例主题

高尔夫中的团队合作与精益求精。

三、对应章节及知识点

本案例对应日常动作练习过程和第十周、第十五周动作考试。

四、案例意义

高尔夫动作技术的练习是贯穿整个学期课程的主线，在动作技术的练习过程中，要求学生以组为单位，相互之间找出问题、分析问题、纠正问题，组内成员配合打球、捡球，提高练习的效率，以此培养学生团队合作的意识。为了不断精进技术动作，测试、比赛的前后都需要不断进行辅助练习，虽然枯燥，但这却是通向成功的必由之路，以此来培养学生精益求精的精神。

在正式的高尔夫比赛中，无论是否有人监督，参赛运动员都要自己记录杆数成绩，并且在赛场中绝不能影响其他参赛选手。以这两个方面为切入点，学生互相帮助，记录远度、杆数，自己上报成绩；为让同伴、对手发挥出正常水平，必须帮助捡球、码球并保持安静等。这样的教学安排能够培养学生诚实守信的精神和为他人着想的意识。

五、案例描述

（一）教学内容

高尔夫规则的核心：每一位选手应要求成为一位遵守规则的裁判。它的根本原则包括：①参赛者务必在公平的条件下进行比赛。②比赛过程中必须要客观地处理对自己有利的状况。

高尔夫项目与其他项目区别最大的一点是，自己是运动员也是裁判员，或者说要以裁判员的标准要求自己。面对巨大的高尔夫球场地，裁判员的视野不能够覆盖球场的每一个角落，无法时刻紧盯每一位运动员，这就要求参赛选手高度自律，要有诚实守信的品格，自己记录自己的杆数成绩。

另外，在进行比赛时，球不会一直在球道上，有时候会打出界，有时候会落水，有时候会落入杂草障碍，这时就要求运动员在比赛过程中客观地处理对自己有利的状况。例如，当球落入杂草、无法顺利地将球一次击出时，要实事求是地记录自己实际的挥杆次数，如实上报成绩。

除了以上几点，在高尔夫比赛、练习中，要时刻为他人着想，在别人挥杆打球时要保持安静，同时离开他人的视线范围，这样才能够不干扰他人挥杆，从而让所有人发挥自己的正常水平，做到公平比赛。

（二）教学方法

第十周考试内容为铁杆打远测试，两人一组，每人各打十球，记录打击方向和位置，最后上报成绩。为了考试安全，两人站位应互不影响。为了使考试的同学发挥出最好的水平，要避免过多走动，以免导致动作变形。另一位同学在前一个球打完后要迅速帮助码球，并迅速离开打击区域，确保安全、避免干扰；同时要帮助记录球的落点和方向。在两人完成考试后，一同上报成绩。

第十五周考试内容为推杆测试，两人一组，每人各推十球，自行记录杆数和进洞球数，最后上报成绩。考试安全要求与第十周考试安全要求相同。

（三）教学目标与要求

本课程通过练习、测试培养学生之间互相帮助的意识，同时培养诚实守信的精神，强调诚信比成绩更重要。

在第五周课程之后，学生逐渐熟悉了高尔夫挥杆技术，之后需要根据不同情况、个人易犯错误进行纠正与调整。在教学过程中，由于学生数量多，教师难以对每个学生的错误一一进行纠正，此时便要求同组的同学在练习时相互纠错、调整，达到团队合作的目的。

在遇到教学重点、难点时，要求同组同学协同合作，共同记住重点、难点，在练习前先对讲授的重点、难点共同进行复习梳理，再进行练习。观察、纠正、讨论的过程也是自己对动作技术的思考，从而让同学们体会到团队协作能够起到事半功倍的效果。

高尔夫的挥杆动作要求极高的精准性和一致性，看似简单的动作，需要大量的练习。此时需要学生之间相互鼓励、相互促进，不断磨炼技术动作，才能够顺利完成推杆技术的学习及考核。这样不仅能够培养学生的团队合作精神，还能够塑造学生精益求精的品质。

六、案例反思

在考试过程中要特别关注身体条件较差的学生，他们的技术水平往往较难达到要求，要特别关注、引导，鼓励他们依靠自己的努力完成并通过测试。在之后的教学中，可以适当增加梯度考试模式，满足不同身体条件的学生的需求。此外，可以在教学中增加高尔夫比赛中不诚信的反面案例，让学生加深体会。

在教学过程中，90%以上的学生能够很好地完成团队合作练习，形成追求动作、技术完美的意识。极少数学生可能由于心理或社会适应能力等原因，经常独自练习。由于课程人数、班级等限制，这一问题无法完全避免，但在后续的教学中，教师应特别关注未分组的学生，适当进行帮助。

七、育人效果与反馈

在课程中期，学生们对于自己记录成绩并上报的形式感到新奇，对诚实守信有了更为深入的思考。

在课程后半段，不需要教师的引导与提醒，团队成员能够主动互相帮助改进技术，互相分享对动作技术的体会与感悟，相互纠正，督促练习；在考核中也能够保持团队作战，并且都能够自觉遵守考试纪律，自觉上报成绩。因此，本课程实现了培养团队合作、精益求精、诚实守信品质的育人目标。

有氧健身操：所有的努力都不会白费

体育部　张秋艳

一、课程简介

有氧健身操是在音乐的伴奏下，以身体练习为基本手段，以有氧运动为基础，以增进健康、塑造形体、娱乐身心为目的的一项体育运动，练习时完全遵循健康、安全的原则。本课程采用集体授课、分组学习的教学模式，主要讲授有氧健身操的基础理论知识、基本步法、基本步法的扩展动作（如加入不同节奏、方向和转体等）和基本动作编排的原理。课程的目的是通过教学内容、教学方法和课堂组织形式来培养学生的创新意识和能力，锻炼学生的身体素质和心理素质，提高学生身体的协调性和灵巧性，培养学生乐观向上的人生态度和团结友爱的集体主义精神。

二、案例主题

所有的努力都不会白费。

三、对应章节及知识点

本案例对应第二次课和第三次课一字步的学习，对第四次课 V 字步的学习有促进和帮助作用。

这两个步伐都包含丰富的动作变形，比如，一字步变形包括前进一字步、后退一字步、前进后退一字步、前进一字步的 90 度转和 180 度转、后退一字步的 90 度转和 180 度转。转体包含左转和右转。V 字步和一字步变化相似，学好了一字步，V 字步就驾轻就熟了。

四、案例意义

本案例让学生明白，付出的努力都会在头脑、身体里留下痕迹，最终会在某一时刻以好的结果体现出来，从而使学生得到正向的激励，体会到所有的努力都不会白费的道理，面对复杂和困难的事情时能够更有信心和毅力去坚持。

五、案例描述

课堂学习动作的过程中，踏步类的动作，如前进一字步和后退一字步的 90 度转和 180 度转，让很多方向感、节奏感不好的学生觉得困难。在课堂上，老师把重点提炼出来，反复强调，带领学生反复练习，最终使学生掌握了该动作。

学习动作就是身心密切配合的过程。每一次练习都会在大脑中、身体中留下痕迹，多次练习后，肌肉会下意识做出正确的反应，这就是肌肉记忆的结果。通过反复练习，最终能够掌握动作，达成学习目标。

六、案例反思

人生来是有惰性的，特别是遇到困难的时候。只有提高对事物的认知，才能真正激发动力，克服困难。教师要从动作练习中提炼出思政元素，鼓励学生为了实现目标而不断努力，并对进步的学生提出表扬，使学生坚定信念，从而实现课程目标。

七、育人效果与反馈

结合一字步和 V 字步学习间技能迁移的原理，学生从亲身实践中体会到前期的努力都不会白费的道理。人生就是一场修行，需要不断地突破自己，才能实现成长，一步步地靠近目标，最终取得胜利。

认知上，学生明白道理后，开始更加积极主动地学习，课间短暂的休息时间也会利用起来，熟悉动作，加深记忆。认真听讲、积极练习的结果就是动作越来越熟练，这种良好的体验也激发学生更加努力刻苦地学习。情感上，学生越来越乐观，遇到困难不再抱怨退缩，而是能沉下心来努力克服。

女子排球：在自我挑战中体验“创新，仁爱，和合”

体育部　方配素

一、课程简介

女子排球课程是以排球运动为主要身体练习手段，以增强体质、增进身心健康和提高体育素养为主要目标的一门必修课程。教师在习近平新时代中国特色社会主义思想、中华民族优秀传统价值观、奥林匹克主义人生观指导下通过讲解示范、动作分解、分组练习、游戏启发等教学方法教授基本姿势和步法、垫球、传球和发球等基本技术动作。学生在课内外通过自主学习、合作学习和探究学习等途径练习垫球、传球等基本技术，达到增进身心健康的目的，最终成为德智体美劳全面发展的具有独立思考能力的社会主义建设者和接班人。

二、案例主题

在自我挑战中体验“创新，仁爱，和合”。

三、对应章节及知识点

对应章节是第一至四次课，主要知识点为学习和复习传垫球技术。

四、案例意义

本案例根据立德树人这一要求，设计教学体系和实施方案，在高校排球课程教学里将三观价值塑造、体育文化精神传授和排球技战术能力培养三者融为一体，将内隐的精神内涵体现在外显的排球活动中，寓社会主义核心价值观引导于体育文化知识传授和专项技术能力培养之中，重点培养大学生在排球运动中塑造正确的普世三观：马克思新唯物主义世界观、奥林匹克主义人生观、中华民族优秀传统价值观，将显性教育和隐性教育相统一，不断完善排球课程思政教学思想体系、组织体系和活动体系，构建全面覆盖、类型丰富、层次递进、相互支撑的排球课程思政教学体系。学生通过排球课程学习，在马克思新唯物主义世界观指导下，掌握运动规律，通晓奥林匹克主义，熔炼体育精神，丰富体验，增长见识，塑造品格，发扬中华民族优秀传统，做到心中有马克思新唯物主义世界观，眼里有仁爱、民本、诚信、正义、和合、大同等传统价值观，行动里有奥林匹克主义精神和女排精神，最终成为德智体美劳全面发展的具有独立思考能力的社会主义建设者和接班人。这是我国高等学校人才培养的应有之义，更是课堂教学工作的必备内容。本案例使学生明确自己的奋斗目标、行动准则和思想武器：以在奋斗中体验乐趣为目标，以中华传统价值观“讲仁爱、重民本、守诚信、崇正义、尚和合、求大同”为行为准则，以马克思主义世界观为思想武器。

五、案例描述

第一次课，结合本学期的课程要求及爱护学校体育设施，课程引入习近平新时代中国特色社会主义思想，使学生明确自己的奋斗目标、行动准则和思想武器。

第二、三次课通过游戏锻炼学生的反应能力，培养互助精神，通过讲解示范引导学生体验垫球的用力特点，引导学生观察总结规律。教师要求学生通过自垫找球感，标准是100个连续不落地。这项练习主要锻炼学生的耐心、毅力，使学生体验经过努力练习达到目标的成就感。对于已经达标的学生，教师鼓励她们挑战自己，改进、创新垫球技术，提高垫球能力，把垫球动作的插、夹、提动作做清晰，做到“人球合一”。

第四次课的主要内容为分组练习垫球和传球，引导学生在勤奋练习中不断体验奋斗的乐趣。学生不断地练习，在互助中体验“仁爱，和合”的乐趣。两个人一组对垫时，强调预判球的落点的重要性。部分学生有动作延迟的特征，明明判断出球的落点，但是等到球落地后才能挪动脚步去接球。这个可能是不协调的表现，大脑反应得快，但是调动肌肉的能力弱。因此，教师应及时鼓励学生并解释其原因，告诉学生坚持练习就可以熟练地控制球。

六、案例反思

排球是一项集体运动，个人练习得好不代表比赛就能赢，因此老师要告诉学生配合的重要性。在教学过程中，老师发现部分学生天生协调性差，于是在课堂里增加了协调性的专项练习。

七、育人效果与反馈

通过传球、垫球的隐喻教学，学生体验到人与球、人与人的亲密关系的建立原则，进一步迁移到人际关系是“仁爱、和合”，主要体现在以下层面：

认知情感层面：通过排球课程理论和实践内容的学习与掌握，学生提高了身心健康水平，学会运用适宜的方法调节自身的情绪，改善心理状态，克服心理障碍。

价值观层面：学生通过排球课程学习掌握运动规律，通晓奥林匹克主义，熔炼女排精神，丰富体验，增长见识，塑造品格，发扬中华民族优秀传统，做到心中有马克思新唯物主义世界观，眼里有仁爱、民本、诚信、正义、和合、大同等传统价值观，行动里有奥林匹克主义精神。

综合素质层面：通过女子排球（1）课程的学习，学生能够制定个人排球运动练习计划并能进行自我监控，把排球运动当作长期锻炼身体的方法，养成自主锻炼的习惯，具备参与、欣赏和评论排球比赛的能力。

网球：探究互助式学习，培养团队合作精神

体育部　王　品

一、课程简介

网球运动具有独特的魅力，深受人们喜爱。网球运动具有很高的锻炼价值和很强的观赏性，普及度和关注度极高。通过网球课程的学习，学生可以在提高身体素质、掌握运动技巧的同时锻炼克服困难的勇气，形成拼搏进取的作风和胜不骄、败不馁的人生态度。

本课程主要讲授网球基本知识、基本技术和简单规则，引领学生进入网球的世界，在练习中体会运动之美；同时，培养学生对网球运动的兴趣，让学生树立终身体育的观念。

二、案例主题

探究互助式学习，培养团队合作精神。

三、对应章节及知识点

本案例对应第 4 ~6 章和第 9 ~16 章。

知识点包括：网球原地击球技术、网球移动中正手击球技术、移动步法、身体素质练习、不同落点的正手击球效果、隔网击球技术、正手连续击球技术。

四、案例意义

本案例通过分组练习、多人配合训练，使学生在练习中发现问题、探讨问题、解决问题，以此培养学生的合作精神和集体主义精神。

五、案例描述

在网球教学中，以分组的形式来实现部分教学内容，例如在球感练习、多球练习、隔网击球练习、比赛练习中，将学生分为临时小组和长期小组。进行球感练习时组建临时小组，让学生自主选择同伴进行练习，学生多与熟悉的同学组成小组一起练习，练习前同伴间已具备信任感，有助于共同提高。在进行多球练习、隔网击球练习时组建长期小组，8～10 人为一组，组内互帮互助，互相学习，共同提高。无论何种分组，教师时刻关注学生的问题和进步，实时指导，最大限度实现因材施教。各个小组中，进步快或掌握熟练的学生起带头作用，协助进步慢或尚未掌握熟练的学生。这种形式不仅使学生的网球技术有所提高，在培养学生团队协助、集体主义精神方面也大有裨益。

在练习过程中，会遇到非常多的问题，例如：初学者可以熟练挥拍，但却打不到球；击球后，球的运动轨迹不规律，不是预想的出球方向，很难得到回球。针对此问题，可以建立互助式学习模式，先展开小组讨论，有相关经验的同学分享技巧和经验，尝试验证技巧和经验，教师引导学生主动思考，找出问题的症结所在，力争通过互助解决困惑和疑问。教师在适当的时候给予积极的引导和肯定，鼓励学生团结协作，形成合作意识。

六、案例反思

学生遇到问题或困惑时，有时不愿意直接向教师求解答案。相对而言，学生之间相互交流更多，可以大胆地表达所思所想，有益于发散性思维的培养。教师可以以此为课程思政切入点，鼓励学生相互帮助，培养团结协作的体育精神。

七、育人效果与反馈

通过思政引导和互助式学习，学生在课堂上更加自信、阳光、乐观，学习的专注力和主动性有了明显的提升。特别是在分组练习时，组间同学相互帮助，相互提醒，一起练习，一起进步，课堂学习氛围浓厚，学习效果显著。同学们都觉得一节体育课很快就结束了，他们越来越享受网球运动带来的快乐。

网球：以教带赛，培养学生体育精神

体育部　王　品

一、课程简介

网球运动具有独特的魅力，深受人们喜爱。网球运动具有很高的锻炼价值和很强的观赏性，普及度和关注度极高。通过网球课程的学习，学生可以在提高身体素质、掌握运动技巧的同时锻炼克服困难的勇气，形成拼搏进取的作风和胜不骄、败不馁的人生态度。

本课程主要讲授网球基本知识、基本技术和简单规则，引领学生进入网球的世界，在练习中体会运动之美；同时，培养学生对网球运动的兴趣，让学生树立终身体育的观念。

二、案例主题

以教带赛，培养学生体育精神。

三、对应章节及知识点

本案例可对应全部章节及知识点。

四、案例意义

网球课程的课内外一体化教学是以网球课堂教学为基础，以“健康第一”和“终身体育”为指导思想，牢固结合运动参与、运动技能、身体健康、心理健康、社会适应这五大目标，融合网球的课堂教学、竞赛训练和课外拓展活动，通过合理的体育教育和科学的体育锻炼过程，增强体质、增进健康、提高体育素养、养成良好的体育锻炼习惯的一种体育教学过程。网球课程注重理论与实践的紧密结合，将课堂内和课堂外联结在一起；注重学校体育教育和健康教育的结合，将体育三全育人的作用发挥出来。

五、案例描述

课题组积极推进网球课程的课内外一体化建设，重新修订网球教学大纲、课件、教案，将课程思政融入每节课。课题组反复推敲课程思政的映射点、融入点以及思政育人预期效果，锻炼学生的组织能力、协调能力、自主学习能力、逻辑思辨能力，培养学生吃苦耐劳、坚持不懈、敢于挑战的体育素养。许多学生通过课上学习激发了对网球的热爱，课后积极参加校网球队训练，进一步提高网球技术。在课题组师生的共同努力下，校网球队在2021年首都高等学校大学生网球联赛秋季单项赛中获男双（丙组）亚军、女单（丙组）季军、女双（丙组）季军。本课程注重以教带赛，将体育思政教育元素和爱国主义教育融入全过程，培养学生的爱国情怀，让学生在比赛中感受奋勇拼搏、永不放弃、团队协作等体育精神。

六、案例反思

在探索本课题的教学中发现，想要更好地促进课程思政的开展，还需要教学团队不断地对体育课程思政载体进行拓展。结合课内外一体化建设，可以开展一些网球系列校园活动，比如网球课堂测验赛、技能展示赛和网球宣传周等，在活动的开展中对课程思政内容进行渗透，以期营造出良好的课程思政校园氛围，锻炼学生的团队合作、相互信任和不怕吃苦等品质，促进学生对思政的认识和学习，提升学生与教师的思想觉悟。

七、育人效果与反馈

网球课程课内外一体化建设取得了三全育人的预期效果。学生在课上及课外比赛训练中收获颇丰，不仅在体育技能上有所提升，在为人处世方面也有所成长。学生对本课程也极为认可，表示本课程在丰富校园生活之余又增强了体质，培养了合作精神和集体主义精神。

羽毛球：使命在肩、奋斗有我，做新时代的羽球人

体育部　吴亚芳

一、课程简介

羽毛球是一项灵活、快速、多变的隔网对抗性项目，由于趣味性强、锻炼价值高、极具竞争性而深受广大群众的喜爱，并日渐成为人们闲暇生活最为理想的体育活动之一。羽毛球运动对提高人的呼吸系统、循环系统的机能，改善神经系统的调节功能，提高身体的灵活性、协调性、力量、耐力等各项素质效果显著；同时也具有培养勇敢、顽强、沉着、果断等意志品质的作用。羽毛球课程的教学目标为：以提高身体素质和羽毛球运动技能为主，使学生掌握健身的基本知识、方法以及羽毛球技术的运用能力。思政育人目标为：培养出具有体育技能、健身知识、工匠精神、规则操守的健康人，具有家国情怀、民族精神、文化认同、责任担当的中国人，具有健全人格、道德情操、正确三观、人文精神、批判思维的全面人。

二、案例主题

使命在肩、奋斗有我，做新时代的羽球人。

三、对应章节及知识点

本案例对应第一章节理论课，对应的知识点为羽毛球运动发展历程、运动特点与价值。

四、案例意义

在课上，教师介绍羽毛球运动的特点时强调文明礼貌，旨在培养学生文

明礼貌和相互尊重的体育品格；讲述“人民楷模”获得者、国家羽毛球队原总教练王文教以及其他归国华侨，怀揣着共同的理想信念、道德信仰、价值追求，将一生献给祖国的羽毛球事业，培育学生树立正确的家国情怀和社会责任，树立无私奉献、科学求实的中华体育精神；展示我国羽毛球运动健儿为国争光的顽强拼搏精神，融入文化自信、家国情怀、中华体育精神等。本节理论课引导学生树立使命在肩、奋斗有我的精神；树立体育梦想，将自己健康体魄的塑造、良好身体素养的形成与国家富强、民族复兴的历史责任和使命联系起来，为实现体育强国和中华民族伟大复兴贡献力量。

五、案例描述

本次理论课共分为两大部分，通过 PPT、视频播放的形式呈现出来。

第一部分主要讲述绅士运动的来源和中国羽毛球的艰难发展历程。现代羽毛球起源于英国的上流社会，绅士运动的礼仪也流传至今。在课上和同学们分享羽毛球场上的竞赛礼仪和观赛礼仪，例如：①赛前运动员双方主动握手，比赛结束后无论胜负，都应再次握手以表示尊重和感谢；②发球时先看对方是否准备好接发球，尊重对手；③主动捡球，并且从网的上方给对方；④当打出幸运球或者球打到对方身体时，要举手以示歉意，最好能让对方看到；⑤比赛时相信裁判，服从裁判的判决。接着讲述周恩来总理对中国羽毛球的深切关怀和归国华侨对我国羽毛球的巨大贡献；讲述一代又一代的羽毛球健儿，如陈福寿、汤仙虎、葛菲、顾俊、张宁、林丹、蔡赟、傅海峰在国际赛场上争金夺银，创造了一个又一个历史；讲述“人民楷模”获得者、国家羽毛球队原总教练王文教将一生献给祖国羽毛球事业的家国情怀。同学们给予这些人以热烈的掌声，感受到了家国情怀、中华体育精神、民族精神。

第二部分讲述了羽毛球技术的发展历程、运动特点以及锻炼价值。结合有趣的视频、图片和文字，同学们更深刻地了解羽毛球运动灵敏性强、爆发力高、体能消耗大的特点，对于强身健体、提高免疫力、陶怡情操等都有明显的益处。通过理论课，同学们深入了解羽毛球项目的特点，建立了基本概念，懂得了羽毛球的基本赛场礼仪，萌发出更大的学习兴趣，想要上场打球。

本课程在选取思政元素时立足于羽毛球专项特点，将知识点与思政元素有机融合，发掘育人特色，在讲述过程中不喊空口号、空说教，尽量做到有意思，更有意义。

六、案例反思

在课程开始之前，同学们对于羽毛球的历史基本不了解，更不知道比赛的规则。大部分学生觉得理论课比较枯燥。为了让学生能够听得进，教师选取了同学们感兴趣的知识点，以图片、视频的形式生动形象地展现出来，引起了同学们的兴趣。

七、育人效果与反馈

通过理论课，大家对羽毛球的认识达到了新的高度，从归国华侨、为国争光的羽毛球运动健儿身上感受到了社会责任感、家国情怀、顽强拼搏的精神以及文化自信，促进学生成为有理想有信仰的新青年；通过礼仪教育，培养了同学们在比赛中尊重对手、尊重裁判、主动握手、主动示意等文明礼貌和相互尊重的体育品格。

田径：跨栏中的民族自信与自强不息

体育部　高　亮

一、课程简介

田径课程在原本课程的基础上，将课堂理论、常规练习、考核与思政元素相结合，完成全过程育人的任务。

在理论学习过程中，本课程通过我国的奥运历程、百年奥运梦想的讲述，培养学生的民族自信和爱国主义思想。

本课程通过课堂常规练习，培养学生尊重他人、团结互助、遵守规则的意志品质。

本课程在考试、比赛中潜移默化地开展课程思政教学活动，鼓励学生勇于挑战自己的极限，尽力做到最好，实现人生价值，不轻易说“不可能”；在比赛中，让学生分别担任运动员和裁判员，培养规则意识，进行挫折教育等。

二、案例主题

跨栏中的民族自信与自强不息。

三、对应章节及知识点

本案例对应第三周、第四周和第十周课程，穿插讲述理论内容：“从刘翔到苏炳添”和“我国百年奥运梦”。

四、案例意义

跨栏练习和身体素质练习是整个学期的主要内容。通过不断提升栏架的高度、增加练习的负重，学生体会到了在不同栏架的高度、不同训练强度下自己心理状态的变化，体会恐惧的同时努力克服恐惧，从而埋下了勇往直前、百折不挠的精神之种，让学生体会挑战自我极限的经历。

结合自身的体验与刘翔、苏炳添的事例和“我国百年奥运梦”的理论课程，学生切身体会到百余年间祖国繁荣富强、伟大崛起。本课程从实践体会、故事讲述、影音资料等多个方面介绍我国田径运动和奥运历程，培养学生的爱国情怀和民族自豪感。

五、案例描述

（一）教学内容

我国百年奥运梦

1908 年，《天津青年》在向国人介绍奥运会时提出了三个问题：中国什么时候能够派运动员去参加奥运会？我们的运动员什么时候能够得到一枚奥运金牌？我们的国家什么时候能够举办奥运会？自此，中国的奥运梦开始萌芽，一代代中国人用努力与拼搏交上了自己的答卷。

九一八事变后，日本侵略者在东北设立了一个傀儡政权，即“伪满洲国”。日本侵略者为了使这个伪政权树立起政治身份，便想到了即将于美国洛杉矶举行的第十届奥运会，如果有运动员以伪满洲国运动员的身份参加奥运会，那么这个政权就算在国际社会中亮相并间接得到了政治身份。

毕业于东北大学体育系的来自辽宁大连的刘长春，因为在第十四届华北运动会上打破了当时 100 米短跑、200 米短跑和 400 米短跑三个项目的全国纪录而被日本关东军选为参加美国洛杉矶奥运会的运动员。

刘长春十分愤慨，他坚决拒绝代表伪满洲国参加洛杉矶奥运会，并公开声明：“苟余之良心尚在，热血尚流，又岂能忘掉祖国，而为傀儡伪国做牛马！”

最终，日本侵略者的如意算盘落空了，刘长春作为伪满洲国运动员参加奥运会并没有获得当时国际奥委会的批准。当我国得知这个消息后，急电国际奥委会，由中国运动员刘长春代表中国参加此次洛杉矶奥运会并获得了国际奥委会的同意。

1932 年 7 月 30 日，四亿中国人的唯一代表、短跑运动员刘长春，在经历了 21 天的海上漂泊后，出现在美国洛杉矶奥运会上，成为中国第一位正式参加奥运会的运动员。至此，“奥运三问”中的第一问由刘长春为我们交上了答卷。

1984 年 7 月 29 日，在第二十三届奥运会上，中国射击运动员许海峰以 566 环的成绩夺得男子自选手枪射击比赛金牌，成为第二十三届奥运会的首金得主，更实现了中国奥运金牌零的突破，成为中国奥运金牌第一人。这次夺金响亮地回答了“奥运三问”中的第二问。

2008 年 8 月 8 日晚 8 时，距“奥运三问”整整百年之后，北京奥运会在鸟巢正式开幕，圆满回答了“奥运三问”的最后一问。时至今日，我国成功举办 2022 年冬季奥运会。

百年奥运的历程，也是中华民族崛起的历程。2008 年，中国需要一个向世界展示自己的舞台。2022 年，世界需要中国搭建冬奥的舞台！

（二）教学方法

在经历了两周田径课程内容的铺垫后，第三周的动作教学过程中引入近期苏炳添的事例，讲述其多年的训练历程、比赛成绩等，使学生体会苏炳添不怕苦难伤病、创造历史、为国争光的事例。

在第四周的动作教学中，学生开始进行跨栏动作技术的学习。在初次接触学习跨栏时，栏架的高度给学生带来一定的视觉冲击，并且在练习时难免发生磕碰栏架的情况，从而让学生产生惧怕、退缩的心理。此时引入刘翔的事迹，一方面让学生直观感受到刘翔夺冠的不易，另一方面鼓励学生在面对挑战时要有勇往直前的精神，要对自己有充分的信心。在欧美人称霸的奥运竞赛赛道上，这两位中国人的事例能够潜移默化地培养学生的民族自信。

在第十周的课程中，学生对于田径运动和跨栏动作已经产生一定的兴趣，此时加入“我国百年奥运历程”的理论课程，通过视频资料和教师讲述，学生了解到国家的繁荣发展、伟大崛起带来的明显变化，从而增强爱国情怀和民族自信。

六、案例反思

本课程通过实践和理论有效地培养了学生的爱国情怀和民族自信。在第三、四周的教学过程中，考虑到动作技术学习的效率，主要通过教师的讲述将理论内容传达给学生，后期需要让学生在课前或课后通过线上资料补全课堂学习。如果能在动作技术教学时使用影音资料，教学效果会有更大的提高，但要避免频繁更换教学场地，为动作练习留足时间。

在之后可以考虑通过实地参观或其他方式，让学生亲身体验奥运的发展历程。

七、育人效果与反馈

通过课中的交流、提问、反馈，教师发现学生对于祖国发展、体育运动发展、奥运的艰难历程、运动员的艰苦付出等知之甚少。在本学期课程结束后，学生通过切身体会和理论知识、奥运故事的学习，更深刻地体会到了奥运精神，理解了几代体育人的艰苦付出，提升了爱国情怀和民族自信。

武术：抱拳礼的育人价值

体育部　尹洪攀

一、课程简介

武术是我国宝贵的文化遗产，是具有独特民族风格的传统项目。它历史悠久，内容丰富，其课程内容已然成为思政教育的天然素材，其中讲仁爱、重民本、守诚信、崇正义、尚和合、求大同的思想精华和时代价值能够与思想政治理论课同向同行，潜移默化中引导学生深刻理解中华优秀传统文化，让体育课程富有中国心、饱含中国情、充满中国味，让体育课程与思政教育形成协同效应，以实现高校教育立德树人的根本任务。

二、案例主题

抱拳礼的育人价值。

三、对应章节及知识点

本案例对应第一章节抱拳礼，从大学生学习武术抱拳礼开启对我国传统文化和民族精神的理解和弘扬。

四、案例意义

武术作为中国的传统文化，彰显着中国人的精神。学习武术礼仪，能够加深学生对我国传统文化和民族精神的理解和弘扬。学习抱拳礼能够增加学生对中国传统文化的学习兴趣，使学生养成积极锻炼的习惯，进而形成终身锻炼的意识；能够培养学生爱国主义精神，使学生尊重传统文化，注重武德修养的培养，成为社会需要的合格人才。

五、案例描述

抱拳礼的动作要领：并立步，身体自然直立，右手握拳，左手拇指屈拢，四指并拢伸直成掌。双手从体侧向胸前合抱，两小臂微内旋，两臂撑圆，平举于胸前，左掌心贴于右拳面，双肘不可扬起，目视受礼者。此礼为晚辈（学习者）向长辈和教师行礼的方式。抱拳礼是武术的礼仪，其外在表现形式为“人”字形，左掌表示德、智、体、美“四育”齐备；右拳表示勇猛习武，左掌掩右拳相抱，表示“勇不滋乱”“武不犯禁”，以此来约束、节制勇武。“拇指内扣”寓意做人要谦虚，虚心向对方请教，不要妄自称大。左手掩拳，寓意崇德；左掌右拳拢屈，两臂屈圆，表示五湖四海皆朋友，寓意四海团结奋进，以武会友。“屈臂成圆”，寓意天下和谐统一。

案例实施方式主要为理论讲解、课堂展示。抱拳礼起源于人与人之间礼节上的彼此尊重，随着历史进程的不断推进，抱拳礼逐渐被赋予深厚的文化内涵、精神内涵、哲学内涵、社会价值内涵等。抱拳礼所体现的不仅是人与人之间简单的问候，还有它被赋予的文化内涵，它是一个人的品质、修养的体现。抱拳礼是武术文化重要的一部分，随着武术文化的不断发展，其内涵不断丰富和完善：左掌为文，右拳为武，左掌和右拳合抱为文武兼备，虚心求知，恭候师友。在传承抱拳礼时，应注重将抱拳礼的核心——礼仪和包含的道德品质传承下去。

在进行武术教学时，应让学生切身体会到习武之人的眼神坚定、目标明确。在比赛中不论输赢，最后都应向对方行抱拳礼，代表尊重对手，尊重比赛。抱拳礼赋予炎黄子孙强大的族群归属感、团队协作意识、重视团体的精神，使中华民族在磨砺中不断成长。

六、案例反思

在教学过程中，要对中国传统文化和武术的起源与发展进行重点阐述，将武术文化融入教学之中。在课堂教学中，可以增加小组之间的武术知识竞赛，以提高学生对传统文化的认可度，从而培养学生严于律己、宽以待人的观念，使他们成长为社会主义合格的建设者和可靠的接班人。不足之处是在沟通专业理论知识上可能存在障碍，因为学生只单纯地从电影、小说中了解武术，可在课前布置预习作业，使学生对武术有一定的概念。

七、育人效果与反馈

抱拳礼的外在表现——“人”字形告诉我们，习武前先学做人，这对于弘扬社会主义核心价值观具有促进作用，对构建以人为本的和谐社会有着重要的现实意义。本课程以抱拳礼为契机推广中华传统文化，让当代大学生对中国传统文化产生学习的兴趣，对树立健康的世界观、人生观和价值观具有促进作用，有利于学生形成终身体育意识。

男子足球：以赛带教，培养竞技精神

体育部　张洪城

一、课程简介

男子足球课程以健康第一为宗旨，以立德树人为根本任务，秉承“强体魄，修心智”的教育定位，以培养学生终身健身意识和健身习惯为己任，扎实推进足球课思政建设，牢固结合运动参与、运动技能、身体健康、心理健康、社会适应五大目标，建立融合足球的课堂教学、竞赛训练和线上线下课程的一体化教学模式，注重理论与实践的紧密结合，将第一课堂与第二课堂紧密联结在一起，将学校体育教育和健康教育结合，将体育三全育人的作用发挥出来。第二课堂作为第一课堂的补充，发挥了很好的育人功能，大大提升了学生的内在自信心，这种自信积极向上的态度又可以促进学生的健康全面发展。

二、案例主题

以赛带教，培养竞技精神。

三、对应章节及知识点

本案例可对应课程全部章节。

知识点涉及正脚背颠球、行进间二过一脚弓传球、脚内侧长传球、停球技术、教学比赛、身体素质练习。

四、案例意义

足球课程的课内外一体化教学以足球课堂教学为基础，以健康第一和终身体育为指导思想，牢固结合运动参与、运动技能、身体健康、心理健康、社会适应这五大目标，融合足球的课堂教学、竞赛训练和课外拓展活动，通过合理的体育教育和科学的体育锻炼过程，达到增强体质、增进健康、提高体育素养、养成良好的体育锻炼习惯的目的。

通过足球课程理论和实践内容的学习与掌握，学生能够提高身心健康水平，运用适宜的方法调节自身的情绪，改善心理状态，克服心理障碍，同时表现出良好的体育道德和足球协作精神，正确处理竞争与合作的关系。通过足球课程的学习，学生可以制定个人运动练习计划并能进行自我监控，把足球运动当作长期锻炼身体的方法，养成自主锻炼的意识，具备组织和参与足球竞赛的能力，掌握足球竞赛的欣赏方法。

五、案例描述

课题组积极推进足球课程的课内外一体化建设，重新修订足球教学大纲、课件、教案，将课程思政融入每节课。课题组反复推敲课程思政的映射点、融入点以及思政育人预期效果，培养学生的组织能力、协调能力、自主学习能力、逻辑思辨能力，以及吃苦耐劳、坚持不懈、敢于挑战的体育素养。

学生通过课上学习激发了对足球的热爱，课后继续积极参加校足球队训练，进一步提高足球技术。在课题组师生的共同努力下，校足球队在2021年首都高等学校大学生足球联赛中斩获佳绩。本课程以教带赛，将体育思政教育元素和爱国主义教育融入教学过程，培养学生的爱国情怀，让学生在比赛中感受奋勇拼搏、永不放弃、团队协作等体育精神。

在过去的练习中，学生往往动作简单，毫无战术思想，依赖单打独斗。针对这种现象，本课程教会学生用脑踢球，运用适当战术，积极思考，合理运用战术战略。在比赛中，球员分工、位置、责任不一样，但需要完成的战术策略和目标是相同的。学生只有做到思想统一、目标统一、行动统一，才有机会取得比赛胜利。足球运动需要场上队员的合作和配合，以比赛的胜利为最终目标，团队精神是足球精神的具体表现之一。教师应将不断进取、永不言弃的奋斗精神与勇攀高峰、超越自我的拼搏精神传授给学生，向学生讲解“健康中国”“体育强则中国强”“体育强国梦与中国梦息息相关”等口号的含义，激发学生的爱国主义情怀，提升学生的民族自豪感。教师还应引导学生理解日常苦练与实战发挥的关系，让学生领悟点滴积累、厚积薄发的道理，引导学生树立终身锻炼的意识。

六、案例反思

在探索本课题的教学中发现，要想更好地促进课程思政的开展，教学团队应不断地对体育课程思政载体进行拓展。结合课内外一体化建设，可以开展一些足球校园活动，比如足球课堂测验赛、技能展示赛和足球宣传周等，在活动的开展中对课程思政内容进行渗透，以期营造出良好的课程思政校园氛围。这些活动能够磨炼学生团队合作、相互信任和不怕吃苦的品质，提升学生的思想觉悟。

本学期男、女足校队在晚上进行训练，经过课余时间紧张的训练，男、女足校队分别代表学校参加首都高校大学生足球联赛。进步的喜悦大大提升了学生的信心，这种积极向上的态度可以促进学生的健康、全面发展。

足球课程课内外一体化建设取得了三全育人、课程思政进课堂的预期效果。学生在课上及课外比赛训练的活动中收获颇丰，不仅在体育技能上有所提升，在为人处世方面也有所成长。学生对此也极为认可，表示这些活动在丰富校园生活之余又增强了体质，培养了合作精神和集体主义精神。

七、育人效果与反馈

学生从零基础开始学习，通过课上学习和课下代表队的训练，获得了2021年首都高等学校大学生足球联赛女子第三名、首都高校男子五人制足球锦标赛第五名的好成绩。

足球教学激发了学生的体育情感，磨炼了学生的意志品质，提升了学生的思维能力，使他们养成终身体育意识。本课程积极引导学生不断突破自己、超越自己，激发自己的潜能，培养新时代所需要的独立进取、敢于拼搏、乐于奉献的精神品质。

女子足球：顽强拼搏、团结协作、勇争第一

体育部　刘　琳

一、课程简介

近年来，足球越来越受到女生的热爱和推崇。根据女生的特点，本课程选用最实用、最基本的技战术作为主要的教学内容，辅助足球理论的学习，使学生全面地认识足球，理解比赛。教学内容包括理论课、教学比赛和技战术的学习。在教学过程中，教师着重对比赛进行指导，把培养学生的战术意识放在首位，旨在提高学生理解比赛的能力，使学生学会欣赏和评价比赛，能够参与和组织基层足球比赛，并最终帮助学生养成自觉锻炼的良好习惯。

二、案例主题

顽强拼搏、团结协作、勇争第一。

三、对应章节及知识点

本案例对应第 4 ~6 周、第 9 ~13 周的教学比赛环节。

涉及的知识点包括：简单的足球竞赛规则，赛场礼仪，比赛技战术。

四、案例意义

足球是一项拼抢激烈、对抗强度大的运动，在以往的教学比赛中，都会有同学因为拼抢摔倒、被球砸到或者崴脚受伤等情况。教师在提示学生注意安全的情况下，鼓励学生敢于拼抢，勇于拼搏，与队友团结协作，互帮互助，合理运用规则，拼尽全力，争取胜利。

一个球队中不可能每个队员都是速度快、技术好、力量足的，那么如何

充分挖掘每位队员的特点，并将其安排到最合适的位置，确实需要智慧。另外，在场上出现失误时，如何及时地鼓励队员，使其尽快投入比赛，需要勇气、魄力以及良好的沟通能力。因此，课程组在教学比赛中设计了能力目标，融入勇敢顽强、团结协作、勇争第一、善于变通、遵守和利用规则等元素，帮助学生养成积极进取、顽强拼搏的体育精神，培养尊重对手、公正公平的体育道德修养。此外，本课程引导学生“努力争取胜利，体面面对失败”，在比赛中遇到困难时，大家要相互鼓励，永不言弃，战斗到比赛的最后一分钟；每个队员都要尽自己最大的努力捍卫团队的荣誉，大家在团队中要勇于承担责任，从而培养学生勇敢、坚韧、坚持等优秀的品质。

五、案例描述

（一）组队

在开学初，教师根据班级人数将学生分成若干个小队，一般7~8人为一个队，大家相互认识后，选出队长，取个队名，唱句队歌，使每个成员能迅速融入团队中，增强同学们的归属感。

（二）比赛礼仪

在比赛开始之前，首先向同学们介绍比赛礼仪。赛前礼仪包括整队、进场、向对手致意、向观众致意、尊重裁判等。赛中礼仪包括尊重裁判、尊重对手，比如：将对手撞倒时要主动伸手去扶对手；秉承“友谊第一，比赛第二”，不消极比赛。赛后礼仪包括向裁判致谢、向观众致谢、向对手致谢等。

（三）见习生裁判

安排见习生做助理裁判，协助老师完成裁判任务，例如：赛前召集两队队长选场地；帮助老师判断界外球、角球及越位等。

（四）正式比赛

在比赛开始前，老师会强调团队协作的重要性，然后布置课后作业，让学生自主学习简单的足球规则，培养学生的规则意识。此外，让学生自主学习常用的比赛阵型，理解“三条线”的含义，并尝试为自己的球队排兵布阵。经过这样的铺垫，学生在比赛中会较为合理地为自己的球队排兵布阵，与队友之间团结协作，从而锻炼沟通能力、抗挫折能力等。

六、案例反思

随着本学期教学内容的层层递进，难度也逐渐增加。教师基于“领会教学法”的理念，让学生先了解比赛，然后带着问题比赛，通过比赛发现自己的不足，再练习技战术，这样更有针对性，印象更深刻。另外，足球是一项集体运动，需要每个队员参与，考验学生的责任心、沟通能力，进而培养学生的团队合作意识和团队合作能力。

七、育人效果与反馈

教学比赛可以检验学生足球技战术的学习效果，也可以检验学生在比赛中合理运用技战术的能力。比如，本学期的教学重点是个人的传控和两人的“二过一”传球配合，如何将平时所学合理地运用到比赛中，对学生来说就是一个很好的考验。如何增强学生足球配合的意识呢？除了教师在课堂上反复强调、课后布置作业让学生自主学习外，学生之间还要互相指导。每队基本都有一到两名身体素质不错、头脑清楚、个人技术好的骨干学生，这些骨干学生可以带动其他队员。学生之间的互帮互助不仅增进了队友间的友谊和信任，也培养了团结协作的良好品质，为日后比赛奠定了基础。

女子轮滑：直道滑行的决心、信心与耐心

体育部　罗慧坚

一、课程简介

轮滑课是一门通过对身体各运动素质的有计划、有针对性的训练，从而提升学生体能水平的运动实践课程，旨在通过速度轮滑和平地花式轮滑的练习，提高学生的耐力、力量、速度、协调性、柔韧性。由于轮滑运动和冰雪运动有着较深的渊源，因此轮滑课的开设可以有效地弥补体育课程中冰雪运动项目的缺失。

本课程紧紧围绕促进学生德智体美劳全面发展、更好地满足学生的健身和健康需求这一目标，改变传统体育课堂，进一步将“被动教”的课堂模式转变成“主动学”的课堂模式。教师利用课外体育锻炼的时间和丰富的网络资源，引导学生以小组合作的形式进行课前导入性预习，在培养自主学习能力的同时提升团结协作能力。本课程由学生共同讨论确定教学形式，充分调动学生练习积极性的同时提升了学生对课程的把控感和参与度，使学生享受体育锻炼带来的乐趣，在一次次尝试、失败、讨论、总结的过程中形成乐观向上、永不放弃、踏实严谨、追求卓越的品质。

二、案例主题

直道滑行的决心、信心与耐心。

三、对应章节及知识点

本案例对应第十次课；知识点涉及蹬地、收腿、摆臂协调配合技术。

四、案例意义

直道滑行技术是本学期学习的重点和难点，能够磨炼学生坚忍的意志品质，培养其勇于攻克技术难关的决心、信心和耐心。

本课程打破以往教师安排练习手段、学生各自练习的模式，将思想政治内容融入每一节课程、每一次课外体育活动中，潜移默化地影响学生；并将小组协作的模式引入课程导入环节，学生可根据身体素质和技术掌握情况自由组合成若干学习小组，小组选择练习时间、地点和内容，协作开展预习性试练和小组讨论形式的预习活动，从而将团结协作、勇于尝试的精神根植于学生的意识中。在不断的练习—纠正—再练习—再纠正—熟练正确掌握技术这个过程中，学生的恒心、耐心和决心得到了培养，并在熟练掌握技术后收获了信心。

五、案例描述

（一）案例概述

本次课程结合直道滑行技术的重点、难点，针对学生实际学习情况，不断深化延展课程内容，将思政元素自然流畅地融入课程内。例如：在复习直道滑行的蹬地和收腿技术时，针对学生蹬地不充分、收腿不及时、单腿支撑滑行能力不足等弱点，在课前导入环节中鼓励学生以小组协作形式尝试创新性学习，在研习线上练习方法的基础上，先在课下进行陆地模仿练习，鼓励两人为一小组，一对一纠正技术上的错误。这种形式在提高练习效果的同时能够培养学生理解他人、团队协作的品质，以自强不息、永不言弃的精神克服学习过程中遇到的困难。

（二）教学方法与教学设计

在每节课开始之前，先让学生认真观看教学视频，并在小组内试练。教师通过学习通平台对学生在试练中产生的问题或学生发布的试练视频进行指导，使学生养成分析、思考的自主学习习惯，并养成与同学探讨分享自主学习经验的团队精神。在课堂上，教师讲解并示范技术动作后，组长组织组员自主练习，教师根据实际情况引导学生选择合理的练习强度，并对错误动作进行个别指导。每个小组在全班同学面前展示学习成果，由一个或两个成员展示，其他成员补充说明，其他同学在观看展示后提出问题。这个过程使学生养成主动思考、发现问题并想办法解决问题的良好习惯，把知识课堂变成能力课堂。所有展示完成后，集体完成组循环强度练习。这部分练习对练习量及练习强度提出了更高的要求，鼓励学生以团结协作、自强不息、永不言弃的精神克服学习过程中遇到的困难。课程结束前，教师带领学生进行放松练习的同时介绍科学锻炼方法、体育保健、养生常识等内容，引导学生树立科学的健康观。

六、案例反思

（一）案例教学中存在的问题

第一，轮滑专业技能与思政育人目标的融合还有待提升。

第二，思政课程教学效果有待时间的检验。

（二）改进思路

第一，深度挖掘思政元素与轮滑技能的联系。

第二，尝试运用多维评价体系，比如将心率、晨脉、安全意识和运动损伤防护等也加入评价指标来进行检核。

七、育人效果与反馈

以往的课堂教育也会灌输思政内容，但缺乏连贯性和系统性。本课程通过体育课程思政的建设，将体育教学中涉及的思政内容完全融入教学实践，教学大纲、教案、教学设计乃至教学内容和方法的选择都包含思政映射点和融入点。从教学效果看，学生在潜移默化中慢慢接受了这种教育方式，不仅技术掌握得更快，学习积极性也有了明显的提高。考核评价体系将过程评价和期末考核作为同等重要的指标，更看重学生的平时表现和学习态度。同学们反馈，本学期学习更投入，并从课上获得很多运动医学、运动损伤治疗与防护、运动营养学等专业的体育理论知识。虽然在思政融入点和体育技能学习的衔接方面还有许多需要完善的地方，但实践证明，这种教育方式是正确的，是值得去坚持和进一步改革的。

羽毛球：合作、竞争、拼搏

体育部　练　丽

一、课程简介

羽毛球课程第二学期教学以提高学生身体素质和增强羽毛球技能的实践运用为主。通过课程内容的学习，学生应掌握羽毛球赛场上的基本裁判知识、比赛，组织方法；通过学期末的班级内部教学比赛，提高羽毛球技术的运用能力和隔网竞技的心理素质；通过各项身体素质的练习，提高灵敏度、柔韧性、力量等基本的身体素质，从而成为具有体育技能、健身知识、工匠精神、规则操守的健康人，具有家国情怀、民族精神、文化认同、责任担当的中国人，具有健全人格、道德情操、正确三观、人文精神、批判思维的全面人。

二、案例主题

合作、竞争、拼搏。

三、对应章节及知识点

本案例对应第十二周至第十五周的教学比赛。

四、案例意义

本课程思政教学以羽毛球课为载体，结合学校德育方向和内容，根据体育课程特点设计应用案例，将羽毛球教育与思政教育有机融合，使学生在“体感、体认、体悟”中实现身心教育。课程融合羽毛球的课堂教学、竞赛训练和课外拓展活动，通过合理的体育教育和科学的体育锻炼过程，使学生增强体质，增进健康，提高体育素养，养成良好的体育锻炼习惯。羽毛球课程通过课堂教学、社团活动、高校羽毛球比赛等方式将课堂内和课堂外联结在一起，注重理论与实践的紧密结合，注重学校体育教育和健康教育的结合，将体育三全育人的作用发挥出来。

五、案例描述

羽毛球课堂思政贯穿整个教学过程，通过教师讲解示范、PPT讲解、线上视频学习、案例教学、学生讨论、学生自主实践等方法贯彻高校体育课堂思政思想。通过提出问题—引起兴趣—讲解示范—亲身体验—引发思考—深入讲解—再次体验—自然接受—思想升华—躬身实践的教学模式，不断加深加强思政的育人效果。

（一）分组比赛

课程教学的重点是分组比赛。课堂教学进行到第十二周时，学生在老师的指导下自行组织和安排比赛。首先通过选拔决定组长，然后组长通过抽签选拔自己的队员。队长及所有队员需要参与组织每一场比赛，对比赛时间、队员出场顺序、裁判长、司线等比赛细节做出安排。比赛的形式能够强化学生的规则意识、合作态度、拼搏精神及社会主义核心价值观，帮助学生养成正确的价值追求和良好的精神风貌，感悟团队精神在竞技比赛过程中的重要性。学生在了解规则的前提下初次进行单打教学比赛，在规则的约束下以正确的态度对待比赛，树立勇敢坚毅、不怕失败、勇于拼搏的精神，提升情绪调控和适应环境的能力。

在单打比赛后半阶段重点培养学生的规则意识、拼搏意识、尊重对手、尊重裁判等体育道德修养，使学生形成顽强拼搏与积极进取的体育精神、诚信自律与公平正义的体育道德和文明礼貌与相互尊重的体育品格。

接下来，安排组与组之间进行对抗赛。比赛的排兵布阵需要组长和组员进行讨论和合理安排，从而提升学生的沟通能力。每个学生每堂课基本要坚持打2～3场比赛，这对学生的毅力、体力、抗挫折能力都是很大的挑战。这样的挑战可以使学生保持吃苦耐劳、朝气蓬勃、积极乐观、充满信心的精神状态，知晓自己在团队中的地位和应该承担的责任，从而自觉维护团队的荣誉，形成健康的思想道德认知。

此外，羽毛球技术从易到难的学习过程使学生明白学习不能一蹴而就，需要养成自律顽强、自强不息的优良品质。

（二）观看视频

本课程通过播放国家羽毛球队参加的世界性重大比赛的决赛，展示我国羽毛球运动健儿为国争光的顽强拼搏精神，鼓舞学生树立自己的体育梦想。

（三）理论教学

教师通过图文等形式介绍世界羽毛球发展历史、中国羽毛球发展概况，羽毛球特点、规则、技术发展前沿成果等，并将理想信念、行为规范、道德品质、家国情怀、职业素养、社会责任、民族自信、工匠精神等思政元素合理融入课程教学，使学生更容易接受。

六、案例反思

这种课堂安排加快了教学进度，使教学内容有计划地实施，提高了课堂教学质量和学生学习质量，取得了较好的教学效果。学生不仅主动获得了知识、技能，还学会了如何组建团队、管理团队、配合团队，如何通过自己的努力使自己更优秀，使团队更优秀。性格内向的学生开始突破自我、融入集体，有领导能力的学生更好地发挥了自身优势。

七、育人效果和反馈

学生对课程教学效果极为认可，表示这种教学方式在丰富校园生活之余又增添阅历，能够将课程思政的学习成果真正应用到日常学习生活中。可以看出，课堂教学效果、学生成长以及教师个人成长等方面都得到了很大的进步。

乒乓球：国球精神永存

体育部　王　璇

一、课程简介

乒乓球是一种世界流行的球类体育项目，也是中华人民共和国的“国球”。在乒乓球运动员中涌现出大量爱国、团结、奋斗的榜样，为乒乓球课程思政提供了丰富的素材。乒乓球运动是一项以技巧性为主、身体体能素质为辅的技能型项目，也是一项趣味性极强的体育运动，它的特点是球小、速度快、变化多、设备简单，不受年龄、性别和身体条件的限制，具有广泛的适应性和较高的锻炼价值。本课程能增进学生的生理和心理的健康，提高身体协调能力，改善视力，陶冶情操，促进学生全面发展，为终身体育打下良好的基础。

二、案例主题

国球精神永存。

三、对应章节及知识点

①乒乓球为什么被称为国球，结合章节：第一节课。
②树立乒乓偶像精神，结合章节：第十五节课。
③我们不是“东亚病夫”，结合章节：第七、八节课。

四、案例意义

本案例介绍了历代国乒人将一生献给祖国、为国争光的故事，使学生树立正确的意识形态、家国情怀和社会责任，树立无私奉献、科学求实的中华体育精神，将自己健康体魄的塑造、良好身体素养的形成与国家富强、民族复兴的历史责任和使命联系起来，为实现体育强国和中华民族伟大复兴贡献力量。

五、案例描述

1971 年 3 月底至 4 月初，第 31 届世界乒乓球锦标赛在日本名古屋举行，中国运动员庄则栋主动向错上了中国队大巴车的科恩问好，并赠送了一幅绣有黄山风景的织锦图作为小礼物。第二天，科恩回赠了一件带有和平标志的运动衫。中美运动员之间的这一友好举动引起了国际媒体的广泛关注。随后，美国队负责人向中国代表团表达了访问中国的意愿，毛泽东主席亲自拍板，决定邀请美国乒乓球队访问中国。小小的乒乓球成为一把打开中美两国之间紧闭了 22 年的大门的钥匙。“小球推动大球”，它推进了中美关系冰封局面的解冻。

邓亚萍为乒乓球大满贯得主，连续 8 年世界排名第一，拿到 18 次世界冠军。她以超强的心理素质和顽强的意志力而闻名，克服先天条件制约，越到关键时刻越能超常发挥。退役后，邓亚萍开始从政、从商，经历多次跨度极大的挑战，但她从未退缩，始终应对自如。

1996 年，20 岁的刘国梁出战亚特兰大奥运会，一举拿下男单、男双两块金牌。而就在几个月前刘国梁拿下了第 17 届乒乓球世界杯的男单冠军，一跃成为世界排名第一的乒乓球男单选手。1999 年，刘国梁以 3∶2 的比分战胜马琳拿下男单冠军，成为中国乒乓球男子大满贯第一人。退役后的他继续为国奋斗，出任男乒主教练和国乒总教练。

六、案例反思

通过对乒乓外交的介绍，学生了解到当前幸福生活的来之不易，增强了民族自豪感和爱国热情，激发了爱国情怀。

新时代的偶像应该是那些具有高尚的道德情操、高超的技术水平的人。偶像是榜样，是我们为人处世的典范。只有树立正确的偶像观，以那些真正为国家、为人民无私奉献的英雄为偶像，才能提升自己的价值，获得进步与成长。

七、育人效果与反馈

学生通过了解乒乓外交的历史，深刻感受到当前幸福生活的来之不易，纷纷表示一定会努力学习、刻苦奋斗，做祖国的建设者和接班人，为中华民族伟大复兴而努力。

此外，同学们还表示，以前自己的偶像大多是歌手、演员，通过本节课的学习，这些乒乓球选手成为自己的新偶像，大家励志向国乒冠军学习，为中华之崛起而奋斗。

团体操：北京冬奥会开幕式中的中国文化

体育部　马媛媛

一、课程简介

团体操是一项体育与艺术高度结合的综合性的集体表演项目。它以体操为主体，包容各种各样的体育、文艺形式。动作造型、队形图案和艺术装饰（音乐、道具、服装乃至背景、场景、灯光等）是其最基本的构成要素。

本课程带领学生认识团体操、赏析团体操、参与团体操，学生在学习技术动作的同时尝试团体操的编与排，体会团队的配合与分工。本课程以船桨为道具，介绍一套“浪遏飞舟”团体操套路，展现“乘风破浪会有时，直挂云帆济沧海”的壮丽画卷！

二、案例主题

北京冬奥会开幕式中的中国文化。

三、对应章节及知识点

本案例对应第二节团体操视频赏析。

四、案例意义

从2008年北京奥运会到2022年北京冬奥会，从“北京欢迎你”到“一起向未来”，“中国红”在延续中升华，让世界看到了“中国文化”和“中国精气神”。开幕式更凸显“中国特色”和“中国智慧”。2022年4月8日，习近平总书记在北京冬奥会、冬残奥会总结表彰大会的讲话中多次提到“开闭幕式”并给予高度评价，特别指出：“四场开闭幕式精彩纷呈，人类命运共同体的主题贯穿始终，中华文化和冰雪元素交相辉映，体现了自然之美、人文之美、运动之美，诠释了新时代中国可信、可爱、可敬的形象。”

团体操表演是“双奥”开闭幕式的点睛之作，通过多种艺术手法和表现形式向世人展示伟大的中国梦！

五、案例描述

2022 北京冬奥会在世人的瞩目下成功举办，冬奥会开幕式上的团体操表演给世人留下深刻印象。其美轮美奂的画面传播了中国文化，使世人感受到了中国魅力。

在课堂上，班里的冬奥志愿者分享自己的冬奥故事，带领同学们从团体操的专业视角回顾开幕式的表演和传达的思想，向同学们介绍开幕式表演背后的故事和创编思路，与同学们讨论冬奥精彩瞬间和喜爱的冰雪项目。通过讨论，同学们感受到了团体操的魅力，对课程的学习有了更大的兴趣。

冬奥会是体育强国进程的重要节点和标志，与民族复兴梦有着密切联系，是中国梦的重要组成部分和实现路径。习近平总书记指出：“体育承载着国家富强、民族振兴的梦想！”

2022 北京冬奥会开幕式的中国元素得到了习近平总书记的充分肯定：“饱含圆融和合等中国理念的开闭幕式，构思独到，匠心独运，二十四节气、黄河之水、中国结、迎客松、折柳寄情、雪花主题歌……，听障演员的圆舞曲、手语版国歌、盲童合唱团的歌声、视障运动员的点火……，这些意蕴隽永的场面在人们心中留下了美轮美奂、直击人心的深刻印象，激发了海内外中华儿女万众一心、接续奋斗的昂扬激情！”教师在课堂上与同学们一同回顾开幕式表演中的中国元素，为同学们解读其内涵与艺术表现手法，引导学生思考这些中国元素向世界传达的信息，树立民族自信和文化自信。

习近平总书记将北京冬奥精神概括为“胸怀大局、自信开放、迎难而上、追求卓越、共创未来”。伟大事业的成功离不开伟大的情怀。在冬奥会开幕式排练过程中，为了向世人展示“中国特色”“中国奇迹”，所有演职人员克服重重困难，最终呈现出精彩绝伦的表演。这种伟大情怀深深地感染了学生。

科技与创新在冬奥会开幕式中发挥着巨大作用，“科技冬奥”的亮点从开幕式就被点燃。北京冬奥会开幕式总导演张艺谋用了 4 个词来形容开幕式：空灵、浪漫、现代、科技。

开幕式第一个节目以绿意盎然的表演来代表立春节气，表演者穿着绿衣组成方阵，挥舞着绿色的长枝条，配合灯光等特效，模拟小草蓬勃生长，预示着万物复苏，生机勃勃。慢慢地，绿色枝条变成白色，与地面屏幕结合，变成一朵蒲公英。随后，一个小男孩的剪影出现在地面屏幕左侧，只见他轻吹一口气，虚拟的蒲公英种子便飞向夜空，化作璀璨的烟火，洒满大地。教师在课堂上播放这段视频，让学生再次感受团体操的美和背后蕴含的文化。

六、案例反思

每位学生都关注2022北京冬奥会开幕式，但是可能并不知道开幕式上的表演就是我们学习的“团体操”，对团体操的应用不是很了解，大多以普通观众的视角欣赏，并没有深入思考其内涵和背后的故事。通过课上的赏析和解读，学生们从团体操的专业角度回顾北京冬奥会开幕式表演，感受团体操的魅力以及它向世人传达的中国文化和中国精神。然而这样规模盛大的团体操会让学生们觉得有距离感，甚至有畏难的情绪，因此需要教师帮助学生解读和剖析内在技术，并鼓励学生在学习团体操时克服困难，激发学生对团体操的热爱，进而引发学生对团体操主题思想的思考，达到课程思政的目的。

七、育人效果与反馈

通过团体操主题的探析，学生了解到中国文化、中国思想、中国对世界的态度，激发了对民族文化的自豪感，增强了文化自信。通过对团体操编排过程以及背后故事的了解，学生意识到科技与创新在团体操中的重要作用，立志努力学习科学知识。

女子篮球：团结互助，密切合作，共筑集体

体育部　张晓静

一、课程简介

篮球运动是一个技能类同场对抗的集体运动项目。该运动以其独特的魅力从创始时的一项游戏活动发展成为当今世界体坛中的重要竞技项目，吸引着亿万人。篮球运动是一种大众喜闻乐见的健身、娱乐手段，具有强身健体的功能。人们在竞赛的对抗与拼搏中培养了顽强的意志、克服困难的精神、勇往直前的坚强信念、团队配合意识及家国情怀，因此篮球具有教育功能。

篮球课程贯彻以人为本的理念，传授篮球的知识、技术、战术，增进学生身心健康，提高学生素质，树立健康第一和终身体育的思想。

二、案例主题

团结互助、密切合作，共筑集体。

三、对应章节及知识点

本案例对应第十周之后的教学比赛阶段。

四、案例意义

技术教学中，安排技术好的学生担任学生骨干，协助教师指导技术较差的同学，使学生们尽快地掌握技术动作要领，增强学生的互助意识。

教学比赛中设置能力目标，融入勇于拼搏、善于改变、灵活运用、遵守规则等元素，使学生形成顽强拼搏与积极进取的体育精神、诚信自律与公平

正义的体育道德和文明礼貌与相互尊重的体育品格。学生知晓了团队精神在竞技比赛过程中的重要性，了解到自己在团队中的地位和应该承担的责任，从而自觉维护团队的荣誉，提升了团队协作的意识。此外，教学还注重培养学生排兵布阵能力和沟通能力，使学生增强自制力、判断力以及情绪调控和环境适应的能力。

五、案例描述

根据课程安排，在第九周之前以个人学习基本技术为主。大部分女生从未接触过篮球，针对这种情况，教师的教学方法和手段固然重要，但是发挥学生骨干的作用也能在很大程度上提高学生的技术，并增加学生之间的交流。特别是在三步上篮的技术动作要领学习中，把学生分成两人、三人、五人等不同人数的组，通过互帮互助的模式进行教学，让学生能够更快、更轻松地掌握技术。

第十周安排了教学比赛。在比赛开始前，教师应首先强调团队的重要性，教学比赛中要学会合作，输球时队员之间相互鼓励，赢球时戒骄戒躁，懂得尊重对手。

比赛中，学生们都展示出了良好的体育道德修养，在尊重规则的同时合理地排兵布阵，利用所学的技术通力合作，很好地锻炼了团队合作能力和沟通能力。

六、案例反思

本课程分两大部分进行，前九周为个人技术教学，第十周开始进行教学比赛。

学生骨干式教学使教师能够更有针对性地进行指导，对于增强技术较差的学生的信心、提高技术水准都有良好作用，也有利于提高小助教本身的技术水平。学生骨干式教学增进了学生之间的友谊，培养了团结互助的良好品质，为后期教学比赛的团队协作奠定了基础。

教学比赛是集体性体育项目，要求参与成员展现团队合作能力。队员之间要用语言、眼神进行交流与沟通，进而在比赛中完成篮球技术动作，有效地培养了学生团队合作意识与团队合作能力。

七、育人效果与反馈

通过学生骨干式教学，学生更快地掌握了技术动作，学会了沟通合作，更深刻地体会到团队的力量，增强了集体主义精神。

教学比赛是对学生学习成果的检验。从比赛过程来看，学生基本掌握了篮球技术。学生们在愉快的课堂氛围中完成了本学期篮球课任务，树立起的团结互助意识也将在今后给她们的生活带来益处。